互换性与技术测量

(第4版)

主　编　魏斯亮　张　龙
副主编　黎旭初　秦春明　常　城
主　审　李伟光

北京理工大学出版社
BEIJING INSTITUTE OF TECHNOLOGY PRESS

内 容 简 介

本书全面系统地介绍了互换性与技术测量的基础知识，包括：互换性、标准与标准化，极限与配合标准，几何公差标准，表面粗糙度标准，技术测量基础知识，普通螺纹的公差与配合，滚动轴承的公差与配合，键与花键的公差与配合，渐开线圆柱齿轮精度标准，尺寸链计算方法等，共计10章。

本书第4版根据2016年12月底之前颁布的最新国家标准和国家标准化指导性技术文件GB/Z 20308—2006《产品几何技术规范（GPS）总体规划》进行编写，全书突出对公差带特点的分析与应用，突出对重点、难点问题的讨论，在各章基本内容之后均附有习题，在各章中均有解题所需的公差表格，以方便教学与读者自学。

本书可作为高等院校机械类、机电类、材料成型类、仪器仪表类、机电设备类等各专业"互换性与技术测量"课程的教学用书，也可供机械设计制造工程技术人员参考。

版权专有　侵权必究

图书在版编目（CIP）数据

互换性与技术测量／魏斯亮，张龙主编. --4版
. --北京:北京理工大学出版社，2023.7
　　ISBN 978-7-5763-2668-0

Ⅰ. ①互… Ⅱ. ①魏… ②张… Ⅲ. ①零部件-互换性 ②零部件-技术测量 Ⅳ. ①TG801

中国国家版本馆 CIP 数据核字（2023）第 142105 号

责任编辑：陈莉华	文案编辑：陈莉华
责任校对：刘亚男	责任印制：李志强

出版发行 ／ 北京理工大学出版社有限责任公司
社　　址 ／ 北京市丰台区四合庄路6号
邮　　编 ／ 100070
电　　话 ／ （010）68914026（教材售后服务热线）
　　　　　　（010）68944437（课件资源服务热线）
网　　址 ／ http://www.bitpress.com.cn

版 印 次 ／ 2023年7月第4版第1次印刷
印　　刷 ／ 三河市天利华印刷装订有限公司
开　　本 ／ 787 mm×1092 mm　1/16
印　　张 ／ 16.5
字　　数 ／ 388千字
定　　价 ／ 86.00元

图书出现印装质量问题，请拨打售后服务热线，负责调换

第 4 版前言

本书自 2007 年出版以来，已先后两次再版，累计印刷发行 53 000 册，受到广大师生和技术人员的欢迎，取得了较好的社会效果。根据读者反馈和目前收集到的宝贵意见，结合我国最新国家标准的修订现状，对本书再次修订，出版《互换性与技术测量（第 4 版）》。

本书第 4 版修订的重点是：(1) 根据 2016 年 12 月底之前颁布的我国最新国家标准文本资料，修订更新了本书有关章节的内容；(2) 根据我国国家标准化指导性技术文件 GB/Z 20308—2006《产品几何技术规范（GPS）总体规划》，介绍了 GPS 标准体系的基本概念和定义，从总体上介绍了 GPS 标准的体系框架，列出了一系列现行 GPS 国家标准在 GPS 矩阵模型中的分布情况；(3) 根据我国国家标准的最新文本，全面介绍了《产品几何技术规范（GPS）极限与配合》《产品几何技术规范（GPS）几何公差》《产品几何技术规范（GPS）表面结构》等现行 GPS 国家标准的主要内容。

本书第 4 版由魏斯亮、张龙担任主编，黎旭初、秦春明、常城担任副主编。华东交通大学教授、硕士生导师魏斯亮编写第 1、9 章，张龙编写第 4、6 章，黎旭初编写第 3、8 章，南昌航空大学秦春明编写第 5、10 章，新乡市万和过滤技术股份公司常城编写第 2、7 章。魏斯亮负责全书统稿。华东交通大学曾爱梅参加了本书第 4 版的编写工作。

本书由华南理工大学博士、博士生导师、教授李伟光担任主审。

本书第 4 版修订过程中参考了若干已出版的同类教材，均已列入本书"参考文献"中，谨向这些同类教材的作者表示衷心感谢。由于编者水平有限，本书难免存在错误和不当之处，敬请广大读者批评指正。

编　者
2023 年 3 月

目 录

第1章 互换性、标准与标准化 (1)
  1.1 互换性的意义和作用 (1)
  1.2 标准与标准化 (2)
  1.3 产品几何技术规范（GPS） (4)
  1.4 优先数和优先数系 (8)
  1.5 零件几何误差、公差及检测 (11)
  1.6 本课程学习方法指导 (12)
  习题 (13)

第2章 极限与配合标准 (14)
  2.1 基本术语及定义 (14)
  2.2 标准公差系列 (22)
  2.3 基本偏差系列 (23)
  2.4 配合种类的标准化 (30)
  2.5 一般公差——未注公差的线性和角度尺寸的公差 (34)
  2.6 大尺寸段、小尺寸段公差与配合简介 (37)
  2.7 极限与配合标准的选择应用 (42)
  习题 (50)

第3章 几何公差标准 (52)
  3.1 概述 (52)
  3.2 形状公差 (56)
  3.3 方向、位置和跳动公差 (60)
  3.4 公差原则 (74)
  3.5 几何公差的选择方法 (89)
  3.6 几何公差的标注 (98)
  3.7 几何公差选择举例 (102)
  3.8 几何误差的检测 (104)
  习题 (115)

第4章 表面粗糙度标准 (119)
  4.1 概述 (119)
  4.2 表面粗糙度标准 (121)

4.3 表面粗糙度参数选用及标注方法 …………………………………… (126)
4.4 表面粗糙度的测量 …………………………………………………… (136)
习题 ……………………………………………………………………… (140)

第5章 技术测量基础知识 …………………………………………………… (141)
5.1 技术测量概述 ………………………………………………………… (141)
5.2 计量器具与测量方法 ………………………………………………… (144)
5.3 测量误差及数据处理 ………………………………………………… (151)
5.4 光滑工件尺寸的检验 ………………………………………………… (159)
5.5 光滑极限量规设计 …………………………………………………… (163)
习题 ……………………………………………………………………… (170)

第6章 普通螺纹的公差与配合 …………………………………………… (171)
6.1 普通螺纹的基本牙形和几何参数 …………………………………… (171)
6.2 普通螺纹几何参数对螺纹互换性的影响 …………………………… (176)
6.3 普通螺纹的公差与配合 ……………………………………………… (180)
6.4 普通螺纹的测量 ……………………………………………………… (187)
习题 ……………………………………………………………………… (189)

第7章 滚动轴承的公差与配合 …………………………………………… (190)
7.1 概述 …………………………………………………………………… (190)
7.2 滚动轴承精度等级及其应用 ………………………………………… (190)
7.3 滚动轴承公差带的特点 ……………………………………………… (191)
7.4 滚动轴承与轴颈及外壳孔的配合 …………………………………… (193)
习题 ……………………………………………………………………… (201)

第8章 键与花键的公差与配合 …………………………………………… (202)
8.1 单键连接的公差与配合 ……………………………………………… (202)
8.2 矩形花键的公差与配合 ……………………………………………… (204)
8.3 键与花键的检测方法 ………………………………………………… (210)
习题 ……………………………………………………………………… (211)

第9章 渐开线圆柱齿轮精度标准 ………………………………………… (212)
9.1 概述 …………………………………………………………………… (212)
9.2 影响齿轮传递运动准确性的偏差及其测量 ………………………… (215)
9.3 影响齿轮传动平稳性的偏差及其测量 ……………………………… (219)
9.4 影响齿轮载荷分布均匀性的偏差及其测量 ………………………… (222)

9.5 影响齿轮副侧隙的偏差及其测量 …………………………………………… (224)
9.6 渐开线圆柱齿轮精度标准 …………………………………………………… (229)
习题 …………………………………………………………………………………… (238)

第10章 尺寸链计算方法 ……………………………………………………… (240)
10.1 尺寸链的基本概念 …………………………………………………………… (240)
10.2 尺寸链的计算方法 …………………………………………………………… (243)
习题 …………………………………………………………………………………… (252)

参考文献 ……………………………………………………………………………… (255)

第 1 章

互换性、标准与标准化

1.1 互换性的意义和作用

1.1.1 互换性的意义

互换性是指同一种类同一规格的零部件,能够彼此互相替换的能力。

互换性的概念在现代社会中随处可见。例如,家里的灯泡坏了,可以去任何一家商店任意买个新的;汽车上的螺钉、螺母、滚动轴承等零件坏了,也可以购买换新。这些更新配换工作之所以这样方便,是因为这些产品和零件在尺寸、外观、功能等方面具有可以互相替换的能力。也就是说,这些产品和零件具有互换性。

由不同的工厂或车间、在不同的时间或地点、按同一图纸制造出来的零部件,进行装配或维修时任取其一,不经选择或调整、不需任何辅助加工,就可顺利地安装到机器上,并可达到图纸规定的性能要求,零部件的这种性能,称为具有互换性。

互换性在机械制造业中具有重大意义。按互换性要求进行生产既可保证产品质量,又能提高劳动生产率和降低成本。所以说,互换性是机械制造业中一项重要的生产原则。

1.1.2 互换性的种类

1. 完全互换性和不完全互换性

按照互换性的程度不同,互换性可分为完全互换性和不完全互换性两种。

(1) 完全互换性:完全互换性简称为互换性。完全互换性以零部件装配或更换时不需要修配或挑选,就能够顺利装上去且能够达到预定的装配精度要求为前提条件。在大批量生产方式中,往往采用完全互换性,如常见的螺栓、螺母、滚动轴承等标准件的互换性等。

(2) 不完全互换性:不完全互换性又称为有限互换性。不完全互换性允许装配之前将零部件预先分组,对应组内采用互换装配;或允许装配时进行少量修配调整,以达到图纸规定的精度要求。在装配精度要求特别高的场合(例如,内燃机活塞销与活塞销孔组装时的分组装配法)为了降低配合偶件的制造难度,或者在单件、小批量、多品种、高精度生产方式的场合(例如,减速器轴承盖装配时的调整垫片厚度装配法)为了增加经济效果,往往采用不完全互换性。

此外,为了便于进行生产组织管理,零部件需要厂际协作时应当采用完全互换性;零部件或构件在同一个厂家内完成制造和装配时，可以允许采用不完全互换性。

2. 内互换性和外互换性

对标准部件，互换性还可分为内互换性和外互换性。

（1）内互换性：组成标准部件的各种零件系统内部的互换性，称为内互换性。例如，滚动轴承外圈的内滚道与多个滚动体、多个滚动体与滚动轴承内圈的外滚道之间要求配合精度极高，为了降低制造难度并考虑到是在同一个专业厂家内完成制造和装配，通常采用不完全互换性的分组装配法，这些零件所具有的互换性称为内互换性。

（2）外互换性：标准部件与配合偶件的互换性，称为外互换性。例如：滚动轴承外圈的外径与壳体孔、滚动轴承内圈的内径与轴颈之间所应具有的互换性，称为外互换性。通常情况下，外互换性应当采用完全互换性。

1.1.3 互换性的作用

互换性在机械制造业中具有十分重要的作用。

在设计方面，零部件具有互换性，就可以最大限度地采用标准件、通用件和标准部件，大大简化了绘图和计算工作，缩短了设计周期，有利于计算机辅助设计和产品品种的多样化。

在制造方面，互换性有利于组织专业化生产，有利于采用先进工艺和高效率的专用设备，有利于采用计算机辅助制造，有利于实现加工过程和装配过程的机械化、自动化，从而可以提高劳动生产率和提高产品质量，降低生产成本。

在使用和维修方面，具有互换性的零部件在磨损及损坏后可及时更换，因而减少了机器的维修时间和维修费用，保证机器可靠连续运转，从而提高了机器的使用价值。

总之，互换性在提高产品质量、可靠性和提高经济效益等方面具有重要意义，对我国的现代化建设起着重要作用。互换性已经成为现代机械制造业中一项普遍遵守的原则。

1.2 标准与标准化

1.2.1 标准化的思想方法

标准化是伴随现代工业而发展起来的一门新兴学科，标准化包括制定标准、发布标准、贯彻标准和修订标准的全过程。在现代化工业生产中，大力推行标准化是实现互换性的基础和前提。

为了发展互换性生产，必须将原材料、零部件、产品、刀具、工具、量具，以及机床的类型、规格、质量指标、产品检测方法等进行统一和简化，制定相互协调的标准，并按照统一的术语、符号、计量单位，将它们的几何参数和公差数值标注在图样上，在生产过程中加以贯彻，以扩大互换范围和取得最佳的经济效果，这就是标准化的思想和方法。

1.2.2 标准与标准化的定义

所谓标准，是指为了取得最佳整体效果对重复性事物和概念所制定的规范性文件。标准以科学、技术和实践经验的综合成果为基础，经有关方面协商制定，由主管机构批准，以特定形式发布，作为共同遵守和重复使用的准则和依据。标准在一定范围内具有约束力。

所谓标准化，是指为了在一定范围内获得最佳秩序和效果，对现实问题或潜在问题制定共同使用和重复使用的条款的活动，上述活动主要包括编制、发布、实施和修订标准的全过程。标准化是以标准的形式体现的，它是一个滚动循环、不断提高的过程。

1.2.3 标准的分类

按照标准化的对象领域，标准分为技术标准、管理标准和工作标准3大类，本书仅介绍技术标准。

技术标准是指对标准化领域中需要协调统一的技术事项，如科研、设计、制造、检验和工程技术、产品、技术设备所制定的标准，其涉及面广、种类繁多，主要有：

（1）基础标准：是指在一定范围内可作为其他标准的基础并普遍使用、具有广泛指导意义的标准，如计量单位、术语、符号、优先数系、机械制图、极限与配合等标准。

（2）产品标准：是指为保证产品的适用性，规定产品应满足的要求所制定的标准，如品种、规格、技术性能、工艺要求等。

（3）方法标准：是指以试验、检查、分析、抽样、统计、计算、测定和作业等各种方法为对象制定的标准，如设计计算方法、试验方法、测试方法等标准。

（4）安全卫生和环境保护标准：是指有关人们生命财产安全和保护环境可持续性发展的标准。

1.2.4 标准的分级、代号和管理体制

根据我国标准化法的规定和按照标准的适用范围，标准包括国家标准、行业标准、地方标准和团体标准、企业标准四个级别，且下一级标准不得与上级标准的有关内容相抵触。按照强制性程度分类，国家标准分为强制性国家标准和推荐性国家标准。行业标准、地方标准是推荐性标准。

根据法律上的约束性程度不同，我国的国家标准代号为GB、GB/T或GB/Z。代号GB表示强制性国家标准，国家要求"必须执行"。代号GB/T表示推荐性国家标准，国家"鼓励企业自愿采用"；如果推荐性国家标准已经被接受并被采用，或各方商定同意将推荐性国家标准纳入经济合同中，该推荐性国家标准就成为各方必须共同遵守的技术依据，具有法律上的约束性。代号GB/Z表示国家标准化指导性技术文件，它是作为对国家标准的补充文件，仅供使用者参考和自愿采用，既不具有强制性也不具有法律上的约束性，只是相关各方约定参照的技术依据。

行业标准为原部颁标准或专业标准，代号有多种，主要指全国性的各专业范围内统一的标准，如原机械工业部的机械标准（JB）、原冶金工业部的冶金标准（YB）、原航空航天工业部的航空标准（HB）、原轻工业部的轻工标准（QB）等。

地方标准是指省、直辖市、自治区制定的各种技术经济规定。例如，"沪Q""京Q"分别表示上海、北京的地方标准。国家鼓励社会团体利用自主创新技术制定团体标准。

对于尚未制定国标、行标的产品，各生产企业应当自行制定企业标准，企业标准的代号为Q。通常鼓励企业标准严于国家标准或行业标准，以提高企业的产品质量。

从全世界范围看，更高级别的标准还有国际标准和区域标准。国际标准是指国际标准化组织（ISO）、国际电工委员会（IEC）和国际电信联盟（ITU）制定的标准，以及国际标准化组织确认并公布的其他国际组织制定的标准。国际标准在世界范围内统一使用。区域标准是指由世界某一区域标准化团体所制定的标准，例如：欧洲标准化委员会的欧洲标准

(EN)、泛美技术标准委员会的泛美标准（PAS）、非洲地区标准化组织的非洲地区标准（ARS）、阿拉伯标准化与计量组织的阿拉伯标准（ASMO），等等。

我国2001年颁布的《采用国际标准管理办法》规定：中国标准采用国际标准的程度，分为等同采用（IDT）和修改采用（MOD）两种。等同采用（IDT），指与国际标准在技术内容和文本结构上相同，或者与国际标准在技术内容上相同，只存在少量编辑性修改；修改采用（MOD），指与国际标准之间存在技术性差异，并清楚地标明这些差异以及解释其产生的原因，允许包含编辑性修改，在文本结构上应当对应。我国《采用国际标准管理办法》还规定：中国标准与国际标准的对应关系还包括非等效（NEQ）的情况，非等效（NEQ）不属于采用国际标准，只表明中国标准与相应国际标准有对应关系，但与相应国际标准在技术内容和文本结构上不同，它们之间的差异没有被清楚地标明。

由于国际标准集中反映了众多国家的现代科技水平，因此，在国际标准的基础上修订或制定我国国家标准，其结果必将有力地促进我国科学技术的进步，进一步开拓国际市场，增强我国在国际市场上的竞争力。

1.3 产品几何技术规范（GPS）

产品几何技术规范（Geometrical Product Specification and Verification，GPS）是针对所有几何产品建立的一个几何技术标准体系，它覆盖了从宏观到微观的产品几何特征，涉及产品开发、设计、制造、验收、使用以及维修、报废等整个产品生命周期的全过程，它由涉及产品几何特征及其特征量的诸多技术标准所组成。GPS系列国家标准不仅是产品信息传递与交换的基础标准，也是产品市场流通领域中合格性评定的依据，是工程领域必须依据的技术规范和交流沟通的重要工具。

我国国家标准化指导性技术文件GB/Z 20308—2006《产品几何技术规范（GPS）总体规划》给出了GPS标准体系的基本概念和定义，从总体上给出了GPS标准的体系框架，包括一系列现行的GPS国家标准在GPS总体规划中的分布情况。

在GPS系列标准体系中，将影响同一几何特征的一系列相关标准称为标准链。标准链按其规范要求分成多个链环，每个链环至少包括一个标准，它们之间相互关联，并与其他链环形成有机的联系。缺少任一链环的标准，都将影响该几何特征功能的实现。

GPS标准体系包含四类标准，即GPS基础标准、GPS综合标准、GPS通用标准、GPS补充标准。其中，GPS基础标准确定GPS的基本原则，是协调和规划各标准的依据，也是其他三类标准的基础；GPS综合标准给出综合概念和规则，起着统一各GPS通用标准链和补充标准链技术规范的作用；GPS通用标准是GPS标准的主体，它们为各种类型的几何特征建立了图样标注、公差定义、检验要求、检验设备的计量校准等方面的规范；GPS补充标准分为特定工艺（如车、铸造等）的公差标准和典型的机械几何要素标准，它们是基于制造工艺和要素本身类型对GPS通用标准中各要素在特定范畴的补充规定。

GPS标准体系的四类标准涵盖了各种几何特征（如尺寸、距离、半径、角度、形状、位置、方向、表面粗糙度等），包括工件的特定工艺公差标准和典型的机械零件几何要素标准，涉及产品生命周期的多个阶段（如设计、制造、计量、质量检验等）。GB/Z 20308—2006《产品几何技术规范（GPS）总体规划》将这四种类型GPS标准按其功能，建立了GPS总体规划的矩阵模型（参见表1-1）。该矩阵模型又称为GPS体系框架，它是四类GPS

标准总和的有序排列。

表 1-1 GPS 总体规划的矩阵模型（GPS 体系框架）

GPS 基础标准	GPS 综合标准 影响部分或全部的 GPS 通用标准链环的 GPS 标准或相关标准
	GPS 通用标准矩阵 GPS 通用标准链 1. 有关尺寸的标准链 2. 有关距离的标准链 3. 有关半径的标准链 4. 有关角度的标准链 5. 有关线的形状的标准链（与基准无关） 6. 有关线的形状的标准链（与基准相关） 7. 有关面的形状的标准链（与基准无关） 8. 有关面的形状的标准链（与基准相关） 9. 有关方向的标准链 10. 有关位置的标准链 11. 有关圆跳动的标准链 12. 有关全跳动的标准链 13. 有关基准的标准链 14. 有关轮廓粗糙度的标准链 15. 有关轮廓波纹度的标准链 16. 有关原始轮廓的标准链 17. 有关表面缺陷的标准链 18. 有关棱边的标准链
	GPS 补充标准矩阵 GPS 补充标准链 A　特定工艺公差标准 A1. 有关机加工公差的标准链 A2. 有关铸造公差的标准链 A3. 有关焊接公差的标准链 A4. 有关热切削公差的标准链 A5. 有关塑料模具公差的标准链 A6. 有关金属有机镀层公差的标准链 A7. 有关涂覆公差的标准链 B　机械零件几何要素标准 B1. 有关螺纹的标准链 B2. 有关齿轮的标准链 B3. 有关花键的标准链

GB/Z 20308—2006《产品几何技术规范（GPS）总体规划》还定义了 GPS 通用标准矩阵和 GPS 补充标准矩阵。其中，GPS 通用标准矩阵如表 1-2 所示，它由一系列 GPS 通用标准有序排列而成。为了阐明 GPS 通用标准之间的联系与区别，矩阵"行"表征不同的几何特征，矩阵"列"表征不同的技术环节和要求，矩阵中的"单元"对应特定的几何特征和规范要求，且应至少包含一个标准。同理，GPS 补充标准矩阵的构成模式与表 1-2 类似。

表 1-2　GPS 通用标准矩阵简图

链环		1	2	3	4	5	6
要素的几何特征		产品文件表示（图样标注代号）	公差定义及其数值	实际要素的特征或参数定义	工件偏差评定	测量器具	测量器具校准
1	尺寸						
2	距离						
3	半径						
4	角度						
5	与基准无关的线的形状						
6	与基准相关的线的形状						
7	与基准无关的面的形状						
8	与基准相关的面的形状						
9	方向						
10	位置						
11	圆跳动						
12	全跳动						
13	基准						
14	轮廓粗糙度						
15	轮廓波纹度						
16	原始轮廓						
17	表面缺陷						
18	棱边						

根据 GB/Z 20308—2006《产品几何技术规范（GPS）总体规划》，GPS 的标准化工作应遵循三大原则，即明确性原则、全面性原则和互补性原则，以确保工件几何特征要求在图样上表达的准确性和唯一性，使各标准链中的每一个实际要素的特征参数都可测量并且使测得的特征值具有可溯源性，使 GPS 通用标准矩阵中每一个独立的标准链与其他标准链是互补的，以保证图样上相互独立的每个要求在出现多要求交叉的情况下不会产生冲突。

《产品几何技术规范（GPS）总体规划》以资料性附录的形式（参见表 1-3）列出了对应 ISO/TC 213 范围的我国现行 GPS 国家标准在 GPS 矩阵模型中的分布位置，明确显示出了我国需要填补的 GPS 国家标准空白。《产品几何技术规范（GPS）总体规划》还规定：我国未来的 GPS 国家标准应在 GPS 总体规划（矩阵模型）下制定，并且应在标准文本附录中明确表示该标准在 GPS 矩阵模型中的位置以及该标准与其他标准的关系。

表 1-3 现行 GPS 国家标准在 GPS 矩阵模型中的分布位置

	GPS 综合标准						
	JJF 1101，JJF 1059，18776，16892，18779.1~18779.2，18780.1~18780.2，19765						
	GPS 通用标准						
	链环	1	2	3	4	5	6
GPS基础标准 GB/Z 20308,4249,16671	要素的 几何特征	产品文件 表示	公差定义 及其数值	实际要素的特 征或参数定义	工件偏差 评定	测量器具	测量器具 校准
	尺寸	1800.1~ 1800.3, 16671,1804	1800.1~1800.4, 1803,1801, 16671,1804, 5847,18776, 12471	3177,1958, 18780.1~ 18780.2,16671, 5371	3177,1958, 18780.1, 18779.1~18779.2	3177,1957, 16857.1~16857.2, 16857.4~16857.6	18779.1~18779.2
	距离				18779.1~18779.2	16857.1~16857.2, 16857.4~16857.6	18779.1~18779.2
	半径				18779.1~18779.2	16857.1~16857.2, 16857.4~16857.6	18779.1~18779.2
	角度(以度 为单位)	157,4096, 11334,15754	11334,1804	12360,15755	18779.1~18779.2	16857.1~16857.2, 16857.4~16857.6	18779.1~18779.2
	与基准无关 的线的形状	1182,1184, 17852,16671	1182,17852, 16671,1184	16671,7234	11336,7235, 1958,4380, 18779.1~18779.2	16857.1~16857.2, 16857.4~16857.6	18779.1~18779.2
	与基准相关的 线的形状	1182,17852	1182,17852	18780.1, 18780.2	11336,1958, 18779.1~18779.2	16857.1~16857.2, 16857.4~16857.6	18779.1~18779.2
	与基准无关的 面的形状	1182,16892, 17852,15754, 16671,1184	1182,17852, 15754, 16671,1184	18780.1, 18780.2,16671	11337,1958, 18779.1~18779.2	16857.1~16857.2, 16857.4~16857.6	18779.1~18779.2
	与基准相关的 面的形状	1182, 17852,15754	1182, 17852,15754		11337,1958	16857.1~16857.2, 16857.4~16857.6	18779.1~18779.2
	方向	1182,16671, 17773,1184	1182, 16671,1184	18780.1, 18780.2,16671	1958	16857.1~16857.2, 16857.4~16857.6	18779.1~18779.2
	位置	1182,16671, 13319,17773	1182,13319, 17773,16671	18780.1, 18780.2,16671	1958	16857.1~16857.2, 16857.4~16857.6	18779.1~18779.2
	圆跳动	1182	1182		1958	16857.1~16857.2, 16857.4~16857.6	18779.1~18779.2
	全跳动	1182	1182		1958	16857.1~16857.2, 16857.4~16857.6	18779.1~18779.2
	基准	1182, 16671,17851	17851	17851,16671		16857.1~16857.2, 16857.4~16857.6	18779.1~18779.2
	轮廓粗糙度	131	18777,18618, 18778.1,1031, 12472,18778.2, 3505	10610,18777, 18618,18778.2	10610,18618, 18778.1	6062,18777	18779.1~18779.2,6062, 19600,19067.1~19067.2
	轮廓波纹度	131	18777, 18618,16747	18777,18618	10610,18618, 18778.1~18778.2	6062,18777	18779.1~18779.2,6062, 19600,19067.1~19067.2
	原始轮廓	131	18777	10610	18778.1~18778.2	6062,18777	18779.1~18779.2,6062, 19600,19067.1~19067.2
	表面缺陷	15757	15757		18778.1~18778.2		18779.1~18779.2,6062
	棱边						18779.1~18779.2
	GPS 补充标准						

1.4 优先数和优先数系

1.4.1 数值的传播性

在制定技术标准和从事机械设计、机械制造时,经常要涉及许多技术参数。当选定某个数值作为某产品的基本技术参数之后,该数值将按照一定的规律向该产品的一切有关技术参数广为传播与扩散。技术参数的这种传播扩散特性,称为"数值的传播性"。

例如,设计时某个螺栓的直径尺寸一旦确定,与之相配合的螺母尺寸、加工用的丝锥尺寸和板牙尺寸、检验用的塞规尺寸和环规尺寸等也就随之而定,继而又传向垫圈、扳手等专用件的尺寸,再进一步传向攻丝前的钻孔尺寸和钻头的尺寸等。所以在设计和生产过程中,确定技术参数的数值就不能随随便便,即便是数值微小差异经过反复传播扩散之后,也会造成尺寸、规格、品种的恶性膨胀混乱局面。显然,这种数值的传播性牵涉许多部门和领域,如果没有一定的规则或标准来加以协调引导,单靠一般的协商办法,即使是花费大量的人力、物力和时间,也很难做到及时而有效地解决。

为了协调解决这一类问题,在生产实践的基础上,人们总结了一整套科学统一的数值标准——优先数和优先数系。

1.4.2 优先数和优先数系

优先数和优先数系是一整套国际通用的科学、统一、经济、合理的量值分级制度,我国国家标准 GB/T 321—2005《优先数和优先数系》以及 GB/T 19763—2005《优先数和优先数系的应用指南》等同采用国际标准,规定了该量值分级制度的主要内容。国标规定:在确定产品的参数或参数系列时,应最大限度地选用优先数和优先数系,以最少项满足全部要求,以便使产品的参数选择及其后续工作一开始就纳入标准化的轨道。

1. 优先数系

优先数系是公比为 $\sqrt[5]{10}$、$\sqrt[10]{10}$、$\sqrt[20]{10}$、$\sqrt[40]{10}$ 和 $\sqrt[80]{10}$,且项值中含有 10 的整数幂的几何级数的常用圆整值。其中,前 4 个系列为基本系列,分别采用系列符号 R5、R10、R20、R40 表示;最后一个系列为补充系列,采用系列符号 R80 表示。国标规定:补充系列仅在参数分级很细或基本系列中的优先数不能适应实际情况时才可考虑采用。

优先数系的公比 $q_r = (\sqrt[r]{10})$,在优先数系中,各系列的公比分别为:

$$\text{R5 系列:} q_5 = (\sqrt[5]{10}) \approx 1.60$$

$$\text{R10 系列:} q_{10} = (\sqrt[10]{10}) \approx 1.25$$

$$\text{R20 系列:} q_{20} = (\sqrt[20]{10}) \approx 1.12$$

$$\text{R40 系列:} q_{40} = (\sqrt[40]{10}) \approx 1.06$$

$$\text{R80 系列:} q_{80} = (\sqrt[80]{10}) \approx 1.03$$

2. 优先数

符合 R5、R10、R20、R40 和 R80 系列优先数系中的任何一个项值的常用圆整值,均称为优先数。

3. 优先数的项值

根据优先数取值的精确程度不同,优先数的项值可分为以下几种。

1)理论值

优先数的理论值可以根据优先数系的公比进行精确计算得到。优先数的理论值除 10 的整数幂外,一般是无理数,不便于实际应用。

2)计算值

优先数的计算值是对理论值取五位有效数字的近似值。优先数的计算值可以代替理论值用于参数系列的精确计算,计算值对理论值的相对误差小于 1/20 000。

3)常用值

优先数的常用值又称为常用圆整值,也就是通常所称的"优先数"。优先数的常用值是对理论值取三位有效数字的近似值,它对计算值的相对误差在+1.26%~-1.01%范围内。

4)化整值

优先数的化整值是对理论值取两位有效数字的近似值,它对计算值的相对误差在 +1.66%~-5.61%范围内,国标规定只在某些特殊情况下才允许采用优先数的化整值。

4. 优先数的序号

优先数的序号是表明优先数排列次序的一个等差数列,它从优先数 1.00 的序号 0 开始,向下依次递增延伸(参见表 1-4 第 5 列)或向上依次递减延伸(参见 GB/T 19763—2005)。显然,优先数的序号正好是相应 R40 系列的优先数以 $\sqrt[40]{10}$ 为底的几何级数项值的对数。

因优先数系是等比数列,而优先数的序号是等差数列,故在计算两个优先数的积或商形成的优先数时,可由它们的序号相加或相减来计算,对应新序号的优先数即为所求值。这种方法将优先数的乘、除运算转换为优先数序号的加减运算,从而使计算简化,其运算规则与一般的对数计算规则完全相同。

5. 优先数的项值特性

表 1-4 列出了范围为 1~10 的优先数系基本系列常用值和优先数序号,由表 1-4 可以看出优先数的项值还具有以下特性:

(1)在公比为 q_r 的某优先数系的优先数中,每隔 r 项取值,其项值增大 10 倍(十进等比数列)。

(2)对于 R10 系列来说,每 3 项取一值,其项值加倍;对于 R20 系列来说,每 6 项取一值,其项值加倍;对于 R40 系列来说,每 12 项取一值,其项值加倍(倍数关系)。

(3)在同一系列中,任意两项优先数理论值的积、商、整数乘方的值,仍为同一系列中某优先数的理论值(继承关系)。

(4)在 R40 系列中包含有 R20 系列的值,在 R20 系列中包含有 R10 系列的值,在 R10 系列中包含有 R5 系列的值(包含关系)。

(5)如将表 1-4 中所列的项值乘以 10、100、1 000、…,或乘以 0.1、0.01、0.001、…,即可得到所有大于 10 或小于 1 的同系列中的优先数项值(延展关系)。

表 1-4　1~10 的优先数系基本系列常用值和序号（GB/T 321—2005）

基本系列（常用值)				序号	基本系列（常用值)				序号
R5	R10	R20	R40		R5	R10	R20	R40	
(1)	(2)	(3)	(4)	(5)	(1)	(2)	(3)	(4)	(5)
1.00	1.00	1.00	1.00	0				3.35	21
			1.06	1			3.55	3.55	22
		1.12	1.12	2				3.75	23
			1.18	3	4.00	4.00	4.00	4.00	24
	1.25	1.25	1.25	4				4.25	25
			1.32	5			4.50	4.50	26
		1.40	1.40	6				4.75	27
			1.50	7		5.00	5.00	5.00	28
1.60	1.60	1.60	1.60	8				5.30	29
			1.70	9			5.60	5.60	30
		1.80	1.80	10				6.00	31
			1.90	11	6.30	6.30	6.30	6.30	32
	2.00	2.00	2.00	12				6.70	33
			2.12	13			7.10	7.10	34
		2.24	2.24	14				7.50	35
			2.36	15		8.00	8.00	8.00	36
2.50	2.50	2.50	2.50	16				8.50	37
			2.65	17			9.00	9.00	38
		2.80	2.80	18				9.50	39
			3.00	19	10.00	10.00	10.00	10.00	40
	3.15	3.15	3.15	20					

（6）若从基本系列或补充系列 Rr 中，每 p 项取一项值则可导出派生系列，派生系列以 Rr/p 表示，它的公比是 $10^{p/r}$。比值相等的派生系列具有相同的公比，但其项值是多义的，与首项的取值有关。例如，在 R10 系列中每 3 项取一项值，可以得到 R10/3 派生系列：当首项选为 1 时，该派生系列的项值为 1.00、2.00、4.00、8.00、16.0、…；当首项选为 1.25 时，项值为 1.25、2.50、5.00、10.0、20.0、…；当首项选为 1.60 时，项值为 1.60、3.15、6.30、12.5、25.0、…。可见，R10/3 派生系列是常用的倍数系列，其项值是多义的，如果适当确定首项，就可以满足多种场合需要（派生关系）。

1.4.3 优先数系和优先数的应用

在优先数系中，优先数任意相邻两项项值的相对误差均匀，项值排列疏密适中，运算方便，简单易记，能向大、小数值两端无限延伸，具有广泛的实用性。因此，在一切标准化领域中应尽可能采用优先数系和优先数。目前，优先数系和优先数被用来作为数值统一的标准，已经在各工业发达国家得到了极其广泛的应用。

（1）为了得到参数的最佳分级方案，特别要考虑下列两对矛盾的趋势：间隔过疏的分级会浪费标准并增加制造成本，而间隔过密的分级又会导致工具和加工费用以及库存品价值的增大。因此在设计各类新产品时，如果将产品的主要参数（或主要尺寸）按优先数选用形成系列，就可以减轻设计计算的工作总量，可以使用有限的产品（或零件）规格系列来最大限度地满足用户的多样化需求。

（2）优先数系和优先数在技术改造设计、工艺实验、老产品整顿简化、零部件设计等诸多方面都应加以推广。例如现有的旧标准、旧图样和旧产品，也应结合 GB/T 321—2005《优先数和优先数系》标准进行修订或技术整顿，逐步地向优先数系过渡。

（3）区别对待各个参数采用优先数系的要求。基本参数、重要参数及最原始或涉及面最广的参数，应尽可能采用优先数。当各种尺寸参数有矛盾，不能都选为优先数时，应优先使互换性尺寸或连接尺寸为优先数；当尺寸参数与性能参数有矛盾，不能都为优先数时，宜优先使尺寸参数为优先数。这样做便于配套维修，可使材料、半成品和工具等简化统一。

（4）应当按"先疏后密"的顺序选用优先数系。对自变量参数尽可能选用单一的基本系列，选择的优先顺序是 R5、R10、R20、R40 系列。只有在基本系列不能满足实际要求时，才采用补充系列或公比不同、由几段组成的复合系列。如果基本系列中没有合适的公比，也可选用派生系列，并尽可能选用包含有项值为 1 的派生系列。对于复合系列和派生系列，同样也应按"先疏后密"的顺序选用。

1.5 零件几何误差、公差及检测

1.5.1 零件几何误差与公差

零件在加工过程中由于受工艺系统与环境因素波动的影响，加工所得一批零件的实际几何要素总是存在细微差异，且与图纸规定的理想要素不可能完全相符，这种实际值与理想值之差称为零件几何量"误差"。在大批量生产的工艺条件下，零件几何误差值具有统计规律特征，误差值总是在一定程度的范围内波动，只要误差值不超出设计给定的允许变动范围，加工所得的零件就能满足互换性要求。

零件图样上所标注的几何误差值允许变动范围称为"公差"。公差值的大小反映了设计者对合格零件的精度等级要求，公差值越小精度等级要求越高。若实际零件的误差值在图样规定的公差范围之内，零件为合格件；若超出了图样规定的公差范围，零件为不合格件。

误差是在零件加工过程中产生的，它是随机变量客观存在；公差是设计人员计算给定的，它是用于限制误差的某一合理范围。这就是说，生产中采用"公差值限制误差"的方法来保证产品互换性。显然，公差值必须保证满足产品的功能要求，但可以在满足产品功能要求的前提下尽可能规定得大一些，以争取获得最佳技术经济效益。

1.5.2 零件的检验与测量

加工所得零件是否满足图纸规定的公差要求，需要通过检测加以判断。检测分为"检验"与"测量"两种。

"几何量检验"是指采取适当的方法和手段，判断工件的几何参数是否在图纸规定的合格范围内。"几何量检验"仅做出工件合格与否的结论，不给出具体的数值。

"几何量测量"是指将被测量与标准量进行比较，从而准确得到被测要素具体数值的过程。"几何量测量"应给出具体的测量数据报告，并参照图纸做出合格性结论。

几何量检测不但可以用于评定产品的质量，而且可以用于分析不合格品的产生原因，监督制造工艺过程，及时指导调整生产，杜绝废品的产生。所以说，几何量检测是机械制造不可缺少的"眼睛"。无数事实证明，除设计和加工精度的提高外，产品质量的提高往往更依赖于检测精度的提高。

由此可见，合理地确定零件公差并正确地进行几何量检测，是保证产品质量、实现互换性生产的两个必不可少的条件和手段。本课程讨论的主要内容，就是机械零件几何参数的互换性及其技术检测问题。

1.6 本课程学习方法指导

1.6.1 本课程的性质与任务

本课程是机械类、机电类、材料成型类、仪器仪表类、机电设备类各专业学生必修的主干专业基础课，是联系机械设计课程与制造工艺课程的纽带，是从基础课学习阶段过渡到专业课学习阶段的桥梁。

本课程围绕误差与公差这两个基本概念，研究制造水平与使用要求的矛盾，研究技术测量和数据处理的方法，是一门实践性很强的专业基础课程。

本课程的任务是：通过讲课、作业、实验等教学环节，了解互换性与标准化的重要意义，熟悉极限与配合的基本概念，掌握若干极限配合标准的主要内容，掌握确定零件公差的基本原则与方法，了解技术检测的基本理论和操作，了解尺寸链的概念和计算方法，为合理表达设计思想和正确绘制设计图纸打下坚实的基础。

1.6.2 本课程的特点

本课程的特点是：术语定义多、代号符号多、标准规定多、牵涉内容多、经验总结多，而逻辑推理和数学计算相对较少，容易使学生在初学时感到枯燥、繁杂、难记、不会用，对这一特点应当有充分的思想准备。为了学好本课程，要求学生上课认真听讲，课后及时复习，尽量以学生自己的生活背景知识和工程背景知识为基础展开广泛联想，重在钻研理解教材，很好地适应由基础课阶段向专业课阶段转变的学习过渡过程。

1.6.3 本课程学习方法指导

在本课程的学习过程中，学生应当理解每个术语、定义的实质，及时归纳总结进行区别和联系,在此基础上掌握牢记,才能灵活运用。学生应当独立完成作业,独立完成实验,巩固加深对所学内容的理解与记忆;应当掌握正确的图样标注方法,熟悉公差与配合的选择原则和方法,重视计算机技术在本课程中的应用,培养熟练的操作技能和严肃认真的科学态度。实际上,本课程是从理论课教学到工程技术实践的转折性课程,也是工程技术人员形成工程思维方式的开端,随着后续课程的学习深入和实践知识的逐渐丰富,将会加深对本课程内容的理解。而要达到正确运用本课程所学的知识,熟练正确地进行零件的精度设计,还需要经过长期实际工作的锻炼。希望同学们坚持不懈努力,反复练习,反复记忆,尽快达到熟练掌握和灵活应用的水平。

习题

1-1　什么是互换性?互换性有哪些优点?零部件具有互换性应当满足哪两个条件?

1-2　在生产中,采用完全互换与不完全互换有何区别?

1-3　试分析加工零件的几何误差与图样标注的公差有什么关系?

1-4　根据两种零件公差值的大小,能否比较确定实际零件的加工精度的高低?为什么?

1-5　试说明标准化和互换性之间的关系是什么?

1-6　什么是《产品几何技术规范(GPS)》?简述 GPS 标准体系的框架结构。

1-7　规定产品的技术参数时,采用优先数和优先数系具有什么优点?为什么?

1-8　某优先数系的第一项为 10,试按优先数系 R5 系列的特点,不查表确定后五项优先数的项值。

1-9　查表写出优先数系 R10/3 和 R10/5 两种派生系列的优先数各五项(首项选为 1)。

1-10　我国国家标准文本中的 IDT、MOD 和 NEQ 等符号分别代表什么意思?

第 2 章 极限与配合标准

极限与配合标准是机械工业中涉及面最广、应用最多、最主要的互换性基础标准。它广泛用于光滑圆柱体表面的结合，也用于其他结合中由单一尺寸确定的部分，例如键连接中的键与键槽宽的结合，花键连接中的外径与内径的结合、键齿宽与键槽宽的结合等。因此，极限与配合标准已经成为我国最重要的机械工业基础标准。

本章主要涉及以下标准，重点介绍我国国家标准《产品几何技术规范（GPS）极限与配合》的有关内容：

GB/T 1800.1—2009　产品几何技术规范（GPS）　极限与配合　第 1 部分：公差、偏差和配合的基础

GB/T 1800.2—2009　产品几何技术规范（GPS）　极限与配合　第 2 部分：标准公差等级和孔、轴极限偏差表

GB/T 1801—2009　产品几何技术规范（GPS）　极限与配合　公差带和配合的选择

GB/T 1803—2003　极限与配合　尺寸至 18 mm 孔、轴公差带

GB/T 1804—2000　一般公差　未注公差的线性和角度尺寸的公差

2.1　基本术语及定义

2.1.1　孔和轴的术语定义

1. 孔

孔是指工件的圆柱形内尺寸要素，也包括非圆柱形的内尺寸要素（由两个平行平面或切面形成的包容面）。孔的公称尺寸用 D 表示。

2. 轴

轴是指工件的圆柱形外尺寸要素，也包括非圆柱形的外尺寸要素（由两个平行平面或切面形成的被包容面）。轴的公称尺寸用 d 表示。

如图 2-1 所示，按装配关系讲，孔表面为包容面，在它之内无材料，孔的尺寸越加工越大；轴表面为被包容面，在它之外无材料，轴的尺寸越加工越小。

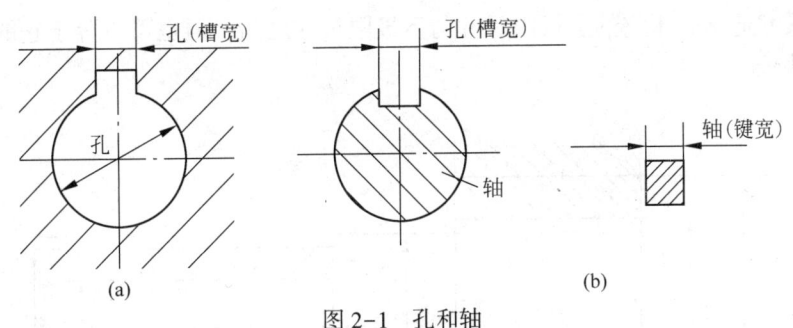

图 2-1 孔和轴
(a) 孔为包容面；(b) 轴为被包容面

2.1.2 有关尺寸的术语定义

1. 尺寸

尺寸是以特定单位表示线性尺寸值的数值，尺寸通常分为线性尺寸和角度尺寸两类。

线性尺寸简称尺寸，是指两点之间的距离，一般特指长度值，包括直径、半径、宽度、深度、中心距、倒角半径和倒角高度等。

在机械制造中，长度值的特定单位为毫米（mm）。在图样上标注尺寸时，可将特定单位（mm）省略，仅标注数值；但是，当以其他单位表示尺寸时，则应注明相应的长度单位。

广义而言，尺寸也包括角度尺寸数值。在零件图样上，角度尺寸常以度、分、秒为单位进行标注，且必须标明单位符号。

2. 公称尺寸（D，d，L）

公称尺寸是由图样规范确定的理想形状要素的尺寸。公称尺寸通常由设计给定，它是确定偏差位置的起始尺寸，孔用 D 表示，轴用 d 表示，长度用 L 表示。通过公称尺寸，应用上、下极限偏差可以计算出极限尺寸的值。设计者根据产品的使用性能要求（如强度、刚度、运动、造型、工艺、结构等），参照国家标准规定的标准直径或标准长度数值进行圆整，给定公称尺寸。

公称尺寸只表示尺寸的基本大小，并不表示在加工中准确得到的尺寸。公称尺寸可以是一个整数或者是一个小数值。

3. 实际尺寸（D_a，d_a，L_a）

实际尺寸是指通过测量所得到的尺寸。孔的实际尺寸以 D_a 表示，轴的实际尺寸以 d_a 表示，长度的实际尺寸以 L_a 表示。

由于测量时存在测量误差，实际尺寸并非是被测尺寸的真值，而只是与真值比较接近的某一个随机尺寸。由于零件存在形状误差，同一表面不同部位测得的实际尺寸往往不相同。因此，可以把实际尺寸称为局部实际尺寸。或者说，所谓实际尺寸，就是指局部实际尺寸。局部实际尺寸通常采用两点法测量。

4. 极限尺寸

允许尺寸变化的两个极端值称为极限尺寸。极限尺寸以公称尺寸为基数来确定，两个极端值中，较大的一个称为上极限尺寸，较小的一个称为下极限尺寸。如图 2-2 所示，孔和轴的上极限尺寸分别采用 D_{max} 和 d_{max} 表示；孔和轴的下极限尺寸分别采用 D_{min} 和 d_{min} 表示。

零件的实际尺寸通常介于它的上极限尺寸与下极限尺寸之间，但也可以等于它的上极限尺寸或下极限尺寸。

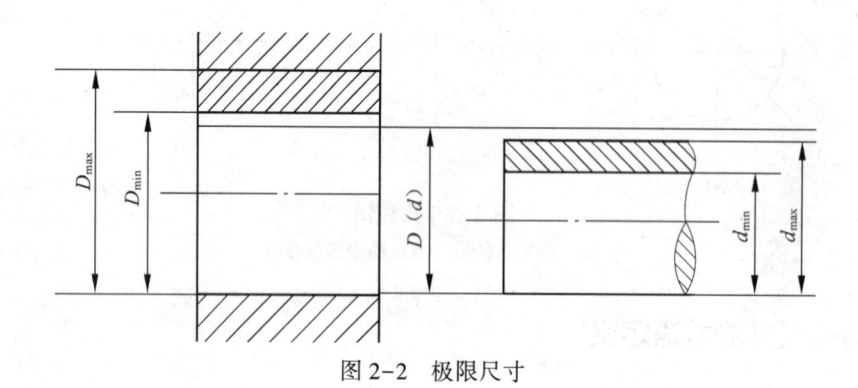

图 2-2 极限尺寸

5. 最大实体状态和最大实体尺寸

孔或轴占有材料最多时的状态，称为最大实体状态（MMC）。零件在最大实体状态下的极限尺寸，称为最大实体尺寸（MMS）。孔的最大实体尺寸（D_M）等于孔的下极限尺寸（D_{min}）；轴的最大实体尺寸（d_M）等于轴的上极限尺寸（d_{max}）。

6. 最小实体状态和最小实体尺寸

孔或轴占有材料最少时的状态，称为最小实体状态（LMC）。零件在最小实体状态下的极限尺寸，称为最小实体尺寸（LMS）。孔的最小实体尺寸（D_L）等于孔的上极限尺寸（D_{max}）；轴的最小实体尺寸（d_L）等于轴的下极限尺寸（d_{min}）。

7. 体外作用尺寸

孔的体外作用尺寸是指与实际孔表面体外相接的最大理想轴的直径，用 D_{fe} 表示；轴的体外作用尺寸是指与实际轴表面体外相接的最小理想孔的直径，用 d_{fe} 表示。

孔与轴的体外作用尺寸如图 2-3 所示，它们是零件上实际存在的、装配时实际起作用的零件尺寸，对于某一个具体零件来说，体外作用尺寸只有一个；但对于一批实际零件而言，体外作用尺寸则是一随机变量。从图 2-3 中可以看出，$D_{fe} \leq D_a$，$d_{fe} \geq d_a$。

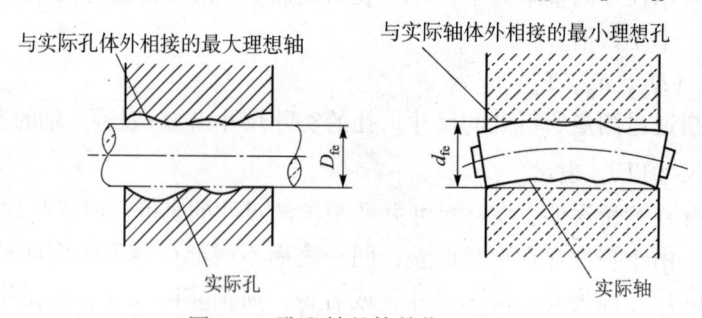

图 2-3 孔和轴的体外作用尺寸

8. 极限尺寸判断原则——泰勒原则

由图 2-3 可知，在孔与轴配合时除零件的尺寸大小起作用外，配合的松紧程度还与零件实际存在的几何误差有关。对于有配合要求的孔和轴，只有满足条件 $D_{fe} \geq d_{fe}$ 时，该孔、轴才有可能自由装配。

为了正确地判断工件尺寸的合格性，以及正确地判断工件孔、轴的配合特性，规定了极限尺寸判断原则。极限尺寸判断原则又称为泰勒原则，其主要内容为：孔或轴的体外作用尺寸不允许超出最大实体尺寸，孔或轴在任何位置上的实际尺寸不允许超出最小实体尺寸。即

$$\text{对于孔} \quad D_{fe} \geq D_{min} \quad D_a \leq D_{max}$$
$$\text{对于轴} \quad d_{fe} \leq d_{max} \quad d_a \geq d_{min}$$

极限尺寸判断原则是一个综合性的判断原则，它考虑了孔和轴的尺寸、形状等误差的综合影响，一般情况下，完工零件应按泰勒原则来判断其尺寸是否合格。

2.1.3 有关偏差与公差的术语定义

1. 偏差

某一尺寸减去它的公称尺寸，所得的代数差称为尺寸偏差，简称偏差。偏差可以为正，可以为负，也可以为零。

2. 实际偏差

零件的实际尺寸减去它的公称尺寸，所得的代数差称为实际偏差。

$$\text{孔的实际偏差} \quad E_a = D_a - D$$
$$\text{轴的实际偏差} \quad e_a = d_a - d$$

3. 极限偏差

极限尺寸减去它的公称尺寸，所得的代数差称为极限偏差。

（1）上极限偏差：上极限尺寸减去它的公称尺寸，所得的代数差称为上极限偏差。孔的上极限偏差用 ES 表示，轴的上极限偏差用 es 表示。

（2）下极限偏差：下极限尺寸减去它的公称尺寸，所得的代数差称为下极限偏差。孔的下极限偏差用 EI 表示，轴的下极限偏差用 ei 表示。

极限偏差可用下列公式计算：

$$\text{孔的上极限偏差} \quad ES = D_{max} - D$$
$$\text{轴的上极限偏差} \quad es = d_{max} - d$$
$$\text{孔的下极限偏差} \quad EI = D_{min} - D$$
$$\text{轴的下极限偏差} \quad ei = d_{min} - d$$

除零之外，偏差值前面必须标有正号或负号。上极限偏差的值总是大于下极限偏差的值。

4. 尺寸公差（T_D，T_d）

上极限尺寸减去下极限尺寸之差，或上极限偏差减去下极限偏差之差，称为尺寸公差，简称公差。公差是指尺寸的允许变动量。孔的公差用 T_D 表示，轴的公差用 T_d 表示。

公差、极限尺寸、极限偏差的关系如下：

$$\text{孔的公差} \quad T_D = |D_{max} - D_{min}| = |ES - EI|$$
$$\text{轴的公差} \quad T_d = |d_{max} - d_{min}| = |es - ei|$$

尺寸公差用于控制被加工零件的实际尺寸变动范围，工件的实际尺寸变动范围在公差范围之内即为合格；工件的实际尺寸变动范围超出公差范围之外即为不合格。

图 2-4 是公差与配合示意简图，它表明公称尺寸相同的两个相互结合的孔和轴的公称

尺寸、极限尺寸、极限偏差与尺寸公差的相互关系。

5. 尺寸公差带图

为了便于研究尺寸、偏差、公差三者之间的关系，可以画简图进行分析。考虑到公差的数值（μm级）与尺寸的数值（mm级）大小相差甚远，不便采用同一比例表达，因此在作简图时，只画出放大的孔与轴的公差带位置关系示意图形，这种图形称为尺寸公差带图。

根据需要，可将图2-4所示的公差与配合示意简图，绘制成图2-5所示的尺寸公差带图。绘制尺寸公差带图的方法如下：先画一条水平线代表公称尺寸，作为确定偏差的基准线，称为零线，零线是标注尺寸偏差的起始线；在零线下方画一个带单箭头的尺寸线，注明公称尺寸（单位为mm）；在零线附近标注相应的符号"0""+"和"-"，零线上方表示正偏差，零线下方表示负偏差；按给定比例画两条平行于零线的直线，上面的一条直线代表上极限偏差，下面的一条直线代表下极限偏差，这两条直线之间区域的宽度代表公差带的大小，即公差值；在公差带的上、下界线旁注出极限偏差值ES、EI，或es、ei（单位为μm）。

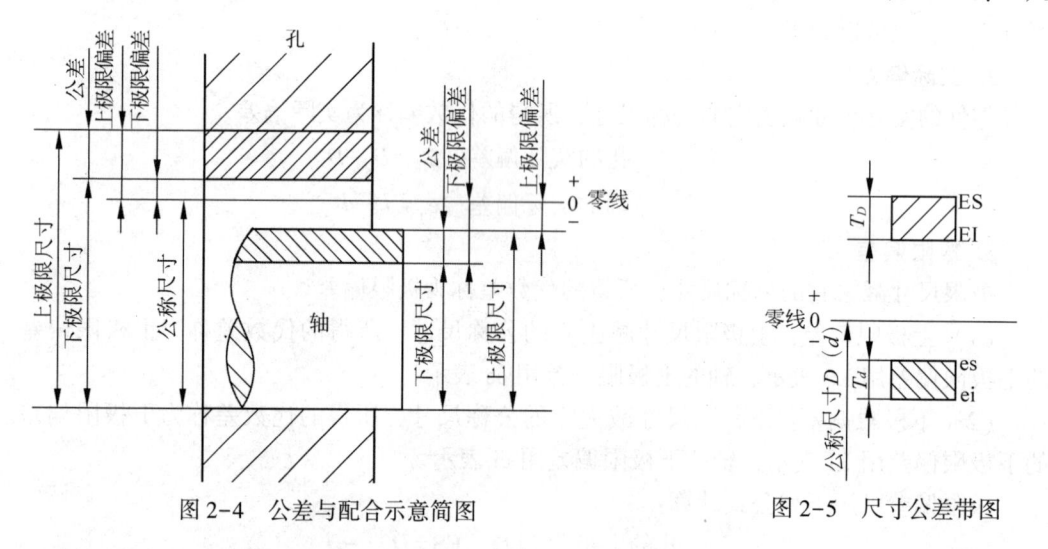

图2-4 公差与配合示意简图　　图2-5 尺寸公差带图

在国家标准中，尺寸公差带包括"公差带大小"与"公差带位置"两个参数。"公差带大小"取决于零件的标准公差值，由零件的公称尺寸和精度等级查表确定；"公差带位置"取决于极限偏差的数值，由两个极限偏差中靠近零线者的数值确定。

通常情况下，尺寸公差带图中的单位允许省略不写。

6. 基本偏差

用以确定公差带相对于零线位置的上极限偏差或下极限偏差，称为基本偏差。国标规定：基本偏差是指两个极限偏差中靠近零线的那个。当公差带位于零线的上方时，基本偏差为下极限偏差；当公差带位于零线的下方时，基本偏差为上极限偏差。

2.1.4 有关配合的术语定义

1. 间隙与过盈

在孔与轴的配合中，孔的尺寸减去相配合的轴的尺寸所得的代数差，称为间隙或过盈。当孔的尺寸大于相配轴的尺寸时，其差值为正时称为间隙，用 X 表示，显然，$X \geq 0$；当孔的尺寸小于相配轴的尺寸时，其差值为负时称为过盈，用 Y 表示，显然，$Y \leq 0$。

2. 配合及其种类

配合是指公称尺寸相同的、相互结合的孔与轴公差带之间的关系。配合的种类有 3 种：间隙配合、过盈配合和过渡配合。

（1）间隙配合：对于一批孔、轴，任取其中之一相配，具有间隙（包括最小间隙等于零）的配合称为间隙配合。间隙配合时，孔的公差带完全在轴的公差带的上方，如图 2-6 所示。

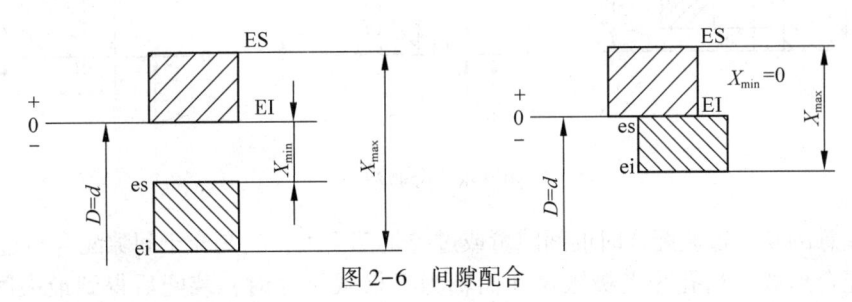

图 2-6 间隙配合

由于孔和轴的实际尺寸在各自的公差带内变动，因此，装配后各组孔与轴之间的实际间隙也是变动的。当孔为上极限尺寸、轴为下极限尺寸时，装配后得到最大间隙（X_{max}）；反之，当孔为下极限尺寸而轴为上极限尺寸时，装配后得到最小间隙 X_{min}。即

最大间隙　　$X_{max} = D_{max} - d_{min} = ES - ei$

最小间隙　　$X_{min} = D_{min} - d_{max} = EI - es$

间隙配合的平均松紧程度称为平均间隙 X_{av}，它是最大间隙与最小间隙的平均值。即：

平均间隙　　$X_{av} = (X_{max} + X_{min})/2$

（2）过盈配合：对于一批孔、轴，任取其中之一相配，具有过盈（包括最小过盈等于零）的配合称为过盈配合。过盈配合时，孔的公差带完全在轴的公差带的下方，如图 2-7 所示。

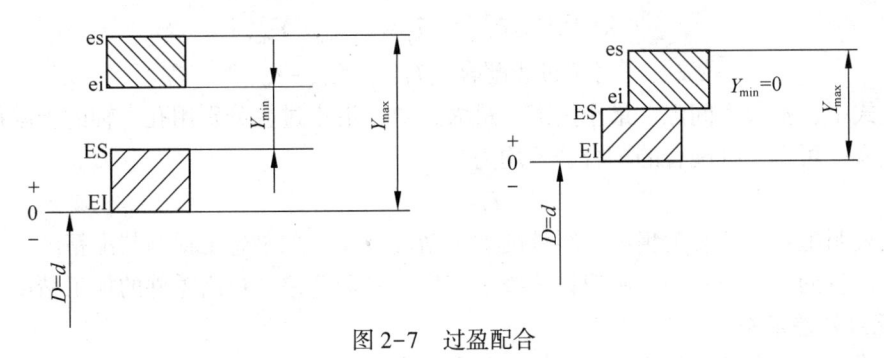

图 2-7 过盈配合

当孔为下极限尺寸而轴为上极限尺寸时，装配后得到最大过盈 Y_{max}；当孔为上极限尺寸而轴为下极限尺寸时，装配后得到最小过盈 Y_{min}；最大过盈与最小过盈的平均值 Y_{av} 称为平均过盈。即

最大过盈　　$Y_{max} = D_{min} - d_{max} = EI - es$

最小过盈　　$Y_{min} = D_{max} - d_{min} = ES - ei$

平均过盈　　$Y_{av} = (Y_{max} + Y_{min})/2$

(3) 过渡配合：对于一批孔、轴，任取其中之一相配，可能具有间隙也可能具有过盈的配合称为过渡配合。孔、轴结合形成过渡配合时，孔的公差带与轴的公差带相互交叠，如图 2-8 所示。

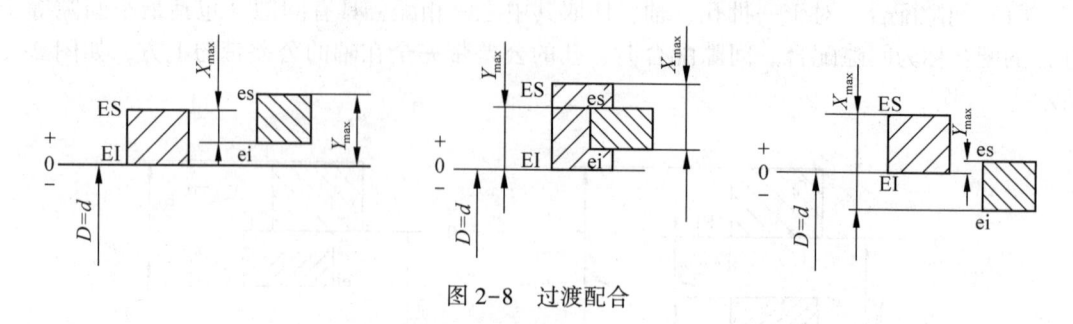

图 2-8 过渡配合

值得注意的是，过渡配合时的间隙量或过盈量都不大，它是介于间隙配合与过盈配合之间的一种配合形式。当孔为上极限尺寸而轴为下极限尺寸时，装配后得到最大间隙 X_{max}；当孔为下极限尺寸而轴为上极限尺寸时，装配后得到最大过盈 Y_{max}。即

最大间隙　　$X_{max} = D_{max} - d_{min} = ES - ei$

最大过盈　　$Y_{max} = D_{min} - d_{max} = EI - es$

在过渡配合中，最大间隙与最大过盈的平均值，称为平均间隙或平均过盈。所得的数值为正时，称为平均间隙；所得的数值为负时，称为平均过盈。即

平均间隙（平均过盈）　　$X_{av}(Y_{av}) = (X_{max} + Y_{max})/2$

3. 配合公差

间隙或过盈的允许变动量称为配合公差，它表明配合松紧程度的变化范围。配合公差用 T_f 表示，是一个没有符号的绝对值。

对于间隙配合　　$T_f = |X_{max} - X_{min}|$

对于过盈配合　　$T_f = |Y_{min} - Y_{max}|$

对于过渡配合　　$T_f = |X_{max} - Y_{max}|$

在上式中，把最大间隙、最小间隙、最大过盈、最小过盈分别用孔、轴的极限尺寸或极限偏差代入，可得三种配合的配合公差均为

$$T_f = T_D + T_d$$

上式表明配合件的装配精度与零件的加工精度有关。如果想要提高装配精度，使配合后的间隙或过盈的变动量较小，则应设法减小零件的制造公差，提高零件的加工精度。

4. 配合公差带图

综上所述，配合的种类反映配合的松紧，配合的公差反映配合松紧的变化程度。

为了直观表达配合性质，即反映配合松紧及其变动情况，可以使用配合公差带图。图 2-9 所示为配合公差带图，图中的水平线为零线，代表零间隙或零过盈；零线上方的纵坐标为正值，代表配合间隙；零线下方的纵坐标为负值，代表配合过盈。配合公差带两条横线之间的距离为配合公差值 T_f，它反映配合松紧的变化程度。

例 2-1　若已知某配合的公称尺寸为 $\phi 60$ mm，配合公差 $T_f = 49$ μm，最大间隙 $X_{max} = 19$ μm，孔的公差 $T_D = 30$ μm；轴的下偏差 $ei = +11$ μm，试画出该配合的尺寸公差带图和配

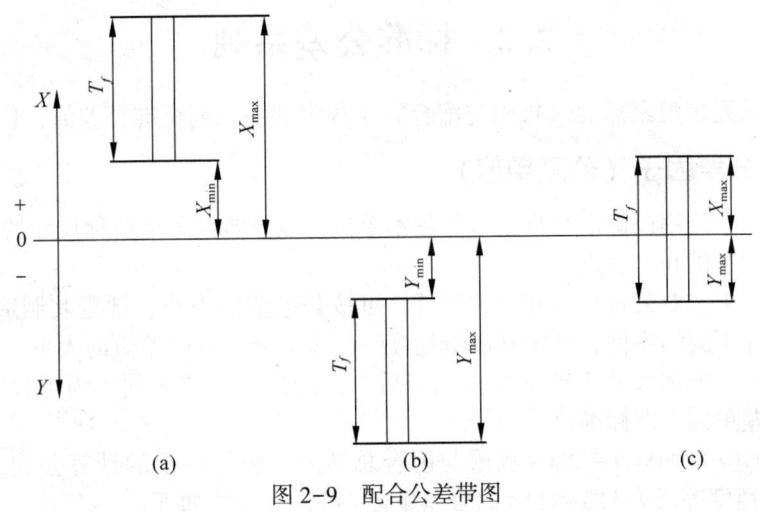

图 2-9　配合公差带图
(a) 间隙配合；(b) 过盈配合；(c) 过渡配合

合公差带图，并说明配合的种类。

解： 由 $T_f = T_D + T_d$ 得

$T_d = T_f - T_D = 49 - 30 = 19$ （μm）= es−ei

es = T_d+ei = 19+11 = +30 （μm）

由 X_{max} = ES−ei 得

ES = X_{max}+ei = 19+11 = +30 （μm）

EI = ES−T_D = +30−30 = 0

因为 ES>ei，且 EI<es，所以此配合的种类为过渡配合。

根据过渡配合的特性，$T_f = |X_{max} - Y_{max}| = X_{max} - Y_{max}$，得

$Y_{max} = X_{max} - T_f = 19 - 49 = -30$ （μm）

本题所述配合的尺寸公差带图和配合公差带图，分别如图 2-10 (a)、(b) 所示。

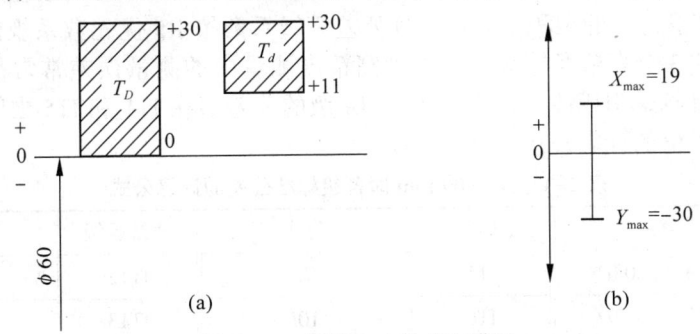

图 2-10　例题 2-1 的公差带图
(a) 尺寸公差带图；(b) 配合公差带图

2.2 标准公差系列

标准公差系列是国家标准《极限与配合》中规定的一系列标准公差值，包含以下内容。

2.2.1 标准公差因子（公差单位）

标准公差因子是用以确定标准公差的基本单位，该公差因子是公称尺寸的函数，是制定标准公差数值的基础和出发点。

在实际生产中，对公称尺寸相同的零件，可按公差值的大小，评定其制造精度的高低；但对于公称尺寸不同的零件，评定其制造精度时，就不能光看公差值的大小。实际上，在相同的加工条件下，公称尺寸不同的零件加工后产生的加工误差不同。为了合理规定公差数值，需建立公差单位，即标准公差因子。

国家标准 GB/T 1800.1—2009 极限与配合总结出了公差单位的计算公式。对于公称尺寸≤500 mm，精度等级为 IT5～IT18 的公差单位 i 的计算公式如下：

$$i = 0.45\sqrt[3]{D} + 0.001D \tag{2-1}$$

式中，D 为每一公称尺寸段中首尾两个尺寸的几何平均值，mm；i 为公差单位，μm。

上式第一项主要反映加工误差，表示公差按公称尺寸的立方根抛物线规律变化；第二项用以补偿测量温度和测量力变形引起的测量误差。国家标准规定测量温度为 20 ℃。当公称尺寸较小时，第二项的影响很小；当公称尺寸较大时，第二项的影响较大。例如公称尺寸为 400～500 mm 时，第二项占公差单位全值的 13%～14%。

2.2.2 公差等级

为了将公差数值进行标准化，以减少量具和刀具的规格种类，同时为了满足各种加工所需的不同精度要求，国家标准 GB/T 1800.1—2009 将公差数值的大小划分为 20 个公差等级，各级标准公差的代号分别以 IT01、IT0、IT1、IT2、IT3、…、IT17、IT18 表示。20 个公差等级中，IT01 级的精度最高，IT18 级的精度最低。

国标规定，在公称尺寸≤500 mm 的常用尺寸范围内，IT5～IT18 的公差值采用公差等级系数 a 与标准公差因子 i 的乘积来确定，且公差等级系数按 R5 优先数系规律递增排列；对 IT01、IT0、IT1 这 3 个高精度等级，考虑到高精度测量中的测量误差常常是误差的主要成分，故公差值的计算采用线性关系式；IT2～IT4 级的公差值在 IT1 和 IT5 之间呈几何级数分布。各级标准公差值的计算公式，见表 2-1。

表 2-1 $D \leq 500$ mm 时各级标准公差的计算公式

公差等级	公式	公差等级	公式	公差等级	公式
IT01	$0.3 + 0.008D$	IT5	$7i$	IT12	$160i$
IT0	$0.5 + 0.012D$	IT6	$10i$	IT13	$250i$
IT1	$0.8 + 0.020D$	IT7	$16i$	IT14	$400i$
IT2	$(IT1)\left(\dfrac{IT5}{IT1}\right)^{1/4}$	IT8	$25i$	IT15	$640i$
		IT9	$40i$	IT16	$1\,000i$
IT3	$(IT1)\left(\dfrac{IT5}{IT1}\right)^{2/4}$	IT10	$64i$	IT17	$1\,600i$
IT4	$(IT1)\left(\dfrac{IT5}{IT1}\right)^{3/4}$	IT11	$100i$	IT18	$2\,500i$

2.2.3 尺寸分段

由标准公差的计算公式知，在每一种公差等级中，不同公称尺寸的标准公差数值不相等，这将会使标准公差数值表格变得非常庞大，既不适用，也无必要。为了减少标准公差数值的数目，统一公差值，简化表格，便于应用，国家标准对公称尺寸进行了分段。进行尺寸分段后，对于同一尺寸分段内的所有公称尺寸，同一公差等级将具有相同的标准公差数值。

国家标准规定：在计算标准公差数值时，标准公差单位计算式中的 D，一律取该尺寸分段首尾两个尺寸的几何平均值代入运算。例如：对于 >30~50 mm 的尺寸段，$D=\sqrt{30\times50}\approx 38.73$ mm，凡属于这一尺寸段内的任一公称尺寸，均以 $D=38.73$ mm 代入计算标准公差数值。实践证明，这种方法极大地简化了公差表格，且计算所得的标准公差数值差别不大，有利于生产应用。标准公差数值见表 2-2。

表 2-2 标准公差数值（摘自 GB/T 1800.1—2009）

公称尺寸 /mm	标准公差等级 μm														mm			
	IT01	IT0	IT1	IT2	IT3	IT4	IT5	IT6	IT7	IT8	IT9	IT10	IT11	IT12	IT13	IT14	IT15	IT16	IT17	IT18
≤3	0.3	0.5	0.8	1.2	2	3	4	6	10	14	25	40	60	100	140	0.25	0.40	0.60	1.0	1.4
>3~6	0.4	0.6	1	1.5	2.5	4	5	8	12	18	30	48	75	120	180	0.30	0.48	0.75	1.2	1.8
>6~10	0.4	0.6	1	1.5	2.5	4	6	9	15	22	36	58	90	150	220	0.36	0.58	0.90	1.5	2.2
>10~18	0.5	0.8	1.2	2	3	5	8	11	18	27	43	70	110	180	270	0.43	0.70	1.10	1.8	2.7
>18~30	0.6	1	1.5	2.5	4	6	9	13	21	33	52	84	130	210	330	0.52	0.84	1.30	2.1	3.3
>30~50	0.6	1	1.5	2.5	4	7	11	16	25	39	62	100	160	250	390	0.62	1.00	1.60	2.5	3.9
>50~80	0.8	1.2	2	3	5	8	13	19	30	46	74	120	190	300	460	0.74	1.20	1.90	3.0	4.6
>80~120	1	1.5	2.5	4	6	10	15	22	35	54	87	140	220	350	540	0.87	1.40	2.20	3.5	5.4
>120~180	1.2	2	3.5	5	8	12	18	25	40	63	100	160	250	400	630	1.00	1.60	2.50	4.0	6.3
>180~250	2	3	4.5	7	10	14	20	29	46	72	115	185	290	460	720	1.15	1.85	2.90	4.6	7.2
>250~315	2.5	4	6	8	12	16	23	32	52	81	130	210	320	520	810	1.30	2.10	3.20	5.2	8.1
>315~400	3	5	7	9	13	18	25	36	57	89	140	230	360	570	890	1.40	2.30	3.60	5.7	8.9
>400~500	4	6	8	10	15	20	27	40	63	97	155	250	400	630	970	1.55	2.50	4.00	6.3	9.7

注：公称尺寸小于或等于 1 mm 时，无 IT14~IT18。

2.3 基本偏差系列

基本偏差是指尺寸偏差中最靠近零线的那个上极限偏差或下极限偏差。基本偏差的作用是用来确定公差带相对于零线的位置。基本偏差系列是对公差带位置的标准化。为了满足机器中各种不同性质和不同松紧程度的配合需要，国家标准对孔和轴分别规定了 28 种公差带位置，采用 28 种基本偏差代号来表示。

2.3.1 基本偏差代号

基本偏差代号用拉丁字母表示，大写字母表示孔的基本偏差，小写字母表示轴的基本偏差。28 种基本偏差代号，由 26 个拉丁字母中除去 5 个容易与其他参数混淆的字母 I、L、O、Q、W（i、l、o、q、w），剩下的 21 个字母加上 7 个双写字母 CD、EF、FG、JS、ZA、ZB、ZC（cd、ef、fg、js、za、zb、zc）组成。这 28 种基本偏差构成了基本偏差系列。

2.3.2 基本偏差系列图及其特征

图 2-11 所示为基本偏差系列图。从图中可以看出：H（或 h）的位置与零线重合，表示 H（或 h）的基本偏差等于零；JS（或 js）的公差带跨零线两侧呈对称分布，表示其上下偏差各为 $\pm IT/2$；J（或 j）的公差带虽然也是跨零线两侧分布，但相对于零线不对称。

由图 2-11 可知，基本偏差仅决定了靠近零线的那个极限偏差的位置；至于公差带中另一个极限偏差的位置，则由公差带的宽度（公差等级）确定。可见，通常情况下基本偏差与公差等级无关，而公差带中的另一个极限偏差才与公差等级有关。

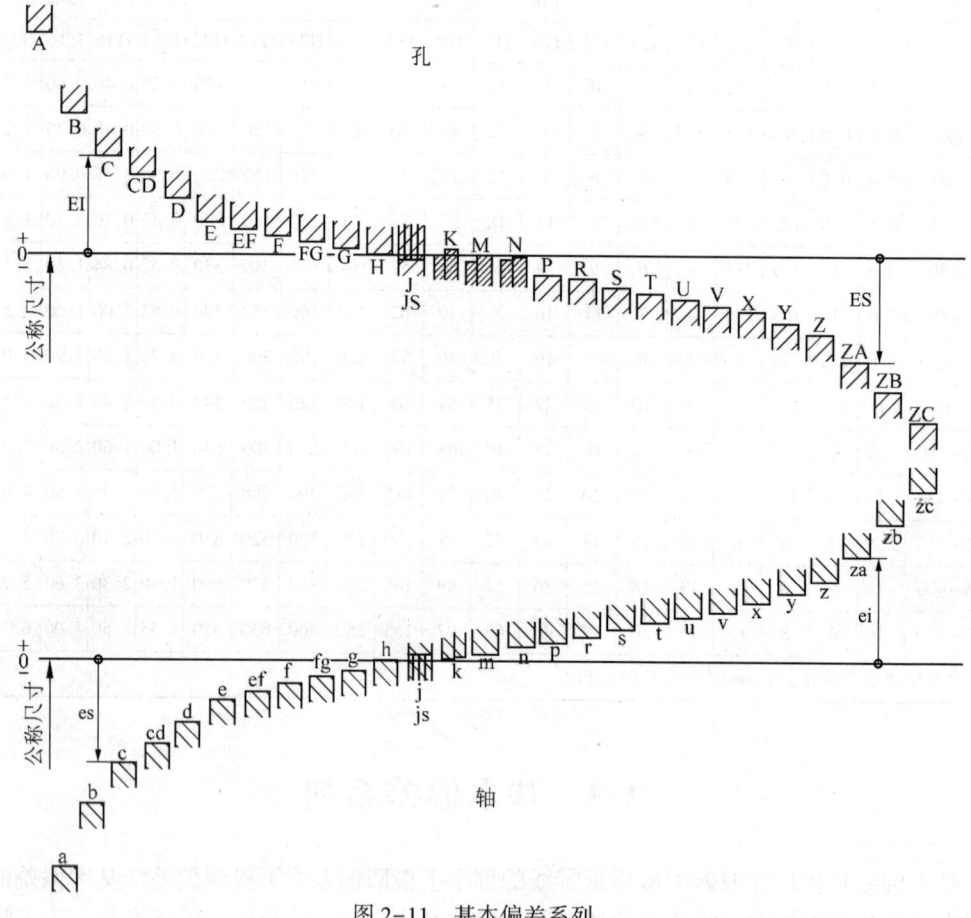

图 2-11 基本偏差系列

2.3.3 基本偏差数值

1. 轴的基本偏差数值

轴的基本偏差数值是以基孔制配合为基础，按照各种配合性质的要求，根据生产实践经验和统计分析结果得出的一系列公式进行计算，并对尾数进行圆整后得出的。轴的基本偏差计算公式见表 2-3，表中 D 值是尺寸分段中首、尾两个尺寸的几何平均值，单位为 mm；除 j 和 js 外，表中所列的公式与公差等级无关。为了方便使用，国家标准按上述轴的基本偏差计算公式，计算列出了轴的基本偏差数值表，见表 2-4。

轴的基本偏差可根据使用需要查表确定，另一个极限偏差则可根据轴的基本偏差和标准公差的数值按下列关系式计算：

$$公差带在零线之下时：ei = es - IT \qquad (2-2)$$

$$公差带在零线之上时：es = ei + IT \qquad (2-3)$$

2. 孔的基本偏差数值

国标规定，孔的基本偏差数值可由同名的轴的基本偏差换算得到。换算原则为：同名配合的配合性质不变，即基孔制的配合（如 30H9/f9、40H7/g6）换算成同名基轴制的配合（如 30F9/h9、40G7/h6）时，其配合性质（极限间隙或极限过盈）不变。根据上述原则，并考虑实际加工的工艺条件，孔的基本偏差通常采用以下两种规则进行换算。

表 2-3　公称尺寸 ≤ 500 mm 的轴的基本偏差计算公式

基本偏差代号	适用范围	基本偏差为上极限偏差 (es)	基本偏差代号	适用范围	基本偏差为下极限偏差 (ei)
a	$D \leq 120$ mm	$-(265+1.3D)$	j	IT5~IT8	经验数据
a	$D > 120$ mm	$-3.5D$	k	≤IT3 或 ≥IT8	0
b	$D \leq 160$ mm	$-(140+0.85D)$	k	IT4~IT7	$+0.6\sqrt[3]{D}$
b	$D > 160$ mm	$-1.8D$	m		$+(IT7-IT6)$
c	$D \leq 40$ mm	$-52D^{0.2}$	n		$+5D^{0.34}$
c	$D > 40$ mm	$-(95+0.8D)$	p		$+IT7+(0~5)$
cd		$-\sqrt{cd}$	r		$+\sqrt{ps}$
d		$-16D^{0.44}$	s	$D \leq 50$ mm	$+IT8+(1~4)$
e		$-11D^{0.41}$	s	$D > 50$ mm	$+IT7+0.4D$
ef		$-\sqrt{ef}$	t	$D > 24$ mm	$+IT7+0.63D$
f		$-5.5D^{0.41}$	u		$+IT7+D$
fg		$-\sqrt{fg}$	v	$D > 14$ mm	$+IT7+1.25D$
g		$-2.5D^{0.34}$	x		$+IT7+1.6D$
h		0	y	$D > 18$ mm	$+IT7+2D$
			z		$+IT7+2.5D$
			za		$+IT8+3.15D$
			zb		$+IT9+4D$
			zc		$+IT10+5D$
js = ± $\dfrac{IT}{2}$					

注：1. 式中 D 为公称尺寸段的几何平均值，单位为 mm；基本偏差的计算结果以 μm 计。
　　2. 除 j 和 js 外，表中所列公式与公差等级无关。

表 2-4 公称尺寸 ≤500 mm 的轴的基本偏差数值（GB/T 1800.1—2009）

基本偏差 μm

公称尺寸/mm	上极限偏差 es 所有公差等级										js	j 5,6	j 7	j 8	k 4~7	k ≤3>7	下极限偏差 ei 所有公差等级													
	a	b	c	cd	d	e	ef	f	fg	g	h							m	n	p	r	s	t	u	v	x	y	z	za	zb	zc
≤3	−270	−140	−60	−34	−20	−14	−10	−6	−4	−2	0		−2	−4	−6	0	0	+2	+4	+6	+10	+14	−	+18	−	+20	−	+26	+32	+40	+60
>3~6	−270	−140	−70	−46	−30	−20	−14	−10	−6	−4	0		−2	−4	−	+1	0	+4	+8	+12	+15	+19	−	+23	−	+28	−	+35	+42	+50	+80
>6~10	−280	−150	−80	−56	−40	−25	−18	−13	−8	−5	0		−2	−5	−	+1	0	+6	+10	+15	+19	+23	−	+28	−	+34	−	+42	+52	+67	+97
>10~14	−290	−150	−95	−	−50	−32	−	−16	−	−6	0		−3	−6	−	+1	0	+7	+12	+18	+23	+28	−	+33	−	+40	−	+50	+64	+90	+130
>14~18	−290	−150	−95	−	−50	−32	−	−16	−	−6	0		−3	−6	−	+1	0	+7	+12	+18	+23	+28	−	+33	+39	+45	−	+60	+77	+108	+150
>18~24	−300	−160	−110	−	−65	−40	−	−20	−	−7	0		−4	−8	−	+2	0	+8	+15	+22	+28	+35	−	+41	+47	+54	+63	+73	+98	+136	+188
>24~30	−300	−160	−110	−	−65	−40	−	−20	−	−7	0		−4	−8	−	+2	0	+8	+15	+22	+28	+35	+41	+48	+55	+64	+75	+88	+118	+160	+218
>30~40	−310	−170	−120	−	−80	−50	−	−25	−	−9	0		−5	−10	−	+2	0	+9	+17	+26	+34	+43	+48	+60	+68	+80	+94	+112	+148	+200	+274
>40~50	−320	−180	−130	−	−80	−50	−	−25	−	−9	0		−5	−10	−	+2	0	+9	+17	+26	+34	+43	+54	+70	+81	+97	+114	+136	+180	+242	+325
>50~65	−340	−190	−140	−	−100	−60	−	−30	−	−10	0		−7	−12	−	+2	0	+11	+20	+32	+41	+53	+66	+87	+102	+122	+144	+172	+226	+300	+405
>65~80	−360	−200	−150	−	−100	−60	−	−30	−	−10	0		−7	−12	−	+2	0	+11	+20	+32	+43	+59	+75	+102	+120	+146	+174	+210	+274	+360	+480
>80~100	−380	−220	−170	−	−120	−72	−	−36	−	−12	0		−9	−15	−	+3	0	+13	+23	+37	+51	+71	+91	+124	+146	+178	+214	+258	+335	+445	+585
>100~120	−410	−240	−180	−	−120	−72	−	−36	−	−12	0		−9	−15	−	+3	0	+13	+23	+37	+54	+79	+104	+144	+172	+210	+254	+310	+400	+525	+690
>120~140	−460	−260	−200	−	−145	−85	−	−43	−	−14	0		−11	−18	−	+3	0	+15	+27	+43	+63	+92	+122	+170	+202	+248	+300	+365	+470	+620	+800
>140~160	−520	−280	−210	−	−145	−85	−	−43	−	−14	0		−11	−18	−	+3	0	+15	+27	+43	+65	+100	+134	+190	+228	+280	+340	+415	+535	+700	+900
>160~180	−580	−310	−230	−	−145	−85	−	−43	−	−14	0		−11	−18	−	+3	0	+15	+27	+43	+68	+108	+146	+210	+252	+310	+380	+465	+600	+780	+1 000
>180~200	−660	−340	−240	−	−170	−100	−	−50	−	−15	0		−13	−21	−	+4	0	+17	+31	+50	+77	+122	+166	+236	+284	+350	+425	+520	+670	+880	+1 150
>200~225	−740	−380	−260	−	−170	−100	−	−50	−	−15	0		−13	−21	−	+4	0	+17	+31	+50	+80	+130	+180	+258	+310	+385	+470	+575	+740	+960	+1 250
>225~250	−820	−420	−280	−	−170	−100	−	−50	−	−15	0		−13	−21	−	+4	0	+17	+31	+50	+84	+140	+196	+284	+340	+425	+520	+640	+820	+1 050	+1 350
>250~280	−920	−480	−300	−	−190	−110	−	−56	−	−17	0		−16	−26	−	+4	0	+20	+34	+56	+94	+158	+218	+315	+385	+475	+580	+710	+900	+1 200	+1 550
>280~315	−1 050	−540	−330	−	−190	−110	−	−56	−	−17	0		−16	−26	−	+4	0	+20	+34	+56	+98	+170	+240	+350	+425	+525	+650	+790	+1 000	+1 300	+1 700
>315~355	−1 200	−600	−360	−	−210	−125	−	−62	−	−18	0		−18	−28	−	+4	0	+21	+37	+62	+108	+190	+268	+390	+475	+590	+730	+900	+1 150	+1 500	+1 900
>355~400	−1 350	−680	−400	−	−210	−125	−	−62	−	−18	0		−18	−28	−	+4	0	+21	+37	+62	+114	+208	+294	+435	+530	+660	+820	+1 000	+1 300	+1 650	+2 100
>400~450	−1 500	−760	−440	−	−230	−135	−	−68	−	−20	0		−20	−32	−	+5	0	+23	+40	+68	+126	+232	+330	+490	+595	+740	+920	+1 100	+1 450	+1 850	+2 400
>450~500	−1 650	−840	−480	−	−230	−135	−	−68	−	−20	0		−20	−32	−	+5	0	+23	+40	+68	+132	+252	+360	+540	+660	+820	+1 000	+1 250	+1 600	+2 100	+2 600

js 栏偏差=$\pm \frac{IT}{2}$

注：1. 公称尺寸小于 1 mm 时，各级的 a 和 b 均不采用。
2. js 的数值：对 IT7~IT11，若 IT 的数值（μm）为奇数，则取 js=±(IT−1)/2。

(1) 通用规则：采用同一字母代号表示的孔、轴的基本偏差的绝对值相等，符号相反。形象地说，采用通用规则换算时，孔的基本偏差就是轴的基本偏差相对于零线的倒影（倒影规则）。按通用规则进行换算求取孔的基本偏差的孔有：① 所有间隙配合（A~H）；② 较低精度的过渡配合和过盈配合（精度低于IT8时的K、M、N，精度低于IT7时的P~ZC）。按通用规则计算时，有如下关系式：

$$EI = -es \text{（适用于A~H）} \\ ES = -ei \text{（适用于K~ZC的同级精度配合）} \tag{2-4}$$

(2) 特殊规则：对于标准公差≤IT8的K、M、N和标准公差≤IT7的P~ZC，孔的基本偏差ES与同字母的轴的基本偏差ei的符号相反，而绝对值相差一个Δ值。即

$$\begin{cases} ES = -ei + \Delta \\ \Delta = IT_n - IT_{n-1} = IT_D - IT_d \end{cases} \tag{2-5}$$

使用特殊规则求取孔的基本偏差的工程背景，是因为在较高的公差等级中，加工孔比加工同级的轴困难得多，所以常采用孔比轴低一级精度相配的制造工艺，并要求两种基准制所形成的配合性质相同。特殊规则适用于公称尺寸≤500 mm，标准公差≤IT8的K、M、N和标准公差≤IT7的P~ZC。

孔的基本偏差换算规则，可用图2-12简要表示。在图2-12所示的三个小图中，左边表示的是基孔制配合中，配合轴的基本偏差（换算前的es或ei）；右边表示的是基轴制配合中，配合孔的基本偏差（换算后得到的EI或ES）。

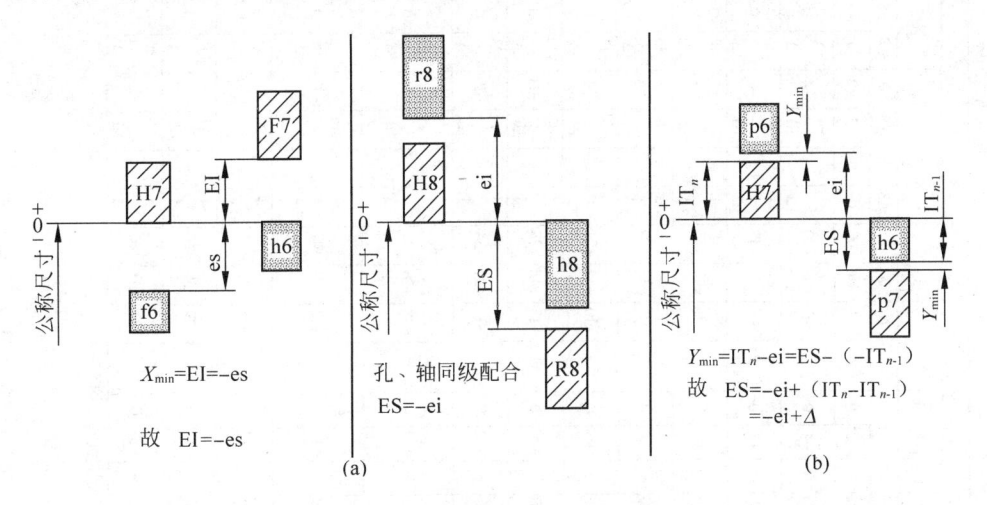

图2-12 孔的基本偏差换算规则
(a) 通用规则；(b) 特殊规则

换算得到孔的基本偏差后，孔的另一个极限偏差的数值，可根据换算所得孔的基本偏差值和孔的标准公差值，按下列关系式计算：

$$EI = ES - IT \text{（公差带在零线之下）} \tag{2-6}$$
$$ES = EI + IT \text{（公差带在零线之上）} \tag{2-7}$$

按上述换算规则，国标制定出孔的基本偏差数值表，见表2-5。

表 2-5 尺寸 ≤500 mm 的孔的基本偏差数值（GB/T 1800.1—2009）

公称尺寸 /mm	基本偏差 μm 下极限偏差 EI									上极限偏差 ES																	Δ/μm						
	A	B	C	CD	D	E	EF	F	FG	G	H	JS	J			K		M		N		P~ZC	P	R	S	T	U	V	X	Y	Z	ZA	ZB	ZC							
	所有公差等级												6	7	8	≤8	>8	≤8	>8	≤8	>8	≤7	>7											3	4	5	6	7	8
≤3	+270	+140	+60	+34	+20	+14	+10	+6	+4	+2	0		+2	+4	+6	0	0	−2	−2	−4	−4		−6	−10	−14	—	−18	—	−20	—	−26	−32	−40	−60	0	0	0	0	0	0
>3~6	+270	+140	+70	+46	+30	+20	+14	+10	+6	+4	0		+5	+6	+10	−1 +Δ	—	−4 +Δ	−4	0	−8+Δ	级	−12	−15	−19	—	−23	—	−28	—	−35	−42	−50	−80	1	1.5	1	3	4	6
>6~10	+280	+150	+80	+56	+40	+25	+18	+13	+8	+5	0		+5	+8	+12	−1 +Δ	—	−6 +Δ	−6	0	−10+Δ	的	−15	−19	−23	—	−28	—	−34	—	−42	−52	−67	−97	1	1.5	2	3	6	7
>10~14	+290	+150	+95	—	+50	+32	—	+16	—	+6	0		+6	+10	+15	−1 +Δ	—	−7 +Δ	−7	0	−12+Δ	相	−18	−23	−28	—	−33	−39	−40	—	−50	−64	−90	−130	1	2	3	3	7	9
>14~18												偏差等于 ±IT/2										应数						−45		−60	−77	−108	−150						
>18~24	+300	+160	+110	—	+65	+40	—	+20	—	+7	0		+8	+12	+20	−2 +Δ	—	−8 +Δ	−8	0	−15+Δ	值	−22	−28	−35	—	−41	−47	−54	−63	−73	−88	−136	−188	1.5	2	3	4	8	12
>24~30																						上				−41	−48	−55	−64	−75	−88	−118	−160	−218						
>30~40	+310	+170	+120	—	+80	+50	—	+25	—	+9	0		+10	+14	+24	−2 +Δ	—	−9 +Δ	−9	0	−17+Δ	增	−26	−34	−43	−48	−60	−68	−80	−94	−112	−148	−200	−274	1.5	3	4	5	9	14
>40~50	+320	+180	+130	—																		加				−54	−70	−81	−97	−114	−136	−180	−242	−325						
>50~65	+340	+190	+140	—	+100	+60	—	+30	—	+10	0		+13	+18	+28	−2 +Δ	—	−11 +Δ	−11	0	−20+Δ	一	−32	−41	−53	−66	−87	−102	−122	−144	−172	−210	−300	−405	2	3	5	6	11	16
>65~80	+360	+200	+150	—																		个		−43	−59	−75	−102	−120	−146	−174	−210	−258	−360	−480						
>80~100	+380	+220	+170	—	+120	+72	—	+36	—	+12	0		+16	+22	+34	−3 +Δ	—	−13 +Δ	−13	0	−23+Δ	Δ	−37	−51	−71	−91	−124	−146	−178	−214	−258	−335	−445	−585	2	4	5	7	13	19
>100~120	+410	+240	+180	—																		值		−54	−79	−104	−144	−172	−210	−254	−310	−400	−525	−690						
>120~140	+460	+260	+200	—	+145	+85	—	+43	—	+14	0		+18	+26	+41	−3 +Δ	—	−15 +Δ	−15	0	−27+Δ		−43	−63	−92	−122	−170	−202	−248	−300	−365	−470	−620	−800	3	4	6	7	15	23
>140~160	+520	+280	+210	—																				−65	−100	−134	−190	−228	−280	−340	−415	−535	−700	−900						
>160~180	+580	+310	230	—																				−68	−108	−146	−210	−252	−310	−380	−465	−600	−780	−1 000						
>180~200	+660	+340	+240	—	+170	+100	—	+50	—	+15	0		+22	+30	+47	−4 +Δ	—	−17 +Δ	−17	0	−31+Δ		−50	−77	−122	−166	−236	−284	−350	−425	−520	−670	−880	−1 150	3	4	6	9	17	26
>200~225	+740	+380	+260	—																				−80	−130	−180	−258	−310	−385	−470	−575	−740	−960	−1 250						
>225~250	+820	+420	280	—																				−84	−140	−196	−284	−340	−425	−520	−640	−820	−1 050	−1 350						
>250~280	+920	+480	+300	—	+190	+110	—	+56	—	+17	0		+25	+36	+55	−4 +Δ	—	−20 +Δ	−20	0	−34+Δ		−56	−94	−158	−218	−315	−385	−475	−580	−710	−920	−1 200	−1 550	4	4	7	9	20	29
>280~315	+1 050	+540	+330	—																				−98	−170	−240	−350	−425	−525	−650	−790	−1 000	−1 300	−1 700						
>315~355	+1 200	+600	+360	—	+210	+125	—	+62	—	+18	0		+29	+39	+60	−4 +Δ	—	−21 +Δ	−21	0	−37+Δ		−62	−108	−190	−268	−390	−475	−590	−730	−900	−1 150	−1 500	−1 900	4	5	7	11	21	32
>355~400	+1 350	+680	+400	—																				−114	−208	−294	−435	−530	−660	−820	−1 000	−1 300	−1 650	−2 100						
>400~450	+1 500	+760	+440	—	+230	+135	—	+68	—	+20	0		+33	+43	+66	−5 +Δ	—	−23 +Δ	−23	0	−40+Δ		−68	−126	−232	−330	−490	−595	−740	−920	−1 100	−1 450	−1 850	−2 400	5	5	7	13	23	34
>450~500	+1 650	+840	+480	—																				−132	−252	−360	−540	−660	−820	−1 000	−1 250	−1 600	−2 100	−2 600						

注：1. 公称尺寸小于 1 mm 时，各级的 A 和 B 及大于 8 级的 N 均不采用。
2. JS 的数值：对 IT7~IT11，若 IT 的数值（μm）为奇数，则取 JS=±$\frac{IT-1}{2}$。
3. 特殊情况：当公称尺寸大于 250~315 mm 时，M6 的 ES 等于 −9（不等于−11）。
4. 对小于或等于 IT8 的 K、M、N 和小于或等于 IT7 的 P~ZC，所需 Δ 值从表内右侧栏选取。例如：大于 6~10 mm 的 P6，Δ=3，所以 ES = (−15+3) μm=−12 μm。

例 2-2 查表确定 $\phi25H8/p8$，$\phi25P8/h8$ 孔与轴的极限偏差，并计算这两个配合的极限过盈与极限间隙。

解：① 查表确定孔和轴的标准公差。

查表 2-2，得：IT8=33 μm

② 查表确定轴的基本偏差。

查表 2-4，得：p 的基本偏差为下极限偏差 ei=+22 μm

h 的基本偏差为上极限偏差 es=0

③ 查表确定孔的基本偏差。

查表 2-5，得：H 的基本偏差为下极限偏差 EI=0

P 的基本偏差为上极限偏差 ES=−22 μm

④ 计算轴的另一个极限偏差。

p8 的另一个极限偏差 es=ei+IT8=(+22+33)μm=+55 μm

h8 的另一个极限偏差 ei=es−IT8=(0−33)μm=−33 μm

⑤ 计算孔的另一个极限偏差。

H8 的另一个极限偏差 ES=EI+IT8=(0+33)μm=+33 μm

P8 的另一个极限偏差 EI=ES−IT8=(−22−33)μm=−55 μm

⑥ 标出极限偏差。

$$\phi25\frac{H8\binom{+0.033}{0}}{p8\binom{+0.055}{+0.022}} \qquad \phi25\frac{P8\binom{-0.022}{-0.055}}{h8\binom{0}{-0.033}}$$

⑦ 计算极限过盈与极限间隙。

对于 $\phi25H8/p8$ Y_{max}=EI−es=0−(+0.055)=−0.055（mm）

X_{max}=ES−ei=+0.033−(+0.022)=+0.011（mm）

对于 $\phi25P8/h8$ Y_{max}=EI−es=−0.055−0=−0.055（mm）

X_{max}=ES−ei=−0.022−(−0.033)=+0.011（mm）

由此可见，$\phi25H8/p8$ 与 $\phi25P8/h8$ 的配合性质相同。

例 2-3 查表确定 $\phi20H7/p6$，$\phi20P7/h6$ 孔与轴的极限偏差，并计算这两个配合的极限过盈与极限间隙。

解：① 查表确定孔和轴的标准公差。

查表 2-2，得：IT6=13 μm   IT7=21 μm

② 查表确定轴的基本偏差。

查表 2-4，得：p 的基本偏差为下极限偏差 ei=+22 μm

h 的基本偏差为上极限偏差 es=0

③ 查表确定孔的基本偏差。

查表 2-5，得：H 的基本偏差为下极限偏差 EI=0

P 的基本偏差为上极限偏差 ES=(−22+Δ)μm

=(−22+8)μm=−14 μm

④ 计算轴的另一个极限偏差。

p6 的另一个极限偏差 es=ei+IT6=(+22+13)μm=+35 μm

h6 的另一个极限偏差 ei=es−IT6=(0−13)μm=−13 μm

⑤ 计算孔的另一个极限偏差。

H7 的另一个极限偏差　ES=EI+IT7=(0+21)μm=+21 μm

P7 的另一个极限偏差　EI=ES-IT7=(-14-21)μm=-35 μm

⑥ 标出极限偏差。

$$\phi 20 \frac{\text{H7}\,\binom{+0.021}{0}}{\text{p6}\,\binom{+0.035}{+0.022}} \qquad \phi 20 \frac{\text{P7}\,\binom{-0.014}{-0.035}}{\text{h6}\,\binom{0}{-0.013}}$$

⑦ 计算极限过盈和极限间隙。

对于 $\phi 20\text{H7}/\text{p6}$

$$Y_{\max}=\text{EI}-\text{es}=0-(+0.035)=-0.035 \text{ (mm)}$$

$$Y_{\min}=\text{ES}-\text{ei}=+0.021-(+0.022)=-0.001 \text{ (mm)}$$

对于 $\phi 20\text{P7}/\text{h6}$

$$Y_{\max}=\text{EI}-\text{es}=(-0.035-0)=-0.035 \text{ (mm)}$$

$$Y_{\min}=\text{ES}-\text{ei}=-0.014-(-0.013)=-0.001 \text{ (mm)}$$

可见，$\phi 20\text{H7}/\text{p6}$ 与 $\phi 20\text{P7}/\text{h6}$ 的配合性质相同。

2.4　配合种类的标准化

2.4.1　基准制

为了进一步简化配合的种类，国家标准规定了常用的两种基准制：基孔制和基轴制。国家标准还规定，如果确有特殊需要，允许将任一孔、轴的公差带组成所需的配合。

1. 基孔制

基孔制是基本偏差为一定的孔的公差带，与不同基本偏差的轴的公差带形成各种配合的一种制度，如图 2-13 (a) 所示。在基孔制中，孔是基准件，称为基准孔；轴是非基准件，称为配合轴。国家标准规定，基准孔的基本偏差是下极限偏差，且等于零，即 EI=0，并以基本偏差代号 H 表示。在生产中推荐优先选用基孔制，因为这样做可以大大减少孔加工所需的定值刀具、定值量具的规格种类，从而可以获得良好的经济技术效果。

2. 基轴制

基轴制是基本偏差为一定的轴的公差带，与不同基本偏差的孔的公差带形成各种配合的一种制度，如图 2-13 (b) 所示。在基轴制中，轴是基准件，称为基准轴；孔是非基准件，称为配合孔。国家标准规定，基准轴的基本偏差是上极限偏差，且等于零，即 es=0，并以基本偏差代号 h 表示。

2.4.2　基本偏差的构成规律

(1) 在孔和轴的各种基本偏差中，A~H 和 a~h 与基准件相配时，可以得到间隙配合；J~N 和 j~n 与基准件相配时，基本上得到过渡配合；P~ZC 和 p~zc 与基准件相配时，基本上得到过盈配合。由于基准件的基本偏差为零，它的另一个极限偏差就取决于其公差等级的高低（公差带的大小），因此某些基本偏差的非基准件（基孔制的配合轴、基轴制的配合孔）的公差带在与公差较大的基准件（基孔制的基准孔、基轴制的基准轴）相配时可以形成过渡配合，而与公差带较小的基准件相配时，则可能形成过盈配合，如 N、n、P、p 等（见图 2-13）。

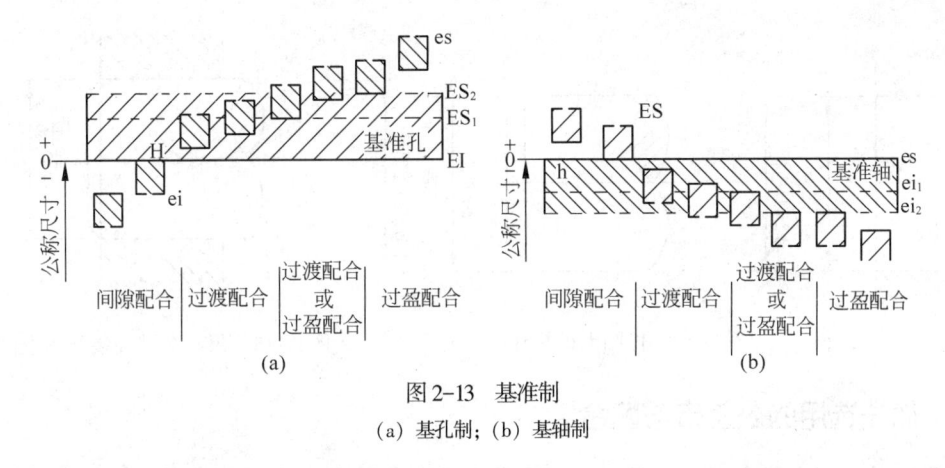

图 2-13 基准制
(a) 基孔制；(b) 基轴制

(2) 公称尺寸≤500 mm 时，轴的 28 种基本偏差值是按表 2-3 中所列的公式计算确定的。由表可知，轴的基本偏差的数值基本上与轴的公差等级无关。只有基本偏差 k，根据不同的公差等级规定了两种不同的数值，基本偏差 j 只用于 IT5~IT8 级。基本偏差 js 是对称零线分布的公差带，其极限偏差为±IT/2。

(3) 轴的基本偏差，一般是靠近零线的那个极限偏差，即 a~h 为轴的上极限偏差（es），k~zc 为轴的下极限偏差（ei）。

(4) 公称尺寸≤500 mm 时，孔的 28 种基本偏差，除了 JS 与 js 相同，且其极限偏差为±IT/2 以外，其余 27 种孔的基本偏差的数值都是由相应代号的轴的基本偏差的数值换算得到。

(5) 一般对于同一字母表示的孔的基本偏差与轴的基本偏差，它们相对于零线是完全对称的。即孔与轴的基本偏差对应（例如 A 对应 a）时，两者的基本偏差的绝对值相等，而符号相反。

2.4.3 极限与配合在图样上的标注

1. 公差带代号与配合代号

公差带代号由基本偏差代号和公差等级数字组成。其中，大写拉丁字母表示孔，小写拉丁字母表示轴，字母后的数字表示公差等级。例如：H7、F7、K7、P6 等为孔的公差带代号；h7、g6、m6、r7 等为轴的公差带代号。

配合代号以分数形式表示，分子为孔的公差带代号，分母为轴的公差带代号，如 H7/g6 所示。如果需要指明配合的公称尺寸，则将公称尺寸标注在配合代号之前，如 ϕ30H7/g6。

2. 图样中尺寸公差的标注形式

在零件图上，尺寸公差的标注形式有两种方法，可依据生产类型的实际需要而定。第一种方法是在图上标注公称尺寸和极限偏差的数值；第二种方法是既标注公称尺寸和公差带代号，又在括号内标注极限偏差的数值。零件图上的两种标注方法如图 2-14 所示。

在装配图上，主要应当标注公称尺寸的大小和孔与轴的配合代号，以表明设计者对配合性质及使用功能的要求，即以分数形式表示孔、轴的基本偏差代号与公差等级，如图 2-15 所示。

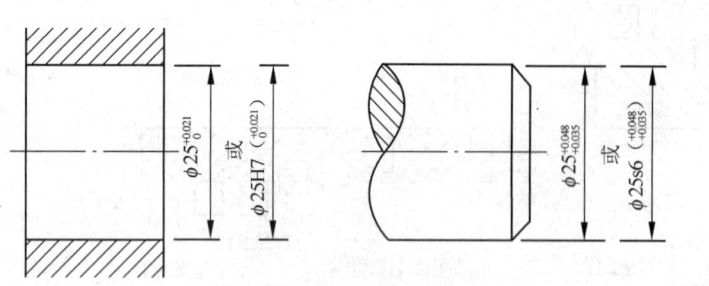

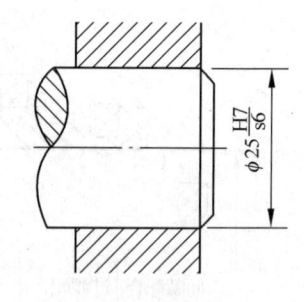

图 2-14　尺寸公差在零件图上的标注

图 2-15　尺寸公差在装配图上的标注

2.4.4　优先选用的公差带与配合

按照极限与配合国家标准中提供的标准公差和基本偏差，对于孔或对于轴，都可将任一种基本偏差与任一种公差等级进行组合，从而得到大量位置不同和大小不等的公差带。这些公差带在公称尺寸≤500 mm 范围内计算，孔的公差带有 20×27+3（即 J6、J7、J8）= 543 种，轴的公差带有 20×27+4（即 j5、j6、j7、j8）= 544 种。在生产中如果使用这么多种公差带，显然是很不经济的，因为它势必导致刀具和量具规格种类的无限膨胀增多，造成极大的经济浪费，对发展生产不利。

为了满足生产的需要，减少极限与配合的种类，保证产品的互换性，并使加工孔的定值刀具和定值量具的规格种类尽可能减少，国家标准在满足我国生产发展需要的前提下，对轴提出了如图 2-16 所列的一般用途公差带 116 种，其中包括常用公差带（方框中）59 种，推荐的优先选用公差带（圆圈中）13 种；对孔提出了如图 2-17 所列的一般用途公差带 105 种，其中包括常用公差带（方框中）44 种，推荐的优先选用公差带（圆圈中）13 种。

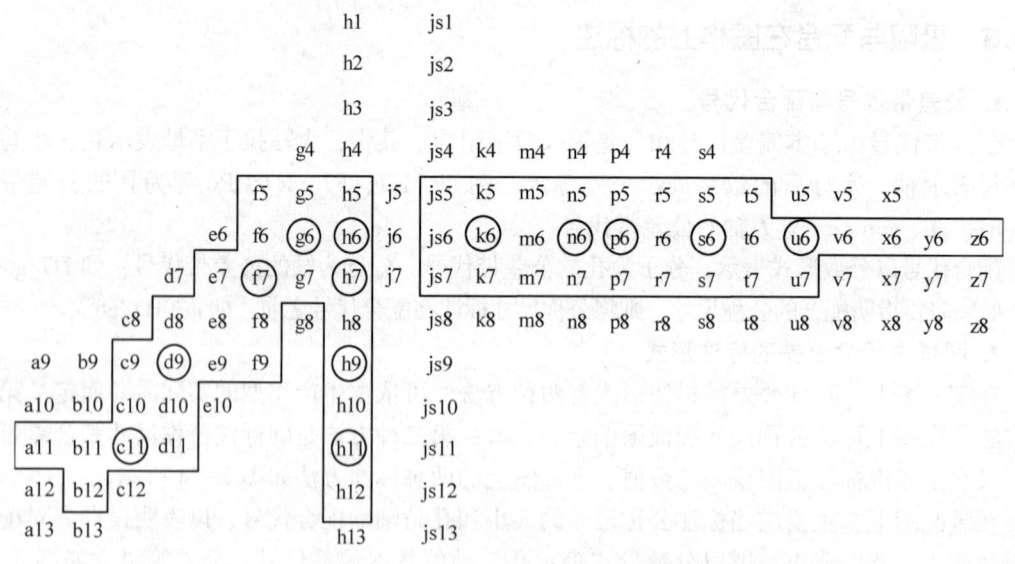

图 2-16　一般、常用和优先的轴公差带

```
                    H1      JS1
                    H2      JS2
                    H3      JS3
                    H4      JS4  K4  M4
              G5    H5      JS5  K5  M5  N5  P5  R5  S5
        F6 G6 H6 J6          JS6 K6 M6 N6 P6 R6 S6 T6 U6 V6 X6 Y6 Z6
     D7 E7 F7 G7 H7 J7       JS7 K7 M7 N7 P7 R7 S7 T7 U7 V7 X7 Y7 Z7
  C8 D8 E8 F8 G8 H8 J8       JS8 K8 M8 N8 P8 R8 S8 T8 U8 V8 X8 Y8 Z8
A9 B9 C9 D9 E9 F9 H9          JS9            N9 P9
A10 B10 C10 D10 E10 H10       JS10
A11 B11 C11 D11 H11            JS11
A12 B12 C12 H12                JS12
              H13              JS13
```

图 2-17　一般、常用和优先的孔公差带

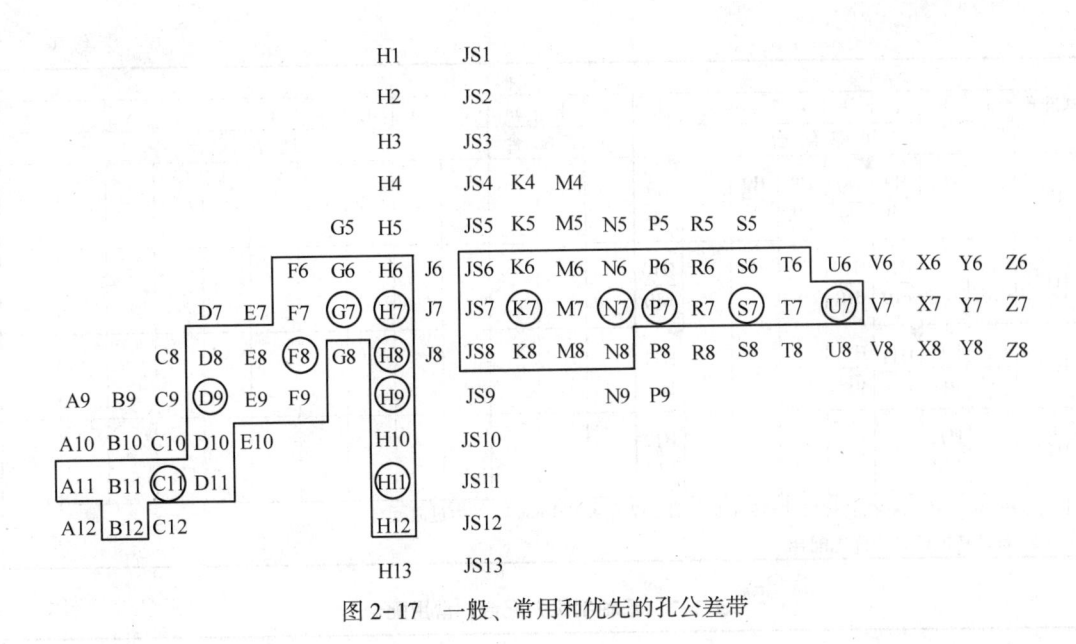

国家标准规定：在选用公差带时，应按"优先""常用""一般"公差带的优先顺序进行选取；若一般公差带中选不到能满足使用要求的公差带，才允许按国标规定的标准公差和基本偏差来组成所需公差带，或考虑采用延伸和插入的方法来确定所需的新的公差带。

在上述推荐的轴、孔公差带的基础上，国家标准规定了基孔制常用配合 59 种，其中包括优先配合 13 种，如表 2-6 所示；规定了基轴制常用配合 47 种，其中包括优先配合 13 种，如表 2-7 所示。值得注意的是，国家标准在表 2-6 中规定：当轴的标准公差小于或等于 IT7 级时，轴应当与低一级精度的基准孔相配合；当轴的标准公差大于或等于 IT8 级时，轴与同级精度的基准孔相配合。同理，国家标准在表 2-7 中规定：当孔的标准公差小于 IT8 级或等于 IT8 级时，孔应当与高一级精度的基准轴相配合；其余情况下，孔与基准轴同级相配。

表 2-6　基孔制优先配合、常用配合

基准孔	a	b	c	d	e	f	g	h	js	k	m	n	p	r	s	t	u	v	x	y	z
					间隙配合					过渡配合						过盈配合					
H6						$\frac{H6}{f5}$	$\frac{H6}{g5}$	$\frac{H6}{h5}$	$\frac{H6}{js5}$	$\frac{H6}{k5}$	$\frac{H6}{m5}$	$\frac{H6}{n5}$	$\frac{H6}{p5}$	$\frac{H6}{r5}$	$\frac{H6}{s5}$	$\frac{H6}{t5}$					
H7						$\frac{H7}{f6}$	$\frac{H7}{g6}$	$\frac{H7}{h6}$	$\frac{H7}{js6}$	$\frac{H7}{k6}$	$\frac{H7}{m6}$	$\frac{H7}{n6}$	$\frac{H7}{p6}$	$\frac{H7}{r6}$	$\frac{H7}{s6}$	$\frac{H7}{t6}$	$\frac{H7}{u6}$	$\frac{H7}{v6}$	$\frac{H7}{x6}$	$\frac{H7}{y6}$	$\frac{H7}{z6}$
H8					$\frac{H8}{e7}$	$\frac{H8}{f7}$	$\frac{H8}{g7}$	$\frac{H8}{h7}$	$\frac{H8}{js7}$	$\frac{H8}{k7}$	$\frac{H8}{m7}$	$\frac{H8}{n7}$	$\frac{H8}{p7}$	$\frac{H8}{r7}$	$\frac{H8}{s7}$	$\frac{H8}{t7}$	$\frac{H8}{u7}$				
				$\frac{H8}{d8}$	$\frac{H8}{e8}$	$\frac{H8}{f8}$		$\frac{H8}{h8}$													

续表

基准孔	轴																				
	a	b	c	d	e	f	g	h	js	k	m	n	p	r	s	t	u	v	x	y	z
	间隙配合								过渡配合			过盈配合										
H9			H9/c9	H9/d9	H9/e9	H9/f9		▼H9/h9													
H10			H10/c10	H10/d10				H10/h10													
H11	H11/a11	▼H11/b11	▼H11/c11	H11/d11				H11/h11													
H12		H12/b12						H12/h12													

注：1. H6/n5、H7/p6 在公称尺寸≤3 mm 和 H8/r7 在≤100 mm 时，为过渡配合。
　　2. 标注▼的配合为优先配合。

表 2-7　基轴制优先配合、常用配合

基准轴	孔																				
	A	B	C	D	E	F	G	H	JS	K	M	N	P	R	S	T	U	V	X	Y	Z
	间隙配合								过渡配合			过盈配合										
h5						F6/h5	G6/h5	▼H6/h5	JS6/h5	K6/h5	M6/h5	N6/h5	P6/h5	R6/h5	S6/h5	T6/h5					
h6						▼F7/h6	G7/h6	▼H7/h6	JS7/h6	K7/h6	M7/h6	▼N7/h6	P7/h6	R7/h6	▼S7/h6	T7/h6	▼U7/h6				
h7					▼E8/h7	▼F8/h7		▼H8/h7	JS8/h7	K8/h7	M8/h7	N8/h7									
h8				D8/h8	E8/h8	F8/h8		H8/h8													
h9				▼D9/h9	E9/h9	F9/h9		▼H9/h9													
h10				D10/h10				H10/h10													
h11	A11/h11	▼B11/h11	C11/h11	D11/h11				▼H11/h11													
h12		B12/h12						H12/h12													

注：标注▼的配合为优先配合。

2.5　一般公差——未注公差的线性和角度尺寸的公差

2.5.1　一般公差的概念

"一般公差"就是指在图样上不单独注出公差值大小或公差带代号，而是在图样上、技术文件上或在标准中对有关要求作出总体说明的公差。这一类公差是在车间普通的工艺条件下使用一般机床设备进行加工即可保证达到的公差，故称为一般公差。采用一般公差的尺寸，在图样上该尺寸之后不需要注出其极限偏差数值。正常情况下，一般公差的数值大小代表着车间的经济加工精度，因此在车间正常的经济加工精度可以得到保证的前提条件下，采用一般公差进行加工的尺寸可以不予检验。

2.5.2 一般公差的公差等级和极限偏差数值

1. 线性尺寸

国家标准 GB/T 1804—2000 对线性尺寸的一般公差规定了 4 个公差等级，它们分别是精密级（f）、中等级（m）、粗糙级（c）、最粗级（v）。4 个公差等级以字符 f、m、c、v 表示，分别相当于 IT12、IT14、IT16、IT17 级精度。

国家标准对适用一般公差的线性尺寸采用了较大的尺寸分段，并按精密级、中等级、粗糙级、最粗级 4 个公差等级给出了具体的极限偏差数值，如表 2-8 所示。

表 2-8　适用一般公差的线性尺寸的极限偏差数值（摘自 GB/T 1804—2000）　　　mm

公差等级	尺寸分段							
	0.5~3	>3~6	>6~30	30~120	>120~400	>400~1 000	>1 000~2 000	>2 000~4 000
f（精密级）	±0.05	±0.05	±0.1	±0.15	±0.2	±0.3	±0.5	—
m（中等级）	±0.1	±0.1	±0.2	±0.3	±0.5	±0.8	±1.2	±2
c（粗糙级）	±0.2	±0.3	±0.5	±0.8	±1.2	±2	±3	±4
v（最粗级）	—	±0.5	±1	±1.5	±2.5	±4	±6	±8

国家标准对适用一般公差的倒圆半径与倒角高度尺寸的极限偏差数值也作出了具体规定，如表 2-9 所示。

表 2-9　适用一般公差的倒圆半径与倒角高度尺寸的极限偏差数值（摘自 GB/T 1804—2000）

　　　　　　　　　　　　　　　　　　　　　　　　　　　　　　　　　　　mm

公差等级	尺寸分段			
	0.5~3	>3~6	>6~30	>30
f（精密级）	±0.2	±0.5	±1	±2
m（中等级）				
c（粗糙级）	±0.4	±1	±2	±4
v（最粗级）				

2. 角度尺寸

表 2-10 给出了适用一般公差的角度尺寸的极限偏差数值，按国家标准的规定，该极限偏差数值按角度的短边长度确定；对于圆锥角，则按圆锥素线的长度确定。

表 2-10 适用一般公差的角度尺寸的极限偏差数值（摘自 GB/T 1804—2000）

公差等级	长度/mm				
	≤10	>10~50	>50~120	>120~400	>400
f（精密级）	±1°	±30′	±20′	±10′	±5′
m（中等级）					
c（粗糙级）	±1°30′	±1°	±30′	±15′	±10′
v（最粗级）	±3°	±2°	±1°	±30′	±20′

2.5.3 一般公差的适用条件

一般公差的适用条件如下：

（1）一般公差主要用于较低精度的非配合尺寸，既适用于金属切削加工尺寸，也适用于一般的冲压加工尺寸，也可参照用于非金属材料和其他工艺方法加工所得的尺寸。

（2）当功能上允许的公差等级等于或大于一般公差时，应该采用一般公差。只有当要素的功能允许使用一个比一般公差更大的公差，且该更大的公差在制造时比一般公差更为经济（例如，装配时所钻的盲孔深度）的情况下，才需要在该尺寸的后面注出与该更大公差相应的极限偏差数值。

2.5.4 一般公差的图样表示法

若采用 GB/T 1804—2000 规定的一般公差，各要素的尺寸极限偏差或公差带代号要求不必在图样上逐一单独注出，而是应当在图样的标题栏附近，或在技术要求、技术文件（如企业标准）中作出总的公差要求说明，明确注出国家标准号和公差等级代号。例如，当一般公差选用中等级 m 时，应表示为：

线性和角度尺寸的未注公差按 GB/T 1804—2000—m

2.5.5 采用一般公差时零件的合格性判定

由于较低精度非配合尺寸零件的功能允许的公差常常大于一般公差，所以当采用一般公差标注时，如果零件的任一尺寸超出（偶然地超出）一般公差时，通常不会损害该零件的功能。

因此，除非另有规定，超出一般公差的工件如未达到损害其功能要求的程度时，通常不应判定拒收。只有当零件的功能受到损害时，才拒收超出一般公差的工件。

2.5.6 一般公差的作用

生产中应用一般公差，可以带来以下方便之处：

（1）简化制图，使图样清晰易读。

（2）节省图样设计时间。设计人员只要熟悉和了解某尺寸在功能上是否允许采用大于或等于某等级一般公差的规定，可不必逐一考虑或计算各个尺寸的公差值。

（3）明确了哪些尺寸可由一般工艺水平保证，从而可以简化对这些尺寸的检验要求，有助于生产质量管理。

(4) 突出了图样上注出公差的尺寸，明显标示这些尺寸是重要的且需要控制的，以便在加工和检验时引起重视。

(5) 由于明确了图样上尺寸的一般公差要求，便于供需双方达成加工和销售合同协议，交货时可以避免不必要的争议。

值得特别注意的是：只有生产单位的正常车间精度能够得到可靠保证时，才能体现出上述方便之处。因此，生产单位应经常测量、评估自己的正常车间精度，且应经常抽样检查，以保证自己的正常车间精度不被降低。

2.6 大尺寸段、小尺寸段公差与配合简介

2.6.1 大尺寸段公差与配合

1. 主要特点

大尺寸段是指公称尺寸大于 500 mm 的零件尺寸。在船舶制造、飞机制造、大型发电机及大型三坐标测量机制造等重型机械制造中，常常遇到大尺寸的公差与配合问题。

根据国内外有关单位的调查研究，影响大尺寸加工误差的主要因素是测量误差。对大尺寸的孔或轴进行测量时，常因操作困难、测量时间长，致使量具温度升高而造成误差，使其测得值小于实际值。此外，对于大尺寸内径，一般采用结构简单、刚性较好、相对轻便的内径千分尺或量杆进行测量；而对于大尺寸外径，一般采用自重较大、容易变形、操作很不方便的卡尺进行测量，因此大尺寸的外径测量比大尺寸的内径测量更难掌握，所得值的测量误差更大。在大尺寸测量过程中，被测工件与量具之间的温度差、测量基准的准确性、测量量具轴线与被测工件中心线的对准等问题，对测量误差都有较大的影响。鉴于上述特殊性，大尺寸段的公差与配合有以下主要特点：

(1) 大尺寸段中的公差因子公式与常用尺寸段的公差因子公式不相同，应当充分反映测量误差及充分反映测量误差对配合性质的影响。

(2) 在大于 500~3 150 mm 大尺寸范围内的配合，一般采用 IT6~IT12 级的基孔制同级配合。

(3) 通常情况下大尺寸工件的产量不大，一般采用小批量或单件生产，其配合常不强调互换性。根据这一制造特点，大尺寸配合偶件除可采用互换性配合外，也可采用配制配合的方式生产，来达到图纸规定的技术要求和降低制造难度。有关配制配合的知识，详见 2.6.2 节内容。

2. 基本规定

(1) 公差因子。由于大尺寸加工误差有其特殊性，因此对于公称尺寸大于 500~3 150 mm 的大尺寸段，公差因子（单位公差）的计算公式为

$$i = 0.004D + 2.1$$

从该公式可以看出，在大尺寸段中公差因子与零件的公称尺寸呈线性关系。

(2) 标准公差。国标规定，公称尺寸大于 500~3 150 mm 的有 20 个公差等级（即 IT01~IT18），但公差只采用 IT6~IT12，大尺寸段的标准公差计算公式见表 2-11。

表 2-11　公称尺寸大于 500~3 150 mm 标准公差的计算公式

公差等级	公式	公差等级	公式	公差等级	公式
IT1	$2i$	IT7	$16i$	IT13	$250i$
IT2	$2.7i$	IT8	$25i$	IT14	$400i$
IT3	$3.7i$	IT9	$40i$	IT15	$640i$
IT4	$5i$	IT10	$64i$	IT16	$1\,000i$
IT5	$7i$	IT11	$100i$	IT17	$1\,600i$
IT6	$10i$	IT12	$160i$	IT18	$2\,500i$

注：表中 i 为公差单位。从 IT6 开始其规律为：每增加 5 个等级，标准公差增加 10 倍。

（3）基本偏差。国标规定，公称尺寸大于 500~3 150 mm 的孔、轴基本偏差的确定，可参考常用尺寸段（公称尺寸≤500 mm）孔、轴基本偏差确定的有关规定。其公称偏差数值见表 2-12。

表 2-12　公称尺寸大于 500~3 150 mm 的孔与轴的基本偏差

代号		基本偏差代号	d	e	f	(g)	h	js	k	m	n	p	r	s	t	u
轴	偏差	公差等级	\multicolumn{13}{l}{IT6~IT18}														
		表中偏差为	上极限偏差 es						下极限偏差 ei								
		另一偏差计算式	ei=es-IT						es=ei+IT								
		表中偏差正负号	−	−	−	−			+	+	+	+	+	+	+	+
直径分段/mm		>500~560	260	145	76	22	0		0	26	44	78	150	280	400	600
		>560~630											155	310	450	660
		>630~710	290	160	80	24	0		0	30	50	88	175	340	500	740
		>710~800											185	380	560	840
		>800~900	320	170	86	26	0		0	34	56	100	210	430	620	940
		>900~1 000											220	470	680	1 050
		>1 000~1 120	350	195	98	28	0	偏差等于 $\pm\dfrac{IT}{2}$	0	40	66	120	250	520	780	1 150
		>1 120~1 250											260	580	840	1 300
		>1 250~1 400	390	220	110	30	0		0	48	78	140	300	640	960	1 450
		>1 400~1 600											330	720	1 050	1 600
		>1 600~1 800	430	240	120	32	0		0	58	92	170	370	820	1 200	1 850
	偏差数值/μm	>1 800~2 000											400	920	1 350	2 000
		>2 000~2 240	480	260	130	34	0		0	63	110	195	440	1 000	1 500	2 300
		>2 240~2 500											460	1 100	1 650	2 500
		>2 500~2 800	520	290	145	38	0		0	76	135	240	550	1 250	1 900	2 900
		>2 800~3 150											580	1 400	2 100	3 200
孔	偏差	表中偏差正负号	+	+	+	+			−	−	−	−	−	−	−	−
		另一偏差计算式	ES=EI+IT						EI=ES-IT								
		表中偏差为	下极限偏差 EI						上极限偏差 ES								
	代号	公差等级	\multicolumn{13}{l}{IT6~IT8}														
		基本偏差代号	D	E	F	G	H	JS	K	M	N	P	R	S	T	U

(4) 大尺寸段孔、轴常用公差带。国标规定，大尺寸段（公称尺寸大于 500 ~ 3 150 mm）的孔常用公差带有 31 种，轴常用公差带有 41 种，分别见表 2-13 和表 2-14。

表 2-13　公称尺寸大于 500~3 150 mm 孔常用公差带

			G6	H6	JS6	K6	M6	N6
		F7	G7	H7	JS7	K7	M7	N7
D8	E8	F8		H8	JS8			
D9	E9	F9		H9	JS9			
D10				H10	JS10			
D11				H11	JS11			
				H12	JS12			

表 2-14　公称尺寸大于 500~3 150 mm 轴常用公差带

			g6	h6	js6	k6	m6	n6	p6	r6	s6	t6	u6
		f7	g7	h7	js7	k7	m7	n7	p7	r7	s7	t7	u7
d8	e8	f8		h8	js8								
d9	e9	f9		h9	js9								
d10				h10	js10								
d11				h11	js11								
				h12	js12								

2.6.2　大尺寸段的配制配合制度

1. 配制配合制度

配制配合制度是先加工一个零件，以该零件的实际尺寸为基数、尽可能准确测量后，然后以测得值为基准来配制另一个零件尺寸的一种工艺措施。配制配合一般用于公差等级较高、单件小批生产的大尺寸配合零件。

采用配制配合时，一般应选择较难加工但能得到较高测量精度的那个零件（多数情况下是孔）作为先加工件，给它一个比较容易达到的公差，或对它按"线性尺寸的未注公差"先行加工；然后配制件（多数情况下是轴）的公差可按所给定的配合公差范围来选取，配制件的偏差和极限尺寸以先加工件的实际尺寸为基数来确定。

可见，采用配制配合时，配制件的公差比采用互换性生产时单个零件的公差要宽，从而降低了配制件的制造难度。至于是否采用配制配合，主要由设计人员根据零件的生产情况和使用情况决定。

2. 配制配合的图样标注

配制配合的图样标注方法是：用代号 MF（Matched Fit）表示配制配合，借用基准孔的代号 H 或基准轴的代号 h，表示先加工件。在装配图和零件图的相应部位，均应标出相关代号，在装配图上还要标明按互换性生产时的配合要求。

3. 配制配合的应用举例

例 2-4 有一公称尺寸为 $\phi 3\,000$ mm 的孔、轴配合，功能要求配合的最大间隙不大于 0.45 mm，最小间隙不小于 0.14 mm。若按互换性生产方式，可选用 $\phi 3\,000$H6/f6 或 $\phi 3\,000$F6/h6，查表知此时的最大间隙为 0.415 mm，最小间隙为 0.145 mm。考虑到该配合的公称尺寸较大，加工比较困难且为单件小批生产，为了降低制造难度，设计决定采用配制配合生产。

试完成有关的计算与图样标注，并确定配制件的极限尺寸。

解：① 在装配图上应给出标注为：

$$\phi 3\,000\text{H6/f6 MF （先加工件为孔）}$$

或

$$\phi 3\,000\text{F6/h6 MF （先加工件为轴）}$$

② 确定先加工件。

由机械加工工艺知，大尺寸的轴径测量更困难，大尺寸的孔径测量相对容易测准确，所以选择先加工件为孔。

③ 确定先加工件（孔）的公差带。

对于先加工件——孔，考虑给出一个比较容易达到的孔公差，例如 H8，则在孔的零件图上应标注为：

$$\phi 3\,000\text{H8 MF}$$

若考虑先加工件（孔）的公差按"线性尺寸的未注公差"进行加工，则在孔的零件图上应标注为：

$$\phi 3\,000\text{ MF}$$

④ 确定配制件（轴）的公差带。

加工配制件（轴）的时候，由于先加工件（孔）的尺寸已经固定了，不但可以精确测量得到孔的准确数值，而且该孔的尺寸不可能再变动，所以此时配制件（轴）的制造公差，即为该配制配合的配合公差。

因此，可以根据题目给定的配合要求，来考虑选取某个合适的配制件（轴）公差带，例如 f7。通过计算或查表，可得此时该配合的最大间隙为 0.355 mm，最小间隙为 0.145 mm，则在轴的零件图上应标注为：

$$\phi 3\,000\text{f7 MF}$$

或

$$\phi 3\,000^{-0.145}_{-0.355}\text{ MF}$$

⑤ 确定配制件（轴）的极限尺寸。

准确测出先加工件（孔）的实际尺寸，例如为 $\phi 3\,000.195$ mm，通过计算可得配制件（轴）的极限尺寸为：

轴的上极限尺寸 = (3 000.195 − 0.145) mm = 3 000.05 mm

轴的下极限尺寸 = (3 000.195 − 0.355) mm = 2 999.84 mm

⑥ 复核验算。

经复核，按配制配合生产方式，该孔、轴配合的实际最大间隙为 0.415 mm $\not>$ 0.45 mm，实际最小间隙为 0.145 mm $\not<$ 0.14 mm，完全满足题意要求，且具有一定的精度储备量。

4. 配制配合的优点

由例 2-4 可知，大尺寸孔、轴配合采用配制配合制度之后，不但提高了该孔、轴配合的产品质量，而且将配制轴的制造公差由 6 级精度降低为 7 级精度，大大降低了配制件（轴）的制造难度，具有十分显著的技术经济效果。

2.6.3 小尺寸段的公差与配合

1. 小尺寸段的误差特点

公称尺寸至 18 mm 的零件，特别是公称尺寸小于 3 mm 的零件，在加工、测量、装配和使用等方面，误差特点都与常用尺寸段和大尺寸段有所不同。

（1）加工误差。从理论上讲，零件加工误差随公称尺寸的增大而增加，因此小尺寸零件的加工误差似乎应该很小。但实际上，由于小尺寸零件的刚性差，受切削力的影响变形很大，加工时定位、装夹等都比较困难，因而有时零件尺寸越小反而加工误差越大，特别是小尺寸的轴比小尺寸的孔加工更困难。

（2）测量误差。通过对小尺寸零件的测量误差作一系列调查分析可知，至少尺寸在≤10 mm范围内，测量误差与零件的尺寸不成正比关系，这主要是受量具误差、温度变化以及测量力不同等因素的影响所造成。

2. 小尺寸的孔、轴公差带与配合

国家标准规定了公称尺寸至 18 mm 孔、轴公差带，主要适用于仪器仪表工业和钟表工业。

小尺寸零件孔、轴公差带的主要特点是：在实际生产中，无论在加工、测量、装配、使用等方面所产生的误差，并不随公称尺寸的减小而减小；由于小尺寸范围在常用尺寸段以内，故不另规定公差单位，只是推荐了较多的孔、轴公差带，在使用中可根据实际情况加以选择。

我国国家标准规定了小尺寸轴公差带 162 种，参见表 2-15；规定了小尺寸孔公差带 145 种，参见表 2-16。对于这些小尺寸的公差带，我国国家标准未指明优先、常用和一般的选用次序，也未推荐有关配合，各行业、各工厂可以根据自身情况，自由选用上述表中列出的任何公差带，并自由组成所需的配合。

在小尺寸段，由于小尺寸轴比小尺寸孔难加工，所以基轴制用得较多。在配合中，小尺寸段孔和轴的公差等级关系更为复杂：除孔、轴可采用同级配合外，也可以采用相差 1~3 级的配合，而且往往是选择小尺寸孔的公差等级高于小尺寸轴的公差等级，以满足工艺难度相近的需要。

表 2-15 尺寸至 18 mm 轴公差带

								h1		js1								
								h2		js2								
				ef3	f3	fg3	g3	h3		js3	k3	m3	n3	p3	r3			
				ef4	f4	fg4	g4	h4		js4	k4	m4	n4	p4	r4	s4		
	c5	cd5	d5	e5	ef5	f5	fg5	g5	h5	j5	js5	k5	m5	n5	p5	r5	s5	u5	v5	x5	z5
	c6	cd6	d6	e6	ef6	f6	fg6	g6	h6	j6	js6	k6	m6	n6	p6	r6	s6	u6	v6	x6	z6	za6
	c7	cd7	d7	e7	ef7	f7	fg7	g7	h7	j7	js7	k7	m7	n7	p7	r7	s7	u7	v7	x7	z7	za7	zb7	zc7
b8	c8	cd8	d8	e8	ef8	f8	fg8	g8	h8		js8	k8	m8	n8	p8	r8	s8	u8	v8	x8	z8	za8	zb8	zc8
a9	b9	c9	cd9	d9	e9	ed9	f9		h9		js9	k9			p9	r9	s9		u9		x9	z9	za9	zb9	zc9
a10	b10	c10	cd10	d10	e10				h10		js10	k10									
a11	b11	c11		d11					h11		js11										
a12	b12	c12							h12		js12										
a13	b13	c13							h13		js13										

表 2-16　尺寸至 18 mm 孔公差带

```
                                    H1     JS1
                                    H2     JS2
                    EF3 F3 FG3 G3   H3     JS3 K3 M3 N3 P3 R3
                                    H4     JS4 K4 M4
                E5 EF5 F5 FG5 G5    H5     JS5 K5 M5 N5 P5 R5 S5
          CD6 D6 E6 EF6 F6 FG6 G6   H6 J6  JS6 K6 M6 N6 P6 R6 S6 U6 V6 X6 Z6
          CD7 D7 E7 EF7 F7 FG7 G7   H7 J7  JS7 K7 M7 N7 P7 R7 S7 U7 V7 X7 Z7 ZA7 ZB7 ZC7
       B8 C8 CD8 D8 E8 EF8 F8 FG8 G8 H8 J8 JS8 K8 M8 N8 P8 R8 S8 U8 V8 X8 Z8 ZA8 ZB8 ZC8
    A9 B9   C9 CD9 D9 E9 EF9 F9    H9     JS9 K9    N9 P9 R9 S9 U9       X9 Z9 ZA9 ZB9 ZC9
    A10 B10 C10 CD10 D10 E10 F10   H10    JS10 K10  N10
    A11 B11 C11     D11            H11    JS11
    A12 B12 C12                    H12    JS12
                                   H13    JS13
```

2.7　极限与配合标准的选择应用

合理选用极限与配合，是机械设计与制造中的一项重要工作，它对提高产品的性能、质量以及降低生产成本具有重要影响。极限与配合标准的合理选用，主要包括配合制的选择、配合种类的选择和公差等级的选择三方面。具体地说，就是在确定零件的公称尺寸之后，还需根据零件在整机中的使用要求，正确合理地选择符合国家标准规定的配合制度（基孔制或基轴制）、选择孔与轴的公差带的位置构成所需的配合种类（基本偏差）、选择孔与轴的公差带的大小（公差等级）等问题。

极限与配合的选择方法有 3 种：类比法、计算法和试验法。类比法是在调查和分析类似机器零部件使用情况的基础上，结合自己的具体情况进行修正，作为主要参考依据来选取配合种类与公差值的一种方法，它是实际生产中最可靠、最主要、应用最多的方法。计算法是按照一定的理论和公式，通过精确计算来确定所需要的间隙或过盈量的方法，由于计算法将复杂的多因素问题进行了较多因素抽象简化，所以计算所得的理论值只能是近似的，与实际需要偏离较大，应当进一步修正。试验法则是通过大量客观性试验和统计分析来确定所需的间隙量或过盈量，此方法较为合理可靠，但成本较高，只用于比较重要的配合。

2.7.1　配合制的选择

选择配合制时，应从零件的结构性、工艺性、经济性等几方面综合分析，合理进行确定。

1. 优先选用基孔制

优先选用基孔制的原因，主要是出于工艺性和经济性方面的考虑。孔通常采用定值刀具（如钻头、铰刀、拉刀等）进行加工，通常采用极限量规（塞规）进行检验。当孔的公称尺寸和公差等级相同，而基本偏差不同时，就需要多种规格的定值刀具和量具，所需制造成本较高；轴的精加工通常采用磨削方法进行，加工中改变进刀量和借助通用量具测量，即可方便地获得所需不同基本偏差的轴,制造成本较低。所以,为了减少所需定值刀具和定值量具的规格种类数量,利于组织大批量生产和提高经济效益,国标推荐优先选用基孔制。

2. 下列情况时,应当选用基轴制

(1) 采用冷拉圆钢与孔配合时:由于供应状态冷拉圆钢的外径具有较高的公差等级和较光洁的表面状况,不经切削加工即可直接作为轴使用,所以此时应当选择基轴制配合,然后再按配合性质的要求选用所需孔的公差带,对孔进行加工。在这种情况下选用基轴制,技术上、经济上都是比较合理的。

(2) 由于结构上的特殊需要时:图2-18(a)所示为发动机活塞销与连杆铜套孔、活塞孔之间的配合情况,根据工作需要,活塞销与活塞孔的配合较紧,应为过渡配合;活塞销与连杆铜套孔的配合较松,应为间隙配合。此时如果选用基孔制配合,活塞销将不得不做成图2-18(b)所示的阶梯状,既不便于加工又不利于装配;若采用如图2-18(c)所示的基轴制配合,则活塞销可以做成光轴,将连杆铜套孔和活塞孔选用不同的孔公差带,既方便加工又利于装配,经济效果很好。

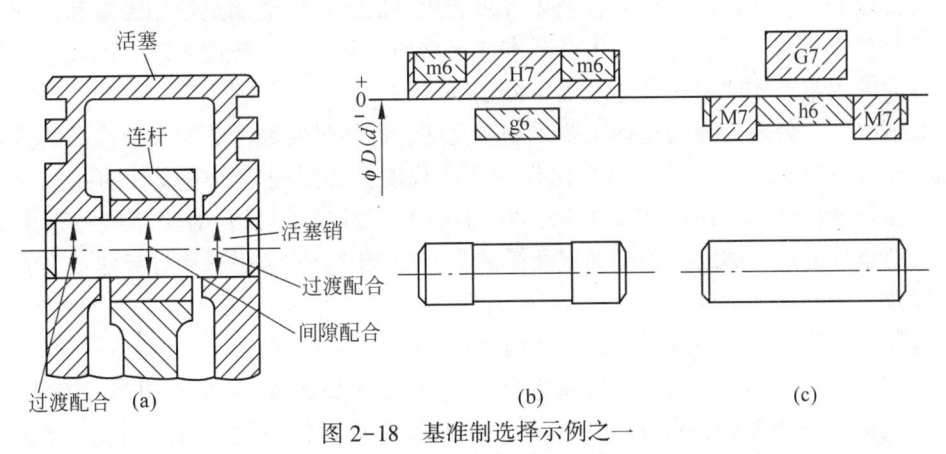

图 2-18 基准制选择示例之一
(a) 装配简图;(b) 阶梯状活塞销(不合理);(c) 光轴活塞销(合理)

(3) 与标准件配合时,应当选用以标准件为基准的基准制:标准件通常由专业制造工厂大批量生产,标准件各表面的精度很高且配合部位的配合制早已确定,所以与标准件构成配合的轴和孔,一定要服从标准件既定的配合制。例如,与滚动轴承内圈相配合的轴,应当以滚动轴承内圈的内孔为基准,选用基孔制;与滚动轴承外圈相配合的外壳孔,应当以滚动轴承外圈的外径为基准,选用基轴制。

(4) 在特殊需要时,可采用非配合制配合:非配合制配合,是指由不包含基本偏差 H 和 h 的孔、轴公差带组成的配合。图2-19所示为轴承外壳孔同时与滚动轴承外圈和端盖组成定位配合的情况:由于滚动轴承是标准件,滚动轴承外圈与轴承外壳孔的配合应选为基轴制过渡配合,故外壳孔的公差带选为 $\phi 52J7$;而外壳孔与端盖的定位外圆表面应为较低精度的间隙配合,由于外壳孔的公差带已选定为 $\phi 52J7$,现只能对端盖的定位外圆表面选定一个位于 J7 下方的公差带,以构成所需的间隙配合。考虑到端盖的使用性能要求和加工的经济性,端盖定位外圆表面的公差带选为 $\phi 52f9$。综合考虑上述问题,最后确定端盖定位外圆与外壳孔之间的配合为 $\phi 52J7/f9$。

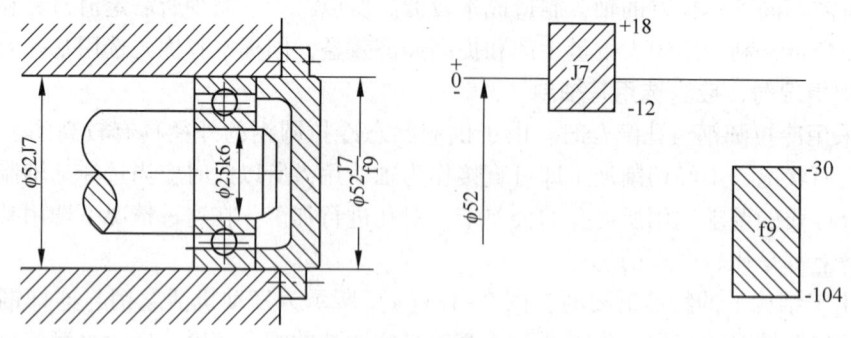

图 2-19 基准制选择示例之二

2.7.2 公差等级的选择

在满足使用要求的前提下,应尽量选用较低的公差等级,以取得较好的经济效益。但准确地选定公差等级是比较困难的:若公差等级选用过低,将不能满足使用需要和保证产品质量;若公差等级选用过高,将导致生产成本成倍增加,不符合经济性要求。因此,应当综合考虑各方面的因素,才能正确合理地确定公差等级。

一般情况下,公差等级的选择主要采用类比法,以经过实践考验的类似产品的类似尺寸为依据,充分考虑实际工作条件与类比件的相似程度,参照确定所需设计的孔、轴公差等级。类比法是选择公差等级的主要方法,它的应用十分广泛。只是对于某些特别重要的配合,而且有条件进行足够的实验来确定所需的公差等级时,才考虑采用计算法或实验法进行孔、轴公差等级的精确设计。

在选择公差等级时,还应当考虑以下情况:

(1) 考虑孔、轴加工时的工艺等价性,使两者的加工难易程度相当:在较高精度($T_D \leqslant$ IT8) 时的各类配合,选 T_D 比 T_d 低一级精度;在较低精度($IT_D >$ IT8) 时的各类配合,可选 T_D 与 T_d 同级。

(2) 考虑相关件和相配件的精度:如齿轮孔与轴的配合,其公差等级取决于齿轮的精度等级;滚动轴承与轴颈和外壳孔的配合,取决于轴承的制造精度等级。

(3) 考虑加工件的经济性:如轴承盖和隔套与轴颈的配合,允许选用较大间隙和较低公差等级的配合。因此,盖和套可分别比外壳孔和轴颈的公差等级低 2~3 级。

(4) 若已知配合公差 T_f 时:可按下式确定孔、轴配合公差带的大小

$$T_f = T_D + T_d$$

式中,孔、轴公差的精度等级,通常可按下述情况分配:

当配合尺寸 $\leqslant$ 500 mm,以及 $T_f \leqslant$ IT8 时,推荐孔比轴低一级精度;当配合尺寸 $\leqslant$ 500 mm,以及 $T_f >$ IT8 时,推荐孔、轴同级精度;当配合尺寸 > 500 mm 时,对于任何级别的配合,一律采用孔、轴同级精度。

(5) 某些重要场合的配合:在某些重要场合,需要先根据整机的使用性能确定所允许的配合间隙或过盈,然后采用计算法进行精确设计计算,确定孔与轴的公差等级。例如,公称尺寸为 ϕ60 mm 的间隙配合,根据工件的使用性能确定,允许的最大间隙 X_{max} = 80 μm,允许的最小间隙 X_{min} = 25 μm,计算可得允许的配合公差 $T_f = X_{max} - X_{min}$ = 80-25 =

55（μm）。此时若选取孔的精度为 7 级，轴的精度为 6 级，则它们的公差分别为 $T_D =$ IT7 = 30 μm，$T_d =$ IT6 = 19 μm，构成配合后的配合公差为 $T_D + T_d = 30 + 19 = 49$（μm）$< T_f$，可以满足使用要求。

这种用于重要场合配合的计算，当用于动压轴承的间隙配合和用于弹性变形范围内的过盈配合时，已有比较可靠的计算方法，其中，《极限与配合 过盈配合的计算和选用》已被列入我国国家标准（GB/T 5371—2004）。

表 2-17 列出了 20 个公差等级的应用范围，可作为使用类比法选择公差等级时的参考。此外，对于较低精度的非配合尺寸，还可以按照 GB/T 1804—2000 选用一般公差表。

表 2-17　各公差等级的应用范围

应用场合			公差等级（IT）
			01　0　1　2　3　4　5　6　7　8　9　10　11　12　13　14　15　16　17　18
量规	量块		
	高精度量规		
	普通精度量规		
配合尺寸	个别特别重要的精密配合		
	特别重要的精密配合	孔	
		轴	
	精密配合	孔	
		轴	
	中等精度配合	孔	
		轴	
	普通精度配合		
	非配合尺寸，一般公差尺寸		
	原材料公差		

表 2-18 列出了生产条件下各种加工方法能达到的合理加工精度等级，供选公差等级时进行参考。由于受工艺条件、设备状况、操作者技能、工艺水平的发展和提高等诸多因素的影响，所以表中各种加工方法能达到的精度等级为某一范围，其合理数值在选用时需经全面考虑后才能确定。

表 2-18　各种加工方法能达到的合理加工精度

加工方法	公差等级（IT）
	01　0　1　2　3　4　5　6　7　8　9　10　11　12　13　14　15　16
研磨	
珩磨	
圆磨	
平磨	
金刚石车	
金刚石镗	
拉削	
铰孔	

续表

加工方法	公差等级（IT）																
	01	0	1	2	3	4	5	6	7	8	9	10	11	12	13	14	15	16
车									─	─	─	─	─					
镗									─	─	─	─	─					
铣										─	─	─						
刨、插												─	─					
钻孔												─	─	─				
滚压、挤压								─	─	─								
冲压									─	─	─	─						
压铸												─	─	─				
粉末冶金成型								─	─									
粉末冶金烧结									─	─								
砂型铸造、气割																	─	─
锻造																	─	─

2.7.3 配合种类的选择

1. 选择配合种类的优先原则

在进行配合种类的选择时，应尽量选用国家标准表格中推荐的优先配合和常用配合。如果优先配合和常用配合不能满足使用要求时，方可选择国家标准表格中推荐的一般用途孔、轴公差带，组成所需要的配合。如果仍不能满足使用要求，允许从国家标准所提供的孔、轴公差带中任意选取合适的公差带，组成所需要的配合。

2. 选择配合种类的方法

选择配合种类的方法一般有 3 种，即计算法、试验法、类比法。

计算法是根据一定的理论公式计算出所需间隙或过盈，然后根据计算结果，对照国家标准来选择合适配合种类的一种方法。由于影响配合间隙和配合过盈的因素很多，理论计算结果只能是近似的，所以在实际应用中还需要根据实际工作条件进行必要的修正。

试验法是对选定的配合进行多次试验，根据试验结果，找到最合理的间隙或过盈，从而确定所需配合种类的一种方法。对产品性能影响较大的一些重要配合，往往采用试验法来确定机器工作性能最佳时所需的间隙或过盈。例如，风镐活塞外径与风镐缸套内径的配合为间隙配合，其间隙量的大小对风镐的工作性能有很大影响，故一般采用较为可靠的试验法。但采用试验法选定配合种类时需要进行大量试验，故成本较高。

类比法是参考现有同类机器或类似结构中经生产实践验证过的配合情况，与所设计零件的使用要求相比较，经修正后确定配合种类的一种方法。

在上述三种方法中，广泛应用的是类比法。要想熟练掌握类比法，首先应当熟悉各种配合的特征，掌握其应用特点，再根据具体条件进行修正，合理选择配合种类。

3. 各种配合的特征及应用举例

选择配合种类的主要依据是，必须满足使用要求和工作条件。对于初学者来说，首先要选定配合的类别，即确定采用的是间隙配合、过渡配合还是过盈配合。表 2-19 提供了配合类别选择的一般方法，可供参考。

表 2-19　配合类别选择的一般方法

无相对运动	需传递力矩	精确定心	不可拆卸	过盈配合
			可拆卸	过渡配合或基本偏差为 H（h）的间隙配合加键、销紧固件
		不需精确定心		间隙配合加键、销紧固件
	不需传递力矩			过渡配合或过盈量较小的过盈配合
有相对运动	缓慢转动或移动			基本偏差为 H（h）、G（g）等间隙配合
	转动、移动或复合运动			基本偏差为 A~F（a~f）等间隙配合

在确定了配合的类别之后，再进一步通过类比，确定应选哪一种配合。表 2-20 列出了各种基本偏差的特性及应用，表 2-21 为优先配合的选用说明，可供参考。

4. 选择配合种类时应考虑的主要因素

在选择配合时，还要综合考虑以下一些因素。

（1）孔和轴的定心精度：相互配合的孔、轴定心精度要求较高时，不宜采用间隙配合，而应当采用过渡配合，或采用较小过盈量的过盈配合，以便很好地保证定心精度。

（2）受载荷情况：若承受载荷较大，选择过盈配合的过盈量要增大一些；如果为了保证定心精度考虑选用过渡配合，则应选用出现过盈概率较大的较紧过渡配合。

（3）拆装情况：经常拆装的孔和轴的配合应当比不经常拆装的配合要松一些。有时零件虽然不经常拆装，但受结构限制装配较困难的时候，也要选用松一些的配合。

（4）配合件的材料：当配合件中有一件是铜或铝等塑性材料时，因它们容易变形，选择配合时可适当增大过盈量，或适当减小间隙量。

表 2-20　各种基本偏差的特性及应用

配合	基本偏差	特性及应用
间隙配合	a、b	可得到特别大的间隙，应用很少
	c	可得到很大的间隙，一般适用于缓慢、松弛的动配合。用于工作条件较差、受力容易变形、或为了便于装配而必须保证有较大的间隙时，推荐配合为 H11/c11，例如光学仪器中，光学镜片与机械零件的连接。其较高等级的 H8/c7 配合，适用于轴在高温条件下工作的精密间隙配合，例如内燃机排气阀和导管
	d	一般用于 IT7~IT11 级，适用于稍松的转动配合，如密封盖、滑轮、空转带轮等与轴的配合。也适用于大直径滑动轴承配合，如汽轮机、球磨机、轧滚成型机和重型弯曲机，以及其他重型机械中的一些滑动轴承
	e	多用于 IT7~IT9 级，通常用于要求有明显间隙，易于转动的轴承配合，如大跨距轴承、多支点轴承等配合。高等级的 e 轴适用于大型、高速、重载支承，如涡轮发电机、大型电动机及内燃机主要轴承、凸轮轴轴承等配合
	f	多用于 IT6~IT8 级的一般转动配合。当温度影响不大时，被广泛用于普通润滑油（或润滑脂）润滑的支承，如齿轮箱、小电动机、泵等的转轴与滑动轴承的配合，手表中秒轮轴与中心管的配合（H8/f7）

续表

配合	基本偏差	特性及应用
间隙配合	g	配合间隙很小，制造成本高，除很轻负荷的精密装置外，不推荐用于转动配合。多用于 IT5~IT7 级，最适合不回转的精密滑动配合，也用于插销等定位配合，如精密连杆轴承、活塞及滑阀、连杆销，光学分度头主轴与轴承等
	h	多用于 IT4~IT11 级。广泛用于无相对转动的零件，作为一般的定位配合。若没有温度、变形影响，也用于精密滑动配合
过渡配合	js	偏差完全对称（±IT/2），平均间隙较小的配合，多用于 IT4~IT7 级，要求间隙比 h 轴小，并允许略有过盈的定位配合。如联轴节、齿圈与钢制轮毂，可用木槌装配
	k	平均间隙接近于零的配合，适用于 IT4~IT7 级，推荐用于稍有过盈的定位配合。例如为了消除振动用的定位配合。一般用木槌装配
	m	平均过盈较小的配合，适用于 IT4~IT7 级，一般可用木槌装配，但在最大过盈时，要求有相当的压入力
	n	平均过盈比 m 稍大，很少得到间隙，适用于 IT4~IT7 级，用铜锤或压力机装配，通常推荐用于紧密的组件配合，H6/n5 配合时为过盈配合
	p	与 H6 或 H7 配合时为过盈配合，与 H8 孔配合时则为过渡配合。对非铁类零件，为较轻的压入配合，当需要时易于拆卸。对钢、铸铁或铜、钢组件装配时为标准压入配合
	r	对铁类零件为中等打入配合，对非铁类零件为轻打入配合，当需要时可以拆卸。与 H8 孔配合，直径在 100 mm 以上时为过盈，直径小时为过渡配合
过盈配合	s	用于钢和铁制零件的永久性和半永久性装配，可产生相当大的结合力。当用弹性材料，如轻合金时，配合性质与铁类零件的 P 轴相当，例如套环压装在轴上、阀座等的配合。尺寸较大时，为了避免损伤配合表面，需用热胀或冷缩法装配
	t	过盈较大的配合。对钢和铸铁零件适于作永久性结合，不用键传递力矩，需用热胀或冷缩法装配。例如联轴节与轴的配合
	u	这种配合过盈大，一般应验算在最大过盈时工件材料是否损坏，要用热胀或冷缩法装配。例如火车轮毂和轴的配合
	v、x y、z	这些基本偏差所组成配合的过盈量更大，目前使用的经验和资料还很少，须经试验后才可应用，一般不推荐

表 2-21 优先配合选用说明

优先配合		选用说明
基孔制	基轴制	
H11/c11	C11/h11	间隙极大。用于转速很高，轴、孔温度相差很大的滑动轴承；要求大公差、大间隙的外露部分；要求装配极方便的配合
H9/d9	D9/h9	间隙很大。用于转速较高、轴颈压力较大、精度要求不高的滑动轴承
H8/f7	F8/h7	间隙不大。用于中等转速、中等轴颈压力、有一定精度要求的一般滑动轴承；要求装配方便的中等定位精度的配合

续表

优先配合		选用说明
基孔制	基轴制	
H7/g6	G7/h6	间隙很小。用于低速转动或轴向移动的精密定位的配合；需要精确定位又经常装拆的不动配合
H7/h6 H8/h7 H9/h9 H11/h11	H7/h6 H8/h7 H9/h9 H11/h11	最小间隙为零。用于间隙定位配合，工作时一般无相对运动；也用于高精度低速轴向移动的配合。公差等级由定位精度决定
H7/k6	K7/h6	平均间隙接近于零。用于要求装拆的精密定位配合
H7/n6	N6/h6	较紧的过渡配合。用于一般不拆卸的更精密定位配合
H7/p6	P7/h6	过盈很小。用于要求定位精度很高、配合刚性好的配合；不能只靠过盈传递载荷
H7/s6	S7/h6	过盈适中。用于依靠过盈传递中等载荷的配合
H7/u6	U7/h6	过盈较大。用于依靠过盈传递较大载荷的配合。装配时需加热孔或冷却轴

（5）装配变形：对于一些薄壁套筒的装配，应当考虑到装配变形的问题。如图 2-20 所示，套筒外表面与机座孔的配合为过盈配合（ϕ80H7/u6），套筒内孔与轴的配合为间隙配合（ϕ60H7/f6）。当套筒压入机座孔后套筒的内孔会收缩，使内孔变小，因而就无法满足 ϕ60H7/f6 预定的间隙要求。具体解决办法有两个，一是将内孔做大些，以补偿装配变形；二是用工艺措施来保证，先将套筒压入机座孔，再按 ϕ60H7 加工套筒内孔。

（6）工作温度：当工作温度与装配温度相差较大时，选择配合要考虑热变形的影响。

（7）生产类型：在大批量生产时，采用定值刀具调整法加工后，所得的尺寸服从正态分布规律；但在单件小批生产时，因采用试切法加工，所得孔的尺寸大多偏向于下极限尺寸，所得轴的尺寸大多偏向于上极限尺寸。可见对于同一配合，单件小批生产比大批量生产所得零件组成的配合性质总体上就显得紧一些。因此在选择配合时，对同一使用要求的孔和轴，单件小批生产时选用的配合应比大批量生产时选用的配合要松一些。

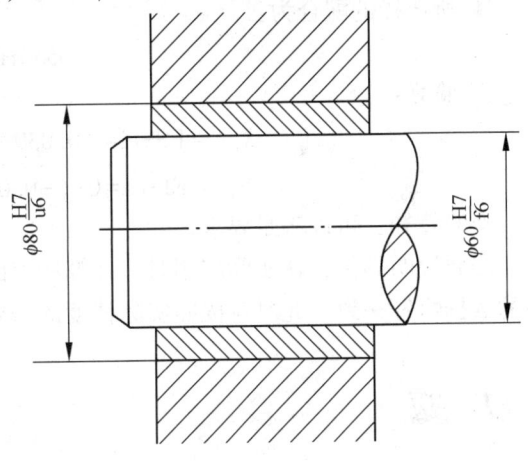

图 2-20 具有装配变形的结构

例如大批量生产时的配合为 ϕ50H7/js6，则在单件小批生产时应选择 ϕ50H7/h6。

2.7.4 选择应用举例

例 2-5 有一孔、轴配合，其公称尺寸为 ϕ50 mm，要求配合间隙为 +0.025~+0.089 mm。试用计算法确定此配合的孔、轴公差带和配合代号。

解：① 选择配合制。

本例没有特殊要求，所以应优先选用基孔制，孔的基本偏差代号为 H。

② 确定轴、孔公差等级。

根据使用要求，此间隙配合允许的配合公差为

$$T_f = |X_{max} - X_{min}| = +0.089 - (+0.025) = 0.064 \text{ (mm)}$$

按极值法考虑，因为 $T_f = T_D + T_d = 0.064$ mm，假设孔与轴选为同级配合，则

$$T_D = T_d = T_f/2 = 0.064/2 = 0.032 \text{ (mm)} = 32 \text{ (μm)}$$

查表 2-2，可知 32 μm 介于 IT7 = 25 μm 和 IT8 = 39 μm 之间，在这一公差等级范围内，根据孔、轴的工艺等价性，国家标准要求孔比轴选用低一级精度，因此确定孔的公差等级为 IT8，轴的公差等级为 IT7。此时

$$IT8 + IT7 = 0.025 + 0.039 = 0.064 \text{ (mm)} \leq T_f$$

③ 确定轴的基本偏差代号。

根据已选定基孔制配合，且孔的公差等级为 IT8，则得孔的公差带代号为 $\phi50H8$，其 EI = 0，ES = EI + T_D = 0 + 0.039 = +0.039 (mm)。

根据 X_{min} = EI − es = +0.025 mm，可得轴的上极限偏差

$$es = EI - X_{min} = 0 - 0.025 = -0.025 \text{ (mm)}$$

查表 2-4 可得 es = −0.025 mm，对应的轴的基本偏差代号为 f，则轴的公差带代号为 $\phi50f7$。

轴的另一个极限偏差为

$$ei = es - T_d = -0.025 - 0.025 = -0.050 \text{ (mm)}$$

④ 所选择的配合为：

$$\phi50H8/f7$$

⑤ 验算：

$$X_{max} = ES - ei = +0.039 - (-0.050) = +0.089 \text{ (mm)}$$

$$X_{min} = EI - es = 0 - (-0.025) = +0.025 \text{ (mm)}$$

经验算知，可以满足要求。

需要说明的是，在实际应用时，计算所得的公差数值和极限偏差数值不一定与国标表格中的数据恰好一致，此时应按照实际精度的需要，在满足使用要求的前提下合理选择。

习 题

2-1 什么是尺寸公差、极限偏差和实际偏差？它们之间有何区别和联系？

2-2 借助标准公差表和基本偏差表，写出下列公差带的上、下极限偏差数值：
(1) $\phi38d9$ (2) $\phi80p6$ (3) $\phi32v7$ (4) $\phi65h11$
(5) $\phi28k7$ (6) $\phi330m6$ (7) $\phi46C11$ (8) $\phi40M8$
(9) $\phi25Z6$ (10) $\phi30JS6$ (11) $\phi45P7$ (12) $\phi68J6$

2-3 说明下列配合符号所表示的配合制、公差等级和配合类别（间隙配合、过渡配合或过盈配合），并查表计算其极限间隙或极限过盈，画出其尺寸公差带图。
(1) $\phi45H7/g6$ (2) $\phi65K7/h6$ (3) $\phi35H8/t7$ (4) $\phi55S8/h8$

2-4 试判断下列说法是否正确,并且说明理由:

(1) 通常情况下公差为正,在个别情况下也可以为负或为零;

(2) 最小间隙为零的配合与最小过盈为零的配合,二者的实质相同;

(3) 过渡配合可能具有间隙,也可能具有过盈,因此,过渡配合可能是间隙配合,也可能是过盈配合;

(4) 孔、轴公差带的相对位置,可以反映零件加工的难易程度。

2-5 试说明优先选用基孔制配合的原因是什么?什么情况下可以选用基轴制配合?

2-6 若已知某配合的公称尺寸为 $\phi60$ mm,最大间隙 $X_{max}=40$ μm,孔的公差 $T_D=30$ μm,轴的公差 $T_d=20$ μm,轴的上极限偏差 es = 0 μm,试计算 ES、EI、ei、T_f 及 X_{min}(Y_{max}),画出该配合的尺寸公差带图和配合公差带图,并说明配合类别。

2-7 设有一公称尺寸为 60 mm 的配合,经计算确定其间隙应为 25~110 μm,若已决定采用基孔制,试确定此配合的孔、轴公差带代号,并画出其尺寸公差带图。

2-8 某发动机的铝活塞外径与铸铁气缸内径之间的工作间隙要求为 80~220 μm。工作时,活塞的温度 $t_d=180$ ℃,气缸的温度 $t_D=110$ ℃。已知活塞与气缸的公称尺寸为 $\phi80$ mm,活塞材料的线膨胀系数 $\alpha_d=24\times10^{-6}$/℃,气缸材料的线膨胀系数 $\alpha_D=12\times10^{-6}$/℃。试选择满足工作要求的配合,并画出此配合的尺寸公差带图。

2-9 图 2-21 为某一机床的传动轴配合简图:齿轮与轴由平键连接周向固定,轴承内圈与轴颈的配合采用 $\phi50$k6、轴承外圈与机座孔的配合采用 $\phi110$J7。试确定齿轮与轴、挡环与轴、端盖与机座孔的配合性质和精度等级,并画出它们的尺寸公差带图和配合公差带图(如采用任意孔、轴公差带配合,则需进行计算)。

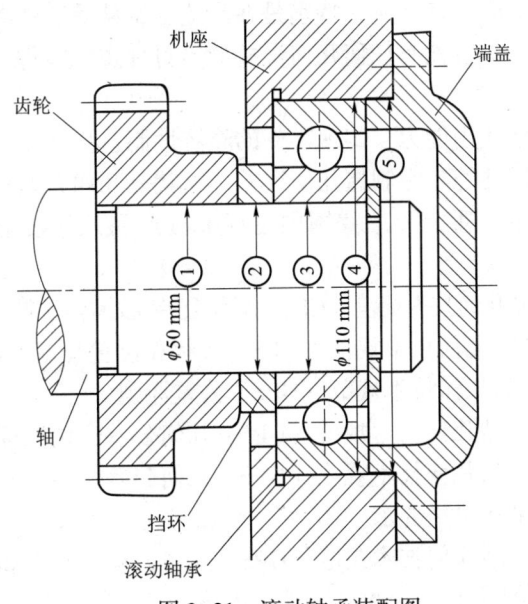

图 2-21 滚动轴承装配图

第 3 章

几何公差标准

3.1 概　　述

零件的形状和位置误差统称为"几何误差"，它是指零件上的实际被测要素对其理想要素或理想基准要素的偏离程度。零件几何误差对机器的使用功能和寿命具有十分重要的影响。例如：配合偶件圆柱面的形状误差会使间隙配合中的间隙量分布不均匀，造成局部磨损加快，从而降低零件的使用寿命；相互结合零件的表面形状误差会减少零件的实际支承面积，使接触面之间的压强增大，从而产生过大的局部应力和严重的局部变形。又如：车床主轴的定心锥面对主轴颈的跳动误差，会影响卡盘的旋转精度；齿轮传动副两轴承孔的轴线平行度误差，会降低轮齿工作齿面的接触精度，等等。总之，零件的几何误差对机器的工作精度和使用寿命，都会直接造成不良影响，特别是在高速、重载等工作条件下，这种不良影响更为严重。然而在实际生产中，没有任何几何误差的绝对理想的零件，是既不可能制造也无必要制造的。

为了保证零件的互换性使用能力，实现零件的经济性制造生产，必须对零件规定合理的几何公差范围，用以限制零件的实际制造几何误差，这就是几何公差标准的基本原理。

本章主要涉及以下标准，重点介绍我国国家标准《产品几何技术规范（GPS）几何公差》的有关内容：

GB/T 1182—2008　产品几何技术规范（GPS）几何公差　形状、方向、位置和跳动公差标注

GB/T 1958—2004　产品几何技术规范（GPS）形状和位置公差　检测规定

GB/T 4249—2009　产品几何技术规范（GPS）公差原则

GB/T 13319—2003　产品几何技术规范（GPS）几何公差　位置度公差注法

GB/T 16671—2009　产品几何技术规范（GPS）几何公差　最大实体要求、最小实体要求和可逆要求

GB/T 17851—2010　产品几何技术规范（GPS）几何公差　基准和基准体系

GB/T 1184—1996　形状和位置公差　未注公差值

GB/T 17773—1999　形状和位置公差　延伸公差带及其表示法

3.1.1　几何公差的研究对象——几何要素

零件上的特定几何部位，如点、线或面，称为零件的几何要素，简称"要素"。图 3-1

所示的要素包括：点（球心、圆锥顶点）、线（素线、轴线、中心线）、面（端面、圆柱面、圆锥面、球面、中心面）等。

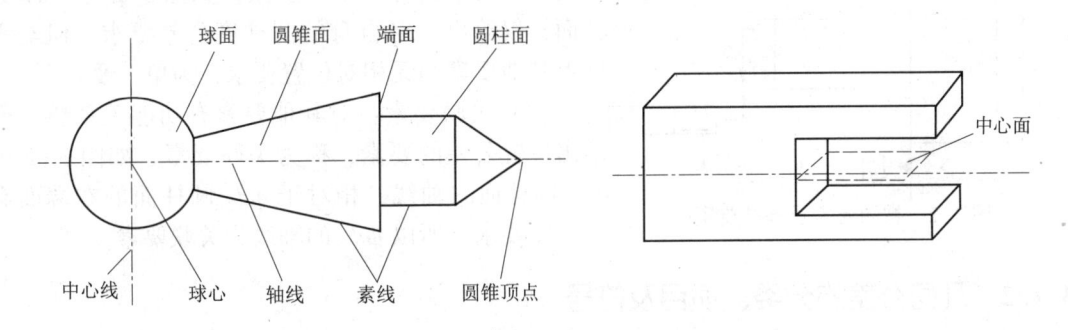

图 3-1 零件的几何要素

几何公差研究的对象，是几何要素本身的形状精度问题，以及相关几何要素之间的相互位置精度问题。前者是形状公差研究的对象，后者是位置公差研究的对象。在研究形状公差时，涉及线和面两类几何要素；在研究位置公差时，涉及点、线、面三类几何要素。

为了便于研究几何公差，可将几何要素分类如下。

1. 按状态分类

（1）理想要素：具有几何学意义的、没有任何误差的要素称为理想要素。理想要素可分为理想轮廓要素和理想中心要素。理想要素是按设计要求，由图样给定的点、线、面所确定的理想形状特征，它不存在任何误差，是绝对正确的几何要素。在机械图样上表示的要素，均为理想要素。但由于加工误差客观存在，在生产中理想要素是不可能得到的。

（2）实际要素：零件上实际存在的要素称为实际要素，通常指实际轮廓要素。由于中心要素是假想的几何要素，实际上是不存在的，所以没有"实际中心要素"这一说法。实际轮廓要素在测量时，通常由测得轮廓要素代替。

2. 按结构分类

（1）轮廓要素：人们看得见、摸得着、直接感觉得到的零件轮廓上的点、线、面，称为轮廓要素。如图 3-1 所示的素线、球面、圆锥面、圆柱面、端面、圆锥顶点等，都属于轮廓要素。

（2）中心要素：由具有对称关系的轮廓要素导出的中心点、中心线、中心面，称为中心要素。其特点是起着中心作用但不被人们直接感知，需要由其轮廓要素导出的要素。如图 3-1 所示的轴线、中心线、中心面等，均为中心要素。应当指出：中心要素依存于对应的轮廓要素；离开了对应的轮廓要素，便不存在中心要素。例如没有球面，就没有球心；没有圆柱面或圆锥面，就没有轴线。

3. 按作用分类

（1）被测要素：对自身给出了几何公差要求的要素，称为被测要素。被测要素是零件需要研究和测量的对象，如图 3-2 中的 ϕd_1 圆柱表面及其轴线，即为被测要素。

（2）基准要素：零件上用来建立基准并确定被测要素的方向和位置的实际要素，称为基准要素。基准要素在图样上标有特定的基准符号或基准代号。如图 3-2 中，ϕd_2 圆柱的右端面为基准要素。

图 3-2 被测要素及基准要素

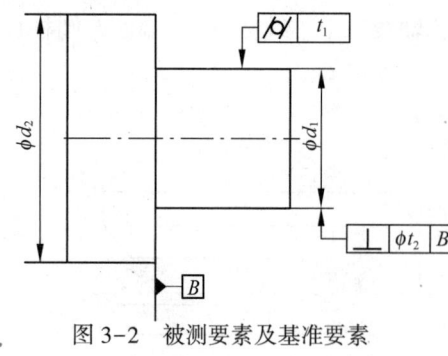

4. 按功能分类

（1）单一要素：仅对被测要素本身给出形状公差要求的要素，称为单一要素。如图 3-2 中 ϕd_1 圆柱面，仅给出了对自身的圆柱度公差要求，但与零件上其他要素均无相对位置要求，为单一要素。

（2）关联要素：对其他要素有功能关系要求而给出位置公差的要素，称为关联要素。如图 3-2 中 ϕd_1 圆柱面的轴线，相对于 ϕd_2 圆柱面的右端面有垂直度要求，所以 ϕd_1 的轴线为关联要素。

3.1.2 几何公差的分类、项目及符号

国家标准规定，几何公差有两类共 19 项，其中形状公差 6 项，是对单一要素提出的要求，大多数情况下与基准无关；方向、位置和跳动公差 13 项，是对关联要素提出的要求，在大多数情况下与基准有关。几何公差项目及几何特征符号见表 3-1，几何公差的附加符号见表 3-2。

表 3-1 几何公差项目及几何特征符号

几何公差类型	项目	符号	有无基准
形状公差	直线度	—	无
	平面度	▱	无
	圆度	○	无
	圆柱度	⌭	无
	线轮廓度	⌒	无
	面轮廓度	⌓	无
方向公差	平行度	∥	有
	垂直度	⊥	有
	倾斜度	∠	有
	线轮廓度	⌒	有
	面轮廓度	⌓	有
位置公差	位置度	⊕	有或无
	同心度 （用于中心点）	◎	有
	同轴度 （用于轴线）	◎	有
	对称度	=	有
	线轮廓度	⌒	有
	面轮廓度	⌓	有
跳动公差	圆跳动	↗	有
	全跳动	⌭	有

表 3-2 几何公差的附加符号

说明	符号	说明	符号
被测要素		自由状态条件（非刚性零件）	Ⓕ
基准要素		全周（轮廓）	
基准目标	$\dfrac{\phi_2}{A_1}$	延伸公差带	Ⓟ
		公共公差带	CZ
		小径	LD
理论正确尺寸	50	大径	MD
最大实体要求	Ⓜ	中径、节径	PD
最小实体要求	Ⓛ	线素	LE
包容要求	Ⓔ	不凸起	NC
可逆要求	Ⓡ	任意横截面	ACS

3.1.3 几何公差的意义和特征

几何公差的基本意义是：几何公差带是一个或几个理想几何线或面所限定的，由线性公差值表示其大小的区域。由于任何区域都具有形状、大小、方向、位置四方面特征，从该意义上说，几何公差即几何公差带。在某些情况下，几何公差的另一个意义是：几何公差是一个数值，要求被测实际要素的误差变动量不超出该数值。从这个意义上说，几何公差即几何公差值，它是对几何公差带四个特征之一——公差带大小的描述。通常情况下，几何公差带的大小是指公差带的宽度 t 或直径 ϕt，t 为公差值。

根据国家标准，几何公差带的形状主要有 9 种：

（1）两平行直线之间的区域，如图 3-3（a）所示。
（2）两等距曲线之间的区域，如图 3-3（b）所示。
（3）两平行平面之间的区域，如图 3-3（c）所示。
（4）两等距曲面之间的区域，如图 3-3（d）所示。
（5）一个圆柱面内的区域，如图 3-3（e）所示。
（6）两个同心圆之间的区域，如图 3-3（f）所示。
（7）一个圆内的区域，如图 3-3（g）所示。
（8）一个球面内的区域，如图 3-3（h）所示。
（9）两个同轴圆柱面之间的区域，如图 3-3（i）所示。

几何公差带的方向，是指评定被测要素误差的方向。对于位置公差带，其方向由设计给出；对于形状公差带，设计时不作出规定，其方向遵守最小条件原则（见 3.2.2 节）。

对于位置公差以及多数跳动公差，几何公差带的位置由设计确定，与被测要素的实际状

图 3-3 几何公差带的主要形状

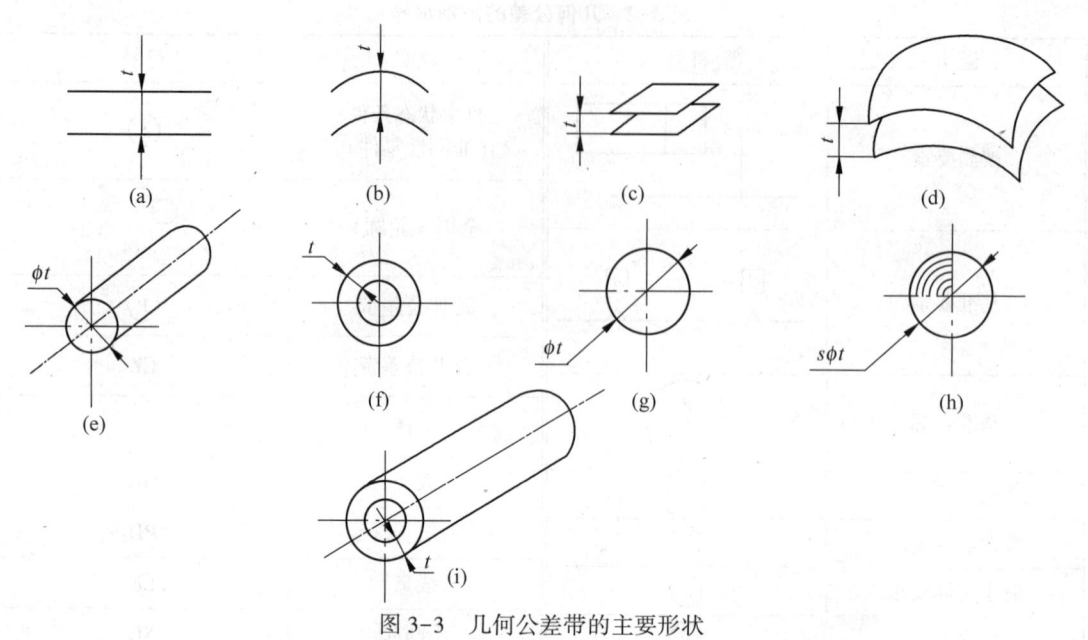

(a) 两平行直线；(b) 两等距曲线；(c) 两平行平面；(d) 两等距曲面；
(e) 一个圆柱面；(f) 一个圆环；(g) 一个圆；(h) 一个球面；(i) 一个厚壁圆筒体

况无关，可以称为位置固定的公差带；对于形状公差、方向公差和少数跳动公差，几何公差项目本身并不规定公差带的位置，其位置随被测实际要素的形状和有关尺寸的大小而改变，可以称为位置浮动的公差带。

3.2 形状公差

3.2.1 形状公差的概念

形状公差是指单一实际被测要素对其理想要素的允许变动量。形状公差用形状公差带来表达，用以限制零件实际要素的变动范围。若零件实际要素在此区域内变动，则表示零件合格；若零件实际要素的变动范围超出形状公差带区域，则表示零件不合格。

3.2.2 形状误差的评定准则

1. 形状误差的评定准则——最小条件

评定形状误差时，理想要素的位置必须符合最小条件。这是因为理想要素的位置符合最小条件时，对被测实际要素评定所得值的误差最小。

所谓最小条件，是指评定形状误差时应使理想要素与实际要素相接触，并使被测实际要素对其理想要素的最大变动量为最小。如图 3-4 所示为评定给定平面内的直线度误差的情况，图中：A_1B_1、A_2B_2、A_3B_3 分别为处于不同位置的理想要素，h_1、h_2、h_3 为被测实际要素对 3 个不同位置的理想要素的最大变动量，由图可知 h_1 最小，表明 A_1B_1 是符合最小条件的理想要素，故在评定被测实际要素的直线度误差时，应该以理想要素 A_1B_1 作为评定基准。

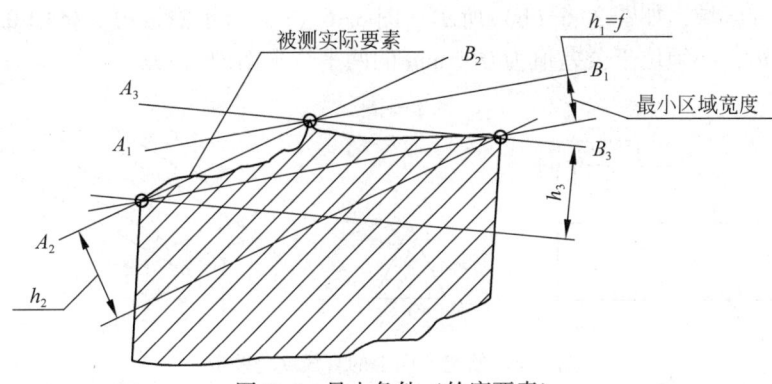

图 3-4 最小条件（轮廓要素）

2. 形状误差的评定方法——最小区域法

评定形状误差时，形状误差数值的大小可用最小包容区域（简称最小区域）的宽度 f 或直径 ϕf 表示。所谓最小区域，是指包容被测实际要素时，具有最小宽度 f 或最小直径 ϕf 的理想包容区域，如图 3-4 所示。

最小区域法是评定形状误差的一个基本方法，因这时的理想要素是符合最小条件的。显然，按最小区域法评定的形状误差值为最小，可以最大限度地保证产品作为合格件而通过。又由于符合最小条件的理想要素是唯一的，按此方法评定的形状误差值也将是唯一的。所以，符合最小条件不仅是确定理想要素位置的原则，也是评定形状误差的基本原则。

3.2.3 形状公差的项目

形状公差有直线度、平面度、圆度、圆柱度、线轮廓度、面轮廓度 6 个项目。形状公差值用公差带的宽度或直径表示；形状公差带的形状、方向、位置、大小随被测要素的几何特征和功能要求而定。

1. 直线度公差（—）

直线度公差用于限制实际零件上的平面直线或空间直线的形状误差。根据零件的功能要求不同，在图样上可分别提出给定平面内、给定方向上和任意方向上的直线度要求。

直线度公差用符号"—"表示。

（1）给定平面内的直线度公差带：给定平面内的直线度公差带，是距离为公差值 t 的两平行直线之间的区域，如图 3-5（b）所示。图 3-5（a）所示框格第 2 格中 0.02 的意义是：被测圆柱面的任一素线必须位于平行于图样投影面且距离为公差值 0.02 mm 的两平行直线内。

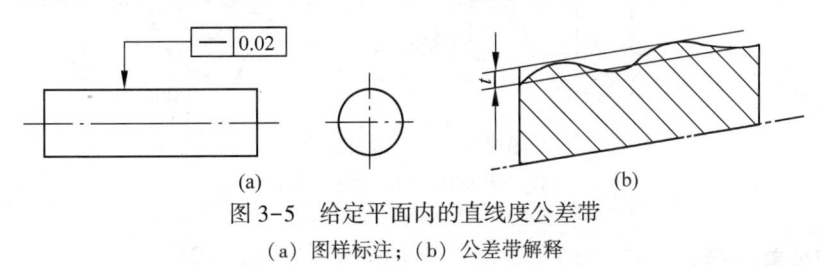

图 3-5 给定平面内的直线度公差带
（a）图样标注；（b）公差带解释

（2）给定方向上的直线度公差带：给定方向上的直线度公差带，是距离为公差值 t 的两平行平面之间的区域，如图 3-6（b）所示。图 3-6（a）所示框格第 2 格中 0.1 的含义是：实际的被测棱边，必须位于公差值为 0.1 mm 的两平行平面内。

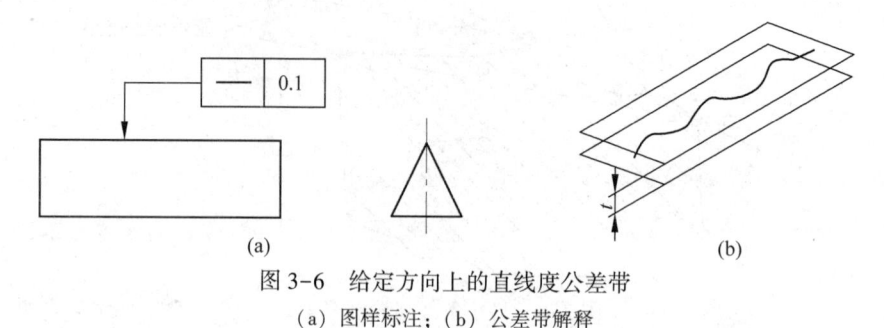

图 3-6 给定方向上的直线度公差带
(a) 图样标注；(b) 公差带解释

（3）任意方向上的直线度公差带：任意方向上的直线度公差带，是直径为公差值 ϕt 的圆柱面内的区域，如图 3-7（b）所示。图 3-7（a）所示框格第 2 格中 $\phi 0.08$ 的含义是：圆柱体的实际轴线，必须位于直径为公差值 $\phi 0.08$ mm 的圆柱面内。

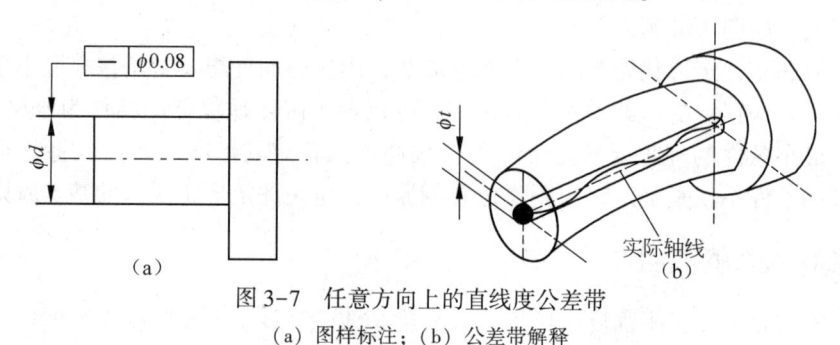

图 3-7 任意方向上的直线度公差带
(a) 图样标注；(b) 公差带解释

2. 平面度公差（▱）

平面度公差是限制实际零件平面对其理想平面变动量的一项指标，用于对实际零件平面的形状精度提出要求。平面度公差用符号"▱"表示。平面度公差带是距离为公差值 t 的两平行平面之间的区域，如图 3-8（b）所示。图 3-8（a）所示框格第 2 格中 0.08 的含义是：被测表面必须位于公差值为 0.08 mm 的两平行平面之内。

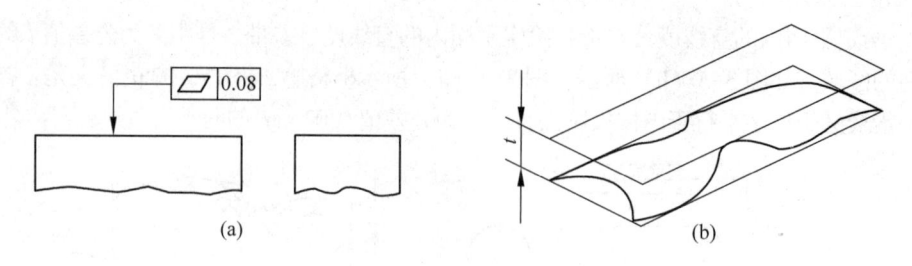

图 3-8 平面度公差带
(a) 图样标注；(b) 公差带解释

3. 圆度公差（○）

圆度公差是限制实际圆对其理想圆变动量的一项指标，用于对回转体零件在任一横截面上的圆形轮廓提出的形状精度要求。圆度公差用符号"○"表示。圆度公差带是在同一横截面上，半径差为公差值 t 的两同心圆之间的区域，如图 3-9（c）所示。在图 3-9（a）中，要求被测圆柱面任一横截面的轮廓线，必须位于半径差为公差值 0.02 mm 的两同心圆之间；在图 3-9（b）中，要求被测圆锥面任一横截面的轮廓线，必须位于半径差为公差值 0.02 mm 的两同心圆之间（同心圆的圆心位置和半径大小，按最小条件确定）。

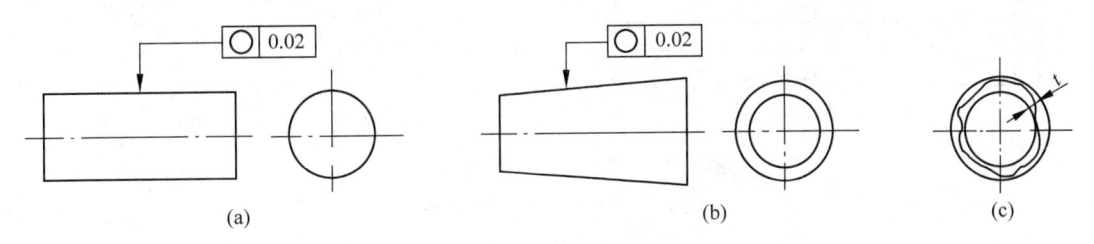

图 3-9　圆度公差带
（a）图样标注示例 1；（b）图样标注示例 2；（c）公差带解释

4. 圆柱度公差（◯）

圆柱度公差是限制实际圆柱面对其理想圆柱面变动量的一项指标，用于对圆柱面所有横截面和轴截面上的轮廓提出综合性形状精度要求的场合。圆柱度公差可以同时控制圆度、母线直线度、轴线直线度等项目。圆柱度公差用符号"◯"表示。圆柱度公差带是指半径差为公差值 t 的两同轴圆柱面之间的区域，如图 3-10（b）所示。图 3-10（a）所示框格第 2 格中 0.05 的含义是：被测圆柱面必须位于半径差为公差值 0.05 mm 的两同轴圆柱面之间。

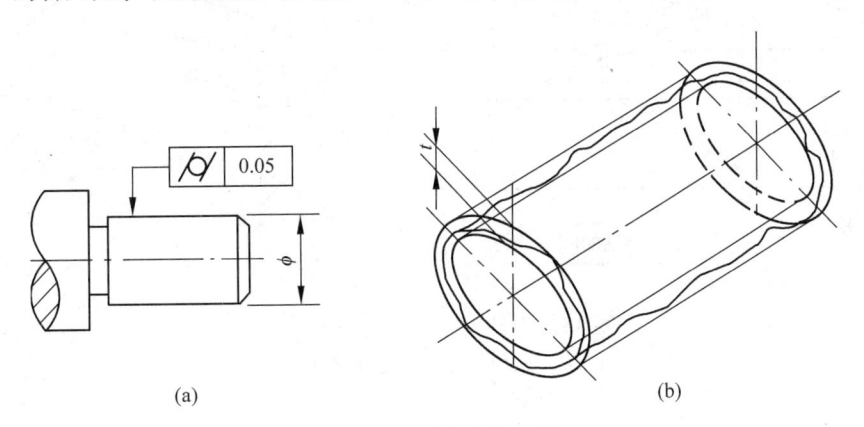

图 3-10　圆柱度公差带
（a）图样标注；（b）公差带解释

5. 无基准的线轮廓度公差（⌒）

无基准的线轮廓度公差是实际被测轮廓线对其理想轮廓线的允许变动量，用于限制实际平面曲线或平面轮廓的形状误差。无基准的线轮廓度公差用符号"⌒"表示。

无基准的线轮廓度公差带是包络一系列直径为公差值 ϕt 的圆的两包络线之间的区域，各圆的圆心位于理想轮廓曲线上，如图 3-11（b）所示。

在零件图纸上，理想轮廓曲线必须使用带方框的尺寸（理论正确尺寸）表达。如图 3-11（a）表示在平行于图样所示的投影面的任一截面上，被测轮廓线必须位于圆心在理想轮廓曲线上、直径等于公差值 $\phi 0.04$ mm 的一系列小圆的两条包络线之间。

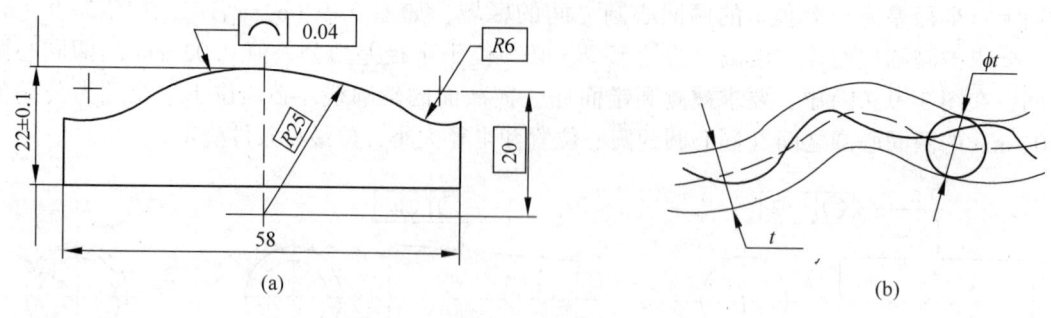

图 3-11 无基准的线轮廓度公差带
(a) 图样标注；(b) 公差带解释

6. 无基准的面轮廓度公差（△）

无基准的面轮廓度公差是实际被测轮廓曲面对其理想轮廓曲面的允许变动量，用于限制实际轮廓曲面的形状误差。无基准的面轮廓度公差用符号"△"表示。

无基准的面轮廓度公差带是包络一系列直径为公差值 ϕt 的球的两包络面之间的区域，诸球球心应位于理想轮廓面上，如图 3-12（b）所示。

图 3-12（a）所示框格第 2 格中 0.02 的含义是：被测轮廓面必须位于包络一系列等直径球体的两包络面内，各球直径为公差值 $\phi 0.02$ mm，各球的球心位于理想轮廓面上。

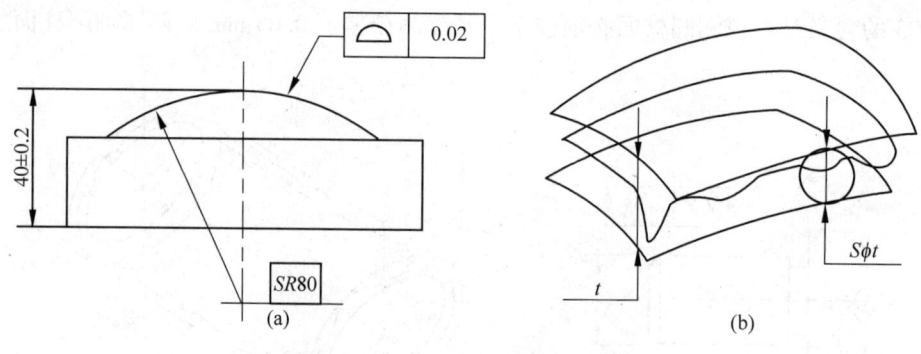

图 3-12 无基准的面轮廓度公差带
(a) 图样标注；(b) 公差带解释

3.3 方向、位置和跳动公差

方向、位置和跳动公差是指关联实际要素的方向和位置对基准要素所允许的变动全量。方向、位置和跳动公差用于限制实际零件表面的两个或两个以上要素在方向和位置关系上的误差，可分为方向公差、位置公差、跳动公差 3 类。

3.3.1 基准

基准是用来定义几何公差带的位置和方向的方位理想要素。在实际运用时，基准由基准实际要素来建立。由于实际要素存在着几何误差，因此，由实际要素建立基准时，应以该基准实际要素的理想要素为基准,且理想要素的位置应符合最小条件。

1. 基准的种类

(1) 单一基准:单一基准又称为单一基准要素,是由单个要素构成、作为单一基准使用的要素。单一基准可以是一个平面、一条中心线或一条轴线。例如,由实际轴线建立基准轴线时,基准轴线为穿过基准实际轴线,且符合最小条件的理想轴线,如图3-13所示。

(2) 组合基准(公共基准):由两个或两个以上具有共线或共面关系的实际要素建立的独立基准,称为组合基准,又称为公共基准。组合基准为这些实际要素所共有的理想轴线或理想平面,是作为单一基准使用的一组独立要素。如图3-14所示,由两条或两条以上实际轴线建立公共基准轴线时,公共基准轴线为这些实际轴线所共有的一条理想轴线,该理想轴线的位置,应符合最小条件。

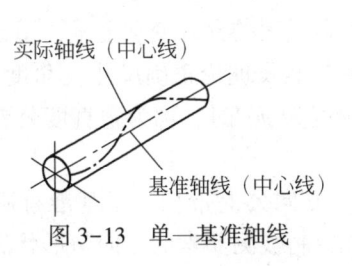

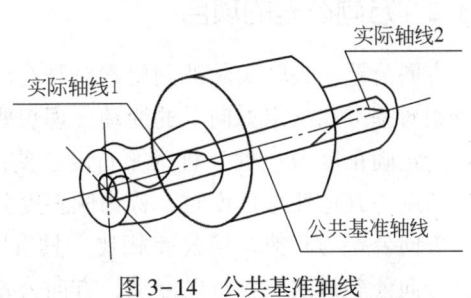

图3-13 单一基准轴线

图3-14 公共基准轴线

(3) 三基面体系:由三个互相垂直的基准平面所组成的基准体系,称为三基面体系。三基面体系的三个平面,是确定和测量零件上各要素几何关系的起点。这三个基准平面按其功能要求,分别称为第一基准平面、第二基准平面和第三基准平面。由实际表面建立三基面体系时,第一基准平面与第一基准实际表面至少应有三点接触,它是该实际表面符合最小条件的理想平面;第二基准平面与第二基准实际表面至少应有两点接触,它是该实际表面垂直于第一基准平面的理想平面;第三基准平面与第三基准实际表面至少应有一点接触,它是该实际表面垂直于第一基准平面和第二基准平面的理想平面,如图3-15所示。

应用三基面体系时,要特别注意基准的填写顺序。填写在几何公差框格第三格的称为第一基准,填在其后的依次称为第二基准、第三基准。按顺序填写基准的重要性,在于实际的基准要素存在自身形状误差,实际的基准要素

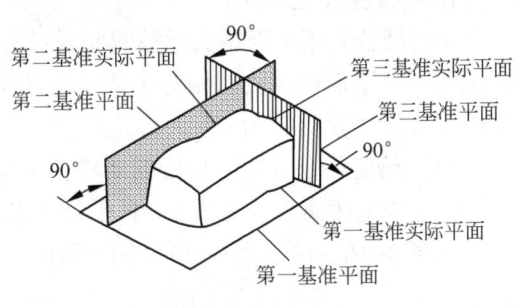

图3-15 三基面体系

之间存在方向误差,如果改变基准的填写顺序,就可能造成零件加工工艺(包括工装)的改变,当然也会影响到零件的功能。

2. 基准的选择

选择基准时,主要应根据设计要求,并兼顾基准统一原则和结构特征,一般可从下列几方面来考虑。

(1) 设计时,应根据要素的功能要求及要素间的几何关系来选择基准。例如,对旋转轴,通常都以与轴承配合的轴颈表面作为基准,或以中心线作为基准。

(2) 从装配关系方面考虑，应选择零件相互配合、相互接触的表面作为各自的基准，以保证零件的正确装配。

(3) 从加工、测量角度考虑，应选择在工夹量具中定位的相应要素作为基准，并考虑这些要素作为基准时应便于设计工夹量具，还应尽量使测量基准与设计基准统一。

(4) 当必须选取未经切削加工的铸件、锻件、焊接件等毛坯表面作为定位基准时，应选择最稳定的表面作为基准，或在基准要素上指定一些点、线、面（即基准目标）来建立基准。

(5) 当采用基准体系时，应从被测要素的使用要求出发，认真考虑各基准要素的排列顺序，通常应选择对被测要素的使用性能影响最大的表面，或者选择定位最稳定的表面作为第一基准。

3.3.2 方向公差的项目

方向公差是关联实际被测要素对具有确定方向的理想要素的允许变动全量，用于限制被测要素对基准在指定方向上的变动。理想要素的方向由基准及理论正确尺寸（角度）确定。当理论正确角度为0°时，称为平行度公差；理论正确角度为90°时，称为垂直度公差；理论正确角度为其他任意角度时，称为倾斜度公差。

方向公差与其他几何公差相比，具有明显的特点：方向公差带相对于基准有确定的方向，方向公差带的位置可以浮动，方向公差带具有综合控制被测要素的方向与形状的功能。

方向公差值用定向最小包容区域的宽度或直径表示。定向最小包容区域是指按公差带要求的方向来包容实际被测要素时，具有最小宽度 f 或最小直径 ϕf 的包容区域，它的形状与公差带一致，它的宽度或直径由被测实际要素本身决定。

根据被测要素对理想要素的给定方向不同，方向公差可分为平行度公差、垂直度公差、倾斜度公差三个项目。

1. 平行度公差（∥）

平行度公差用于限制实际被测要素对基准在给定平行方向上的变动量，即用来控制零件被测要素（平面或直线）相对于基准要素（平面或直线）在0°方向上的偏离程度。平行度公差用符号"∥"表示。

(1) 给定一个方向的平行度要求：给定一个方向的平行度要求时，平行度公差带是位于给定方向上距离为公差值 t，且平行于基准轴线（或基准平面）的两平行平面之间的区域，如图3-16（c）、图3-17（b）所示。

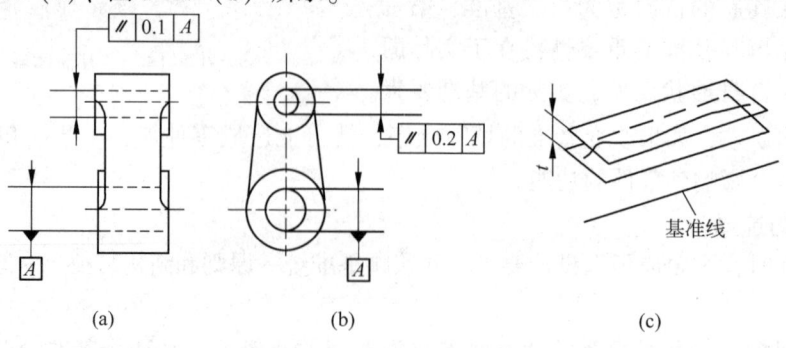

图3-16 平行度公差（一）

(a) 图样标注示例1；(b) 图样标注示例2；(c) 公差带解释

图 3-16 (a)、图 3-16 (b) 框格中标注的 0.1 和 0.2 的含义是：被测轴线必须位于距离为公差值 0.1 mm 和 0.2 mm，且在给定方向上平行于基准轴线的两平行平面之间。

图 3-17 (a) 框格中标注的 0.05 的含义是：被测表面必须位于距离为公差值 0.05 mm，且平行于基准面的两平行平面之间。

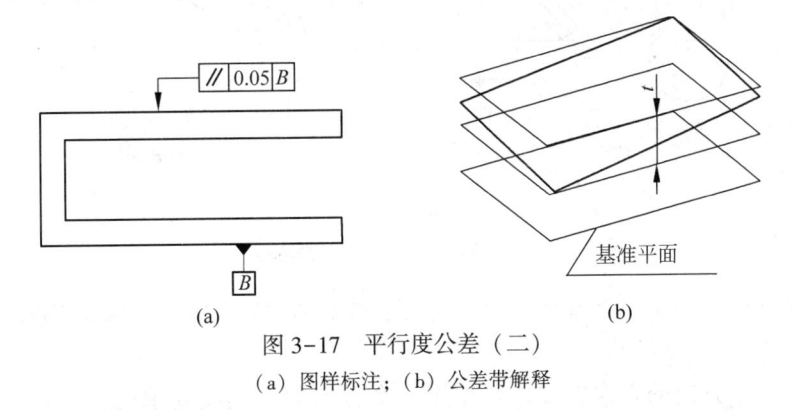

图 3-17　平行度公差（二）
(a) 图样标注；(b) 公差带解释

(2) 给定相互垂直的两个方向的平行度要求：当给定相互垂直的两个方向的平行度要求时，平行度公差带是互相垂直、距离分别为 t_1 和 t_2、平行于基准线的两对平行平面之间的区域，如图 3-18 (b)、图 3-18 (d) 所示。

图 3-18 (a)、图 3-18 (c) 所示零件的公差带形状相同，公差框格标注的 0.2、0.1 的含义是：被测轴线必须位于距离分别为公差值 0.2 mm 和 0.1 mm，在给定的互相垂直方向上且平行于基准轴线的两组平行平面之间。

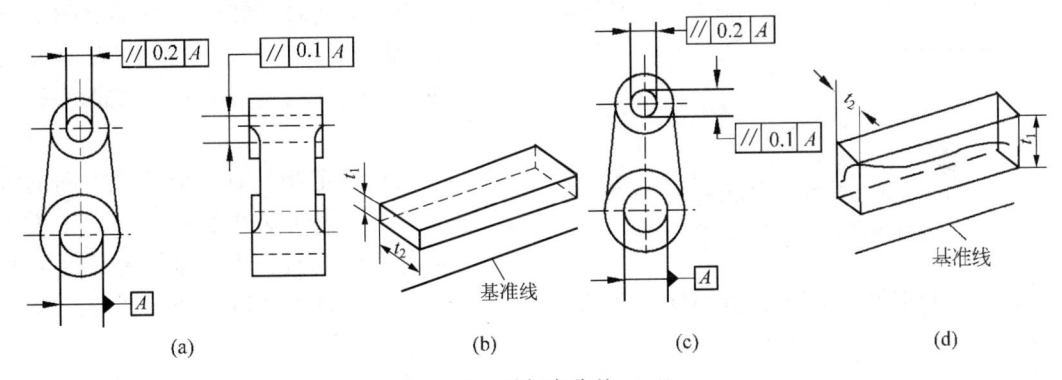

图 3-18　平行度公差（三）
(a) 图样标注示例 1；(b) 示例 1 的公差带解释；
(c) 图样标注示例 2；(d) 示例 2 的公差带解释

(3) 给定任意方向的平行度要求：当给定任意方向的平行度要求时，应在公差值前加注 ϕ，公差带是直径为公差值 ϕt 且平行于基准线的圆柱面内的区域，如图 3-19 (b) 所示。

图 3-19 (a) 框格中标注的 $\phi 0.03$ 的含义是：被测轴线必须位于直径为公差值 $\phi 0.03$ mm 且轴线平行于基准轴线的圆柱面内。

2. 垂直度公差（⊥）

垂直度公差用于限制实际被测要素对基准在垂直方向上的变动量，即用来控制零件被测

(a)

(b)

图 3-19　平行度公差（四）

(a) 图样标注；(b) 公差带解释

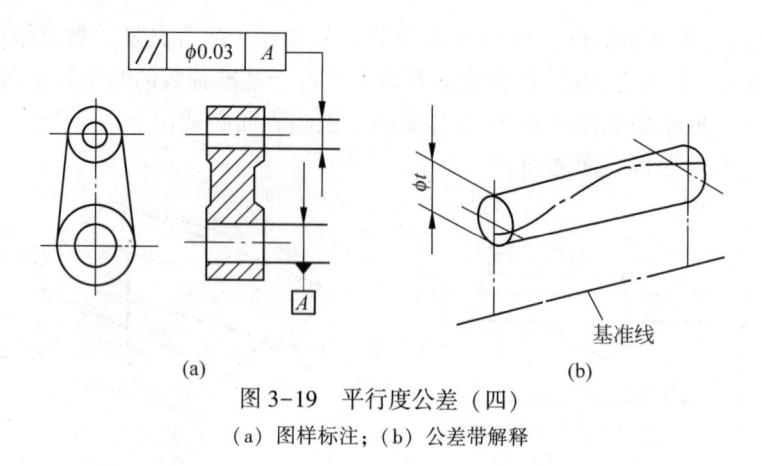

要素（平面或直线）相对于基准要素（平面或直线）在90°方向上的偏离程度。垂直度公差用符号"⊥"表示。

（1）给定一个方向的垂直度要求：给定一个方向的垂直度要求时，垂直度公差带是位于给定方向上距离为公差值 t，且垂直于基准面（或直线、轴线）的两平行平面之间的区域，如图 3-20 (b)、图 3-21 (b) 所示。

图 3-20 (a) 框格中标注的 0.1 的含义是：在给定方向上，被测轴线必须位于距离为公差值 0.1 mm 且垂直于基准表面 A 的两平行平面之间。

图 3-21 (a) 框格中标注的 0.08 的含义是：被测面必须位于距离为公差值 0.08 mm 且垂直于基准轴线 A 的两平行平面之间。

(a)

(b)

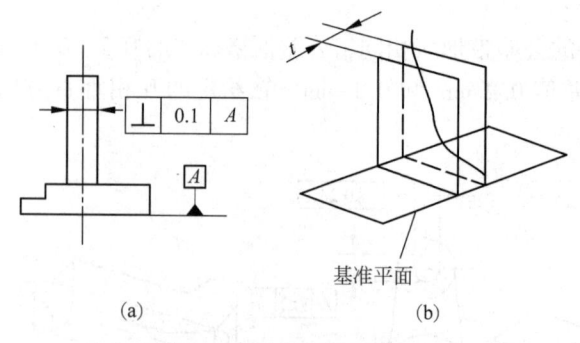

图 3-20　垂直度公差（一）

(a) 图样标注；(b) 公差带解释

（2）给定相互垂直的两个方向的垂直度要求：当给定相互垂直的两个方向的垂直度要求时，垂直度公差带是互相垂直、距离分别为 t_1 和 t_2、垂直于基准面的两对平行平面之间的区域，如图 3-22 (b)、图 3-22 (d) 所示。

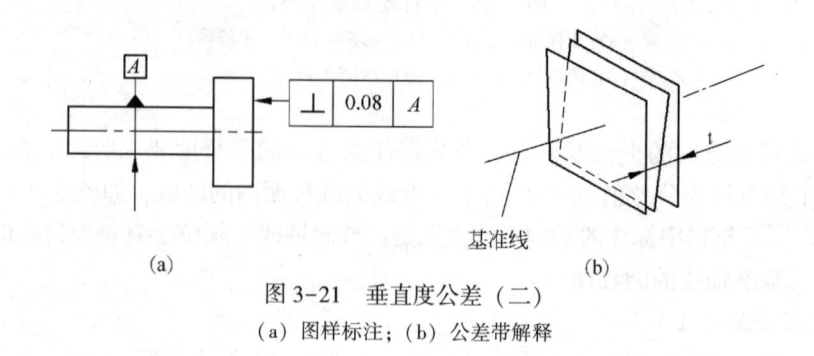

(a)

(b)

图 3-21　垂直度公差（二）

(a) 图样标注；(b) 公差带解释

图 3-22（a）、图 3-22（c）所示零件的公差带形状相同，公差框格标注的 0.2 和 0.1 的含义是：被测轴线必须位于距离分别为公差值 0.2 mm 和 0.1 mm 的、互相垂直且垂直于基准平面的两对平行平面之间。

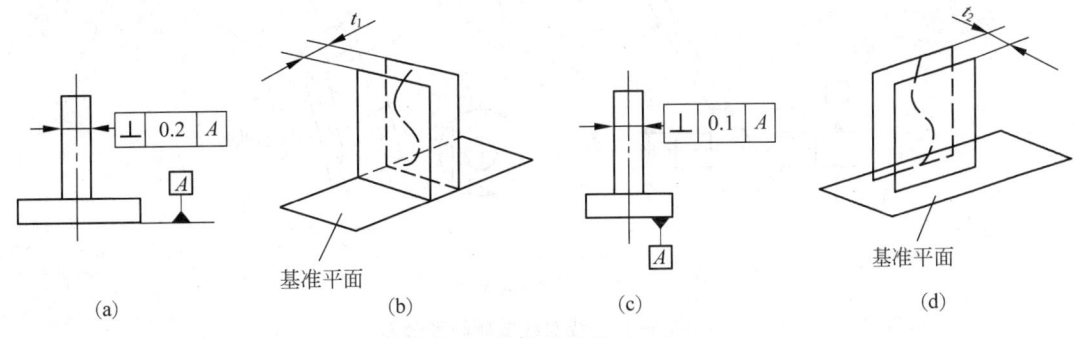

图 3-22　垂直度公差（三）
(a) 图样标注示例 1；(b) 示例 1 的公差带解释；
(c) 图样标注示例 2；(d) 示例 2 的公差带解释

（3）给定任意方向的垂直度要求：当给定任意方向的垂直度要求时，应在公差值前加注 ϕ，公差带是直径为公差值 ϕt 且垂直于基准面的圆柱面内的区域，如图 3-23（b）所示。

图 3-23（a）框格中标注的 $\phi 0.01$ 的含义是：被测轴线必须位于直径为公差值 $\phi 0.01$ mm 且垂直于基准面 A 的圆柱面内。

3. 倾斜度公差（∠）

倾斜度公差用于限制实际被测要素对基准在倾斜方向上的变动量，即用来控制零件被测要素（平面或直线）相对于基准要素（平面或直线）在除 0°和 90°方向之外的任意方向上的偏离程度。倾斜度公差包括线对线的倾斜度、线对面的倾斜度、面对线的倾斜度、面对面的倾斜度等，且有多种不同的情况。倾斜度公差用符号"∠"表示。

（1）线对线的倾斜度公差：当被测轴线与基准轴线在同一平面内时，线对线倾斜度的公差带是距离为公差值 t 且与基准成一给定角度的两平行平面之间的区域；当被测轴线与基准轴线不在同一平面内时，则被测轴线应投影到包含基准轴线并平行于被测轴线的平面上，此时线对线倾斜度的公差带是相对于投影到该平面上的线而言的，如图 3-24（b）所示。

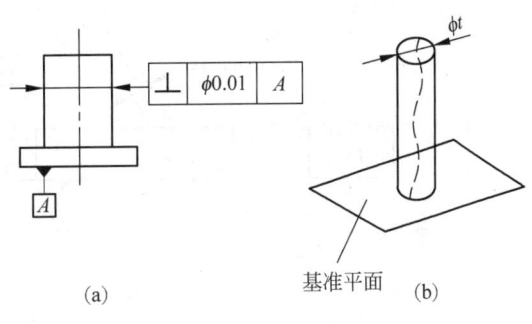

图 3-23　垂直度公差（四）
(a) 图样标注；(b) 公差带解释

图 3-24（a）框格中标注的 0.08 的含义是：考虑到图示被测轴线与基准轴线为异面直线，故将被测轴线投影到包含基准轴线的平面上，且被测轴线的平面投影必须位于距离为公差值 0.08 mm，并与 A—B 公共基准线呈理论正确角度 60°的两平行平面之间。

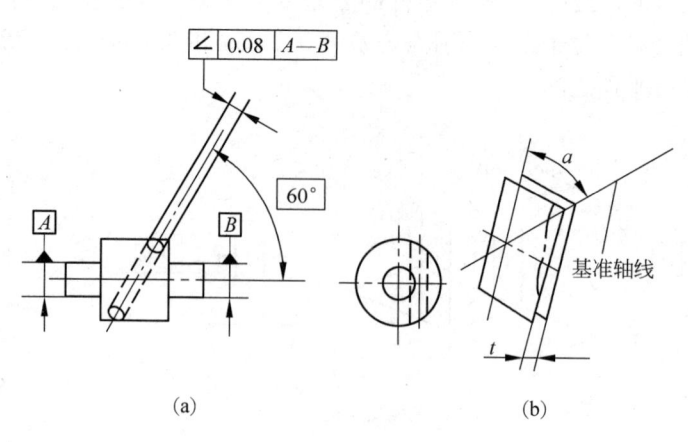

图 3-24 线对线的倾斜度公差
(a) 图样标注；(b) 公差带解释

（2）给定一个方向线对面的倾斜度公差：其公差带是距离为公差值 t 且与基准面成一给定角度的两平行平面之间的区域，如图 3-25（b）所示。

图 3-25（a）框格中标注的 0.05 的含义是：被测轴线必须位于距离为公差值 0.05 mm 且与基准平面 A（基准平面）呈理论正确角度 60°的两平行平面之间。

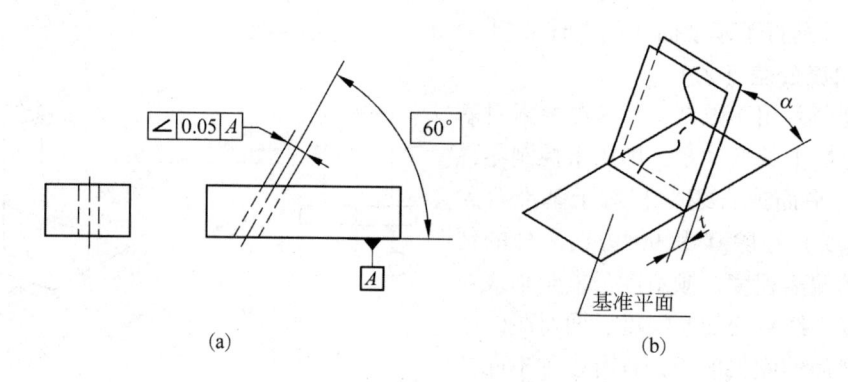

图 3-25 给定一个方向线对面的倾斜度公差
(a) 图样标注；(b) 公差带解释

（3）给定任意方向线对面的倾斜度公差：如表示给定任意方向线对面的倾斜度要求时，须在公差值前加注 ϕ，其公差带是直径为公差值 ϕt 的圆柱面内的区域，该圆柱面的轴线应与基准平面成一给定的角度并平行于另一基准平面，如图 3-26（b）所示。

图 3-26（a）框格中标注的 $\phi 0.1$ 的含义是：被测轴线必须位于直径为 $\phi 0.1$ mm 的圆柱面公差带内，该公差带的轴线应与基准表面 A（基准平面）呈理论正确角度 60°并平行于基准平面 B。

4. 相对于基准体系的线轮廓度公差（⌒）

国标 GB/T 1182—2008 规定：若线轮廓度、面轮廓度相对于基准有要求时，该线轮廓度、面轮廓度就属于方向公差或位置公差。

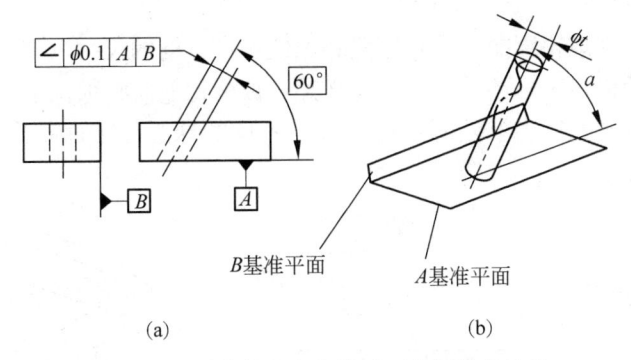

图 3-26 给定任意方向线对面的倾斜度公差
(a) 图样标注；(b) 公差带解释

相对于基准体系的线轮廓度公差是实际被测轮廓线相对于被测理想轮廓线的允许变动量，用于限制实际平面曲线或平面轮廓的方向误差或位置误差。

相对于基准体系的线轮廓度公差用符号"⌒"表示。

相对于基准体系的线轮廓度公差带是包络一系列直径为公差值 ϕt 的圆的两包络线之间的区域，各圆的圆心位于由基准平面 A 和基准平面 B 确定的被测要素的理想轮廓曲线上，如图 3-27（b）所示。

在零件图纸上，理想轮廓曲线及其位置必须使用带方框的尺寸（理论正确尺寸）表达。图 3-27（a）表示在平行于图样所示的投影面的任一截面上，被测轮廓线必须位于圆心在由基准平面 A 和基准平面 B 确定的理想轮廓曲线上、直径等于公差值 $\phi 0.04$ mm 的一系列小圆的两条包络线之间。

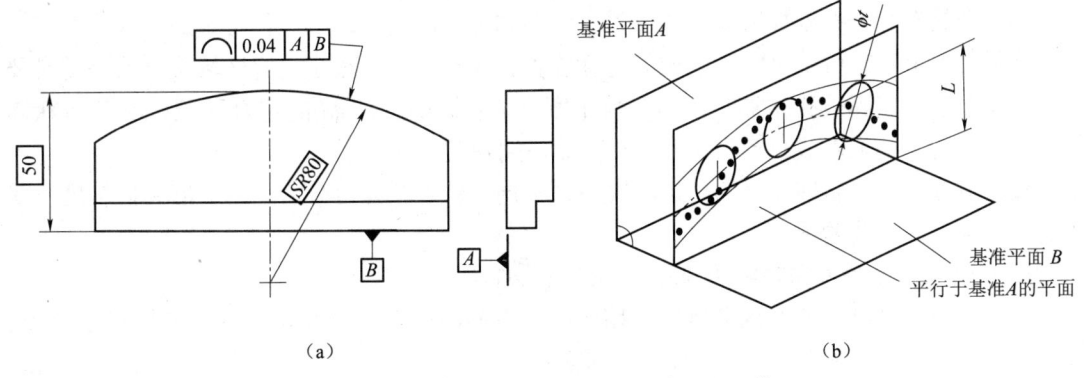

图 3-27 相对于基准体系的线轮廓度公差带
(a) 图样标注；(b) 公差带解释

5. 相对于基准的面轮廓度公差（⌒）

相对于基准的面轮廓度公差是实际被测轮廓曲面相对于由基准平面 A 确定的被测理想轮廓曲面的允许变动量，用于限制实际轮廓曲面的方向误差或位置误差。

相对于基准的面轮廓度公差用符号"⌒"表示。

相对于基准的面轮廓度公差带是包络一系列直径为公差值 ϕt 的球的两包络面之间的区域，诸球球心应位于由基准平面 A 确定的被测要素的理想轮廓曲面上，如图 3-28（b）

所示。

在零件图纸上，理想轮廓曲面及其位置必须使用带方框的尺寸（理论正确尺寸）表达。如图 3-28（a）所示框格中标注的 0.1 的含义是：被测轮廓面必须位于包络一系列等直径球体的两包络面内，各球直径为公差值 $\phi0.1$ mm，各球的球心位于由基准平面 A 确定的被测要素的理想轮廓曲面上。

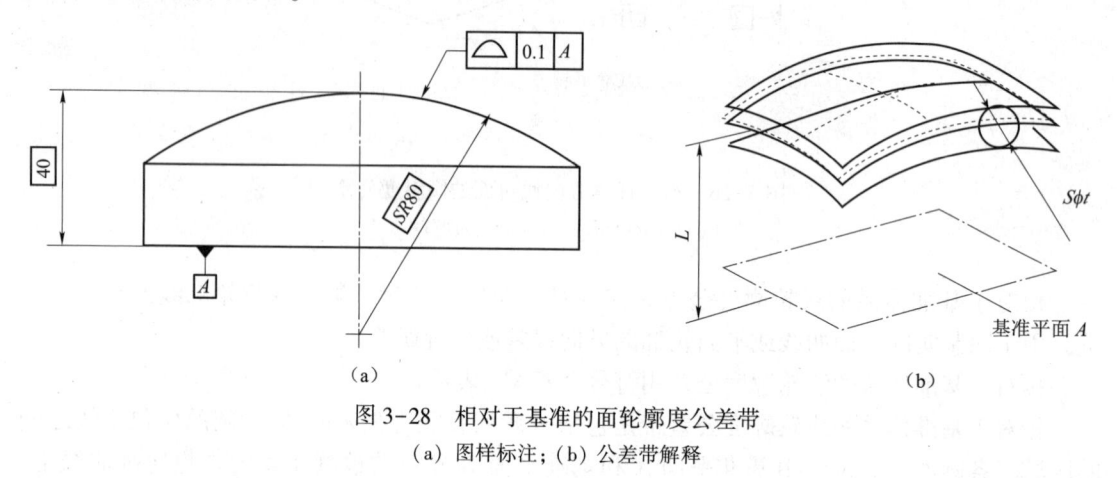

图 3-28 相对于基准的面轮廓度公差带
（a）图样标注；（b）公差带解释

3.3.3 位置公差的项目

位置公差是关联实际被测要素对具有确定位置的理想要素的允许变动全量。理想要素的位置由基准及理论正确尺寸（长度或角度）确定。位置公差带与其他几何公差带相比，具有如下特点：位置公差带具有确定的位置，位置公差带相对于基准的尺寸为理论正确尺寸，位置公差带具有综合控制被测要素的位置、方向和形状的功能。

位置公差值用定位最小包容区域的宽度或直径表示。定位最小包容区域是指按公差带要求的位置来包容实际被测要素时，具有最小宽度 f 或最小直径 ϕf 的包容区域，它的形状与公差带一致，它的宽度或直径由实际被测要素本身决定。

根据被测要素对基准要素的给定位置关系不同，位置公差可分为：同心度和同轴度、对称度、位置度 3 个公差项目。

1. 点的同心度公差和轴线的同轴度公差（◎）

国标 GB/T 1182—2008 区分规定了用于中心点的同心度公差和用于轴线的同轴度公差，包括：点的同心度公差和轴线的同轴度公差两种。

点的同心度公差和轴线的同轴度公差，两者都是用于限制被测中心要素相对于基准中心要素位置误差的公差指标，都是采用位置公差符号"◎"表示，但两者的项目名称不同，两者的适用场合和适用对象有区别。

点的同心度公差在零件图上的标注方法如图 3-29（a）所示，此时被测要素和基准要素均为中心点，在公差值前标注符号 ϕ，表明公差带为直径等于公差值 ϕt 的圆周所限定的区域，该圆周的圆心与基准点重合，如图 3-29（b）所示。

图 3-29（a）框格中标注的 $\phi0.1$ 的含义是：在任意横截面内，内圆的实际中心应被限定在直径等于公差值 $\phi0.1$ mm 且以基准点 A 为圆心的圆周内。

(a)

(b)

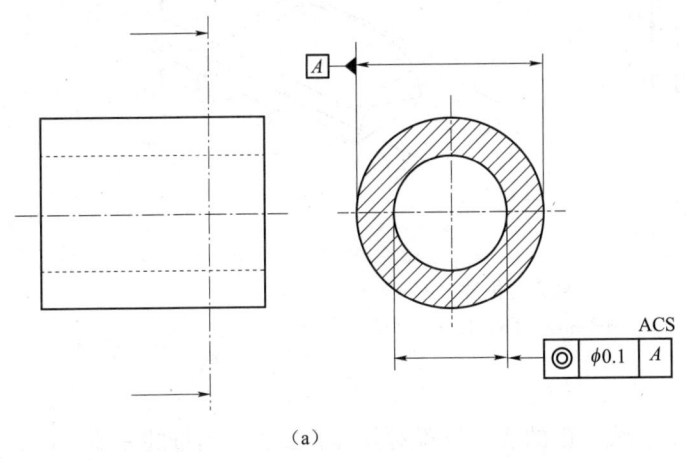

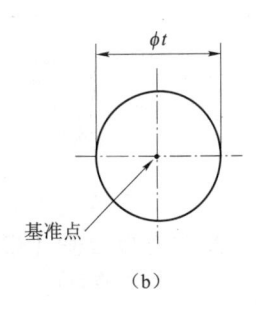

图 3-29 点的同心度公差
(a) 图样标注；(b) 公差带解释

轴线的同轴度公差在零件图上的标注方法如图 3-30 (a) 所示，此时被测要素和基准要素均为轴线，在公差值前标注符号 φ，表明公差带为直径等于公差值 φt 的圆柱面所限定的区域，该圆柱面的轴线与基准轴线重合，如图 3-30 (b) 所示。

图 3-30 (a) 框格中标注的 φ0.02 的含义是：大圆柱面的实际轴线应被限定在直径等于公差值 φ0.02 mm 且以公共基准轴线 A—B 为轴线的圆柱面内。

(a)

(b)

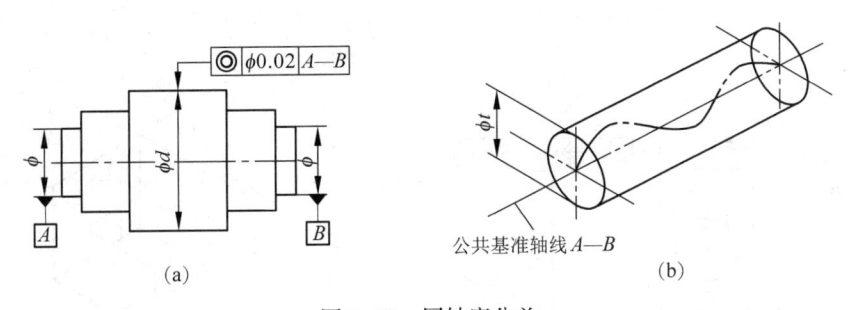

图 3-30 同轴度公差
(a) 图样标注；(b) 公差带解释

2. 对称度公差（=）

对称度公差是用于限制要求共面的实际被测要素（中心平面、中心线或轴线）偏离理想基准要素（中心平面、中心线或轴线）的误差值的一项指标。对称度公差用符号"="表示。如图 3-31 (a) 所示，实际被测要素为槽的两侧面的中心平面，理想基准要素为零件的两个外表面的中心平面，图中所示对称度公差的公差带是距离为公差值 t 且相对于基准中心平面对称配置的两平行平面之间的区域，如图 3-31 (b) 所示。

图 3-31 (a) 框格中标注的 0.1 的含义是：被测中心平面必须位于距离为公差值 0.1 mm 且相对于基准中心平面 A 对称配置的两平行平面之间。

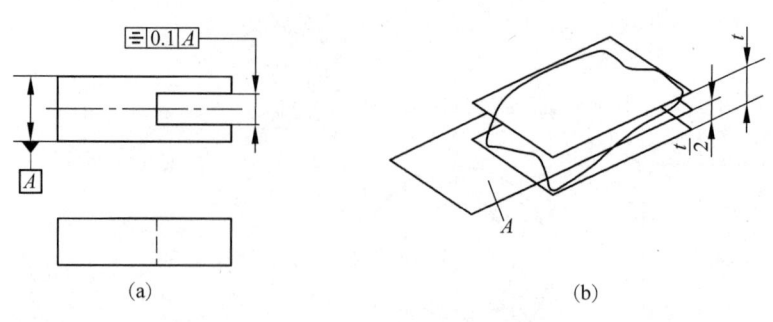

图 3-31 对称度公差
(a) 图样标注；(b) 公差带解释

3. 位置度公差（⌖）

位置度公差是用于限制被测点、线、面的实际位置对其理想位置变动量的一项指标。其理想位置由基准和理论正确尺寸确定。位置度公差可分为点的位置度、线的位置度、面的位置度。位置度公差用符号"⌖"表示。

（1）点的位置度：点的位置度是用以限制球心的位置误差，在公差值前加注 $S\phi$，其公差带是直径为公差值 $S\phi t$ 的球面所限定的区域。球公差带中心点的理论正确位置由基准 A、B 和 C 的理论正确尺寸确定，如图 3-32（b）所示。

图 3-32（a）框格中标注的 $S\phi 0.3$ 的含义是：被测球的球心必须位于直径为公差值 $S\phi 0.3$ mm 的圆球面，该圆球面的球心位于由相对基准 A、B、C 的理论正确尺寸所确定的点的理想位置上。

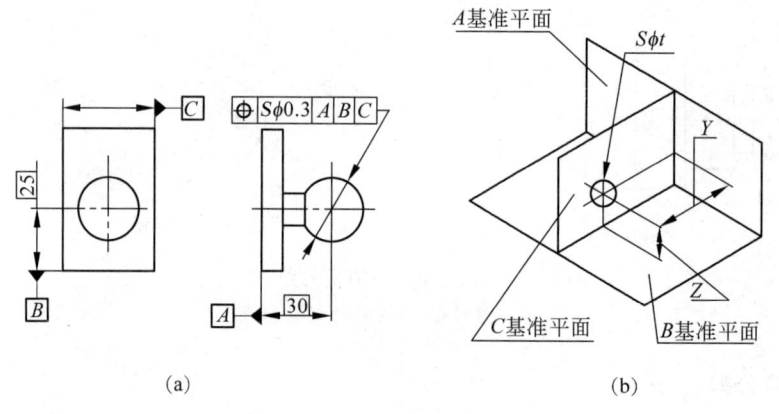

图 3-32 点的位置度公差
(a) 图样标注；(b) 公差带解释

（2）线的位置度：线的位置度公差有给定一个方向的线位置度、给定两个互相垂直方向的线位置度、给定任意方向的线位置度等多种。

给定一个方向的线位置度的公差带，是距离为公差值 t 且以线的理想位置为中心线对称配置的两平行直线之间的区域。中心线的位置由相对于基准 A 的理论正确尺寸确定，此位置度公差仅给定一个方向。

给定两个互相垂直方向的线位置度的公差带，是两对互相垂直的距离为 t_1 和 t_2 且以轴线的理想位置为中心线对称配置的两对平行平面之间的区域。轴线的理想位置是由相对于三基面体系的理论正确尺寸确定，此位置度公差相对于基准给定互相垂直的两个方向。

给定任意方向的线位置度时，须在公差值前面加注 ϕ，表示此为任意方向上线的位置度公差，其公差带是直径为 ϕt 的圆柱面内的区域，如图 3-33（b）所示。

图 3-33（a）框格中标注的 $\phi 0.06$ 的含义是：被测轴线必须位于直径为公差值 $\phi 0.06$ mm，且以相对于 A、C、B 基准表面（基准平面）的理论正确尺寸所确定的理想位置为轴线的圆柱面内。

（3）面的位置度：轮廓平面或中心平面的位置度公差，其公差带是距离为公差值 t，且以面的理想位置为中心对称配置的两平行平面之间的区域，而面的理想位置由相对于基准体系的理论正确尺寸确定，如图 3-34（b）所示。

图 3-34（a）框格中标注的 0.05 的含义是：被测表面必须位于距离为公差值 0.05 mm，且以相对于基准线 B（基准轴线）和基准表面 A（基准平面）的理论正确尺寸所确定的理想位置对称配置的两平行平面之间。

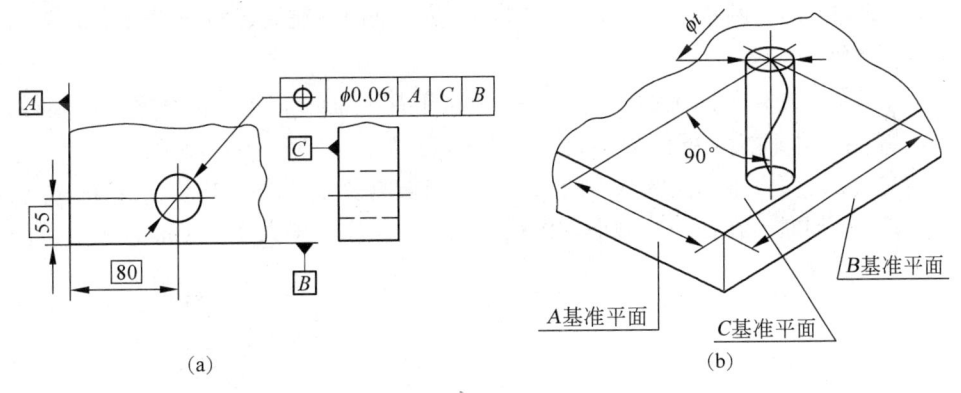

图 3-33　线的位置度公差
(a) 图样标注；(b) 公差带解释

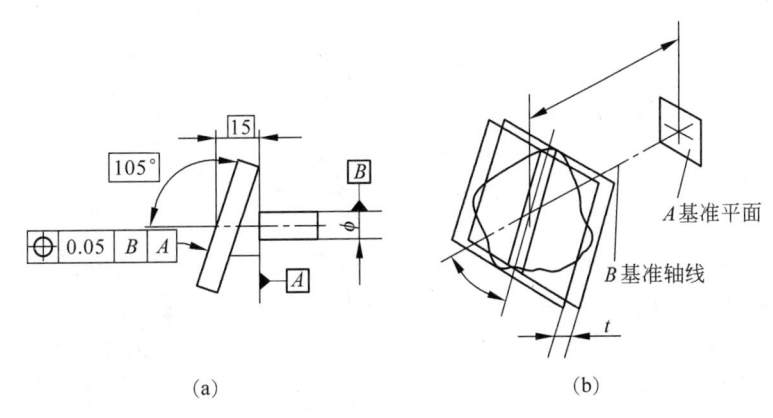

图 3-34　面的位置度公差
(a) 图样标注；(b) 公差带解释

4. 相对于基准体系的线轮廓度公差（⌒）

这也是位置公差的项目之一，具体规定可参见 3.3.2 节方向公差的项目下"4. 相对于基准体系的线轮廓度公差"中的相应条目。

5. 相对于基准的面轮廓度公差（⌒）

这也是位置公差的项目之一，具体规定可参见 3.3.2 节方向公差的项目下 "5. 相对于基准的面轮廓度公差"中的相应条目。

3.3.4 跳动公差的项目

跳动公差是关联实际要素绕基准轴线回转一周或连续回转时所允许的最大跳动量。它是以测量方法为依据规定的一种几何公差，用于综合限制被测要素的形状误差和位置误差。跳动公差与其他几何公差相比有其显著的特点：跳动公差带相对于基准轴线有确定的位置；跳动公差带可以综合控制被测要素的位置、方向和形状。

跳动公差分为圆跳动和全跳动两类。

1. 圆跳动（↗）

圆跳动公差是关联实际被测要素对理想圆的允许变动量，理想圆的圆心在基准轴线上。根据允许变动的方向，圆跳动又可分为径向圆跳动、轴向圆跳动、斜向圆跳动 3 种。圆跳动公差用符号"↗"表示。

（1）径向圆跳动：径向圆跳动公差带是垂直于基准轴线的任一横截面内，半径差为公差值 t 且圆心在基准轴线上的两同心圆之间的区域，如图 3-35（b）所示。

图 3-35（a）框格中标注的 0.1 的含义是：当被测要素围绕公共基准线 $A—B$（公共基准轴线）旋转一周时，在任一横截面内的径向圆跳动量均不得大于 0.1 mm。

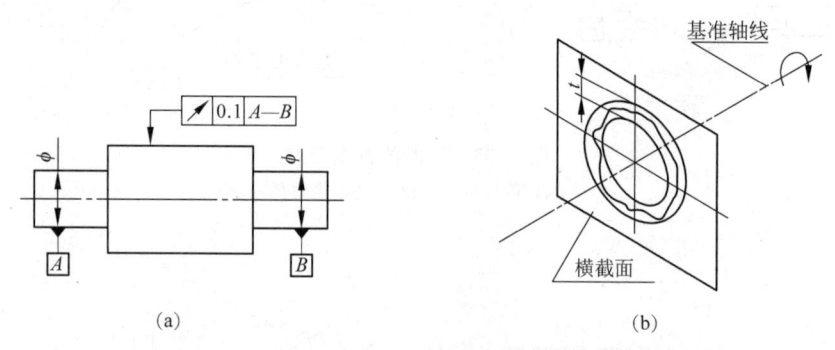

图 3-35 径向圆跳动公差
(a) 图样标注；(b) 公差带解释

（2）轴向圆跳动：轴向圆跳动公差带是在与基准同轴的任一半径位置的测量圆柱面上，沿其母线方向宽度为公差值 t 的圆柱面区域，如图 3-36（b）所示。

图 3-36（a）框格中标注的 0.1 的含义是：被测面围绕基准线 D（基准轴线）旋转一周时，在任一测量圆柱面内轴向的跳动量均不得大于 0.1 mm。

（3）斜向圆跳动：斜向圆跳动公差带是在与基准同轴的任一测量圆锥面上距离为 t 的一段区域。除另有规定，其测量方向应与被测面垂直，如图 3-37（b）所示。

图 3-37（a）框格中标注的 0.1 的含义是：被测面绕基准线 C（基准轴线）旋转一周时，在任一测量圆锥面上的跳动量均不得大于 0.1 mm。

（4）给定方向的斜向圆跳动：给定方向的斜向圆跳动公差带是在与基准同轴的且给定

(a)

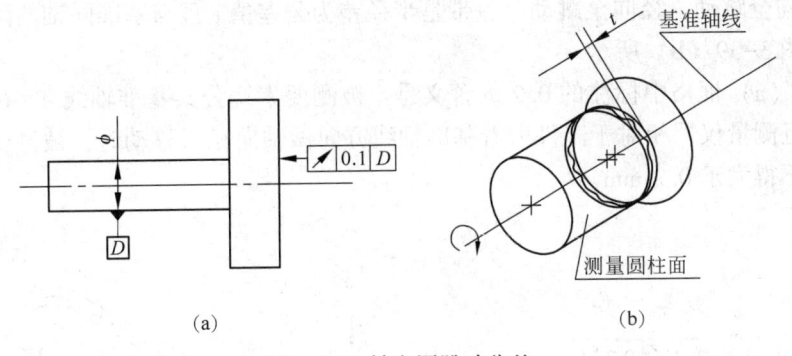

图 3-36　轴向圆跳动公差
(a) 图样标注；(b) 公差带解释

(a)

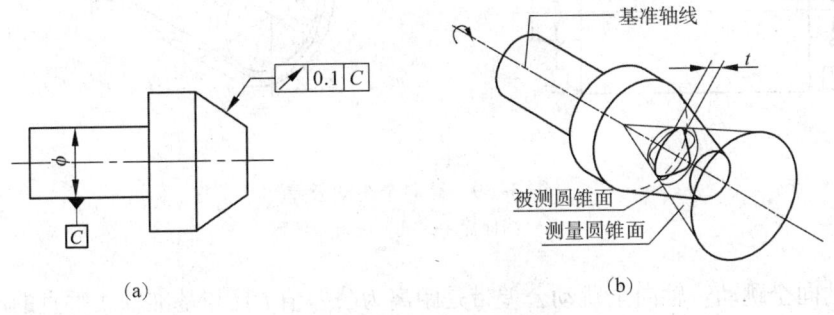

图 3-37　斜向圆跳动公差
(a) 图样标注；(b) 公差带解释

角度的测量圆锥面上距离为公差值 t 的一段区域，如图 3-38（b）所示。

图 3-38（a）框格中标注的 0.1 的含义是：被测面绕基准线 A（基准轴线）旋转一周时，在给定角度为 60°的任一测量圆锥面上的跳动量均不得大于 0.1 mm。

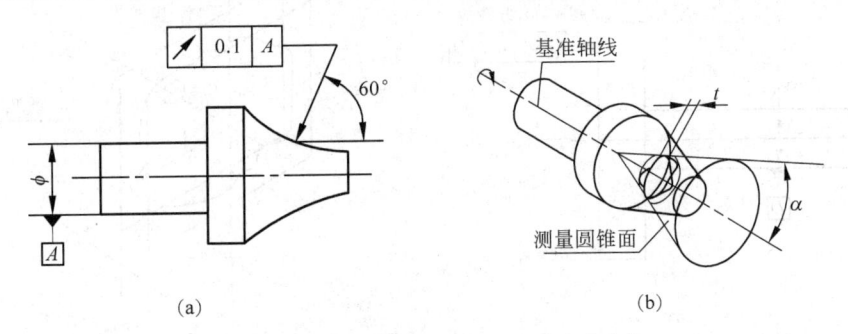

图 3-38　斜向（给定角度的）圆跳动公差
(a) 图样标注；(b) 公差带解释

2. 全跳动

全跳动公差是关联实际被测要素对理想回转面的允许变动量。当理想回转面是以基准轴线为轴线的圆柱面时，称为径向全跳动；当理想回转面是与基准轴线垂直的平面时，称为轴向全跳动。全跳动公差用符号"∠∠"表示。

(1) 径向全跳动：径向全跳动公差带是半径差为公差值 t 且与基准同轴的两圆柱面之间的区域，如图 3-39（b）所示。

图 3-39（a）框格中标注的 0.2 的含义是：被测要素绕公共基准轴线 $A-B$ 做若干次连续旋转，并且测量仪器相对于工件沿着基准轴线方向做轴向相对移动时，被测要素上各点间的示值差均不得大于 0.2 mm。

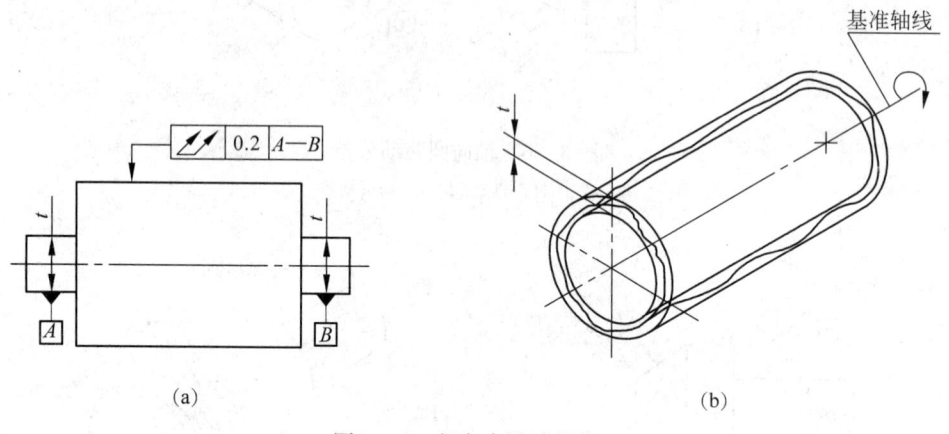

图 3-39 径向全跳动公差
(a) 图样标注；(b) 公差带解释

(2) 轴向全跳动：轴向全跳动公差带是距离为公差值 t 且与基准轴线垂直的两平行平面之间的区域，如图 3-40（b）所示。

图 3-40（a）框格中标注的 0.2 的含义是：被测要素绕基准轴线 D 做若干次连续旋转，测量仪器相对于工件沿着基准轴线垂直方向做径向相对移动时，被测要素上各点间的示值差均不得大于 0.2 mm。

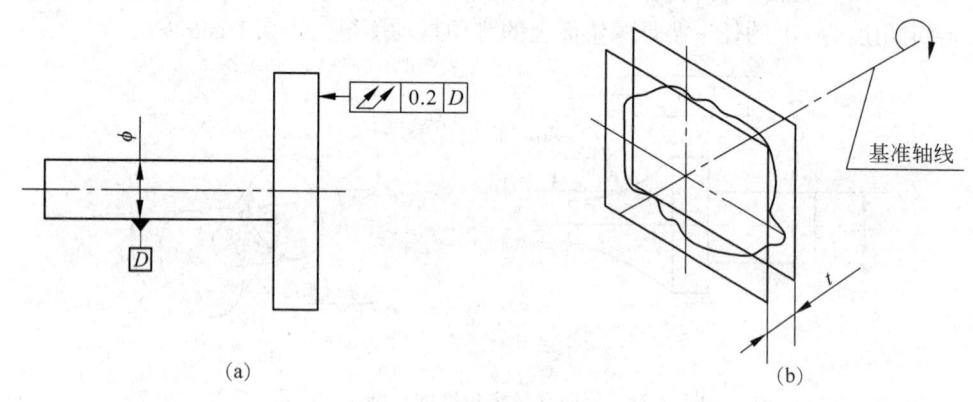

图 3-40 轴向全跳动公差
(a) 图样标注；(b) 公差带解释

3.4 公差原则

在零件图样上，尺寸公差用于限制零件的尺寸误差，几何公差用于限制零件的几何误差，它们是控制零件质量的两个方面，相互独立又密切关联。为了保证设计要求，正确判断零件是否合格，必须明确如何处理两者之间关系的问题。所谓公差原则，就是确定尺寸公差与几何公差之间相互关系的原则规定。

为了方便学习，必须了解下列有关定义、符号及尺寸代号。

3.4.1 有关定义、符号及尺寸代号

1. 局部实际尺寸（D_a、d_a）

在实际要素的任意正截面上，两对应点之间测得的距离。局部实际尺寸又称为实际尺寸。对同一要素在不同部位测量，测得的局部实际尺寸不同。

2. 体外作用尺寸（D_{fe}、d_{fe}）

在被测要素的给定长度上，与实际内表面体外相接的最大理想面或与实际外表面体外相接的最小理想面的直径或宽度。对于关联要素，该理想面的轴线或中心平面必须与基准保持图样给定的几何关系。孔的体外作用尺寸 D_{fe} 和轴的体外作用尺寸 d_{fe} 分别为：

$$D_{fe} = D_a - t$$
$$d_{fe} = d_a + t$$

式中，D_a、d_a 为孔、轴的实际尺寸；t 为几何公差值。

3. 体内作用尺寸（D_{fi}、d_{fi}）

在被测要素的给定长度上，与实际内表面体内相接的最小理想面或与实际外表面体内相接的最大理想面的直径或宽度。对于关联要素，该理想面的轴线或中心平面必须与基准保持图样给定的几何关系。孔的体内作用尺寸 D_{fi} 和轴的体内作用尺寸 d_{fi} 分别为：

$$D_{fi} = D_a + t$$
$$d_{fi} = d_a - t$$

式中，D_a、d_a 为孔、轴的实际尺寸；t 为几何公差值。

4. 最大实体状态（MMC）

实际要素在给定长度上处处位于极限尺寸之内，并具有实体最大（即材料量最多）时的状态。

5. 最大实体尺寸（MMS）

实际要素在最大实体状态下的极限尺寸。对于外表面为上极限尺寸，对于内表面为下极限尺寸。

6. 最小实体状态（LMC）

实际要素在给定长度上处处位于极限尺寸之内，并具有实体最小（即材料量最少）时的状态。

7. 最小实体尺寸（LMS）

实际要素在最小实体状态下的极限尺寸。对于外表面为下极限尺寸，对于内表面为上极限尺寸。

8. 最大实体实效状态（MMVC）

在给定长度上，实际要素正好处于最大实体状态，且产生的几何误差也正好等于图样给出的几何公差全值时的综合极限状态。

9. 最大实体实效尺寸（MMVS）

最大实体实效状态下的体外作用尺寸。对于内表面，为最大实体尺寸减去几何公差值（加注符号Ⓜ的）；对于外表面，为最大实体尺寸加上几何公差值（加注符号Ⓜ的）。即

$$D_{MV} = D_M - t = D_{min} - t$$
$$d_{MV} = d_M + t = d_{max} + t$$

式中，D_{MV}、d_{MV} 为孔、轴的最大实体实效尺寸；D_M、d_M 为孔、轴的最大实体尺寸；t 为中心要素的形状公差或方向、位置公差值。

10. 最小实体实效状态（LMVC）

在给定长度上，实际要素正好处于最小实体状态，且产生的几何误差也正好等于图样给出的几何公差全值时的综合极限状态。

11. 最小实体实效尺寸（LMVS）

最小实体实效状态下的体内作用尺寸。对于内表面为最小实体尺寸加上几何公差值（加注符号Ⓛ的）；对于外表面为最小实体尺寸减去几何公差值（加注符号Ⓛ的）。即

$$D_{LV} = D_L + t = D_{max} + t$$
$$d_{LV} = d_L - t = d_{min} - t$$

式中，D_{LV}、d_{LV} 为孔、轴的最小实体实效尺寸；D_L、d_L 为孔、轴的最小实体尺寸；t 为中心要素的形状公差或方向、位置公差值。

12. 边界

由设计给定的具有理想形状的极限包容面。边界的尺寸为极限包容面的直径或距离。

13. 最大实体边界（MMB）

最大实体状态的理想形状的极限包容面。

14. 最小实体边界（LMB）

最小实体状态的理想形状的极限包容面。

15. 最大实体实效边界（MMVB）

最大实体实效状态的理想形状的极限包容面。

16. 最小实体实效边界（LMVB）

最小实体实效状态的理想形状的极限包容面。

17. 最大实体要求（MMR）

被测要素的实际轮廓不得超越其最大实体实效边界，当其实际尺寸偏离最大实体尺寸时，允许其几何误差值超出在最大实体状态下给出的公差值的一种要求。

18. 最小实体要求（LMR）

被测要素的实际轮廓不得超越其最小实体实效边界，当其实际尺寸偏离最小实体尺寸时，允许其几何误差值超出在最小实体状态下给出的公差值的一种要求。

19. 可逆要求（RPR）

中心要素的几何误差值小于给出的几何公差值时，允许在满足零件功能要求的前提下扩大其相应尺寸公差的一种要求。

3.4.2 公差原则

GB/T 4249—2009《产品几何技术规范（GPS）公差原则》规定了尺寸（线性尺寸和角

度尺寸）公差与几何公差之间相互关系的原则。按照国家标准规定，公差原则分为独立原则和相关要求两类。相关要求又包括包容要求、最大实体要求、最小实体要求、可逆要求。其中，独立原则规定图样上给定的每一个尺寸与几何量都是相互独立、完全无关的，应当分别满足各自的图样要求；相关要求规定图样上给定的尺寸公差与几何公差相互有关，它们在一定的条件下可以相互补充或抵偿，补充或抵偿的具体数值，可以通过精确计算得到。

1. 独立原则

独立原则适用于一切要素和不同的功能要求。

（1）独立原则的含义。当技术文件规定采用独立原则时，图样上给定的每一个尺寸和几何（形状、方向或位置）要求均是独立的，制作时应分别满足各自的要求。如果对尺寸和几何（形状、方向或位置）要求之间的相互关系有特定要求，应在图样上另行规定。

（2）独立原则的标注方法。采用独立原则时，应在图样上或在技术文件的相应部位明确标注下列文字说明

"公差原则按 GB/T 4249"

由于图样上绝大多数的公差都遵守独立原则，故独立原则是尺寸公差与几何公差相互关系应遵循的基本原则。图样采用独立原则时，图样上的要素凡是没有采用特定的关系符号或特定的文字说明，就表示该要素的尺寸公差与几何公差之间相互关系遵循独立原则。

（3）采用独立原则时尺寸公差和几何公差的机能。

① 线性尺寸公差的机能。采用独立原则时，线性尺寸公差仅控制实际被测要素的局部尺寸变动量（以两点法测量，把局部实际尺寸控制在给定的极限尺寸范围内），而不控制该被测要素本身的几何误差（如圆柱要素的圆度误差和轴线直线度误差、平行平面要素的平面度误差，等等）。

② 角度公差的机能。采用独立原则时，角度尺寸公差仅控制实际被测要素（线或面）的实际线方向误差，而不控制实际线形状误差。由于构成角度尺寸的实际线总是存在一定的形状误差，评定实际角度尺寸的大小时，实际线采用符合最小条件的理想接触线来体现，实际线形状误差由单独标注的几何公差来控制。

③ 几何公差的机能。采用独立原则时，几何公差仅控制实际被测要素对其理想形状或理想方位的变动量，而与该被测要素实际尺寸的大小无关。因此，不论实际被测要素是否处于最大实体尺寸或最小实体尺寸，实际被测要素的几何误差都允许可以达到图样给定几何公差的最大值。

（4）独立原则标注的图样解释。按独立原则标注的图样解释示例如图 3-41 所示，该零件加工后外圆柱面的局部实际尺寸应在 29.979 ~ 30 mm 范围内；任一横截面的圆度误差应不大于 0.005 mm；任一素线的直线度误差应不大于 0.01 mm。显然，此时的圆度误差和直线度误差允许值与零件实际尺寸的大小无关，只有各局部实际尺寸、各横截面的圆度误差、各素线的直线度误差三者皆合格，该零件才合格；如果其中有某一项不合格，则该零件就不合格。可见，采用独立原则标注时，零件的合格性要求最严。

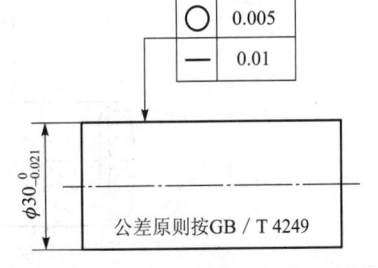

图 3-41 按独立原则标注公差示例

（5）采用独立原则时的合格性检测。采用独立原则标注的零件进行检测时，被测要素的局部实际尺寸用两点法测量，被测要素的几何误差用普通计量器具测量。

(6) 独立原则的应用范围。独立原则可应用于一切要素和不同的功能要求，其特点是图样上给定的公差值固定不变。独立原则的主要应用范围如下：

① 尺寸公差与几何公差不必相关的场合。例如，大型印刷机滚筒（见图 3-42）最重要的精度要求是控制滚筒的圆柱度误差，以保证印刷时滚筒与纸面的均匀接触，使印刷的图文花色清晰；而滚筒直径 ϕd 的尺寸误差对印刷质量没有影响。可见，该滚筒的几何精度要求很高，而尺寸精度要求不高。在这种情况下，应该采用独立原则，对滚筒规定较宽松的自由尺寸 ϕd 和较严格的圆柱度公差 t，采用先车后磨，磨光后即可进入装配使用的加工工艺，以求获得最佳技术经济效果。显然此时如果不按独立原则解释，而是错误地试图通过严格控制滚筒 ϕd 的尺寸误差来保证圆柱度 t 的要求，就需要对滚筒尺寸 ϕd 规定极其严格的尺寸公差（把圆柱度误差控制在尺寸公差范围内），大大增加了尺寸加工的难度，需要使用高精度磨床并严格控制加工尺寸，这样做显然是很不经济的。

又如，零件上的通油孔（见图 3-43）工作时是独立使用的，它不与其他零件构成配合。只要控制通油孔的尺寸大小，就能保证一定的通油流量，而该孔的轴线弯曲并不影响通油流量的功能要求。因此按独立原则，给定通油孔的尺寸公差较严而给定油孔轴线直线度的公差较大（采用未注几何公差），这样做是经济合理的。

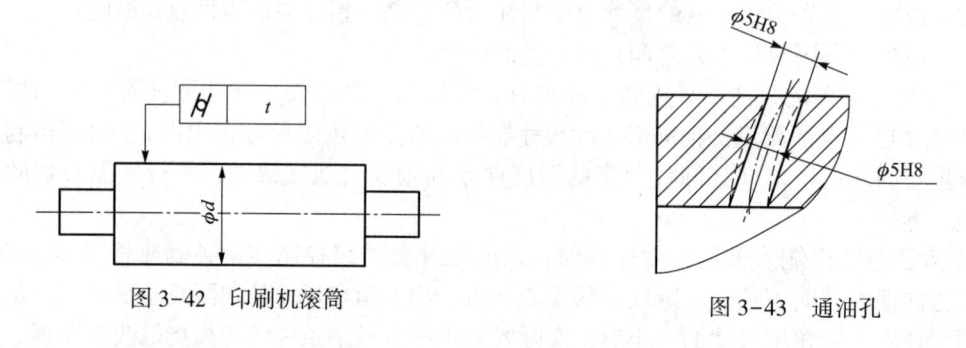

图 3-42 印刷机滚筒

图 3-43 通油孔

② 几何精度要求极高的场合。如图 3-44 所示的汽车发动机连杆小头孔，它与活塞销组成配合，功能要求该孔的圆柱度误差不大于 0.003 mm。若依靠尺寸公差来控制如此微小的形状误差，将造成尺寸加工困难，大大增加成本。考虑到汽车的产量很大，可对该孔规定适当的尺寸公差 $\phi 12.5^{+0.008}_{-0.007}$ 和较严格的圆柱度公差 0.003 mm，辅以分组装配的措施来满足最终的配合功能要求。采用上述工艺措施后，就可以将该孔的尺寸公差和圆柱度公差按独立原则分别给出，经济又合理。

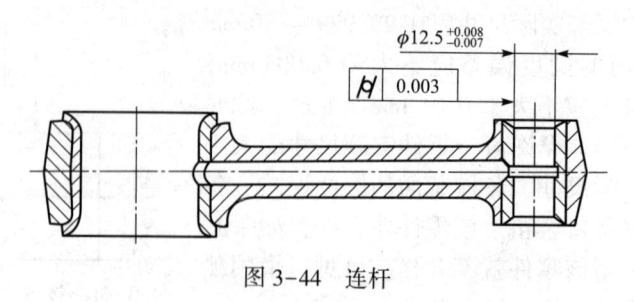

图 3-44 连杆

③ 零件上未注尺寸公差的要素。对于未注尺寸公差的要素，由于它们仅有装配方便、减轻零件自重等要求，而没有关于配合性质的特殊要求，因此它们的尺寸公差与几何公差之

间的关系应当采用独立原则，不需要它们的尺寸公差与几何公差相互有关，通常也不需要在图样上专门标注其几何公差（即采用未注几何公差）。

2. 包容要求（ER）

包容要求适用于单一要素，如图柱表面或两平行对应面。

（1）包容要求的含义。包容要求是规定单一尺寸要素的实际轮廓不得超越最大实体边界（即体外作用尺寸不得超越最大实体尺寸），且其局部尺寸不得超越最小实体尺寸的一种公差原则。包容要求又称为包容原则，最早起源于泰勒原则。泰勒原则是英国人威廉·泰勒1905年提出的"螺纹量规的改进"这项英国专利（专利号 No.6900—1905），用于光滑工件的检验中。经过多年的演变，包容原则于20世纪90年代初改称为包容要求。

（2）包容要求的标注方法。包容要求适用于单一要素（圆柱面、两平行平面等）。包容要求在图样上的标注方法如图3-45所示。按包容要求给出尺寸公差时，需要在公称尺寸的上、下偏差后面，或在尺寸公差带代号的后面标注符号Ⓔ，如 $\phi 40^{+0.018}_{+0.002}$ Ⓔ、$\phi 100H7$ Ⓔ、$\phi 40k6$ Ⓔ、$100H7(^{+0.035}_{0})$ Ⓔ。如果图样上对轴或孔标注了符号Ⓔ，就应满足下列要求：对于轴 $d_{fe} \leq d_{max}$ 且 $d_a \geq d_{min}$；对于孔 $D_{fe} \geq D_{min}$ 且 $D_a \leq D_{max}$（式中，d_{fe}、D_{fe} 为轴、孔的体外作用尺寸；d_a、D_a 为轴、孔的局部实际尺寸；d_{max}、d_{min} 和 D_{max}、D_{min} 为轴和孔的最大、最小极限尺寸）。

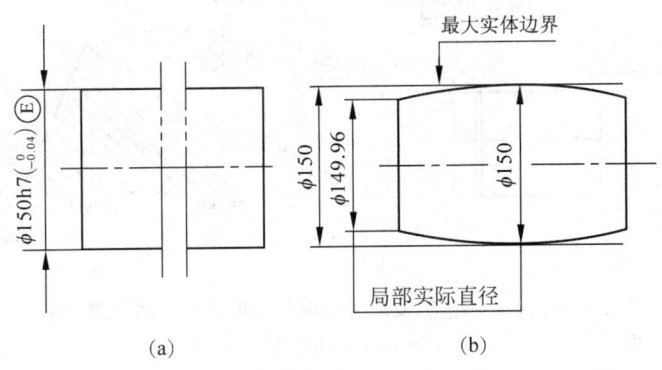

图 3-45 包容要求的标注方法
(a) 图样标注；(b) 边界尺寸

（3）按包容要求标注时的图样解释。图3-46（a）所示的图样标注表示，单一要素轴的实际轮廓不得超过边界尺寸为 $\phi 20$ mm 的最大实体边界，即轴的体外作用尺寸应不大于轴的最大实体尺寸（轴的最大极限尺寸）$\phi 20$ mm；轴的任一局部实际尺寸应不小于轴的最小实体尺寸（轴的最小极限尺寸）$\phi 19.979$ mm。由于轴受到最大实体边界 MMB 的限制，当轴处于最大实体状态时，不允许存在形状误差（见图3-46（b））；当轴处于最小实体状态时，其轴线直线度误差允许值可达到最大值 0.021 mm（见图3-46（c），设轴横截面形状正确）。图3-46（d）给出了表达上述关系的动态公差图，该图表示轴线的直线度误差允许值 t 随轴的局部实际尺寸 d_a 变化的规律。

单一要素孔、轴采用包容要求时，应该用光滑极限量规检验。量规的通规模拟体现孔、轴的最大实体边界，用来检验该孔、轴的实际轮廓是否在最大实体边界范围内；量规的止规体现两点法测量，用来判断该孔、轴的实际尺寸是否超出最小实体尺寸。

（4）几何精度有更高要求时的标注示例及其解释。按包容要求给定了单一要素孔、轴的

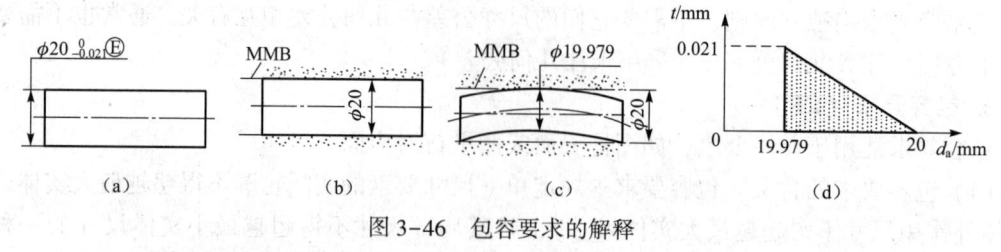

图 3-46 包容要求的解释
(a) 图标标注；(b) 轴处于最大实体状态；(c) 轴处于最小实体状态；(d) 动态公差图

尺寸公差之后，如果对该孔、轴的几何精度有更高的要求时（如与滚动轴承配合的轴颈或箱体孔），可以进一步给出形状公差值，但所给出的形状公差值必须小于已给定的尺寸公差值。图 3-47（a）表示：当轴颈的实际尺寸 d_a 等于最大实体尺寸 ϕ40.011 时，轴颈不允许存在圆柱度误差；当 d_a 偏离最大实体尺寸 ϕ40.011 时，轴颈的圆柱度误差可以获得补偿，但最大补偿值为 0.004；当轴颈的实际尺寸 d_a 偏离最大实体尺寸到达 ϕ40.007 mm 之后，无论 d_a 再小到什么程度，甚至直到最小实体尺寸 ϕ39.995 mm，轴颈的圆柱度误差允许值都为 0.004 mm。图 3-47（b）给出了表达上述关系的动态公差图。

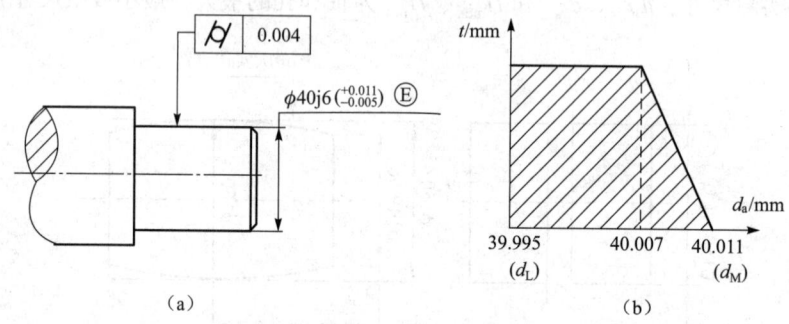

图 3-47 单一要素采用包容要求并对形状精度提出更高要求的标注示例
(a) 图样标注；(b) 动态公差图
d_M、d_L—最大、最小实体尺寸；d_a—实际尺寸；t—圆柱度误差允许值

(5) 采用包容要求时的合格性检测。单一要素孔、轴采用包容要求时，应该用光滑极限量规进行检验。量规的通规模拟体现最大实体边界，用来检验实际轮廓是否在最大实体边界范围内，量规的止规体现两点法测量，用来判断实际尺寸是否超出最小实体尺寸。

(6) 包容要求的应用范围。包容要求用于保证孔、轴配合性质的场合，特别适用于配合性质要求较严格的、配合公差较小的精密配合表面，如高压油泵的柱塞与套管、回转轴颈与滑动轴承孔等精密配合表面。

3. 最大实体要求（MMR）

最大实体要求适用于中心要素，如中心点、中心线或中心面。

(1) 最大实体要求的含义。最大实体要求是控制被测要素的实际轮廓处于最大实体实效边界之内的一种公差原则，最大实体要求适用于中心要素。按最大实体要求，当实际尺寸偏离最大实体尺寸时，允许几何误差值获得补偿。采用最大实体要求时，应在几何公差框格内标注符号Ⓜ；当几何误差小于图样给定的几何公差值，且又允许其实际尺寸超出最大实体尺寸时，可将可逆要求应用于最大实体要求，此时应同时在其几何公差框格中最大实体要求的几何公差值后标注符号Ⓡ。

（2）最大实体要求的标注方法。最大实体要求的符号为Ⓜ。当最大实体要求应用于被测要素时，应在被测要素几何公差框格中的公差值后标注符号"Ⓜ"，如图3-48（a）所示；当最大实体要求应用于基准要素时，应在几何公差框格中的基准字母代号后标注符号Ⓜ，如图3-48（b）所示；当最大实体要求同时应用于被测要素和基准要素时，应标注为图3-48（c）所示。

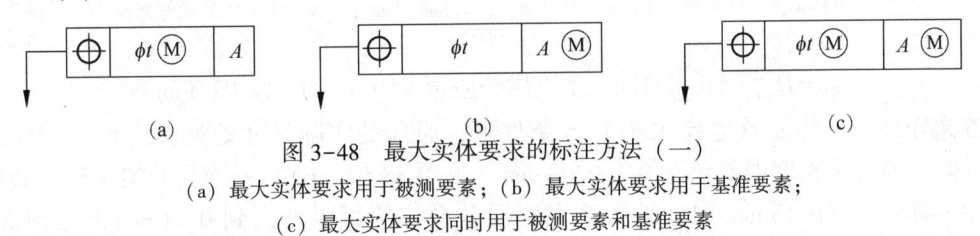

图3-48 最大实体要求的标注方法（一）
（a）最大实体要求用于被测要素；（b）最大实体要求用于基准要素；
（c）最大实体要求同时用于被测要素和基准要素

（3）最大实体要求应用于被测要素的解释。当最大实体要求应用于被测要素时，被测要素的实际轮廓在给定的长度上处处不得超出最大实体实效边界，即其体外作用尺寸不得超出最大实体实效尺寸，且其局部实际尺寸不得超出最大实体尺寸和最小实体尺寸。

当最大实体要求应用于被测要素时，被测要素的几何公差值是在该要素处于最大实体状态时给出的。当被测要素的实际轮廓偏离其最大实体状态，即其实际尺寸偏离最大实体尺寸时，几何误差值可超出在最大实体状态下给出的几何公差值，即此时的几何公差值可以增大。

当给出的几何公差值为零时，则为零几何公差。此时，被测要素的最大实体实效边界等于最大实体边界，最大实体实效尺寸等于最大实体尺寸。

对于外表面：$d_{fe} \leq d_{MV} = d_{max} + t$，且 $d_M = d_{max} \geq d_a \geq d_L = d_{min}$；

对于内表面：$D_{fe} \geq D_{MV} = D_{min} - t$，且 $D_M = D_{min} \leq D_a \leq D_L = D_{max}$。

① 最大实体要求应用于单一要素的示例及解释。图3-49为最大实体要求应用于单一要素的示例，图3-49（a）的图样标注表示 $\phi 20_{-0.021}^{0}$ mm 轴的轴线直线度公差与尺寸公差的关系采用最大实体要求，当轴处于最大实体状态时，轴的轴线直线度公差值为0.01mm。轴的局部实际尺寸应在19.979～20mm范围内。轴的边界尺寸即轴的最大实体实效尺寸为

$$d_{MV} = d_{max} + 带Ⓜ的轴线直线度公差 = 20 + 0.01 = 20.01 \text{（mm）}$$

在遵守最大实体实效边界MMVB的条件下，当轴处于最大实体状态即轴的实际尺寸处处皆为最大实体尺寸20mm时，轴线直线度误差允许值为0.01mm（见图3-49（b））；当轴处于最小实体状态即轴的实际尺寸处处皆为最小实体尺寸19.979mm时，轴线直线度误差允许值可以增大到0.031mm（见图3-49（c），设轴横截面形状正确），它等于图样上标注的轴线直线度公差值0.01mm与轴尺寸公差值0.021mm之和。图3-49（d）给出了轴线直线度误差允许值 t 随轴的实际尺寸 d_a 变化规律的动态公差图。

② 最大实体要求应用于关联要素的示例及解释。图3-50为最大实体要求应用于关联要素的示例，图3-50（a）的图样标注表示 $\phi 50_{0}^{+0.13}$ mm 孔的轴线对基准平面 A 的垂直度公差与尺寸公差的关系采用最大实体要求，当孔处于最大实体状态时，其轴线垂直度公差值为0.08mm，孔的局部实际尺寸应在50～50.13mm范围内。孔的边界尺寸即孔的最大实体实效尺寸为

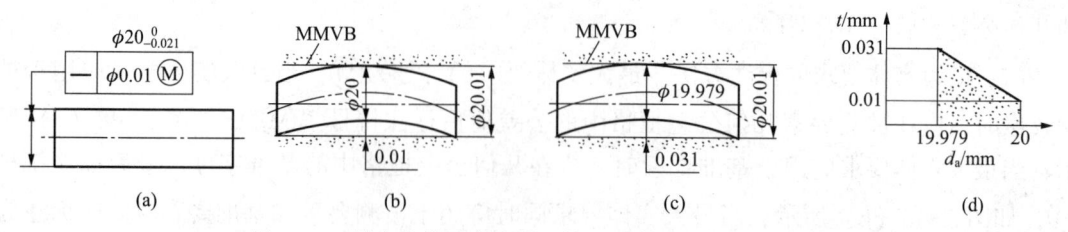

图 3-49 最大实体要求应用于单一要素的示例及其解释
(a) 图样标注；(b) 轴处于最大实体状态；(c) 轴处于最小实体状态；(d) 动态公差图

$$D_{MV} = D_{min} - \text{带Ⓜ的轴线垂直度公差值} = 50 - 0.08 = 49.92 \text{（mm）}$$

在遵守最大实体实效边界 MMVB 的条件下，当孔的实际尺寸处处皆为最大实体尺寸 50 mm 时，轴线垂直度误差允许值为 0.08 mm（见图 3-50（b））；当孔的实际尺寸处处皆为最小实体尺寸 50.13 mm 时，轴线垂直度误差允许值可以增大到 0.21 mm（见图 3-50（c）），它等于图样上标注的轴线垂直度公差值 0.08 mm 与孔尺寸公差值 0.13 mm 之和。图 3-50（d）给出了轴线垂直度误差允许值 t 随孔实际尺寸 D_a 变化规律的动态公差图。

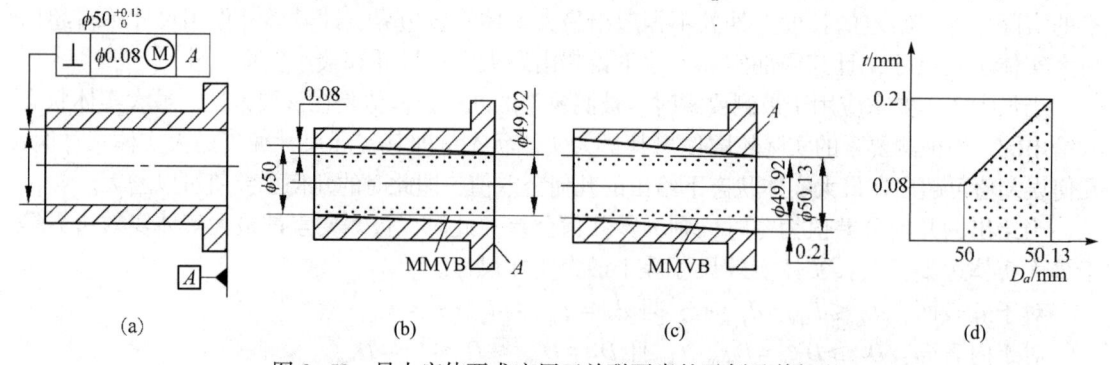

图 3-50 最大实体要求应用于关联要素的示例及其解释
(a) 图样标注；(b) 孔处于最大实体状态；(c) 孔处于最小实体状态；(d) 动态公差图

③ 最大实体要求应用于关联要素并限制最大位置误差值的示例及解释。图 3-51 为关联要素采用最大实体要求并限制最大位置误差值的示例及其解释。图 3-51（a）的图样标注表示，上公差框格按最大实体要求标注孔的轴线垂直度公差值 0.08 mm；下公差框格规定孔的轴线垂直度误差允许值应不大于 0.12 mm。因此，无论孔的实际尺寸偏离其最大实体尺寸到什么程度，即使孔处于最小实体状态，其轴线垂直度误差值也不得大于 0.12 mm。图 3-51（b）给出了轴线垂直度误差允许值 t 随孔的实际尺寸 D_a 变化规律的动态公差图。

④ 最大实体要求的零几何公差的示例及解释。当最大实体要求应用于关联要素而给出的最大实体状态下的位置公差值为零时，应当在位置公差框格第 2 格中的位置公差值处用"0Ⓜ"的形式注出，如图 3-52（a）所示，这称为最大实体要求的零几何公差。在这种情况下，被测要素的最大实体实效边界就是最大实体边界，其最大实体实效尺寸等于最大实体尺寸。

图 3-52（a）的图样标注表示：关联要素孔的实际轮廓不得超出边界尺寸为 $\phi 50$ mm 的最大实体尺寸（孔最小极限尺寸）的最大实体边界；孔的实际尺寸应不大于 50.13 mm 的最小实体尺寸（孔的最大极限尺寸）。由于孔受到最大实体边界的限制，当孔处于最大实体状态时，轴线垂直度误差允许值为零；如果孔实际尺寸大于 50 mm 的最大实体尺寸，则允许

轴线垂直度误差存在；当孔处于最小实体状态时，轴线垂直度误差允许值可达 0.13 mm。图 3-52（b）给出了表达上述关系的动态公差图，该图表示垂直度误差允许值 t 随孔实际尺寸 D_a 变化的规律。

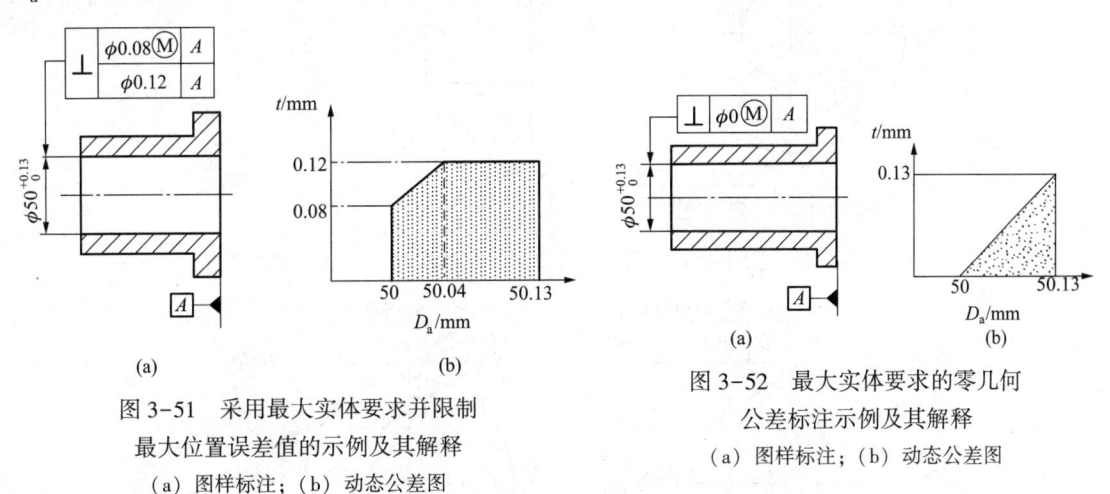

图 3-51 采用最大实体要求并限制最大位置误差值的示例及其解释
（a）图样标注；（b）动态公差图

图 3-52 最大实体要求的零几何公差标注示例及其解释
（a）图样标注；（b）动态公差图

（4）最大实体要求应用于基准要素的解释。当最大实体要求应用于基准要素时，基准要素应遵守相应的边界。若基准要素的实际轮廓偏离其相应的边界，则允许基准要素在一定范围内浮动，其浮动范围等于基准要素的体外作用尺寸与其相应边界尺寸之差。

最大实体要求应用于基准要素时，基准要素应遵守的边界有两种情况：

① 当基准要素本身采用最大实体要求时，则其相应的边界为最大实体实效边界。此时，基准代号应直接标注在形成该最大实体实效边界的几何公差框格下面，如图 3-53 所示。

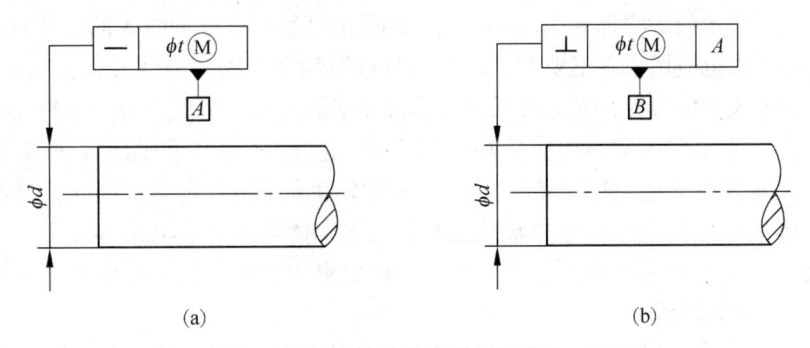

图 3-53 最大实体要求的标注方法（二）
（a）基准 A 的边界为最大实体实效边界；（b）基准 B 的边界为最大实体实效边界

图 3-54 表示最大实体要求应用于均布四孔的轴线对基准轴线 A 的任意方向的位置度公差，且基准轴线 A 本身的轴线直线度公差又采用最大实体要求。此时对于均布四孔的轴线位置度公差，基准要素 A 应遵守由直线度公差确定的最大实体实效边界，其边界尺寸为

$$d_{MV} = d_M + t = (20+0.02)\,\text{mm} = \phi 20.02\ \text{mm}$$

② 当基准本身不采用最大实体要求时，其相应的边界为最大实体边界。此时，基准代号应标注在基准的尺寸线处，其连线与尺寸线对齐，如图 3-55 所示。

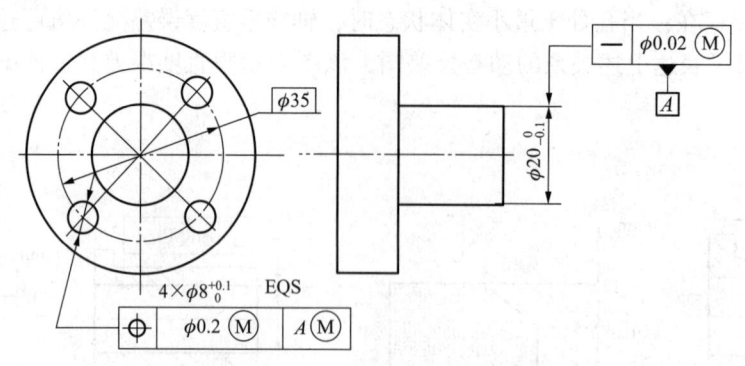

图 3-54　最大实体要求应用于基准要素且基准本身采用最大实体要求

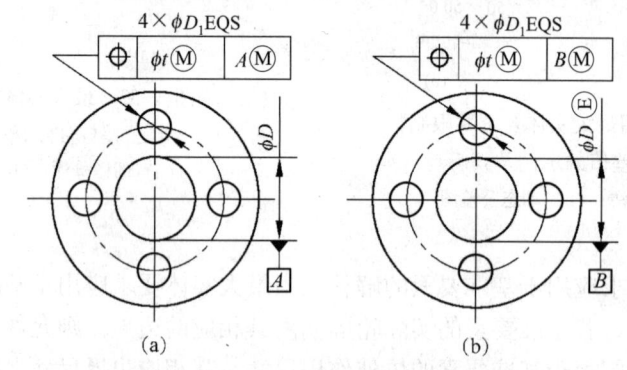

图 3-55　最大实体要求的标注方法（三）
(a) 基准 A 的边界为最大实体边界；(b) 基准 B 的边界为最大实体边界

基准要素不采用最大实体要求时，又有两种情况：遵循独立原则或采用包容要求。

图 3-56（a）表示最大实体要求应用于均布四孔的轴线对基准轴线 A 的任意方向位置度公差，且最大实体要求也应用于基准要素，基准本身遵循独立原则（未注几何公差）。因此，基准要素应遵守其最大实体边界，其边界尺寸为基准要素的最大实体尺寸 $D_M = \phi 20$ mm。

图 3-56（b）表示最大实体要求应用于均布四孔的轴线对基准轴线 A 的任意方向位置度公差，且最大实体要求也应用于基准要素，基准本身采用包容要求。因此，基准要素也应遵守其最大实体边界，其边界尺寸为基准要素的最大实体尺寸 $D_M = \phi 20$ mm。

(5) 最大实体要求的主要应用范围。最大实体要求用于零件的中心要素，主要使用于仅需要满足可装配性的场合。

如图 3-57 所示，减速器的端盖零件用四个螺栓或螺钉连接在箱体上，端盖上圆周均匀分布的四个通孔的位置仅要求满足可装配互换，四个通孔的位置度公差就广泛采用最大实体要求，以便充分利用图样上给定的通孔尺寸公差对几何误差进行补偿，争取获得最佳的技术经济效果。所以，该端盖的 $4 \times \phi 9$H12 通孔的位置度公差按最大实体要求给出（$\phi 0.5$ Ⓜ）。此外，$\phi 100$e9 圆柱面的轴线（第二基准 B）用于端盖在箱体轴承孔中的定位，在保证端盖的基准端面（第一基准 A）与箱体轴承孔端面贴合的前提下，$\phi 100$e9 圆柱面的轴线应垂直于基准端面 A。为了保证基准轴线 B 相对于基准端面 A 的垂直度要求，还要充分利用 $\phi 100$e9 圆柱面的尺寸公差，因此垂直度公差按关联要素给出最大实体要求的零几何公差（$\phi 0$ Ⓜ），且被测要素即四个通孔 $4 \times \phi 9$H12 的位置度公差与 $\phi 100$e9 圆柱面的尺寸公差的关

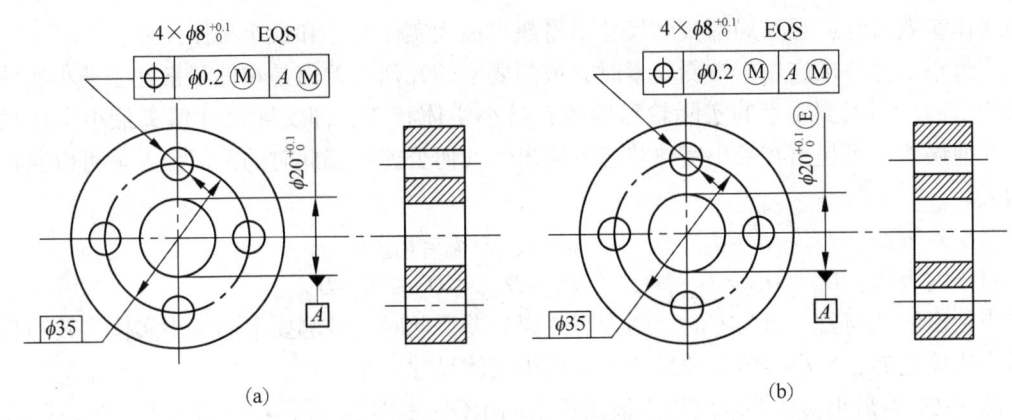

图 3-56 最大实体要求应用于基准要素而基准本身不采用最大实体要求
(a) 基准本身遵循独立原则; (b) 基准本身采用包容要求

系应该采用最大实体要求 (在四个通孔位置度公差框格的第 4 格中标注 $B\,\text{Ⓜ}$)。

(6) 应用最大实体要求时的合格性检测。应用最大实体要求时, 被测要求的实际轮廓是否超出相应的边界, 应该使用综合量规来检验; 其实际尺寸是否超出极限尺寸、应该使用两点法测量。

4. 最小实体要求 (LMR)

最小实体要求适用于中心要素, 如中心点、中心线或中心面。

(1) 最小实体要求的含义。最小实体要求是控制被测要素的实际轮廓处于最小实体实效边界之内的一种公差要求。按最小实体要求, 当实际尺寸偏离最小实体尺寸时, 允许几何误差值获得补偿。采用最小实体要求时, 应在图样上标注符号Ⓛ; 当其几何误差小于给出的几何公差, 且又允许其实际尺寸超出最小实体尺寸时, 可将可逆要求应用于最小实体要求, 此时应同时在其几何公差框格中最小实体要求的几何公差值后标注符号Ⓡ。

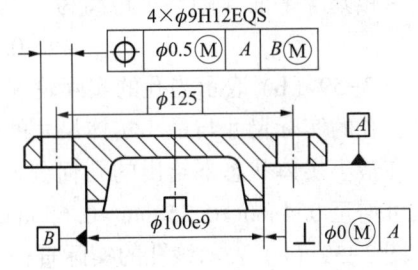

图 3-57 端盖 (最大实体要求应用示例)

(2) 最小实体要求的标注方法。最小实体要求的符号为Ⓛ。当最小实体要求应用于被测要素时, 应在被测要素几何公差框格中的公差值后标注符号Ⓛ, 如图 3-58 (a) 所示; 当最小实体要求应用于基准要素时, 应在几何公差框格中的基准字母代号后标注符号Ⓛ, 如图 3-58 (b) 所示; 当最小实体要求同时应用于被测要素和基准要素时, 应标注为如图 3-58 (c) 所示。

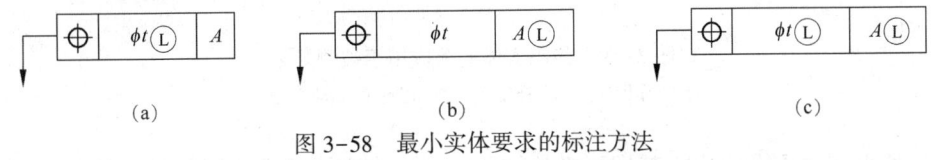

图 3-58 最小实体要求的标注方法
(a) 最小实体要求用于被测要素; (b) 最小实体要求用于基准要素;
(c) 最小实体要求同时用于被测要素和基准要素

(3) 最小实体要求应用于被测要素的解释。当最小实体要求应用于被测要素时, 被测要素的实际轮廓在给定的长度上处处不得超出最小实体实效边界, 即其体内作用尺寸不应超出最小实体实效尺寸,且其局部实际尺寸不得超出最大实体尺寸和最小实体尺寸。

当最小实体要求应用于被测要素时,被测要素的几何公差值是在该要素处于最小实体状态时给出的。当被测要素的实际轮廓偏离其最小实体状态,即实际尺寸偏离最小实体尺寸时,几何误差值可超出在最小实体状态下给出的几何公差值,此时的几何公差值可以获得补偿增大。

对于外表面:$d_{fi} \geqslant d_{LV} = d_{min} - t$,且 $d_M = d_{max} \geqslant d_a \geqslant d_L = d_{min}$;

对于内表面:$D_{fi} \leqslant D_{LV} = D_{max} + t$,且 $D_M = D_{min} \leqslant D_a \leqslant D_L = D_{max}$。

当给出的几何公差值为零时,则为零几何公差。此时,被测要素的最小实体实效边界等于最小实体边界,最小实体实效尺寸等于最小实体尺寸。

图 3-59 为最小实体要求应用于被测要素的示例。

图 3-59(a)的图样标注表示 $\phi 8_0^{+0.25}$ mm 孔的位置在以基准 A 标注的理论正确尺寸 $\boxed{6}$ 所确定的中心、直径为位置度公差带 $\phi 0.4$ mm 的区域内,当孔的实际尺寸为最小实体尺寸($\phi 8.25$ mm)时,允许孔的位置度误差为 0.2 mm(指孔中心在任意方向的移动量),此时孔的边缘距基准平面 A 的最小距离为

$$\delta_{min} = (6 - 0.2 - 4.125) \text{mm} = 1.675 \text{mm}$$

图 3-59(b)表示当孔的实际轮廓偏离最小实体状态,即它的实际尺寸不是最小实体尺寸时,孔的实际尺寸与最小实体尺寸的偏离量可以补偿给几何公差值,使其几何误差值可以超出在最小实体状态下给出的几何公差值。本例当孔的实际尺寸为 $\phi 8$ mm 时,位置度公差最大可增至 0.4 mm + 0.25 mm = 0.65 mm。

图 3-59(c)表示该孔的实际直径(假设处处相等)与允许的位置度误差之间的关系,即动态公差图。

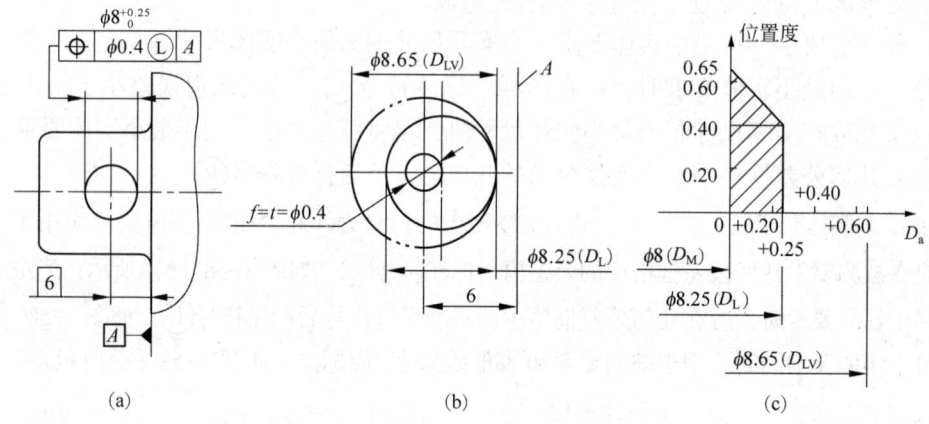

图 3-59 最小实体要求应用于被测要素
(a)图样标注;(b)补偿值计算简图;(c)动态公差图

(4)最小实体要求应用于基准要素的解释。当最小实体要求应用于基准要素时,基准要素应遵守相应的边界。若基准要素的实际轮廓偏离相应的边界,即其体内作用尺寸偏离相应的边界尺寸,则允许基准要素在一定范围内浮动,其浮动范围等于基准要素的体内作用尺寸与相应边界尺寸之差。

① 当基准要素本身采用最小实体要求时的示例及解释。如图 3-60 所示，当基准要素本身采用最小实体要求时，相应的边界为最小实体实效边界。此时，基准代号应直接标注在形成该最小实体实效边界的几何公差框格下面。

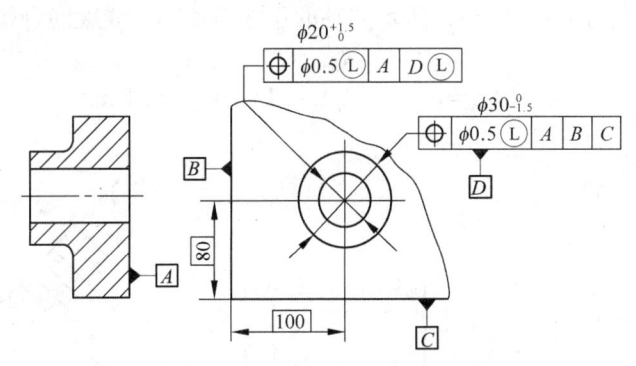

图 3-60 最小实体要求应用于基准要素而基准要素本身采用最小实体要求

（说明：基准 D 的边界为最小实体实效边界）

② 当基准要素本身不采用最小实体要求时的示例及解释。当基准要素本身不采用最小实体要求而是遵循独立原则时，则此时相应的边界为最小实体边界，如图 3-61 所示。

（5）最小实体要求的应用范围。最小实体要求主要用于控制同一零件上相邻要素间的极限位置以获得最佳技术经济效果的场合。如：控制最小壁厚以保证零件的强度，控制特定表面至理想导出要素所在位置的最大距离，以保证分度精度或定位精度等。

（6）应用最小实体要求时的合格性检测。虽然最小实体要求同属于相关要求，但是它没有类似能够体现最大实体要求那样的综合量规。对于采用最小实体要求的要素，其几何误差使用普通计量器具测量，其实际尺寸采用两点法测量。

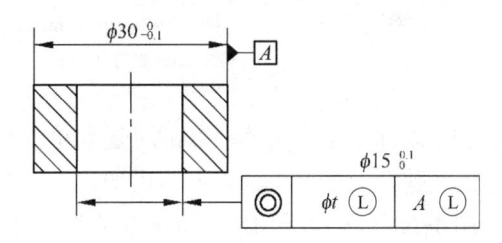

图 3-61 最小实体要求应用于基准要素而基准要素本身不采用最小实体要求

（说明：基准 A 的边界为最小实体边界）

5. 可逆要求（RPR）

可逆要求是最大实体要求或最小实体要求的附加要求。

（1）可逆要求的含义。可逆要求是表示尺寸公差的数值可以在实际几何误差小于几何公差的差值范围内获得补偿的一种公差要求。

（2）可逆要求的标注方法。可逆要求用符号 Ⓡ 表示，标注在 Ⓜ 或 Ⓛ 符号之后一起使用。使用时将 Ⓡ 符号置于被测要素几何公差框格中的最大实体要求符号 Ⓜ 或最小实体要求符号 Ⓛ 的右边。

（3）附加于最大实体要求的可逆要求（RPP）。采用可逆的最大实体要求时，应在被测要素的几何公差框格中的公差值后加注"ⓂⓇ"。

图 3-62（a）是轴线的直线度公差采用可逆的最大实体要求的示例。当该轴处于最大实体状态时，其轴线直线度公差为 $\phi 0.1$ mm；若轴的直线度误差小于给出的公差值，则允许

轴的实际尺寸超出其最大实体尺寸 $\phi 20$ mm，但必须保证其体外作用尺寸不超出其最大实体实效尺寸 $\phi 20.1$ mm。即当轴的轴线直线度误差为零（即具有理想形状）时，其实际尺寸可达最大值，等于轴的最大实体实效尺寸 $\phi 20.1$ mm，如图 3-62（b）所示。图 3-62（c）是其动态公差图。因此，图 3-62（a）所示的轴的尺寸与轴线直线度的合格条件是

$$d_a \geqslant d_L = d_{min} = 19.7 \text{ mm}$$
$$d_{fe} \leqslant d_{MV} = d_M + t = (20+0.1) \text{ mm} = 20.1 \text{ mm}$$

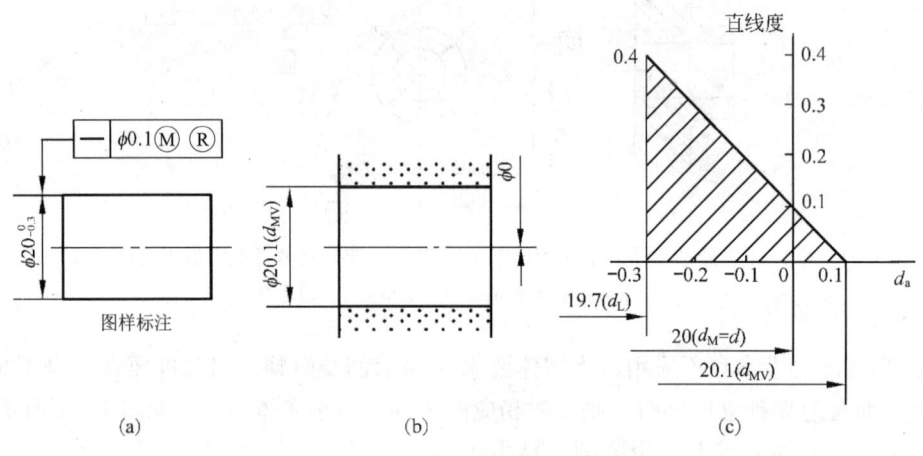

图 3-62 可逆要求用于最大实体要求的示例
(a) 图样标注示例；(b) 边界尺寸；(c) 动态公差图

（4）附加于最小实体要求的可逆要求（LMR）。采用可逆的最小实体要求时，应在被测要素的几何公差框格中的公差值后加注"ⓁⓇ"。

图 3-63（a）表示 $\phi 8^{+0.25}_{0}$ mm 孔的轴线对基准平面的任意方向的位置度公差采用可逆的最小实体要求。当孔处于最小实体状态时，其轴线对基准平面的位置度公差为 $\phi 0.4$ mm。若孔的轴线对基准平面的位置度误差小于给出的公差值，则允许孔的实际尺寸超出其最小实体尺寸（即大于 $\phi 8.25$ mm），但必须保证其定位体内作用尺寸不超出其定位最小实体实效尺寸（即 $D_{fi} \leqslant D_{LV} = D_L + t = (8.25+0.4)\text{mm} = 8.65 \text{ mm}$）。所以，当孔的轴线对基准平面任意方向的位置度误差为零时，其实际尺寸可达最大值，即等于孔定位最小实体实效尺寸 $\phi 8.65$ mm，如图 3-63（b）所示。其动态公差图如图 3-63（c）所示。

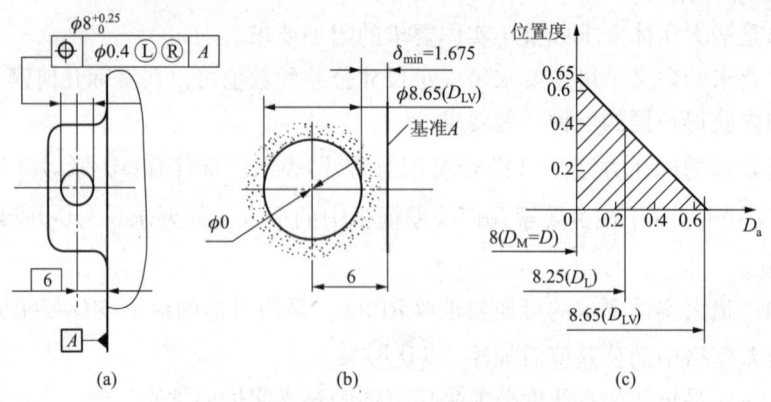

图 3-63 可逆要求用于最小实体要求的示例
(a) 图样标注示例；(b) 边界尺寸；(c) 动态公差图

3.5 几何公差的选择方法

正确合理地选择几何公差项目和确定几何公差数值，有利于实现产品的互换性和提高产品的质量，降低制造成本，在生产中具有十分重要的意义。几何公差的选择主要包括：选择公差项目、选择公差数值（或公差等级）、选择基准和公差原则等。但在图样上是否需要标注几何公差项目要求，应按下述原则确定：若使用一般机床加工就能保证达到的几何公差要求，在图样上不必标注，生产中通常也不必检查；特殊情况需要抽查或仲裁时，可按 GB/T 1184—1996《形状和位置公差 未注公差值》的规定执行。只有对零件的几何公差要求明显高于或低于 GB/T 1184—1996 所规定的公差级别时，才需要在图样上标注几何公差项目。

3.5.1 选择几何公差项目

选择几何公差项目的基本原则是：在保证零件使用功能的前提下，尽量减少几何公差项目的数量，并尽量简化控制几何误差的方法。选择时，主要考虑以下几个方面。

1. 考虑几何特征

零件要素的几何特征是选择几何公差项目的主要依据。例如，机床导轨的直线度误差影响机床移动部件的运动精度，应对机床导轨规定直线度公差；减速箱各轴承孔轴线间的平行度误差会影响齿轮的啮合精度和齿侧间隙的均匀性，可对箱体轴承孔的轴线规定平行度公差。

2. 减少检测项目

在 18 个几何公差项目中，圆度、直线度、平面度等是属于单项控制的公差项目，圆柱度、位置度等是属于综合控制的公差项目。选择几何公差项目时，应该尽量选择综合控制的公差项目，以减少图样标注和减少相应的检测项目。

3. 避免重复标注

如果需要在同一要素上标注几个几何公差项目，则应认真分析，避免重复标注。例如，若标注了综合性项目，则不再标注相关单项项目；若标注了圆柱度公差，则不再标注圆度公差；若标注了位置度公差，则不再标注垂直度公差等。

4. 考虑检测方便

应根据现场的检测条件来考虑几何公差项目的选择。例如，用径向圆跳动或径向全跳动代替同轴度，用轴向圆跳动或轴向全跳动代替端面对轴线的垂直度，用圆度和素线直线度及平行度代替圆柱度，用全跳动代替圆柱度等。不过应当注意，跳动反映的是多项几何误差的综合结果，在标注跳动公差项目时，给定的跳动公差值应适当加大，否则就会要求过严。

5. 参考专业标准

确定几何公差项目要参照有关专业标准的规定。例如，与滚动轴承相配合的孔与轴应当标哪些几何公差项目，在滚动轴承有关标准中已有规定；其他如单键、花键、齿轮等专业标准，对它们的几何公差项目也都有相应要求和规定。

3.5.2 选择适用的公差原则

选择公差原则时，应根据被测要素的功能要求，充分考虑几何公差项目的职能和采取该种公差原则的经济可行性，参照表 3-3 列举的几种公差原则的应用场合和示例进行选择。

表 3-3　公差原则选择参考表

公差原则	应用场合	示例
独立原则	尺寸精度与几何精度需要分别满足要求的场合	齿轮箱体孔的尺寸精度与两孔轴线的平行度；连杆活塞销孔的尺寸精度与圆柱度；滚动轴承内、外圈滚道的尺寸精度与形状的精度
	尺寸精度与几何精度要求相差较大的场合	滚筒类零件尺寸精度要求很低，形状精度要求较高；平板的形状精度要求很高，尺寸精度要求不高；冲模架的下模座尺寸要求不高，平行度要求较高；通油孔的尺寸精度有一定要求，形状精度无要求
	尺寸精度与几何精度无联系的场合	滚子链条的套筒或滚子内、外圆柱面的轴线同轴度与尺寸精度，齿轮箱体孔的尺寸精度与孔轴线间的位置精度；发动机连杆上的尺寸精度与孔轴线间的位置精度
	保证运动精度的场合	导轨的形状精度要求严格，尺寸精度要求次要
	保证密封性的场合	气缸套的形状精度要求严格，尺寸精度要求次要
	未注公差的场合	凡未注尺寸公差与未注几何公差都采用独立原则，例如退刀槽倒角、圆角等非功能要素
包容要求	保证《极限与配合》国标规定的配合性质的场合	ϕ20H7Ⓔ孔与ϕ20h6Ⓔ轴的配合，可以保证配合的最小间隙等于零
	尺寸公差与几何公差之间无严格比例关系要求的场合	一般的孔与轴配合，只要求作用尺寸不超越最大实体尺寸，局部实际尺寸不超越最小实体尺寸
	保证关联作用尺寸不超越最大实体尺寸的场合	当被测要素的实效边界等同于最大实体边界时，实效尺寸等于最大实体尺寸，标注 0 Ⓜ
最大实体要求	保证自由装配，对被测中心要素表达功能要求的场合	如轴承盖上用于穿过螺钉的通孔，法兰盘上用于穿过螺栓的通孔
	保证自由装配，对基准中心要素表达功能要求的场合	基准轴线或中心平面相对于理想边界的中心允许偏离时，如同轴度的基准轴线
最小实体要求	需要保证零件的强度和最小壁厚、防止断裂的场合	减速器箱盖上吊耳孔轴线的位置度，滑动轴承的轴套内孔与外圆轴线的同轴度

3.5.3　确定几何公差的数值

按国家标准规定，几何公差值的大小由几何公差等级和被测要素的主参数确定。应根据零件的功能要求，考虑零件的结构、刚度、加工经济性等因素，并考虑公差值之间的协调关系，参照国家标准几何公差表格中列出的数值来确定所需的几何公差值。

在国标中，将直线度、平面度、平行度、垂直度、倾斜度、同轴度、对称度、圆跳动、全跳动等几何公差划分为 12 个等级，1 级精度最高，几何公差值最小；12 级精度最低，几何公差值最大。表 3-4、表 3-5、表 3-6 列出了上述几何公差项目的标准公差值。确定几何公差值的总原则是：在满足零件功能要求的前提下，选取最经济的公差值。

表 3-4 直线度和平面度公差值

主参数 L 图例

主参数 L/mm	公差等级											
	1	2	3	4	5	(6)	7	8	9	10	11	12
	公差值/μm											
≤10	0.2	0.4	0.8	1.2	2	3	5	8	12	20	30	60
>10~16	0.25	0.5	1	1.5	2.5	4	6	10	15	25	40	80
>16~25	0.3	0.6	1.2	2	3	5	8	12	20	30	50	100
>25~40	0.4	0.8	1.5	2.5	4	6	10	15	25	40	60	120
>40~63	0.5	1	2	3	5	8	12	20	30	50	80	150
>63~100	0.6	1.2	2.5	4	6	10	15	25	40	60	100	200
>100~160	0.8	1.5	3	5	8	12	20	30	50	80	120	250
>160~250	1	2	4	6	10	15	25	40	60	100	150	300
>250~400	1.2	2.5	5	8	12	20	30	50	80	120	200	400
>400~630	1.5	3	6	10	15	25	40	60	100	150	250	500
>630~1 000	2	4	8	12	20	30	50	80	120	200	300	600
>1 000~1 600	2.5	5	10	15	25	40	60	100	150	250	400	800
>1 600~2 500	3	6	12	20	30	50	80	120	200	300	500	1 000
>2 500~4 000	4	8	15	25	40	60	100	150	250	400	500	1 200
>4 000~6 300	5	10	20	30	50	80	120	200	300	500	800	1 500
>6 300~10 000	6	12	25	40	60	100	150	250	400	600	1 000	2 000

表 3-5　平行度、垂直度和倾斜度公差值

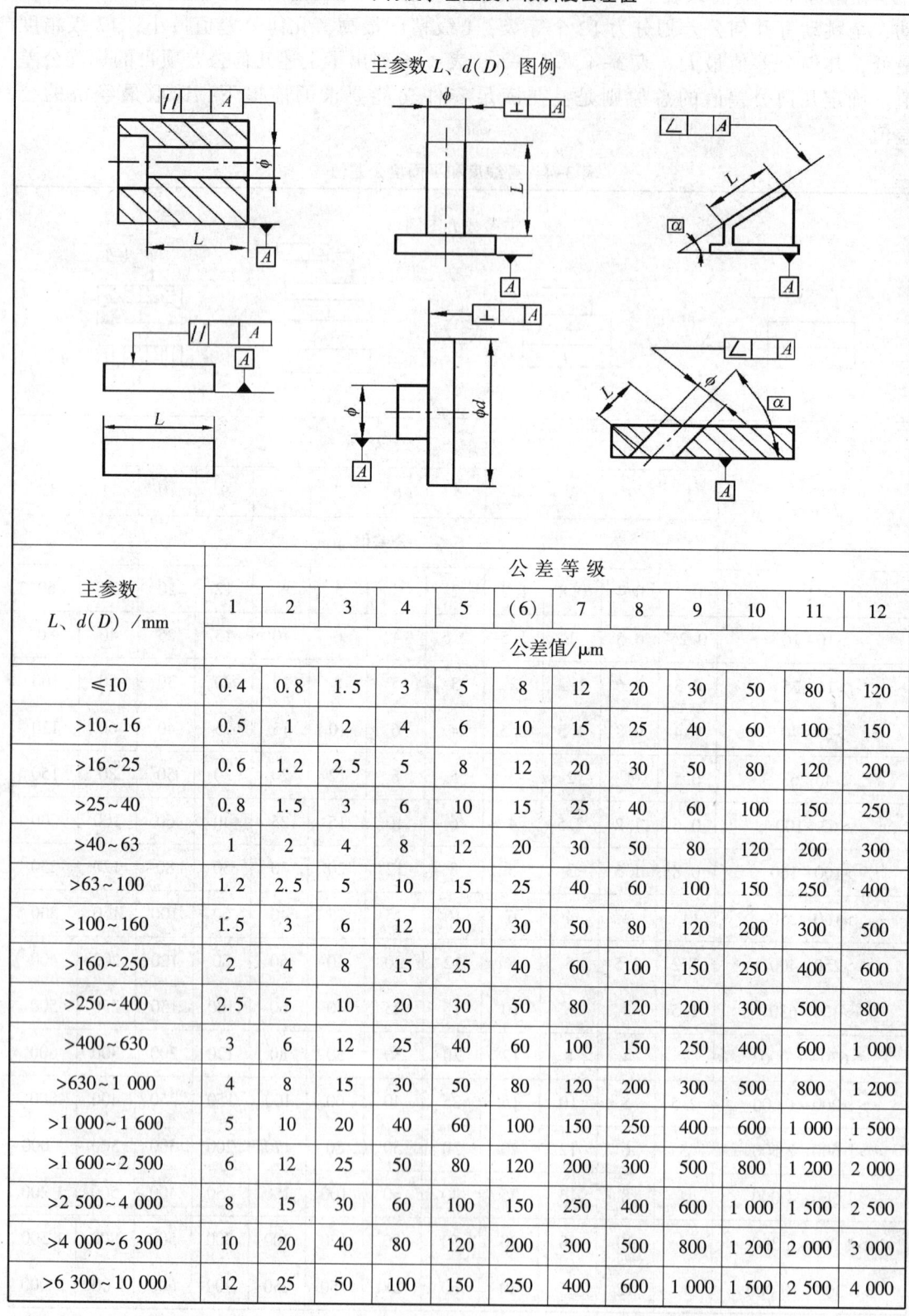

主参数 L、$d(D)$ 图例

主参数 L、$d(D)$ /mm	公差等级											
	1	2	3	4	5	(6)	7	8	9	10	11	12
	公差值/μm											
≤10	0.4	0.8	1.5	3	5	8	12	20	30	50	80	120
>10~16	0.5	1	2	4	6	10	15	25	40	60	100	150
>16~25	0.6	1.2	2.5	5	8	12	20	30	50	80	120	200
>25~40	0.8	1.5	3	6	10	15	25	40	60	100	150	250
>40~63	1	2	4	8	12	20	30	50	80	120	200	300
>63~100	1.2	2.5	5	10	15	25	40	60	100	150	250	400
>100~160	1.5	3	6	12	20	30	50	80	120	200	300	500
>160~250	2	4	8	15	25	40	60	100	150	250	400	600
>250~400	2.5	5	10	20	30	50	80	120	200	300	500	800
>400~630	3	6	12	25	40	60	100	150	250	400	600	1 000
>630~1 000	4	8	15	30	50	80	120	200	300	500	800	1 200
>1 000~1 600	5	10	20	40	60	100	150	250	400	600	1 000	1 500
>1 600~2 500	6	12	25	50	80	120	200	300	500	800	1 200	2 000
>2 500~4 000	8	15	30	60	100	150	250	400	600	1 000	1 500	2 500
>4 000~6 300	10	20	40	80	120	200	300	500	800	1 200	2 000	3 000
>6 300~10 000	12	25	50	100	150	250	400	600	1 000	1 500	2 500	4 000

表 3-6　同轴度、对称度、圆跳动和全跳动公差值

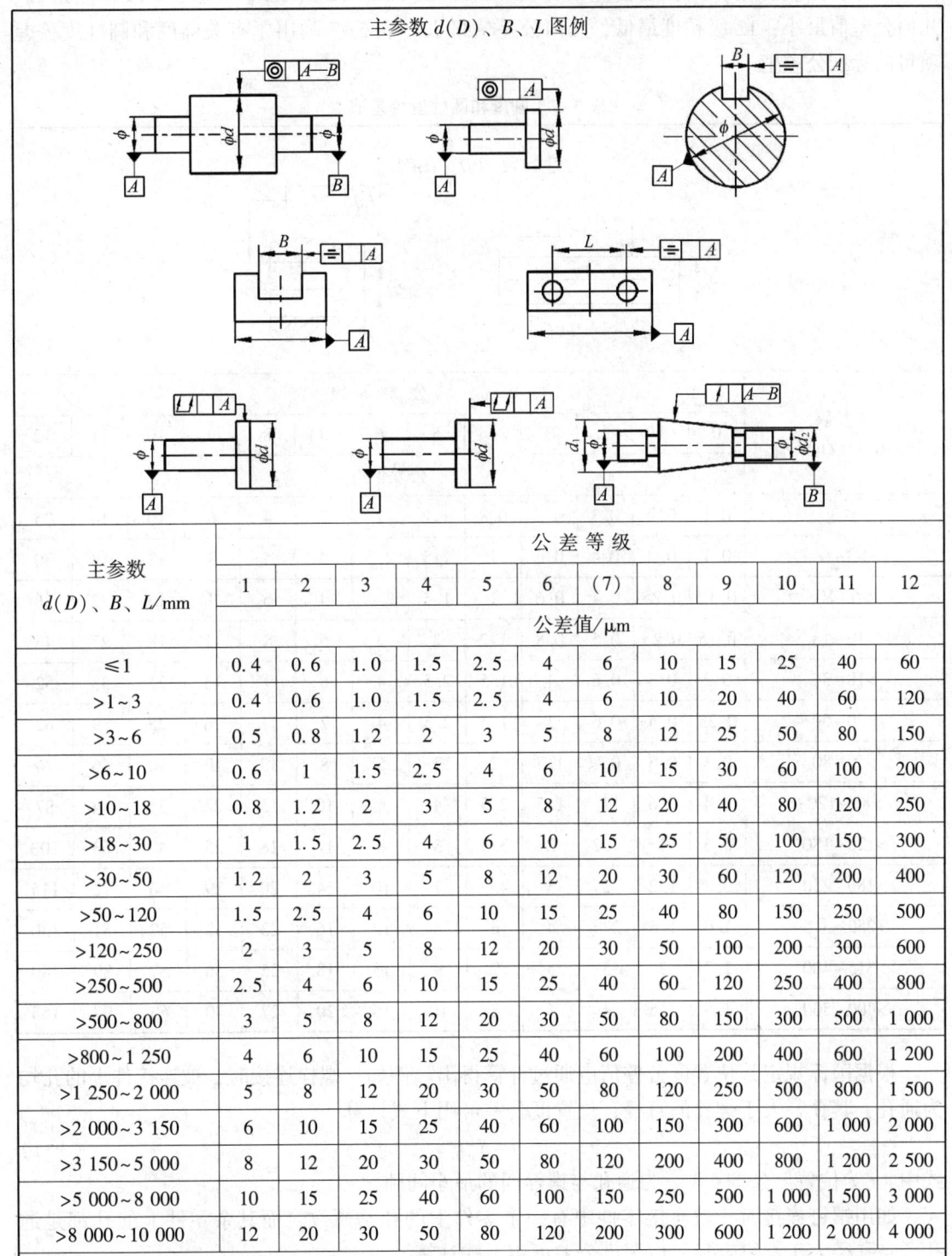

主参数 $d(D)$、B、L 图例

主参数 $d(D)$、B、L/mm	公差等级											
	1	2	3	4	5	6	(7)	8	9	10	11	12
	公差值/μm												
≤1	0.4	0.6	1.0	1.5	2.5	4	6	10	15	25	40	60
>1~3	0.4	0.6	1.0	1.5	2.5	4	6	10	20	40	60	120
>3~6	0.5	0.8	1.2	2	3	5	8	12	25	50	80	150
>6~10	0.6	1	1.5	2.5	4	6	10	15	30	60	100	200
>10~18	0.8	1.2	2	3	5	8	12	20	40	80	120	250
>18~30	1	1.5	2.5	4	6	10	15	25	50	100	150	300
>30~50	1.2	2	3	5	8	12	20	30	60	120	200	400
>50~120	1.5	2.5	4	6	10	15	25	40	80	150	250	500
>120~250	2	3	5	8	12	20	30	50	100	200	300	600
>250~500	2.5	4	6	10	15	25	40	60	120	250	400	800
>500~800	3	5	8	12	20	30	50	80	150	300	500	1 000
>800~1 250	4	6	10	15	25	40	60	100	200	400	600	1 200
>1 250~2 000	5	8	12	20	30	50	80	120	250	500	800	1 500
>2 000~3 150	6	10	15	25	40	60	100	150	300	600	1 000	2 000
>3 150~5 000	8	12	20	30	50	80	120	200	400	800	1 200	2 500
>5 000~8 000	10	15	25	40	60	100	150	250	500	1 000	1 500	3 000
>8 000~10 000	12	20	30	50	80	120	200	300	600	1 200	2 000	4 000

注：① 使用同轴度公差值时，应在表中查得的数值前加注"ϕ"。
② 当被测要素为圆锥面时，取 $d=\dfrac{d_1+d_2}{2}$。

国标将圆度公差和圆柱度公差划分为 0、1、2、…、12 共 13 个等级，0 级精度最高，几何公差值最小；12 级精度最低，几何公差值最大。表 3-7 列出了有关圆度和圆柱度公差项目的标准公差值。

表 3-7 圆度和圆柱度公差值

主参数 $d(D)$ 图例

主参数 $d(D)$ /mm	公差等级												
	0	1	2	3	4	5	6	(7)	8	9	10	11	12
	公差值/μm												
≤3	0.1	0.2	0.3	0.5	0.8	1.2	2	3	4	6	10	14	25
>3~6	0.1	0.2	0.4	0.6	1	1.5	2.5	4	5	8	12	18	30
>6~10	0.12	0.25	0.4	0.6	1	1.5	2.5	4	6	9	15	22	36
>10~18	0.15	0.25	0.5	0.8	1.2	2	3	5	8	11	18	27	43
>18~30	0.2	0.3	0.6	1	1.5	2.5	4	6	9	13	21	33	52
>30~50	0.25	0.4	0.6	1	1.5	2.5	4	7	11	16	25	39	62
>50~80	0.3	0.5	0.8	1.2	2	3	5	8	13	19	30	46	74
>80~120	0.4	0.6	1	1.5	2.5	4	6	10	15	22	35	54	87
>120~180	0.6	1	1.2	2	3.5	5	8	12	18	25	40	63	100
>180~250	0.8	1.2	2	3	4.5	7	10	14	20	29	46	72	115
>250~315	1.0	1.6	2.5	4	6	8	12	16	23	32	52	81	130
>315~400	1.2	2	3	5	7	9	13	18	25	36	57	89	140
>400~500	1.5	2.5	4	6	8	10	15	20	27	40	63	97	155

根据国标规定，位置度公差值应通过计算得出。例如：螺栓连接时，被连接件上的孔均为通孔，其孔径大于螺栓的直径，位置度公差可用下式计算

$$t = X_{\min} \tag{3-1}$$

式中，t 为位置度公差；$X_{\min}$ 为通孔与螺栓间的最小间隙。

如用螺钉连接时，被连接零件中有一个零件上的孔是螺纹，而其余零件上的孔都是通孔，且孔径大于螺钉直径，位置度公差可用下式计算

$$t = 0.5 X_{\min} \tag{3-2}$$

按以上公式计算所得的数值，圆整后可参考表 3-8 来确定所需位置度公差的理论正确值。

表 3-8　位置度系数　　　　　　　　　　　　　　　　　　　　μm

1	1.2	1.5	2	2.5	3	4	5	6	8
1×10^n	1.2×10^n	1.5×10^n	2×10^n	2.5×10^n	3×10^n	4×10^n	5×10^n	6×10^n	8×10^n

在确定被测要素的几何公差等级和公差数值时，还应考虑以下几个问题：

（1）考虑零件的结构特点和加工难易程度。对于结构复杂、刚性较差的零件，如细长轴或宽度较大的平面，由于加工困难容易产生较大的几何误差，故可适当降低 1~2 级的公差等级。

（2）考虑形状公差与表面粗糙度的关系。

一般情况下，形状公差 $T_{形状}$ 与表面粗糙度 Ra 之间的关系为 $Ra=(0.2~0.3)T_{形状}$，对于高精度及小尺寸零件，$Ra=(0.5~0.7)T_{形状}$。

（3）考虑形状公差、位置公差和尺寸公差的关系。一般情况下，形状公差、位置公差和尺寸公差的关系应满足

$$Ra<T_{形状}<T_{方向}<T_{位置}<T_{尺寸}$$

（4）凡是在各种专业标准中已对几何公差作出相关规定的，如与滚动轴承相配的轴和壳体孔的圆柱度公差、机床导轨的直线度公差、齿轮箱体孔的轴心线平行度公差等，都应按照有关专业标准的相应规定执行。

3.5.4 基准的选择

基准是用来确定关联要素间位置和方向的依据。在考虑选择位置公差项目时，必须同时考虑要采用的基准。基准的选择包括以下几个方面。

（1）选用零件在机器中定位的结合面作为基准。例如，箱体的底平面和侧面、盘类零件的轴线、回转零件的支承轴径或支承孔等。

（2）基准要素应具有足够的刚度和大小，以保证定位稳定可靠。例如，用两条或两条以上相距较远的轴线组合成公共基准轴线比一条基准轴线要稳定。

（3）选用加工比较精确的表面作为基准。

（4）尽量统一装配、加工、检测诸基准，以减小工量夹具的设计与制造误差，并方便测量。

通常方向公差项目只需要单一基准；位置公差项目中的同轴度、对称度，可以是单一基准，也可以是组合基准；对于位置度公差，多采用三基面体系。

3.5.5 未注几何公差值的规定

图样上未标注几何公差的要素，不等于没有几何公差的要求，它们的几何精度应当按"未注几何公差"来控制。采用未注几何公差的优点，是简化图样，突出重点，节省设计时间和制造检测时间。采用未注几何公差规定后，图样清楚地指出哪些要素可采用一般方法加工，哪些要素必须采用精密方法重点保证，从而有利于安排生产、保证质量和合理检测，收到很好的经济技术效果。

1. 未注几何公差值

GB/T 1184—1996 对直线度、平面度、垂直度、对称度和圆跳动的未注公差值进行了规定，

参见表 3-9、表 3-10、表 3-11 和表 3-12。其他项目如线轮廓度、面轮廓度、倾斜度、位置度和全跳动，均应由各要素的注出公差或未注几何公差、线性尺寸公差或角度公差控制。

(1) 直线度和平面度。

直线度、平面度的未注公差值共分 H、K、L 三个公差等级。其中"基本长度"是指被测长度，对于平面是指被测面的长边或圆平面的直径。直线度和平面度的未注公差值见表 3-9。

表 3-9　直线度和平面度的未注公差值　　　　　　　　　　　　　　mm

公差等级	基本长度范围					
	≤10	>10~30	>30~100	>100~300	>300~1 000	>1 000~3 000
H	0.02	0.05	0.1	0.2	0.3	0.4
K	0.05	0.1	0.2	0.4	0.6	0.8
L	0.1	0.2	0.4	0.8	1.2	1.6

(2) 圆度。

圆度的未注公差值等于标准的直径公差值，但不能大于表 3-12 中的径向圆跳动值。

(3) 圆柱度。

圆柱度的未注公差值不作规定。

① 圆柱度误差由三个部分组成：圆度、直线度和相对素线的平行度误差，而其中每一项误差均由它们的注出公差或未注公差控制。

② 如因功能要求，圆柱度要小于圆度、直线度和平行度的未注公差的综合结果，则应在被测要素上按 GB/T 1182—2008 的规定注出圆柱度公差值。

③ 采用包容要求。

(4) 平行度。

平行度的未注公差值等于给出的尺寸公差值，或是直线度和平面度未注公差值中的较大者。应取两要素中的较长者为基准，若两要素的长度相等则可选任一要素为基准。

(5) 垂直度。

表 3-10 给出了垂直度的未注公差值。取形成直角的两边中较长的一边作为基准，较短的一边作为被测要素。若两边的长度相等则可取其中的任意一边作为基准。

(6) 对称度。

表 3-11 给出了对称度的未注公差值。应取两要素中较长者作为基准，较短者作为被测要素。若两要素长度相等，则可选任一要素为基准。注意，对称度的未注公差值用于至少两个要素中的一个是中心平面或两个要素的轴线相互垂直。

表 3-10　垂直度的未注公差值　　　　　　　　　　　　　　mm

公差等级	基本长度范围			
	≤100	>100~300	>300~1 000	>1 000~3 000
H	0.2	0.3	0.4	0.5
K	0.4	0.6	0.8	1
L	0.6	1	1.5	2

表 3-11 对称度的未注公差值　　　　　　　　　　　　　　　　mm

公差等级	基本长度范围			
	≤100	>100~300	>300~1 000	>1 000~3 000
H	0.5			
K	0.6	0.6	0.8	1
L	0.6	1	1.5	2

（7）同轴度。

同轴度的未注公差值未作规定。在极限状况下，同轴度的未注公差值可以和表 3-12 中规定的径向圆跳动的未注公差值相等。应选两要素中的较长者为基准，若两要素长度相等则可选任一要素为基准。

（8）圆跳动。

表 3-12 给出了圆跳动的未注公差值。对于圆跳动的未注公差值，应以设计或工艺给出的支承面作为基准，否则应取两要素中较长的一个作为基准；若两要素的长度相等，则可选任一要素为基准。

表 3-12 圆跳动的未注公差值　　　　　　　　　　　　　　　　mm

公差等级	圆跳动公差值
H	0.1
K	0.2
L	0.5

2. 未注几何公差值的图样表示法

若采用 GB/T 1184—1996 规定的未注几何公差值，应在标题栏附近或在技术要求、技术文件（如企业标准）中注出标准号及公差等级代号：

"GB/T 1184—1996—X"

示例 1　圆要素注出直径公差值 $\phi 25_{-0.1}^{0}$，圆度未注公差值的大小等于尺寸公差值 0.1 mm，其标注及含义如图 3-64（a）所示。

示例 2　圆要素直径采用未注公差值，按 GB/T 1804—2000 中的 m 级，其标注及含义如图 3-64（b）所示。

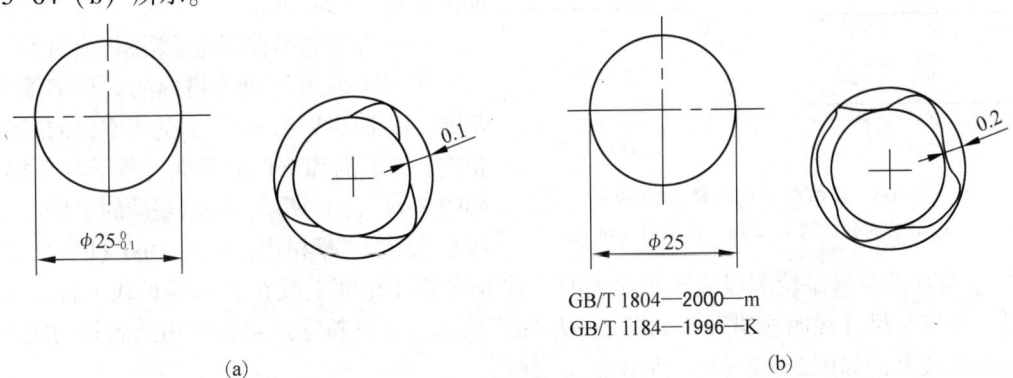

图 3-64　圆度未注公差值示例
（a）示例 1；（b）示例 2

3.6 几何公差的标注

根据 GB/T 1182—2008 规定，几何公差用几何公差框格标注。几何公差框格由二格或多格组成，框格中的内容从左到右按顺序填写，包括几何公差项目符号、几何公差值、基准及指引线等，如图 3-65 所示。

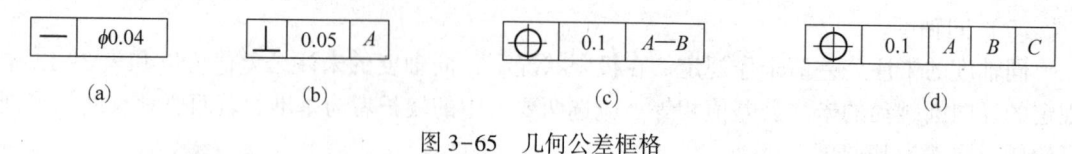

| — | φ0.04 | | ⊥ | 0.05 | A | | ⊕ | 0.1 | A—B | | ⊕ | 0.1 | A | B | C |

  (a)   (b)   (c)   (d)

图 3-65 几何公差框格

(a) 二框格；(b) 三框格（单一基准）；(c) 三框格（公共基准）；(d) 多框格（组合基准）

3.6.1 几何公差框格

1. 几何公差项目符号

根据零件的工作性能要求，由设计者从表 3-1 中选定。

2. 几何公差值

用线性值，以毫米为单位表示。如果公差带是圆形或圆柱形的，则在公差值前面加注 ϕ；如果是球形的，则在几何公差值前面加注 $S\phi$。

3. 基准

相对于被测要素的基准，由基准字母表示。为了不至于引起误解，E、I、J、M、P、L、R、F 等字母不采用。

（1）基准符号在公差框格中的标注。

① 单一基准要素用大写字母表示，如图 3-65（b）所示。

② 由两个要素组成的公共基准，用由横线隔开的两个大写字母表示，如图 3-65（c）所示。

③ 由两个或两个以上要素组成的基准体系，如多基准组合，表示基准的大写字母应按基准的优先次序从左至右分别置于各格中，如图 3-65（d）所示。

(2) 基准符号在基准要素图样上的标注。

① 以标注在基准方格内的大写字母表示基准，以细实线与一个涂黑的或空白的三角形相连，涂黑的和空白的基准三角形含义相同，如图 3-66（a）所示；表示基准的字母也可标注在几何公差框格内，如图 3-66（b）所示。

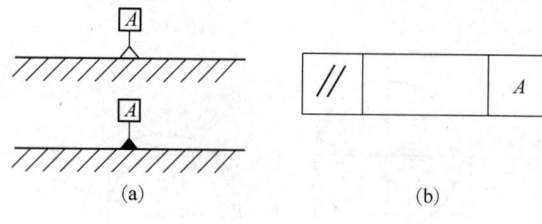

图 3-66 基准符号在图样上的标注

(a) 图样标注示例 1；(b) 图样标注示例 2

② 当基准要素是轮廓线或轮廓表面时，在要素的外轮廓上或在它的延长线上标注基准符号，但应与尺寸线明显错开，如图 3-67（a）所示。基准符号还可置于用圆点指向实际表面的参考线上，如图 3-67（b）所示。

③ 当基准要素是轴心线或中心平面或由带尺寸的要素确定的点时，则基准符号中的线应与尺寸线对齐，如图 3-68（a）、（b）和（c）所示。如果尺寸线处安排不下两个箭头，

则另一箭头可用短横线代替，如图 3-68（c）所示。

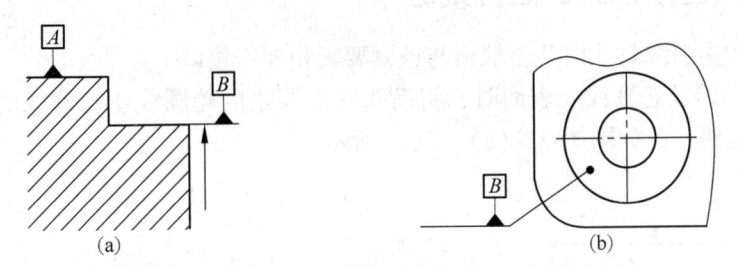

图 3-67　基准为轮廓要素
（a）图样标注示例 1；（b）图样标注示例 2

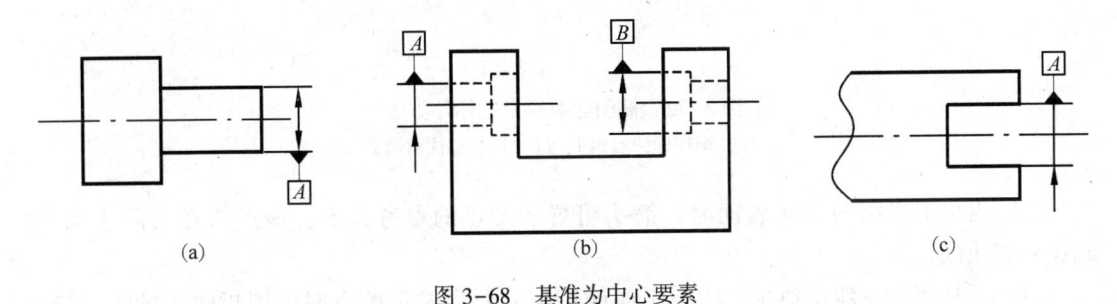

图 3-68　基准为中心要素
（a）图样标注示例 1；（b）图样标注示例 2；（c）图样标注示例 3

④ 在图样上任选基准的标注方法如图 3-69 所示。

（3）指引线。指引线用细实线表示。指引线一端与公差框格相连，可从框格左端或右端引出；指引线引出时必须垂直于公差框格，另一端带有箭头。几何公差带的宽度方向就是指引线指示的方向，如图 3-70 所示；必须使指引线垂直于被测要素，如图 3-71 所示。

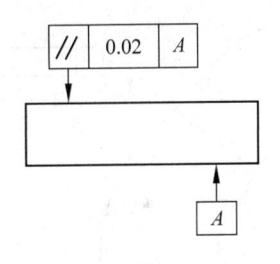

图 3-69　任选基准在图样上的标注

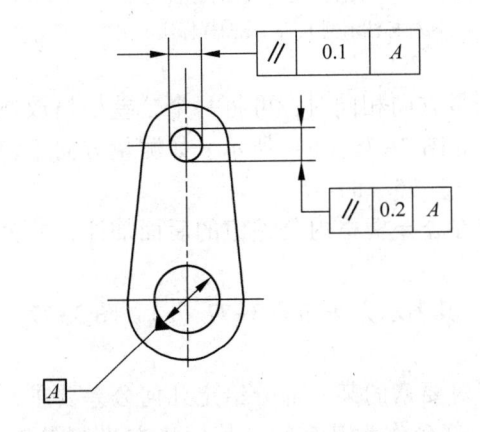

图 3-70　指引线在图样上的标注

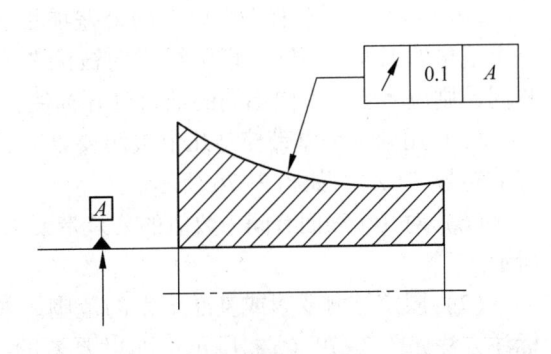

图 3-71　指引线垂直于被测要素

3.6.2 几何公差框格在图样上的标注

用带箭头的指引线将几何公差框格与被测要素相连,按以下方法标注。

(1) 当公差涉及轮廓线或表面时,将箭头置于要素的轮廓线或轮廓线的延长线上,并与尺寸线明显地错开,如图 3-72(a)、(b) 所示。

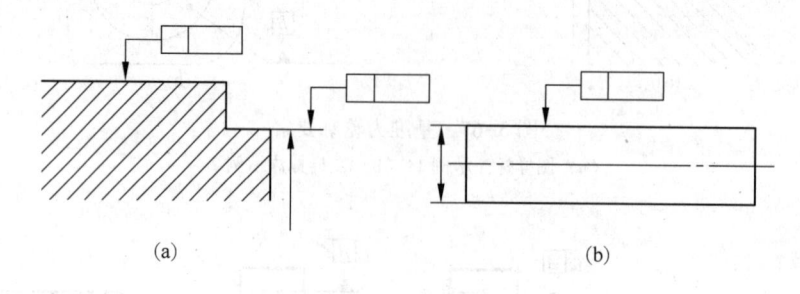

图 3-72 被测轮廓要素的标注方法
(a) 图样标注示例1;(b) 图样标注示例2

(2) 当指引线指向实际表面时,箭头可置于带点的参考线上,该点指在实际表面上,如图 3-73 所示。

(3) 当几何公差涉及轴线、中心平面或带尺寸要素确定的点时,则指引线的箭头应与确定中心要素的轮廓尺寸线对齐,如图 3-74(a)、(b) 所示。

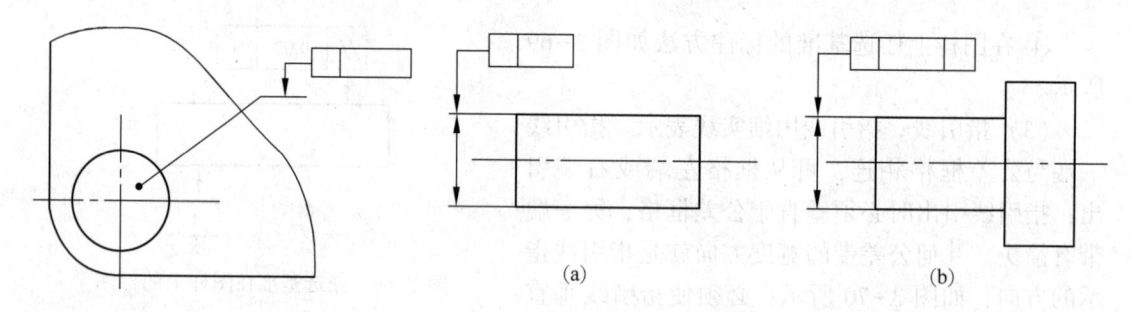

图 3-73 被测轮廓要素的标注方法

图 3-74 被测中心要素的标注方法
(a) 图样标注示例1;(b) 图样标注示例2

(4) 当同一要素有一个以上的公差项目且测量方向相同时,可将一个公差框格放在另一个框格的下面,用同一指引线指向被测要素,如图 3-75(b) 所示。如测量方向不完全相同,则应将测量方向不同的项目分开标注,如图 3-75(a) 所示。

(5) 用同一公差带控制几个被测要素时,应在公差框格内公差值的后面加注公共公差带的符号"CZ",如图 3-76 所示。

(6) 对几个表面有同一数值的公差带要求时,其表示方法如图 3-77(a)、图 3-77(b) 所示。

(7) 限定被测要素或基准要素的范围。如仅对要素的某一部分给定几何公差要求,其标注方法如图 3-78(a) 所示;如以要素的某一部分作为基准时,其标注方法如图 3-78(b) 所示,应以粗点画线表示其范围并加注尺寸。

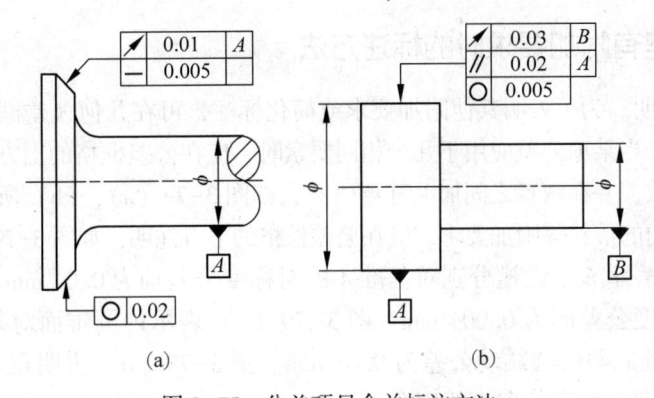

图 3-75　公差项目合并标注方法
(a) 图样标注示例 1；(b) 图样标注示例 2

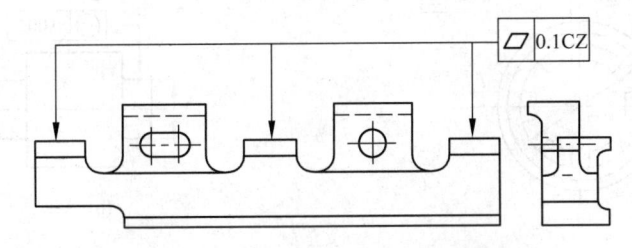

图 3-76　公共公差带在图样上的标注方法

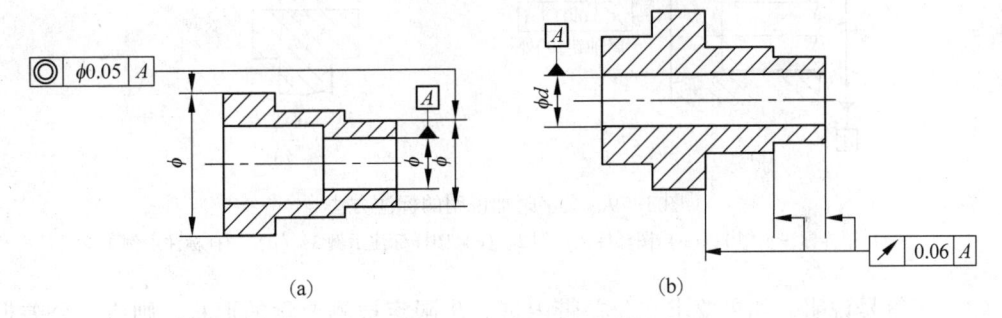

图 3-77　公差框格在图样上的标注方法
(a) 图样标注示例 1；(b) 图样标注示例 2

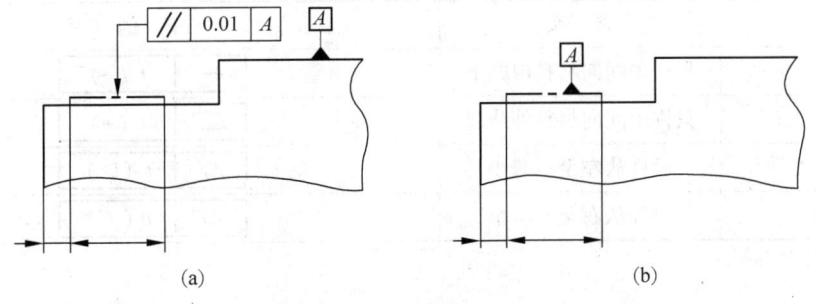

图 3-78　限定要素范围时几何公差的标注方法
(a) 图样标注示例 1；(b) 图样标注示例 2

3.6.3 几何公差有附加要求时的标注方法

(1) 用文字说明。为了表明其他附加要求或简化标注,可在几何公差框格的上方或下方附加文字说明。其中,当某项公差应用于几个相同要素时,应在公差框格的上方、被测要素的尺寸之前注明要素的个数,并在两者之间加上符号"×",如图3-79(a)、(b)所示;如果需要限制被测要素在公差带内的形状等附加要求,应在公差框格的下方注明,如图3-79(c)、(d)所示。

图3-79(a)表示6个键槽分别对基准A的对称度公差均为0.04 mm。图3-76(b)表示两端圆柱面的圆度公差同为0.004 mm。图3-79(c)表示内圆锥面对外圆柱面的轴心线在离轴端300 mm处的斜向圆跳动公差为0.03 mm。图3-79(d)说明在未画出导轨长向视图时,可借用其横剖面标注长向直线度公差。

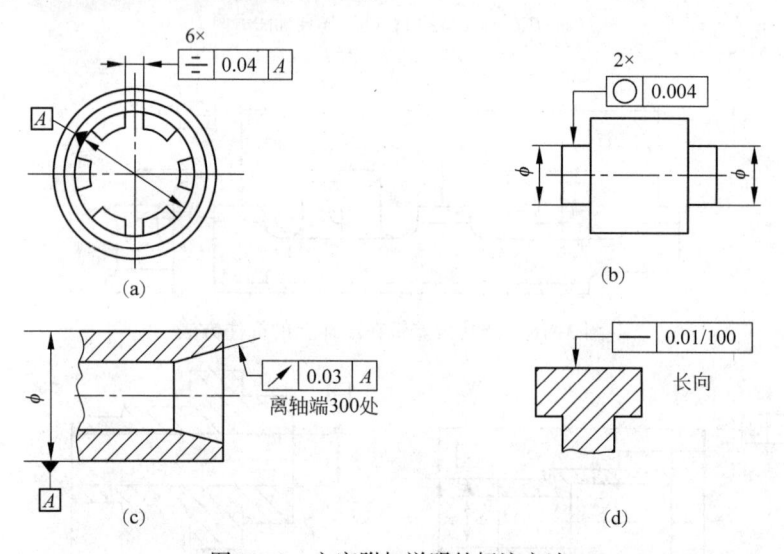

图 3-79 文字附加说明的标注方法
(a) 图样标注示例1;(b) 图样标注示例2;(c) 图样标注示例3;(d) 图样标注示例4

(2) 用符号说明。如果要求在公差带内进一步限定被测要素的形状,则应在公差框格的公差数值后面加注有关符号,其含义见表3-13。

表 3-13 几何公差值后面加注的符号及其含义

符 号	含 义	举 例
(−)	只许中间向材料内凹下	— | t (−)
(+)	只许中间向材料外凸起	▱ | t (+)
(▷)	只许从左至右减小	⌀ | t (▷)
(◁)	只许从右至左减小	⌀ | t (◁)

3.7 几何公差选择举例

图3-80所示为减速器的输出轴,两轴颈 $\phi55j6$ 与 P_0 级滚动轴承的内圈相配合,为保证

配合性质，采用了包容要求；为保证轴承的旋转精度，在遵循包容要求的前提下，又进一步提出圆柱度公差的要求，其公差值由 GB/T 275—1993《滚动轴承与轴和外壳的配合》查得为 0.005 mm。该两轴颈上安装滚动轴承后，将分别与减速器箱体的两孔配合，因此需限制两轴颈的同轴度误差，以保证轴承外圈和箱体孔的安装精度，为检测方便，实际给出了两轴颈的径向圆跳动公差 0.025 mm（跳动公差 7 级）。ϕ62 mm 处的两轴肩都是止推面，起一定的定位作用，为保证定位精度，提出了两轴肩相对于基准轴线的轴向圆跳动公差为 0.015 mm（由 GB/T 275—1993 查得）。

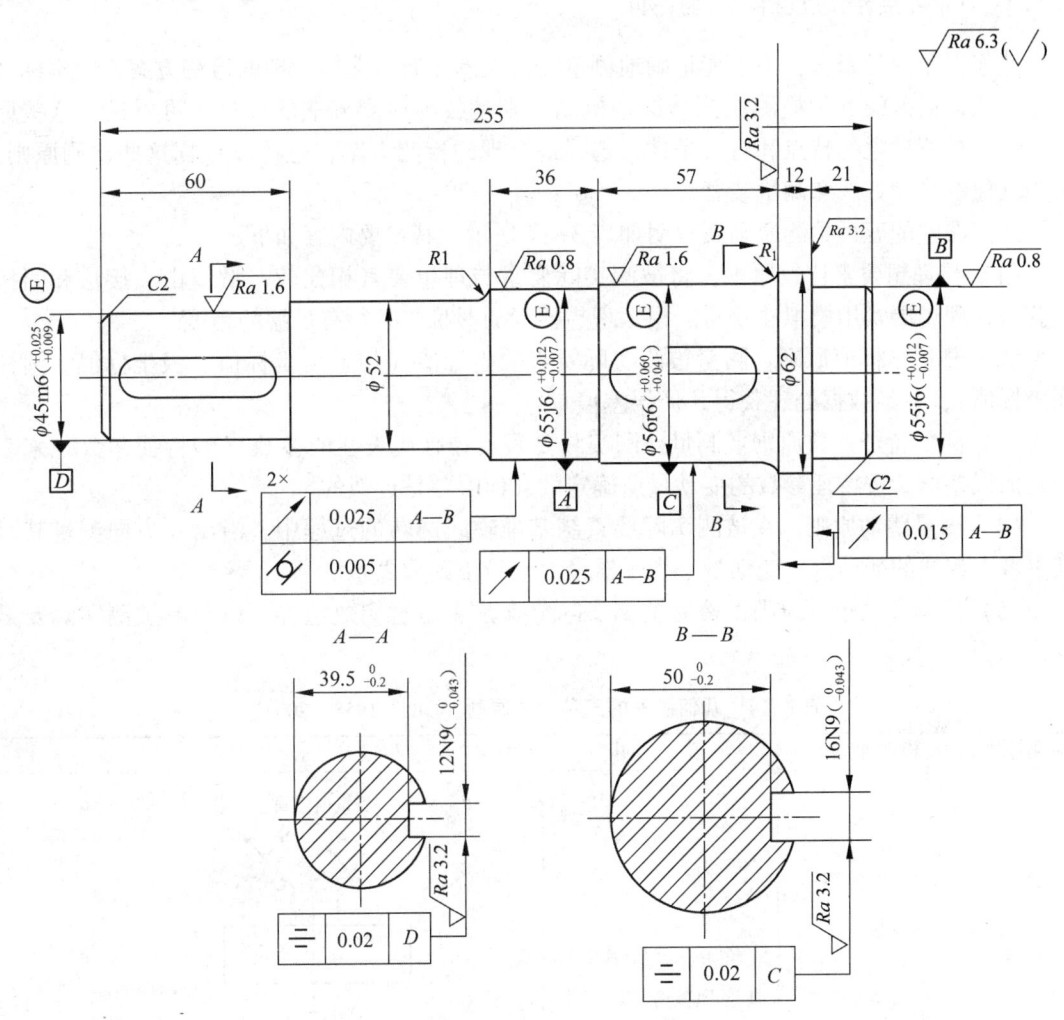

图 3-80　减速器输出轴几何公差标注示例

ϕ56r6 和 ϕ45m6 分别与齿轮和带轮配合，为保证配合性质，也采用了包容要求，为保证齿轮的运动精度，对与齿轮配合的 ϕ56r6 圆柱又进一步提出了对基准轴线的径向圆跳动公差 0.025 mm（跳动公差 7 级）。对 ϕ56r6 和 ϕ45m6 轴颈上的键槽 16N9 和 12N9 都提出了对称度公差 0.02 mm（对称度公差 8 级），以保证键槽的安装精度和安装后的受力状态。

3.8 几何误差的检测

几何误差是指实际被测要素对其理想要素的变动量。在几何误差的测量中,是以测得要素作为实际要素,根据测得要素来评定几何误差值。根据几何误差值是否在几何公差的范围内,得出零件合格与否的结论。

3.8.1 几何误差的五种检测原则

几何误差项目繁多,为了能正确地测量几何误差,便于选择合理的检测方案,国家标准规定了几何误差的五种检测原则。这些检测原则是各种检测方法的概括,可以按照这些原则,根据被测对象的特点和有关条件,选择最合理的检测方案,也可以根据这些检测原则,采用其他的检测方法和测量装置。

几何误差的五种检测原则及说明如表 3-14 所示,其主要内容如下。

(1) 与理想要素比较原则:将被测实际要素与理想要素相比较,量值由直接法和间接法获得,理想要素用模拟法获得。模拟理想要素的形状,必须有足够的精度。

(2) 测量坐标值原则:测量被测实际要素的坐标值(如直角坐标值、极坐标值、圆柱面坐标值),并经数据处理获得几何误差值。

(3) 测量特征参数原则:测量被测实际要素上具有代表性的参数(即特征参数)来表示几何误差值。按特征参数的变动量所确定的几何误差是近似的。

(4) 测量跳动原则:在被测实际要素绕基准轴线回转的过程中,沿给定方向测量其对某参考点或线的变动量。变动量是指示器最大与最小读数之差。

(5) 控制实效边界原则:检验被测实际要素是否超过实效边界,以判断被测实际要素合格与否。

表 3-14 几何误差的五种检测原则 (GB/T 1958—2004)

检测原则编号	检测原则名称	说明	示例
1	与理想要素比较原则	将被测实际要素与其理想要素相比较,量值由直接法或间接法获得;理想要素用模拟方法获得	量值由直接法获得 模拟理想要素 量值由间接法获得 自准直仪 模拟理想要素 反射镜

续表

检测原则编号	检测原则名称	说明	示例
2	测量坐标值原则	测量被测实际要素的坐标值（如直角坐标值、极坐标值、圆柱面坐标值），并经过数据处理获得几何误差值	测量直角坐标值
3	测量特征参数原则	测量被测实际要素上具有代表性的参数（即特征参数）来表示几何误差值	两点法测量圆度特征参数 测量截面
4	测量跳动原则	在被测实际要素绕基准轴线回转过程中，沿给定方向测量其对某参考点或线的变动量； 变动量是指示器最大与最小读数之差	测量径向跳动 测量截面 V形架
5	控制实效边界原则	检验被测实际要素是否超过实效边界，以判断合格与否	用综合量规检验同轴度误差 量规

3.8.2 几何误差的测量方法

1. 形状误差的测量方法

(1) 直线度误差的测量。

① 贴切法。贴切法是采用将被测要素与理想要素比较的原理进行测量的方法。在这里，理想要素用刀口尺、平尺、平板等实物来体现。用刀口尺测量的情况如图 3-81（a）所示；测量时把刀口作为理想要素，将其与被测表面贴切，使两者之间的最大间隙为最小，此最大间隙，就是被测要素的直线度误差。当光隙较小时，可按标准光隙估读间隙大小；当光隙较大（大于 30 μm）时，则可借助厚薄规（塞规）进行测量。

标准光隙的获得如图 3-81（b）所示。标准光隙可由量块、刀口尺和平面平晶（或精密平板）组合而成；标准光隙的大小，可借助于光线通过狭缝时所呈现的不同的颜色来鉴别。标准光隙的颜色与光隙大小的对应关系，可参见表 3-15。

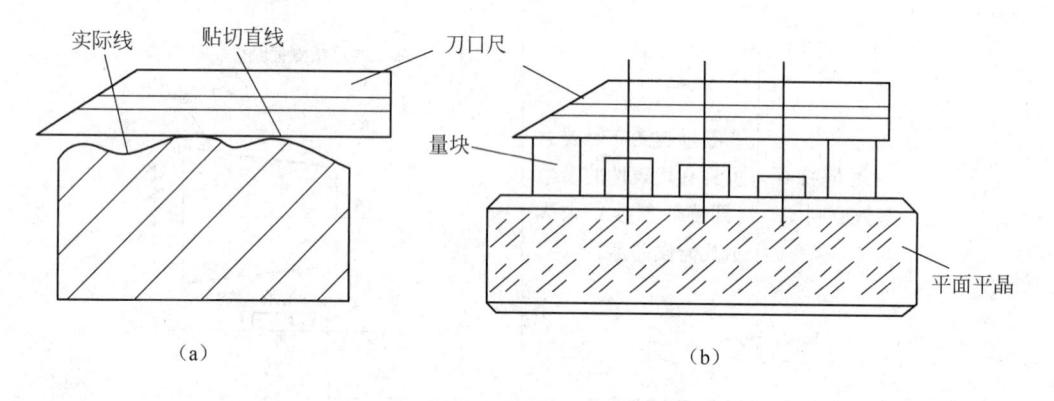

图 3-81 用贴切法测量直线度误差
(a) 测量方法；(b) 标准光隙的获得

表 3-15 标准光隙的颜色与光隙大小的对应关系

颜色	光隙/μm
不透光	<0.5
蓝色	≈0.8
红色	≈1.5
白色	>2.5

② 测微法。测微法用于测量圆柱体素线或轴线的直线度误差，如图 3-82 所示。以水平放置的两顶尖顶住被测零件；在被测零件的上、下母线处分别放置两个指示表，在通过被测零件轴线的铅垂面内同步移动指示表，沿圆柱体的母线按图 3-82 所示进行测量；记录两指示表在各测点处的对应读数 M_1、M_2，转动被测零件进行多次测量，取各截面上的 $|(M_1-M_2)/2|$ 中的最大值作为该轴截面轴线的直线度误差。

③ 节距法。节距法适用于长零件的测量。将被测长度分成若干小段，用仪器（水平仪、自准直仪等）测出每一段的相对读数，最后通过数据处理方法求出直线度误差。数据处理参见表 3-16 和图 3-83。表 3-16 中的相对高度 a_i 是由原始读数经换算后得出的，换算方法是：假设仪器的分度值为 c（如 0.005/1 000），测量时的节距为 l，从仪器读取的相对刻度

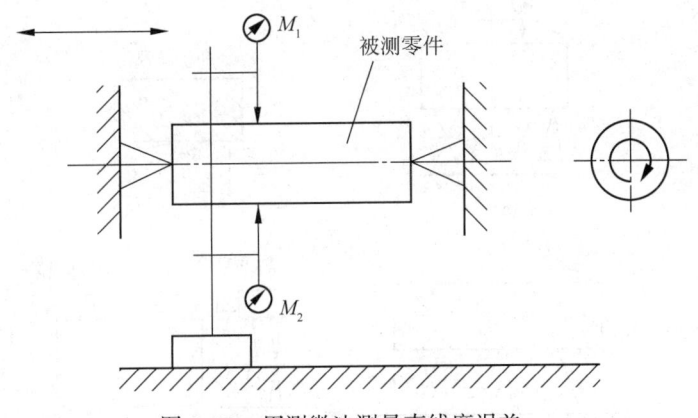

图 3-82 用测微法测量直线度误差

数为 n_i（以格为单位），则

$$a_i = c \times l \times n_i \tag{3-3}$$

根据表 3-16 可作出误差曲线如图 3-83 所示，按最小包容区域法可求得直线度误差 $f=5\ \mu m$。

表 3-16 直线度误差的数据处理

节距序号	0	1	2	3	4	5	6	7
相对高度 $a_i/\mu m$	0	−3	0	−4	−4	+1	+1	−5
依次累积值 $\sum a_i/\mu m$	0	−3	−3	−7	−11	−10	−9	−14

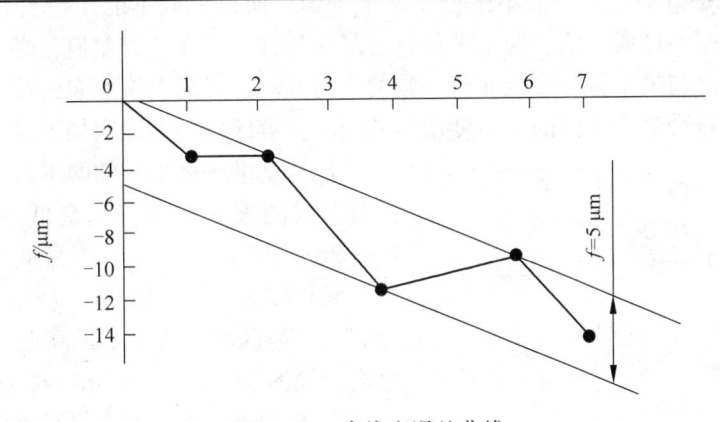

图 3-83 直线度误差曲线

（2）平面度误差的测量。常见的平面度测量方法如图 3-84 所示。图 3-84（a）是用指示表测量。将被测零件支承在平板上，将被测平面上两对角线的角点调成等高，或将最远的三点调成与测量平板等高，按一定的布点规律测量被测表面，指示表上最大读数与最小读数之差即为该平面的平面度误差近似值。

图 3-84（b）是用平面平晶测量平面度误差。将平面平晶紧贴在被测平面上，根据所产生的干涉条纹数，经过计算即可得到平面度误差值。此方法适用于高精度的小平面测量。

图 3-84（c）是用水平仪测平面度误差。水平仪通过桥板放在被测平面上，用水平仪按一定的布点和方向逐点测量，经过计算得到平面度误差值。

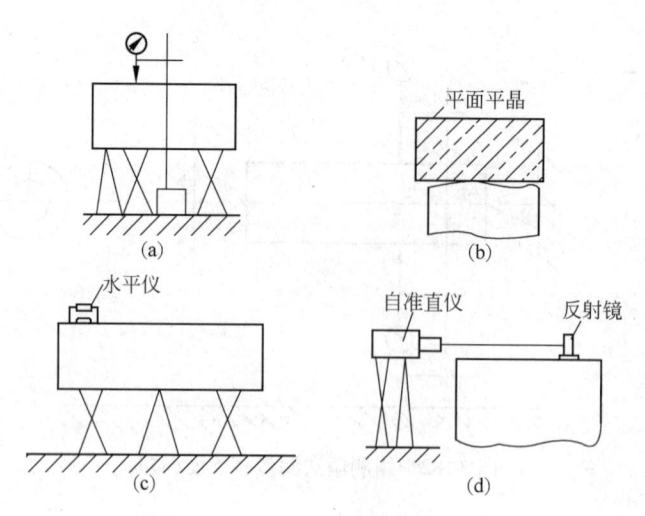

图 3-84　常见的平面度误差测量方法
(a) 用指示表测量；(b) 用平面平晶测量；(c) 用水平仪测量；(d) 用自准直仪测量

图 3-84（d）是用自准直仪和反射镜测量。将自准直仪固定在平面外的某一位置，将反射镜放在被测平面上。调整自准直仪，使其和被测表面平行，按一定布点和方向逐点测量，经过计算得到平面度误差值。

采用如图 3-84（c）、（d）所示方法测得的读数值，还需要按照一定的规则整理成对测量基准平面（图（c）为水平面、图（d）为光轴平面）的距离值。由于被测实际平面的最小包容区域（两平行平面）一般不平行于基准平面，所以一般不能用最大和最小距离值之差的绝对值作为平面度误差值。为了求得符合最小条件的平面度误差值，必须合理地旋转测量基准平面，使之与最小包容区域保持一致的平行方向，并同步将原来的读数值按坐标变换原理进行增减。符合最小条件的平面度误差的最小包容区域判别准则如下。

① 与基准平面平行的两平行平面包容被测表面时，被测表面上有三个最低点（或三个最高点）及一个最高点（或一个最低点）分别与两包容平面相接触，并且最高点（或最低点）能够投影到三个最低点（或三个最高点）所围成的区域之内，如图 3-85（a）所示，称为三角形准则。

② 被测表面上有两个最高点和两个最低点分别与两个平行的包容面相接触，并且两高点或两低点投影于两低点或两高点的连线之两侧，如图 3-85（b）所示，称为交叉准则。

③ 被测表面上的同一截面内有两个最高点及一个最低点（或有两个最低点及一个最高点）分别和两个平行的包容平面相接触，如图 3-85（c）所示，称为直线准则。

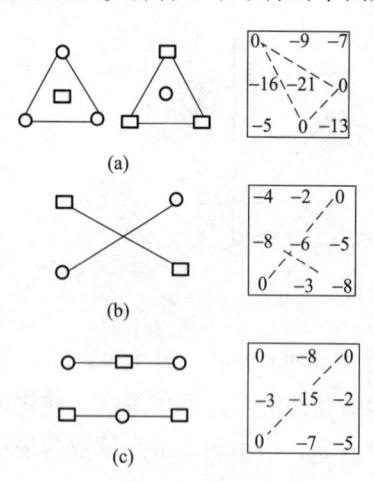

图 3-85　最小包容区域判别准则
(a) 三角形准则；(b) 交叉准则；(c) 直线准则

在计算和评定平面度误差值时，除了可以使用国家标准规定的最小包容区域法之外，在工厂中还常常使用三远点基准平面法和对角线平面法。

三远点基准平面法是以通过被测表面上相距最远且不在一条直线上的三个点建立一个基准平面,各测点对此平面的偏差中最大值与最小值的绝对值之和即为平面度误差。实测时,可以在被测表面上找到三个等高点,并且将它们调整到零点。在被测表面上按布点测量,与三远点基准平面相距最远的最高点与最低点之间的距离,即为平面度误差值。

对角线平面法是通过被测表面的一条对角线作另一条对角线的平行平面,该平面即为基准平面。偏离此平面的点到该平面距离的最大值和最小值的绝对值之和,即为平面度误差。

例 3-1 设一平板上的各点对同一测量基准平面的读数如图 3-86 所示。试用三远点基准平面法、对角线平面法和最小包容区域法计算,求取该平面度误差的测量结果。

解: ① 用三远点基准平面法计算。如图 3-86 所示,a_1、a_3、c_3 这三点等高,已符合三远点基准平面法的条件,故

$$f_1 = (10 + |-3|)\ \mu m = 13\ \mu m$$

② 用对角线平面法计算。将图 3-86 以 a_1、c_3 为转轴,向左下方旋转,使 a_3 和 c_1 两点等高,各点的增减值如图 3-87(a)所示(杠杆比例)。这样就获得了如图 3-87(b)所示的数据。因两对角线的顶点分别等高,已符合对角线平面法的条件,故

$$f_2 = (8 + |-1|)\ \mu m = 9\ \mu m$$

图 3-86 平面度误差的测量数据

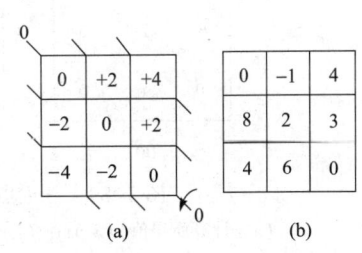

图 3-87 对角线平面法
(a)旋转轴与各点的增减量;(b)旋转后的数据

③ 用最小包容区域法计算。用最小包容区域法计算的过程如图 3-88 所示。

i)将原始测量数据中的各测得值均减去 10,使最大正值为零,如图 3-88(a)所示。这样做是为了观察方便,如不做这一步也可以。

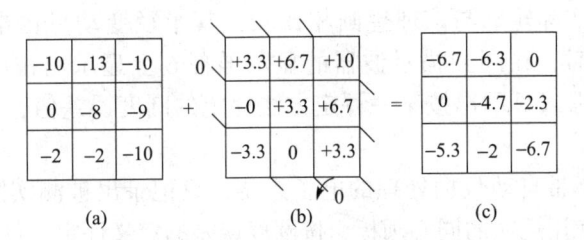

图 3-88 最小包容区域法
(a)各值减同一数据后的新值;(b)旋转轴与各点的增减量;(c)图(a)与图(b)叠加后的结果

ii)确定旋转轴和各点的增减量。从图 3-88(a)的图形分析中,可初步断定此平板测量时右上角方向偏低,左下角方向偏高。故先试以 b_1、c_2(见图 3-86)为转轴,将所有数据按逆时针方向旋转。由于 a_3 的最大转动量为 +10(旋转中不出现正值),因此各点的增减量按比例如图 3-88(b)所示。

iii) 基面旋转后的结果。在图 3-88 中，将 (a) + (b)，得图 3-88 (c)，显然，此时已出现两个等值最高点 0 和两个等值最低点 -6.7，且此四点已符合最小包容区域法条件中的交叉准则，故

$$f_3 = f_{min} = 6.7 \ \mu m$$

由上述三种计算评定方法可知，使用最小包容区域法计算所得的评定结果数值最小。当在生产中由于评定方法不同使测量结果的数据发生争议时，应以最小包容区域法来仲裁。对角线平面法由于计算简便，容易为多数人接受，而且它的评定结果与最小包容区域法比较接近，故也很常用。

三远点基准平面法的最大缺点是以不同的三点为基准时，评定的结果不唯一，例如本例的计算结果所得数据，还可能有如图 3-89 所示的三种情况，其中：

$$f_{(a)} = 8 \ \mu m, \ f_{(b)} = 12 \ \mu m, \ f_{(c)} = 14 \ \mu m$$

可见，使用三远点基准平面法评定平面度误差时，所得的评定结果误差较大且不唯一，故不提倡使用。

0	1	8
6	2	5
0	4	0

(a)

-8	-7	0
2	2	1
0	4	0

(b)

0	-3	0
6	2	-3
0	0	-8

(c)

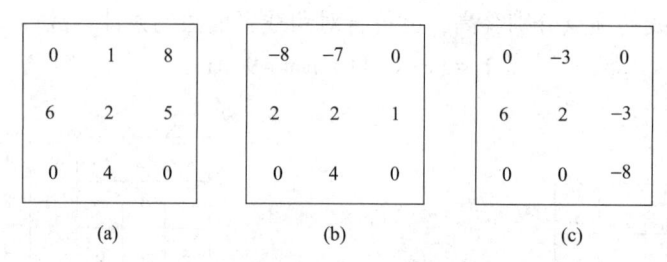

图 3-89　三远点基准平面法得到的三种不同结果
(a) 计算所得值为 8 μm；(b) 计算所得值为 12 μm；(c) 计算所得值为 14 μm

(3) 圆度误差的测量。圆度误差最理想的测量方法是使用圆度仪测量。根据需要，也可以采用表 3-14 所列举的其他检测原则进行测量。

① 用圆度仪测量圆度误差。圆度仪有转轴式和转台式两种，转台式圆度仪如图 3-90 所示。测量之前将被测工件安装在精密转台 4 上，调整工件，使工件中心与转台的旋转中心重合；测量时，工件随转台 4 转动，电测头 3 相对于转台中心的运动轨迹即为模拟的理想圆；将工件被测实际轮廓与该理想圆相比较，其半径变动量由电测头 3 的传感器测出，经电子系统处理后，在圆扫描示波器的显示屏幕 6 上显示出被测实际轮廓，并在数字显示器 7 上以数字形式显示出按某一评定方法评定的圆度误差值，也可由记录器 9 描绘被测实际轮廓。

简易的圆度仪则不带自动数据处理的电子系统，只记录出被测实际轮廓的轮廓图（见图 3-91），此时需要使用透明的同心圆板，按圆度误差的定义评定工件的圆度误差。根据被测实际轮廓的记录图评定圆度误差的方法有下列四种。

i) 最小区域法。包容被测实际轮廓且半径差为最小的两同心圆之间的区域即构成的最小区域，此两同心圆的半径差即为圆度误差值。

最小区域的判别准则：由两同心圆包容被测实际轮廓时，至少有 4 个实测点内外相间地位于两个包容圆的圆周上，如图 3-92 (a) 所示。

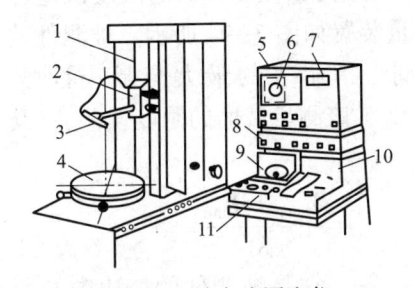

图 3-90　转台式圆度仪
1—仪器主体；2—直线测量架；3—电测头；
4—精密转台；5—分析显示器；6—显示屏幕；
7—数字显示器；8—放大滤波器；9—记录器；
10—直角坐标记录器；11—操纵台

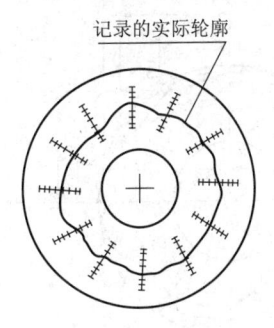

图 3-91　被测实际轮廓的记录图

ii) 最小外接圆法。作包容实际轮廓且直径为最小的外接圆，再以该圆的圆心为圆心作实际轮廓的最大内切圆，两圆的半径差即为圆度误差值，如图 3-92（b）所示。

iii) 最大内切圆法。作实际轮廓最大内切圆，再以该圆圆心为圆心作包容实际轮廓的最小外接圆，两圆的半径差即为圆度误差，如图 3-92（c）所示。

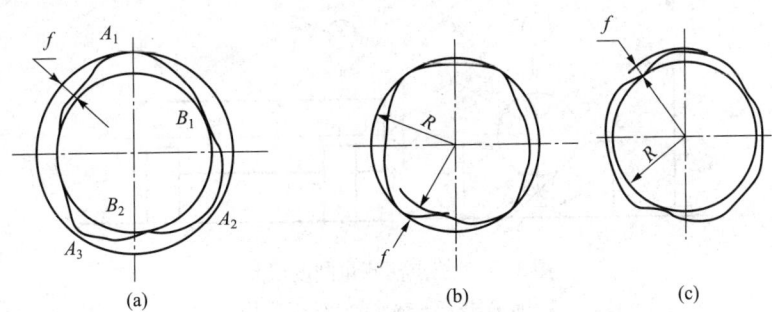

图 3-92　三种评定圆度误差的方法
(a) 最小区域法；(b) 最小外接圆法；(c) 最大内切圆法

iv) 最小二乘圆法。从最小二乘圆圆心作包容实际轮廓的内、外包容圆，两圆的半径差即为圆度误差值，如图 3-93 所示。

最小二乘圆的定义为：从实际轮廓上各点到该圆的距离平方和为最小，此圆即为最小二乘圆。即

$$\sum_{i=1}^{n}(r_i-R)^2 = \sum_{i=1}^{n}(\sqrt{x_i^2+y_i^2}-R)^2 = \min\ (i=1,\ 2,\ 3,\ \cdots,\ n)$$

式中，r_i 为实际轮廓上第 i 点到最小二乘圆圆心 O' 的距离；R 为最小二乘圆半径。

② 按"测量特征参数原则"测量圆度误差。在实际生产测量中，圆度误差也可以按测量特征参数原则进行近似测量，主要方法有两点法、三点法、两点三点组合法等。

i) 两点法。两点法测量是用游标卡尺、千分尺等通用量具测出同一径向截面中的最大直径差，此差之半 $(d_{\max}-d_{\min})/2$ 就是该截面的圆度误差。测量多个径向截面，取其中的最大值作为被测零件的圆度误差。

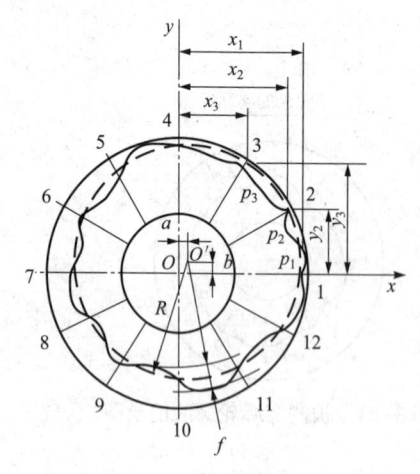

ii) 三点法。对于奇数棱形截面的圆度误差可用三点法测量，其测量装置如图 3-94 所示。被测件放在 V 形块上回转一周，指示表的最大与最小读数之差（$M_{max}-M_{min}$）反映了该测量截面的圆度误差 f，其关系式为

$$f=\frac{M_{max}-M_{min}}{K} \quad (3-4)$$

式中，K 为反映系数，它是被测件的棱边数及所用 V 形块的夹角 α 的函数，其关系比较复杂。在不知棱边数的情况下，可采用夹角 α 为 90°和 120°或 α 为 72°和 108°的两个 V 形块分别测量（各测若干个径向截面），取其中读数差最大者作为测量结果，此时可近似地取反映系数 $K=2$，按式（3-4）计算出被测件的圆度误差。一般情况下，椭圆（偶数棱形圆）出现在用顶针夹持工件进行车、磨外圆的加工过程中，奇数棱形圆出现在无心磨削圆的加工过程中，且大多为三棱圆形状。因此在生产中可根据工艺特点进行分析，选取合适的测量方法。

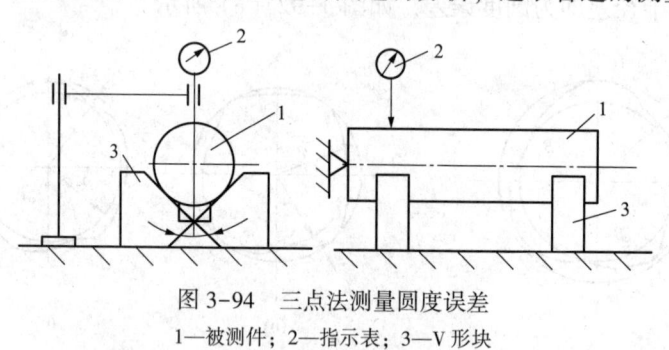

图 3-93 评定圆度误差的最小二乘圆法

图 3-94 三点法测量圆度误差
1—被测件；2—指示表；3—V 形块

iii) 两点三点组合法。在被测件的棱边数无法估计预知的情况下，可使用两点三点组合法。该方法由一个两点法和两个三点法组成。

2. 位置误差的测量方法

（1）平行度误差的测量。测量面对面的平行度误差，如图 3-95 所示。测量时以平板体现基准，指示表在整个被测表面上的最大、最小读数之差即是平行度误差。

测量线对面的平行度误差，如图 3-96 所示，测量时以心轴模拟被测孔的轴心线，在长度 L_1 两端点处用指示表测量。设测得的最大、最小读数之差为 a，则在给定长度 L 内的平行度误差为

$$f=\frac{L}{L_1}a \quad (3-5)$$

（2）同轴度误差的测量。同轴度误差为各径向截面测得的最大读数差中的最大值。测量轴对轴的同轴度误差的方法如图 3-97 所示。

测量孔对孔的同轴度误差如图 3-98 所示，心轴与两孔为无间隙配合，调整基准孔心轴 2 与平板 5 平行，在靠近被测孔心轴 4 的 A、B 两点测量，求出两点与高度 $L+(d_2/2)$ 的差值 f_{AX}、f_{BX}；然后将被测件旋转 90°，再测出 f_{AY}、f_{BY}，则

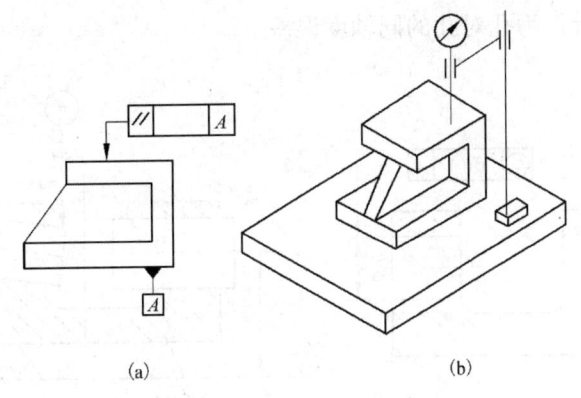

图 3-95 面对面的平行度误差测量
(a) 图样标注；(b) 测量方法

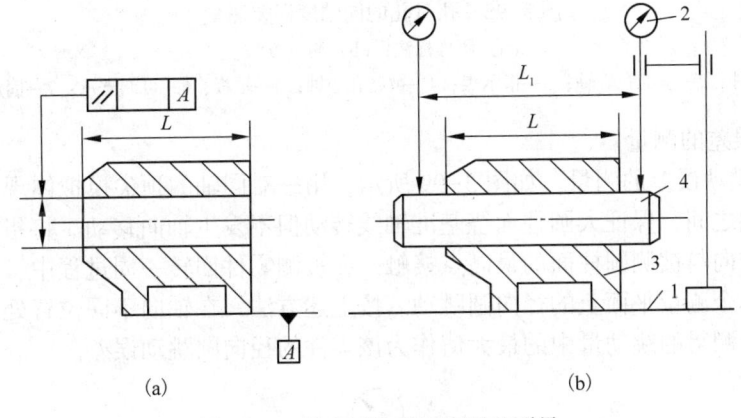

图 3-96 线对面的平行度误差测量
(a) 图样标注；(b) 测量方法
1—平板；2—指示表；3—被测件；4—心轴

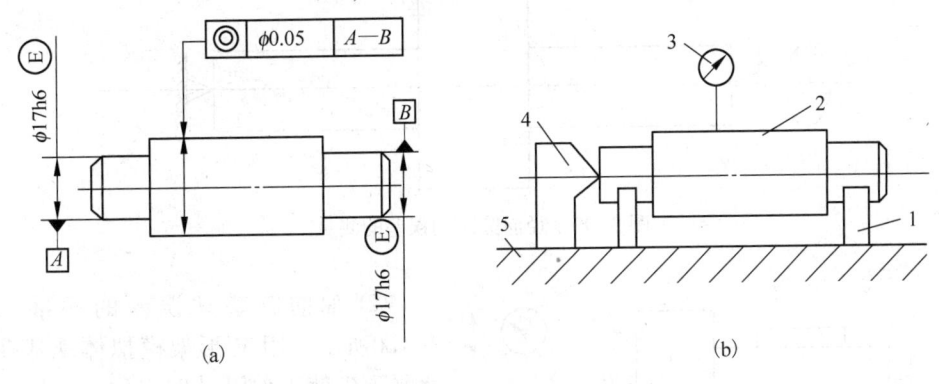

图 3-97 轴对轴的同轴度误差测量
(a) 图样标注；(b) 测量方法
1—V 形块；2—被测轴；3—指示表；4—定位器；5—平板

A 处的同轴度误差 $\qquad f_A = 2\sqrt{f_{AX}^2 + f_{AY}^2}$ \hfill (3-6)

B 处的同轴度误差 $\qquad f_B = 2\sqrt{f_{BX}^2 + f_{BY}^2}$ \hfill (3-7)

取 f_A、f_B 中较大者作为孔对孔的同轴度误差。

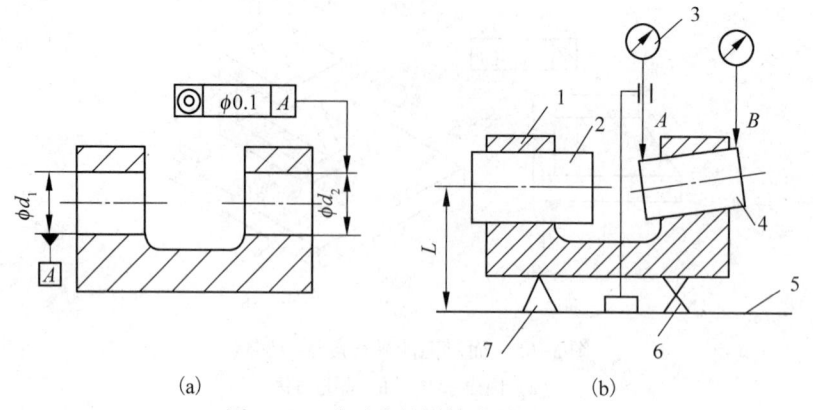

图 3-98 孔对孔的同轴度误差测量
(a) 图样标注；(b) 测量方法
1—被测件；2—基准孔心轴；3—指示表；4—被测孔心轴；5—平板；6—可调支承；7—固定支承

(3) 跳动误差的测量。

① 径向圆跳动误差的测量。如图 3-99 所示，用一对同轴的顶尖模拟体现基准，将被测工件装在两顶尖之间，保证大圆柱面绕基准轴线转动但不发生轴向移动。将指示器的测头沿与轴线垂直的方向与被测圆柱面的最高点接触。在被测零件回转一周过程中，指示器读数的最大差值即为单个测量平面上的径向圆跳动。按上述方法，在轴向不同位置处测量若干个截面，取各截面上测得的跳动量中的最大值作为该零件的径向圆跳动误差。

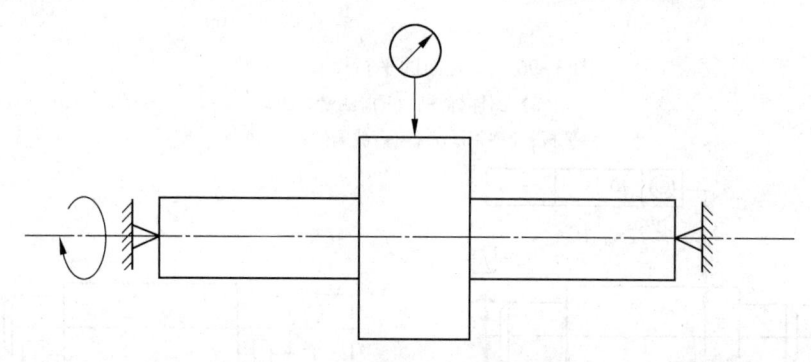

图 3-99 径向圆跳动误差的测量

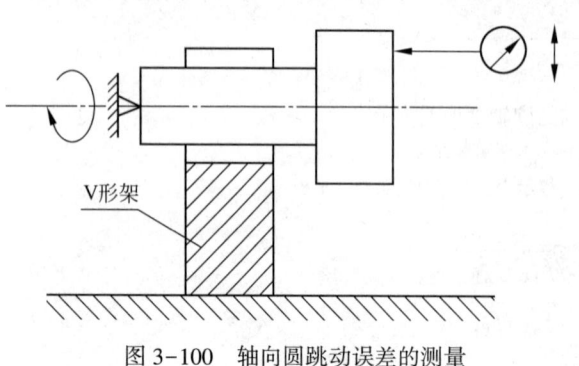

② 轴向圆跳动误差的测量。如图 3-100 所示，用 V 形架模拟体现基准，用水平顶尖使工件沿轴向定位。使指示器的测头与被测表面垂直接触。在被测件回转一周过程中，指示器读数的最大差值即为单个测量圆柱面上的轴向圆跳动。沿铅垂方向移动指示器，按上述方法测量若干个圆柱面，取各测量圆柱面的跳动量中的最大值作为该零件的轴向圆跳动误差。

图 3-100 轴向圆跳动误差的测量

3. 几何误差测量的三个步骤

（1）根据误差项目和测量条件确定测量方案，根据方案选择测量器具，并确定测量基准。

（2）进行测量，得到被测实际要素的有关数据。

（3）进行数据处理，按最小条件确定最小包容区域，得到几何误差数值。

习 题

3-1 几何公差的公差带有哪几种主要形式？

3-2 为什么说径向全跳动未超差，则被测表面的圆柱度误差就不会超过径向全跳动公差？

3-3 公差原则有哪几种？其使用情况有何差异？

3-4 最大实体状态和最大实体实效状态的区别是什么？

3-5 几何公差值的选择原则是什么？选择时应考虑哪些情况？

3-6 将下列几何公差要求分别标注在图 3-101（a）和（b）上：

（1）标注在图 3-101（a）上的几何公差要求：

① $\phi 32_{-0.03}^{0}$ 圆柱面对两 $\phi 20_{-0.021}^{0}$ 公共轴线的圆跳动公差 0.015 mm；

② 两 $\phi 20_{-0.021}^{0}$ 轴颈的圆度公差 0.01 mm；

③ $\phi 32_{-0.03}^{0}$ 左右两端面对两 $\phi 20_{-0.021}^{0}$ 公共轴线的轴向圆跳动公差 0.02 mm；

④ 键槽 $10_{-0.036}^{0}$ 中心平面对 $\phi 32_{-0.03}^{0}$ 轴线的对称度公差 0.015 mm。

（2）标注在图 3-101（b）上的几何公差要求：

① 底面的平面度公差 0.012 mm；

② $\phi 20_{0}^{+0.021}$ 两孔的轴线分别对它们的公共轴线的同轴度公差 $\phi 0.015$ mm；

③ 两 $\phi 20_{0}^{+0.021}$ 孔的公共轴线对底面的平行度公差 0.02 mm。

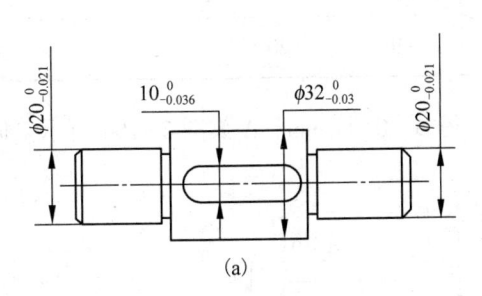

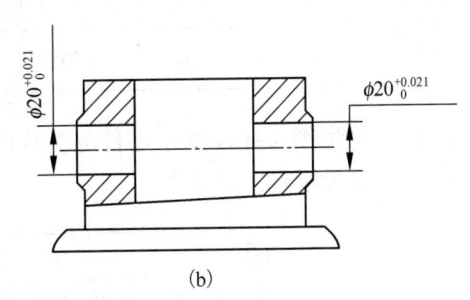

图 3-101 （习题 3-6 附图）

3-7 将下列各项几何公差要求标注在图 3-102 上。

（1）左端面的平面度公差 0.01 mm；

（2）$\phi 70$ mm 孔按 H7 遵守包容要求；

（3）$4 \times \phi 20$H8 孔轴线对左端面（第一基准）及 $\phi 70$ mm 孔轴线的位置度公差 $\phi 0.15$ mm（4 孔均布），对被测要素和基准要素均采用最大实体要求。

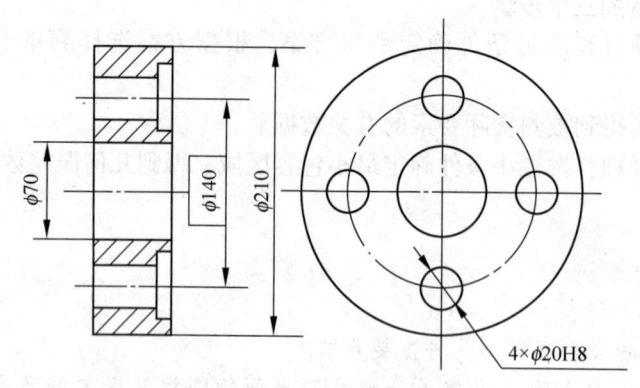

图 3-102　（习题 3-7 附图）

3-8　圆度公差带与径向圆跳动公差带有何异同？若某一实际圆柱面实测径向圆跳动为 f，能否断定它的圆度误差一定不会超过 f？

3-9　以图 3-103 所示方法测量一导轨的直线度误差，指示表的示值如表 3-17 所示，试按最小条件求解直线度误差值。

图 3-103　（习题 3-9 附图）

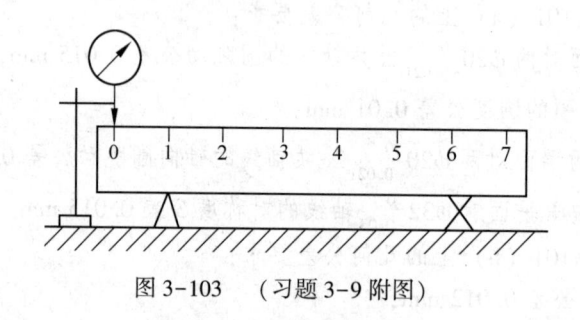

表 3-17　习题 3-9 附表

测点序号	0	1	2	3	4	5	6	7
示值	0	−10	+20	+30	+40	+20	−20	0

3-10　测量图 3-104 所示零件的对称度误差，得 Δ = 0.03 mm，Δ 如图 3-104 所示。问对称度误差是否超差，为什么？

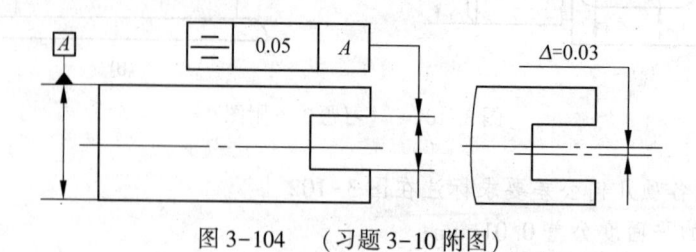

图 3-104　（习题 3-10 附图）

3-11 按图 3-105 填写表 3-18。

表 3-18 习题 3-11 附表

序号	最大实体尺寸/mm	最小实体尺寸/mm	最大实体状态的几何公差值/μm	可能补偿的最大几何公差值/μm	理想边界名称及边界尺寸/mm	实际尺寸合格范围/mm
(a)						
(b)						
(c)						

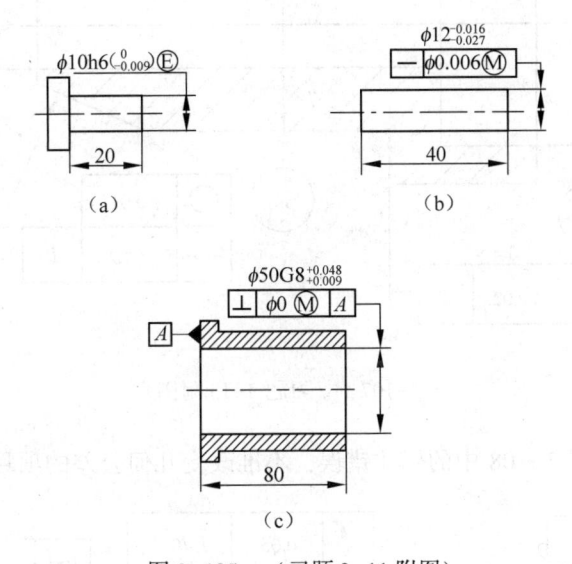

图 3-105 （习题 3-11 附图）

3-12 改正图 3-106 中的标注错误，不准改变几何公差的项目。

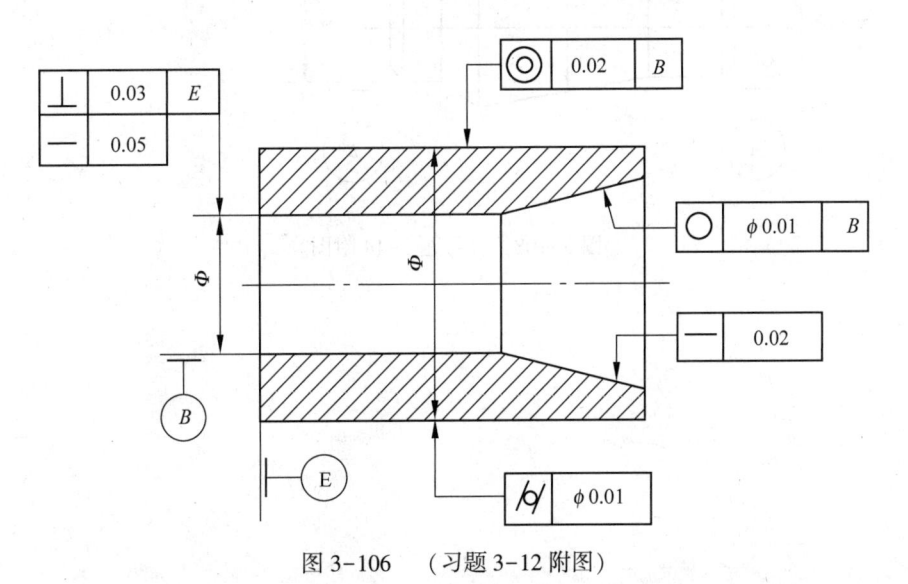

图 3-106 （习题 3-12 附图）

3-13　改正图 3-107 中的标注错误，不准改变几何公差的项目。

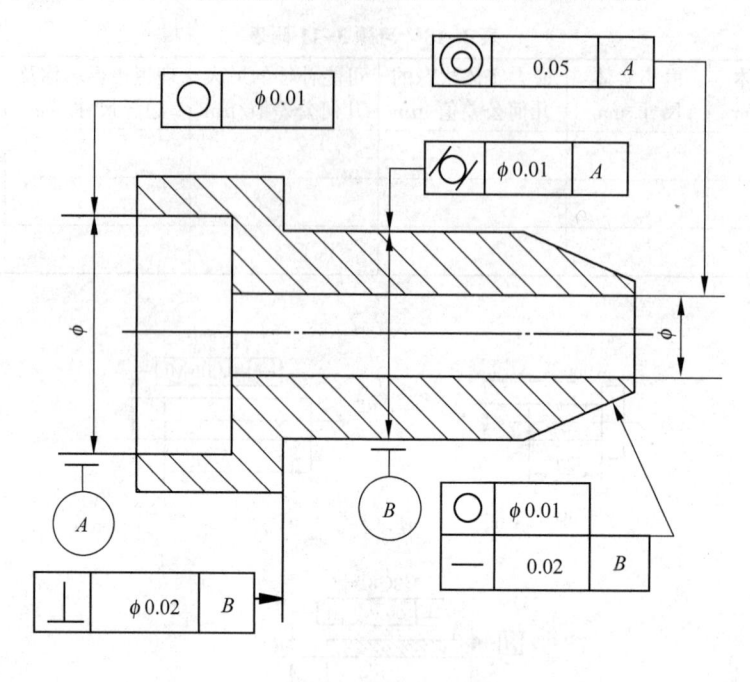

图 3-107　（习题 3-13 附图）

3-14　改正图 3-108 中的标注错误，不准改变几何公差的项目。

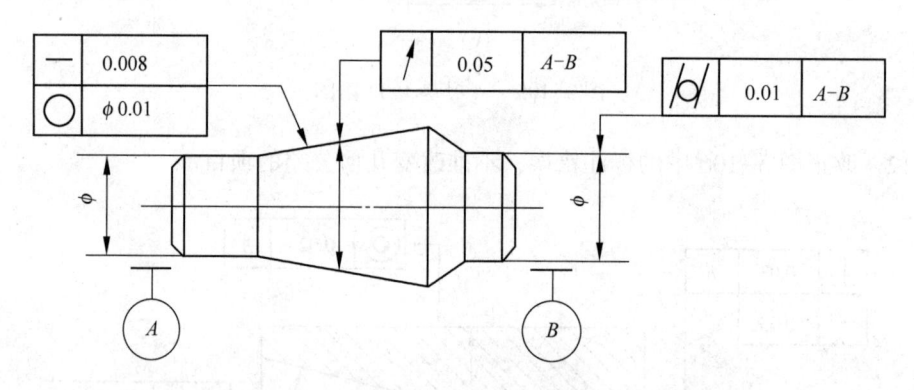

图 3-108　（习题 3-14 附图）

第 4 章

表面粗糙度标准

表面粗糙度是指在金属切削过程中，由于刀具和工件之间的强烈摩擦、切屑变形分离过程中的物料破损以及工艺系统的高频振动等原因，在工件已加工表面上残留的具有较小间距和微小峰谷的微观几何误差现象。这种表面微观几何误差对机器零件的配合性质、工作精度、抗磨损性、耐腐蚀性、美观程度等有着十分密切的关系，它直接影响到机器或仪器的使用寿命和工作可靠性。

为了正确地测量和评定零件的表面粗糙度轮廓特征，以及为了正确地在图样上标注表面粗糙度的技术要求，以保证零件的互换性，我国颁布了一系列与 ISO 标准接轨的表面结构新版本技术规范标准。本章所涉及的国家标准为：

GB/T 131—2006　产品几何技术规范（GPS）技术产品文件中表面结构的表示法

GB/T 3505—2009　产品几何技术规范（GPS）表面结构 轮廓法 术语、定义及表面结构参数

GB/T 1031—2009　产品几何技术规范（GPS）表面结构 轮廓法 表面粗糙度参数及其数值

GB/T 10610—2009　产品几何技术规范（GPS）表面结构 轮廓法 评定表面结构的规则和方法

GB/T 6062—2009　产品几何技术规范（GPS）表面结构 轮廓法 接触（触针）式仪器的标称特性

4.1　概　　述

4.1.1　基本概念

零件表面无论是用机械加工方法还是用其他方法获得，都不可能是绝对光滑平整的，总会存在着由微小间距和微观峰谷组成的微小高低不平的痕迹。这是一种微观几何形状误差，称为微观不平度。这种微观几何形状误差可用表面粗糙度参数值来表达，表面粗糙度参数值越小，零件的表面越光滑平整。因此，表面粗糙度是评定零件表面质量的一项重要指标。

如图 4-1 所示，零件同一表面存在着叠加在一起的三种误差，即原始轮廓误差（宏观

几何形状误差）、波纹度误差和表面粗糙度误差。三者之间，通常可按相邻波峰、波谷之间的波距大小来加以划分：波距在 10 mm 以上属原始轮廓参数范围，波距在 1~10 mm 范围属波纹度参数范围，波距在 1 mm 以下属表面粗糙度参数范围。

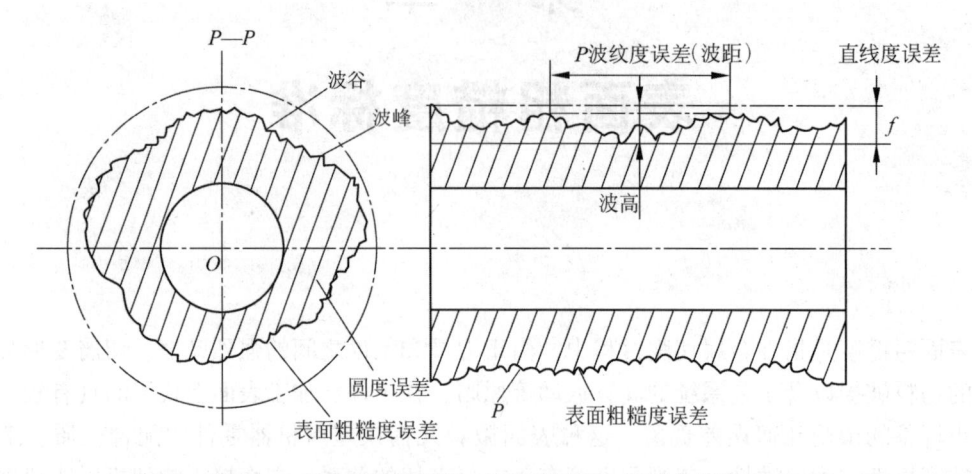

图 4-1　表面粗糙度误差、波纹度误差、原始轮廓误差

4.1.2　表面粗糙度对零件使用性能的影响

零件表面粗糙度的大小，对零件的使用性能有很大影响，主要表现在以下几方面。

1. 影响零件表面的耐磨性

表面粗糙度越大，零件工作表面的摩擦磨损和能量消耗越严重。

如果表面越粗糙，配合面之间的有效接触面积减小，压强增大，磨损就越快；表面越粗糙，摩擦系数越大，由摩擦而消耗的能量就越大。相反，如果要求表面粗糙度过小，则一方面将增加制造成本，另一方面加大了金属分子间的吸附力，不利于润滑油的储存，容易使相互配合的工作表面之间形成干摩擦，使金属接触面产生胶合磨损而损坏。

2. 影响配合性质的稳定性

对于间隙配合，表面越粗糙，就越容易磨损，使工作过程中的配合间隙逐渐增大；对于过盈配合，由于压合装配时会将微观凸峰挤平，减小了实际有效过盈量，降低了过盈配合的连接强度。上述微观凸峰被磨损或被挤平的现象，对于那些配合稳定性要求较高、配合间隙量或配合过盈量较小的高速重载机械影响更显著，故合理地选定表面粗糙度参数值尤为重要。

3. 影响零件的疲劳强度

粗糙的零件表面存在较大的微观峰谷，它们的尖锐缺口和裂纹对应力集中十分敏感，从而使零件的疲劳强度大大降低。

4. 影响零件表面的抗腐蚀性

比较粗糙的表面，易使腐蚀性气体或液体通过微观峰谷渗入金属内层造成表面锈蚀。同时，微观凹谷处容易藏污纳垢，容易形成微电池产生化学腐蚀和电化学腐蚀。

5. 影响零件表面的密封性

静力密封时，粗糙的零件表面之间无法严密地贴合，容易使气体或液体通过接触面间的微小缝隙发生渗漏。同理，对于动力密封，其配合面的表面粗糙度参数值也不能过低，否则受压后会破坏油膜，从而失去润滑作用。

6. 影响机器或仪器的工作精度

表面粗糙度越大，配合表面之间的实际接触面积就越小，致使单位面积受力增大，造成峰顶处的局部塑性变形加剧，接触刚度下降，影响机器的工作精度和精度稳定性。

7. 影响设备的振动、噪声及动力消耗

当运动副的表面粗糙度参数值过大时，运动件将产生强烈振动和噪声，这种现象在高速运转的发动机曲轴和凸轮、齿轮以及滚动轴承中很明显。显然，配合表面越粗糙，随着摩擦系数的增大，摩擦力也增大，从而动力消耗增加。

此外，表面粗糙度影响产品的外观，影响表面涂层的质量和操作人员的使用舒适性，以及对零件的镀涂层、导热性、接触电阻、反射能力和辐射性能、液体和气体的流动阻力、导体表面电流的流通等都会产生不同程度的影响。

综上所述，表面粗糙度在零件的几何精度设计中是必不可少的项目，是一种十分重要的零件质量评定指标。为了保证零件的使用性能和寿命，应对其加以合理限制。

4.2 表面粗糙度标准

4.2.1 评定表面粗糙度的基本术语

测量和评定表面粗糙度轮廓时，应规定取样长度、评定长度、轮廓中线和几何参数。当没有指定测量方向时，测量截面的方向与表面粗糙度轮廓幅度参数的最大值相一致，该方向垂直于被测表面的加工纹理，即垂直于表面主要加工痕迹的方向。

1. 一般术语

（1）取样长度 l_r。取样长度是用于判别被评定轮廓不规则特征的 X 轴方向上的一段基准线长度，它在轮廓总的走向上量取，至少包含 5 个微峰和 5 个微谷，如图 4-2 所示。

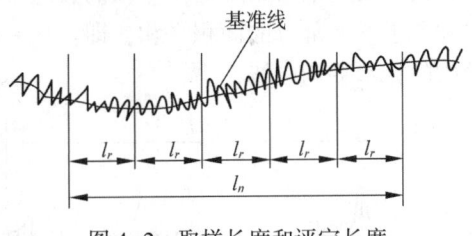

图 4-2 取样长度和评定长度

规定取样长度的目的，是为了限制和削弱其他形状误差，特别是波纹度轮廓对表面粗糙度测量结果的影响。如果零件的表面越粗糙，则取样长度 l_r 就应越大。标准取样长度的推荐值如表 4-1 所示，选用时在图样上可省略标注取样长度值；当情况特殊不能选用表 4-1 中的数值时，则应在图样上注出取样长度值。

表 4-1 l_r 和 l_n 的推荐值（摘自 GB/T 1031—2009）

Ra /μm	Rz /μm	l_r/mm	l_n/mm（$l_n = 5l_r$）
≥0.008~0.02	≥0.025~0.1	0.08	0.4
>0.02~0.1	>0.1~0.5	0.25	1.25
>0.1~2.0	>0.5~10.0	0.8	4.0

续表

$Ra/\mu m$	$Rz/\mu m$	l_r/mm	l_n/mm（$l_n=5l_r$）
>2.0~10.0	>10.0~50.0	2.5	12.5
>10.0~80.0	>50~320	8.0	40.0

注：(1) 对于轮廓单元宽度较大的端铣、滚铣及其他大进给走刀量的加工表面，应按标准中规定的取样长度系列选取较大的取样长度值；

(2) 如被测表面均匀性较好，测量时也可选用小于$5l_r$的评定长度值；均匀性较差的表面可选用大于$5l_r$的评定长度值。

(2) 评定长度l_n。由于零件实际表面的微观峰、谷存在客观不均匀性，为了更可靠地反映表面粗糙度轮廓的特性，应测量连续的几个取样长度上的表面粗糙度轮廓。这些连续的几个取样长度称为评定长度l_n，它是用于判别被评定轮廓的表面粗糙度特性所需的X轴方向上的长度，如图4-2所示。应当指出，评定长度可以只包含一个取样长度，也可包含连续的几个取样长度。标准评定长度默认为连续的5个取样长度。

(3) 轮廓中线m。评定表面粗糙度参数值大小时所用的一条基准线，称为轮廓中线。轮廓中线有以下两种：

① 原始轮廓中线。原始轮廓中线根据实际轮廓用最小二乘法拟合确定。如图4-3（a）所示，在一个取样长度l_r范围内，使轮廓上各点至该线距离的平方和为最小，即：$\sum_{i=1}^{n}y_i^2 = y_1^2+y_2^2+y_3^2+\cdots+y_n^2 = \min$，这条线$m$就是原始轮廓中线。

② 轮廓的算术平均中线。轮廓的算术平均中线如图4-3（b）所示，在一个取样长度l_r范围内，用一条与轮廓走向一致的假想线将实际轮廓分成上下两部分，且使上半部分的面积之和等于下半部分的面积之和，即：$F_1+F_3+\cdots+F_{2n-1}=F_2+F_4+\cdots+F_{2n}$，该假想线$m$即为轮廓的算术平均中线。

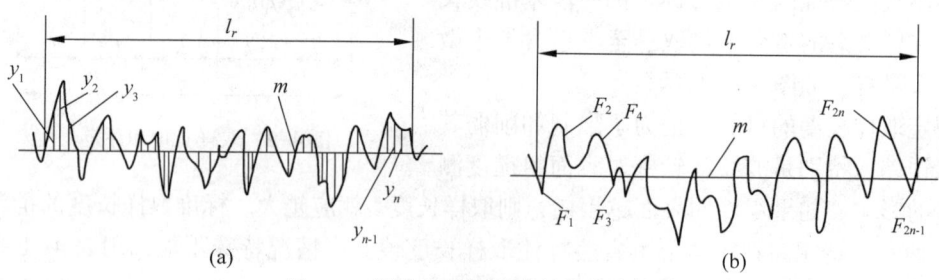

图4-3 评定表面粗糙度的轮廓中线
(a) 原始轮廓中线；(b) 轮廓的算术平均中线

原始轮廓中线符合最小二乘法原则，从理论上讲是理想的基准线。但由于在实际轮廓图形上确定原始轮廓中线的位置比较困难，而在实际应用中，原始轮廓中线与轮廓的算术平均中线的差别很小，故常用轮廓的算术平均中线来代替原始轮廓中线。

2. 几何参数术语

(1) 轮廓单元。一个轮廓峰和与其相邻的一个轮廓谷的组合，称为轮廓单元，如图4-4

所示。

（2）轮廓峰高 z_p。零件轮廓与轮廓中线 m 相交，轮廓最高点到轮廓中线的距离。

（3）轮廓谷深 z_v。零件轮廓与轮廓中线 m 相交，轮廓最低点到轮廓中线的距离。

（4）轮廓单元高度 z_t。一个轮廓单元的轮廓峰高与轮廓谷深之和。

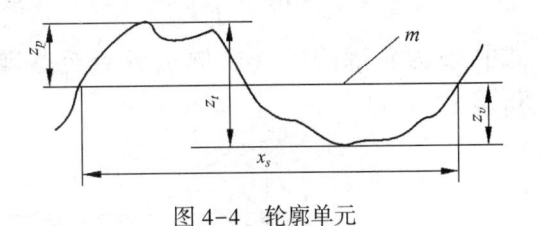

图 4-4　轮廓单元

（5）轮廓单元宽度 x_s。轮廓中线与一个轮廓单元相交线段的长度。

（6）在水平截面高度 c 上轮廓的实体材料长度 $Ml(c)$。如图 4-5 所示，在一个给定的水平截面高度 c 上，用一条平行于轮廓中线的线与轮廓单元相截，所得的各段截线长度之和，称为轮廓的实体材料长度 $Ml(c)$。这里，c 为轮廓水平截距，即轮廓的峰顶线和平行于它并与轮廓相交的截线之间的距离；轮廓的实体材料长度 $Ml(c)$ 可用公式表示为

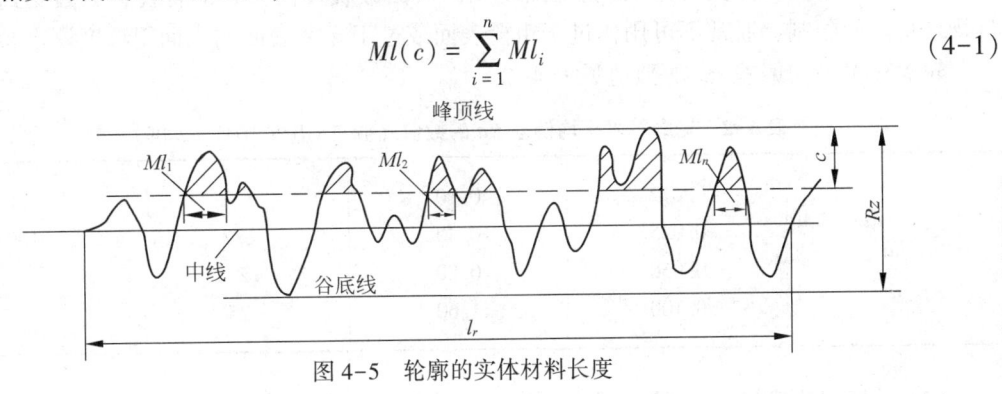

$$Ml(c) = \sum_{i=1}^{n} Ml_i \tag{4-1}$$

图 4-5　轮廓的实体材料长度

（7）高度和间距辨别力。高度和间距辨别力是指应计入被评定轮廓的轮廓峰和轮廓谷的最小高度和最小间距。轮廓峰和轮廓谷的最小高度通常由原始轮廓高度 Pz、粗糙度轮廓高度 Rz、波纹度轮廓高度 Wz 中取任一振幅参数的百分率来表示，最小间距则以取样长度的百分率给出。

4.2.2　表面粗糙度评定参数及参数值

为了能够定量描述零件表面微观几何形状特征，在国家标准中规定了表面粗糙度评定参数及其数值和一般规定。表面粗糙度的评定参数应从轮廓算术平均偏差（Ra）和轮廓最大高度（Rz）两个主要评定参数中选取。除两个高度参数外，根据表面功能的需要，还可从轮廓单元平均线高度 Rc、轮廓单元平均宽度 Rsm 和轮廓支承长度率 $Rmr(c)$ 三个附加参数中选取。

国标规定采用轮廓中线制来评定表面粗糙度，设计时应按国家标准 GB/T 1031—2009《表面粗糙度参数及其数值》规定的参数值系列选取。

1. 与高度特性有关的参数（幅度参数）

（1）轮廓算术平均偏差 Ra。轮廓算术平均偏差 Ra 如图 4-6 所示，是指在一个取样长度 l_r 内，轮廓上各点至轮廓中线距离的绝对值的算术平均值。即

$$Ra = \frac{1}{l_r}\int_0^{l_r} |z(x)| \, dx \text{ 或近似值为 } Ra = \frac{1}{n}\sum_{i=1}^{n}|z_i| \tag{4-2}$$

式中，z 为轮廓偏距（轮廓上各点至基准线的距离）；z_i 为第 i 点的轮廓偏距（$i = 1, 2, \cdots, n$）。

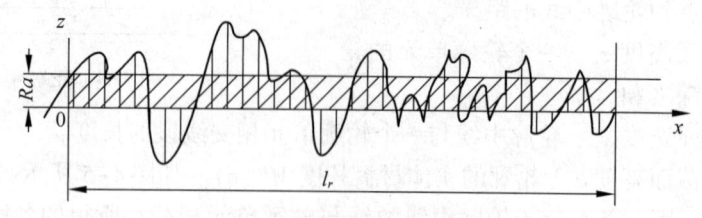

图 4-6 轮廓算术平均偏差

Ra 越大，则表面越粗糙。Ra 能客观地反映表面微观几何形状的特性，但因受到计量器具物理功能的限制，通常不可用作过于粗糙表面或过于光滑表面的表面粗糙度评定参数。

轮廓算术平均偏差 Ra 的数值见表 4-2。

表 4-2 轮廓算术平均偏差 Ra 的数值（摘自 GB/T 1031—2009） μm

Ra	0.012	0.20	3.2	50
	0.025	0.40	6.3	100
	0.050	0.80	12.5	—
	0.100	1.60	25	—

（2）轮廓最大高度 Rz。轮廓最大高度 Rz 如图 4-7 所示，是指在一个取样长度 l_r 内，最大轮廓峰高 z_p 和最大轮廓谷深 z_v 之间的距离。即

$$Rz = z_p + z_v \tag{4-3}$$

式中，z_p 为轮廓最大峰高；z_v 为轮廓最大谷深。

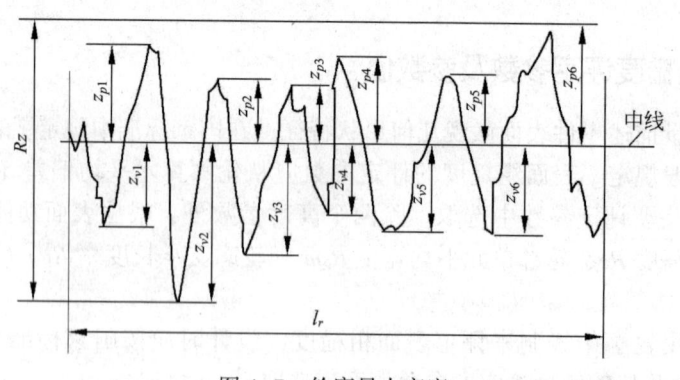

图 4-7 轮廓最大高度

轮廓最大高度 Rz 的数值见表 4-3。

表 4-3 轮廓最大高度 Rz 的数值（摘自 GB/T1031—2009） μm

Rz	0.025	0.4	6.3	100	1600
	0.050	0.8	12.5	200	—
	0.100	1.6	25	400	—
	0.200	3.2	50	800	—

（3）轮廓单元平均线高度 Rc。轮廓单元平均线高度 Rc 如图 4-8 所示，是指在一个取样长度 l_r 内，轮廓单元高度 z_t 的平均值。即

$$Rc = \frac{1}{n} \sum_{i=1}^{n} z_{ti} \tag{4-4}$$

对参数 Rc 需要辨别高度和间距。除非另有要求，省略标注的高度分辨力按 Rz 的 10% 选取；省略标注的间距分辨力应按取样长度的 1% 选取。这两个条件都应满足。

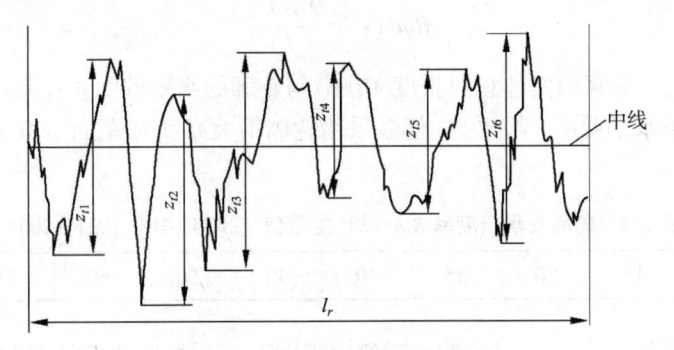

图 4-8 轮廓单元平均线高度

2. 与间距特性有关的参数（间距参数）

轮廓单元平均宽度 Rsm：轮廓单元平均宽度 Rsm 如图 4-9 所示，是指在一个取样长度 l_r 内，轮廓单元宽度 x_s 的平均值。即

$$Rsm = \frac{1}{n} \sum_{i=1}^{n} x_{si} \tag{4-5}$$

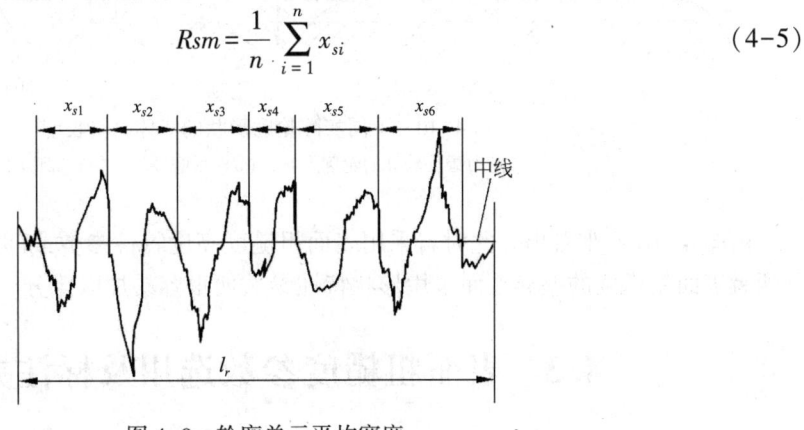

图 4-9 轮廓单元平均宽度

轮廓单元平均宽度 Rsm 参数的系列值见表 4-4。

表 4-4　轮廓单元平均宽度 Rsm 的数值（摘自 GB/T 1031—2009）　　　　　mm

Rsm	0.006 0	0.1	1.6
	0.012 5	0.2	3.2
	0.025 0	0.4	6.3
	0.050 0	0.8	12.5

3. 与形状特性有关的参数（曲线参数）

轮廓支承长度率 $Rmr(c)$：轮廓支承长度率 $Rmr(c)$ 如图 4-5 所示，是指在给定水平位置 c 上，轮廓的实体材料长度 $Ml(c)$ 与评定长度 l_n 的比率。（注：图 4-5 只画出了一个取样长度 l_r 上的 $Ml(c)$）。GB/T 3505—2000 规定：所有曲线参数均应依据评定长度 l_n 而不是在取样长度 l_r 上来定义，因为这样可以提供更稳定的曲线和相关参数。即

$$Rmr(c)=\frac{Ml(c)}{l_n} \tag{4-6}$$

由图 4-5 可见，轮廓的实体材料长度 $Ml(c)$ 与轮廓的水平截距 c 有关。轮廓支承长度率 $Rmr(c)$ 应该对应于水平截距 c 给出。c 值多采用轮廓最大高度 Rz 的百分数表示，具体参数系列值见表 4-5。

表 4-5　轮廓支承长度率 $Rmr(c)$ 的数值（摘自 GB/T 1031—2009）　　　　　%

$Rmr(c)$	10	15	20	25	30	40	50	60	70	80	90

轮廓支承长度率 $Rmr(c)$ 与零件的实际轮廓形状有关，是反映零件表面耐磨性能的指标。对于不同的实际轮廓形状，在相同的评定长度内给出相同的水平截距 c，如果 $Rmr(c)$ 越大，则表示零件表面凸起的实体部分就越大，承载面积就越大，因而接触刚度就越高，耐磨性能就越好。显然，图 4-10（a）的耐磨性能较好，图 4-10（b）的耐磨性能较差。

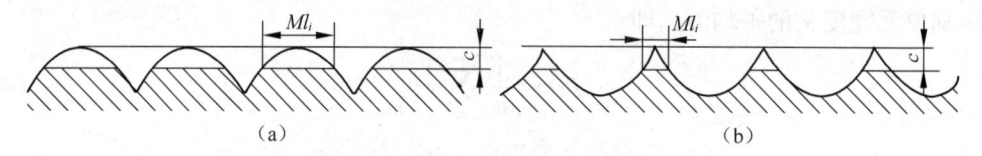

图 4-10　不同实际轮廓形状的实体材料长度
（a）耐磨性较好的轮廓形状；（b）耐磨性较差的轮廓形状

由图 4-10 不难看出，此时若采用表面粗糙度高度特性参数或间距特性参数，都很难区分两者表面粗糙度的差异，而采用形状特性参数便很容易加以区分。

4.3　表面粗糙度参数选用及标注方法

4.3.1　表面粗糙度评定参数的选用

1. 评定参数项目的选用

表面粗糙度评定参数项目的选择首先应考虑零件使用功能的要求，同时也应考虑检测的

方便性以及仪器设备条件等因素。

在国家标准中给出了 Ra、Rz、Rsm、$Rmr(c)$ 等参数，正确地选用参数项目对保证零件表面质量及使用功能十分重要。在表面粗糙度的评定参数项目中，Ra、Rz 两个高度参数为基本参数，Rsm、$Rmr(c)$ 为附加参数。这些参数分别从不同角度反映了零件的表面形貌特征，但都存在着不同程度的不完整性。因此，在具体选用时要根据零件的功能要求、材料性能、结构特点以及测量条件等情况，适当选用一个或几个作为评定参数。

（1）当零件表面没有特殊要求时，一般仅选用高度参数。在高度特性参数常用的参数值范围内（Ra 为 0.025~6.3 μm、Rz 为 0.1~25 μm），推荐优先选用 Ra 值，因为 Ra 既能反映加工表面的微观几何形状特征，又能反映微观凸峰高度，且在测量时便于进行数值处理。但以下情况不宜选用 Ra：

① 在零件加工表面过于粗糙（$Ra>6.3$ μm）或太过光滑（$Ra<0.025$ μm）时，应选用 Rz 值，因为此范围内选择用于测量 Rz 的仪器进行表面粗糙度的测量较为有利。

② 在零件材料较软时，不能选用 Ra，因为 Ra 值一般采用针描法进行测量，如果针描法用于软材料的测量，不仅会划伤被测零件的表面，而且测量所得的结果也不准确。

③ 如果测量面积很小，例如锥尖、刀刃以及仪表小元件的表面，在取样长度内，轮廓的微峰或微谷少于 5 个时，可以选用 Rz 值。

（2）如果零件表面有特殊功能要求，为了保证功能和提高产品质量，可以同时选用几个参数来综合控制表面质量，具体情况为：

① 当表面要求耐磨时，可以选用 Ra、Rz 和 $Rmr(c)$。

② 当表面要求承受交变应力时，可以选用 Rz 和 Rsm。

③ 当表面着重要求外观质量和可漆性时，可选用 Ra 和 Rsm。

2. 评定参数值的选用

对零件表面粗糙度参数值的选用原则是：在满足功能要求的前提下，尽量选用较大的参数允许值，以减小加工困难，降低生产成本。值得指出的是，并不是表面粗糙度参数值越小越好，不但加工困难、成本提高，有时反而会影响使用性能。在选取表面粗糙度参数值时，应按国家标准 GB/T 1031—2009 规定的参数值系列来选取表面粗糙度参数允许值，详见表 4-1~表 4-5。在实际应用中，由于表面粗糙度和零件的功能关系相当复杂，难以全面而精确地按零件表面功能要求确定表面粗糙度的参数允许值，因此，常用类比法来初步确定表面粗糙度，然后再对比工作条件做适当调整。调整时应考虑以下几点：

（1）同一零件上，工作表面比非工作表面的表面粗糙度参数值小。

（2）摩擦表面比非摩擦表面、滚动摩擦表面比滑动摩擦表面的表面粗糙度参数值要小；运动速度高、单位压力大的摩擦表面应比运动速度低、单位压力小的摩擦表面的表面粗糙度参数值要小。

（3）受循环载荷作用的表面及易引起应力集中的部位（如圆角、沟槽），表面粗糙度参数值要小。

（4）要求配合稳定可靠时，表面粗糙度参数值也应小些。配合间隙小的配合表面以及要求连接可靠、受重载荷的过盈配合表面等，都应取较小的表面粗糙度参数值。

（5）配合性质相同时，零件尺寸越小则表面粗糙度参数值应越小；同一精度等级时，小尺寸比大尺寸、轴比孔的表面粗糙度参数值应小。

表4-6及表4-7列出了常用表面粗糙度的表面特征、经济加工方法、应用举例,以及不同表面粗糙度参数值所适用的零件表面应用场合,供选择时参考。

表4-6 表面粗糙度的表面特征、经济加工方法及应用举例　　　　　　　　μm

表面微观特性		$Ra/\mu m$	$Rz/\mu m$	加工方法	应用举例
粗糙表面	可见刀痕	>20~40	>80~160	粗车、粗刨、粗铣、钻、毛锉、锯断	半成品粗加工过的表面,非配合的加工表面,如轴端面、倒角、钻孔、齿轮、带轮侧面、键槽底面、垫圈接触面等
	微见刀痕	>10~20	>40~80		
半光表面	可见加工痕迹	>5~10	>20~40	车、刨、铣、镗、钻、粗铰	轴上不安装轴承、齿轮处的非配合表面,紧固件的自由装配表面,轴和孔的退刀槽等
	微见加工痕迹	>2.5~5	>10~20	车、刨、铣、镗、磨、拉、粗刮、滚压	半精加工表面,箱体、支架、盖面、套筒等和其他零件结合而无配合要求的表面,需要发蓝的表面等
	看不清加工痕迹方向	>1.25~2.5	>6.3~10	车、刨、铣、镗、磨、拉、刮、压、铣齿	接近于精加工表面,箱体上安装轴承的镗孔表面,齿轮的工作面
光表面	可辨加工痕迹方向	>0.63~1.25	>3.2~6.3	车、镗、磨、拉、刮、精铰、磨齿、滚压	圆柱销、圆锥销与滚动轴承配合的表面,卧式车床导轨面,内、外花键定位表面
	微辨加工痕迹方面	>0.32~0.63	>1.6~3.2	精铰、精镗、磨、刮、滚压	要求配合性质稳定的配合表面,工作时受交变应力的重要零件,较高精度车床的导轨面
	不可辨加工痕迹方向	>0.16~0.32	>0.8~1.6	精磨、珩磨、研磨、超精加工	精密机床主轴锥孔、顶尖圆锥面,发动机曲轴、凸轮轴工作表面,高精度齿轮齿面
极光表面	暗光泽面	>0.08~0.16	>0.4~0.8	精磨、研磨、普通抛光	精密机床主轴颈表面,一般量规工作表面,气缸套内表面,活塞销表面等
	亮光泽面	>0.04~0.08	>0.2~0.4	超精磨、精抛光、镜面磨削	精密机床主轴颈表面,滚动轴承的滚珠,高压液压泵中柱塞和与柱塞配合的表面
	镜状光泽面	>0.02~0.04	>0.1~0.2		
	雾状镜面	>0.01~0.02	>0.05~0.1	镜面磨削、超精研	高精度量仪、量块的工作表面,光学仪器中的金属镜面
	镜面	≤0.01	≤0.05		

表 4-7　表面粗糙度 Ra 的推荐选用值　　　　　　　μm

应用场合		公差等级	公称尺寸/mm					
			≤50		>50~120		>120~500	
			轴	孔	轴	孔	轴	孔
经常装拆零件的配合表面		IT5	≤0.2	≤0.4	≤0.4	≤0.8	≤0.4	≤0.8
		IT6	≤0.4	≤0.8	≤0.8	≤1.6	≤0.8	≤1.6
		IT7	≤0.8		≤1.6		≤1.6	
		IT8	≤0.8	≤1.6	≤1.6	≤3.2	≤1.6	≤3.2
过盈配合	压入装配	IT5	≤0.2	≤0.4	≤0.4	≤0.8	≤0.4	≤0.8
		IT6~IT7	≤0.4	≤0.8	≤0.8	≤1.6	≤1.6	≤1.6
		IT8	≤0.8	≤1.6	≤1.6	≤3.2	≤3.2	≤3.2
	热装	—	≤1.6	≤3.2	≤1.6	≤3.2	≤1.6	≤3.2

应用场合	公差等级	轴	孔
滑动轴承的配合表面	IT6~IT9	≤0.8	≤1.6
	IT10~IT12	≤1.6	≤3.2
	液体摩擦条件	≤0.4	≤0.8

应用场合		密封结合	对中结合	其他
圆锥结合的工作面		≤0.4	≤1.6	≤6.3

应用场合	密封形式	速度/(m·s⁻¹)		
		≤3	3~5	≥5
密封材料处的孔、轴表面	橡胶圈密封	0.8~1.6（抛光）	0.4~0.8（抛光）	0.2~0.4（抛光）
	毛毡密封	0.8~1.6（抛光）		
	迷宫式	3.2~6.3		
	涂油槽式	3.2~6.3		

应用场合		径向跳动	2.5	4	6	10	16	25
精密定心零件的配合表面	IT5~IT8	轴	≤0.05	≤0.1	≤0.1	≤0.2	≤0.4	≤0.8
		孔	≤0.1	≤0.2	≤0.2	≤0.4	≤0.8	≤1.6

应用场合	带轮直径/mm		
V 带和平带轮工作表面	≤120	>120~315	>315
	1.6	3.2	6.3

应用场合	类型	有垫片	无垫片
箱体分界面（减速箱）	需要密封	3.2~6.3	0.8~1.6
	不需要密封	6.3~12.5	

表面粗糙度参数值应与尺寸公差及几何公差相协调。绝大多数情况下，尺寸公差数值最大、表面位置公差次之、表面形状公差再次之、表面粗糙度参数值最小。但是在实际生产中也有特殊情况，如机床的手轮或手柄的表面，它们的尺寸公差和表面形状公差数值很大，但表面粗糙度数值却要求很小，所以说，它们之间并不存在确定的函数关系。

一般来说，它们之间有一定的对应关系。设表面形状公差值为 T，尺寸公差值为 IT，则它们之间可参照以下对应关系

若：$T \approx 0.6\ IT$，则 $Ra \leq 0.05\ IT$；$Rz \leq 0.2\ IT$。
$T \approx 0.4\ IT$，$Ra \leq 0.025\ IT$；$Rz \leq 0.1\ IT$。
$T \approx 0.25\ IT$，$Ra \leq 0.012\ IT$；$Rz \leq 0.05\ IT$。

4.3.2 表面结构的图形符号标注

GB/T 131—2006 对技术产品文件中表面结构的表示法作了详细规定，相比 20 世纪 80 年代的国标内容变化很大，现就其基本内容介绍如下。

1. 表面结构的图形符号及其含义

按 GB/T 131—2006，在技术产品文件中表示表面结构的图形符号有五种，分别用于不同的场合，详见表 4-8。

表 4-8 表面结构的图形符号及其含义（GB/T 131—2006）

符　　号	含义及说明
✓	基本图形符号，用于未指定工艺方法的表面。由两条不等长的与标注表面成 60°夹角的直线构成。基本图形符号仅适用于简化代号标注，当通过一个注释加以解释时方可单独使用，在没有补充说明时不能单独使用
✓̄	要求去除材料的扩展图形符号，用于要求去除材料方法获得的表面。在基本图形符号上加一短横，表示指定表面是用去除材料的方法获得，如通过车、铣、钻、磨等机械加工获得的表面
✓○	不允许去除材料的扩展图形符号，用于不允许去除材料的表面。在基本图形符号上加一个小圆圈，表示指定表面是用不去除材料的方法获得，如铸、锻、冲压变形、热轧冷轧、粉末冶金等。也可用于保持原供应状况（包括保持上道工序形成的）表面
(a)　(b)　(c)	完整图形符号，简称完整符号。当要求标注表面结构特征的补充信息时，可在上述三个符号的长边上加一横线，用于标注有关参数和说明。当需要在报告和合同文本中用文字表达完整符号时，可用 APA 表示符号（a），用 MRR 表示符号（b），用 NMR 表示符号（c）
	用于图样上封闭轮廓的各表面有相同表面结构要求时的图形符号。在上述三个符号上均可加一小圆圈，表示零件的所有表面具有相同的表面粗糙度要求。如果采用该标注方法可能会引起歧义时，各表面应分别标注

2. 表面结构图形符号的画法

GB/T 131—2006 规定：使用表面结构的图形符号标注时，应附加对表面结构的补充要求；在特殊情况下采取相应措施之后，图形符号可在图样中单独使用，以表达特殊含义。

表面结构图形符号的画法如图 4-11 所示。

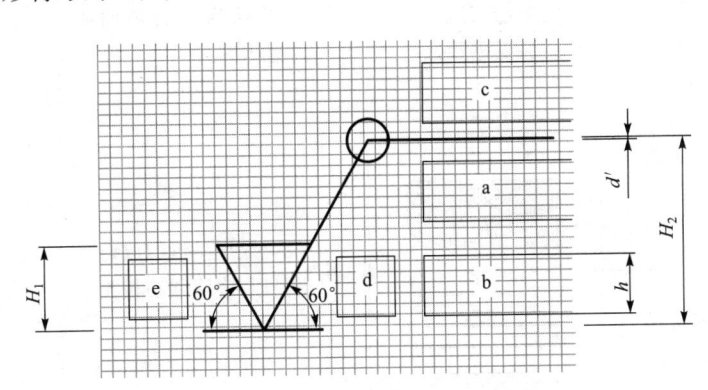

图 4-11　表面结构图形符号的画法

位置 a——注写表面结构的单一要求，包括表面结构参数（粗糙度）代号、极限值、传输带（长波滤波器与短波滤波器之间的波长范围，参见 GB/T 18618）或取样长度等。为了避免误解，在参数代号和极限值之间应插入空格。传输带或取样长度后应有一斜线"/"，之后是表面结构参数代号，最后是数值。

位置 a 和 b——注写两个或多个表面的结构要求。在位置 a 处注写第一个表面结构要求，在位置 b 处注写第二个表面结构要求；如果要注写更多个表面结构要求，图形符号应在垂直方向扩大，以空出足够的空间，且 a 和 b 的位置随之上移。

位置 c——注写加工方法、表面处理、涂层或其他加工工艺要求等。

位置 d——注写所要求的表面纹理方向符号，如"="、"X"、"M"等（参见表 4-10）。

位置 e——注写所要求的加工余量（mm）。

在图样上标注时，以图上的数字和字母高度 h 为参照，表面结构图形符号的各部位尺寸参见表 4-9。表面纹理和方向的标注符号参见表 4-10。

表 4-9　表面结构图形符号的各部位尺寸

数字和字母高度 h	2.5	3.5	5	7	10	14	20
符号线宽 d'	0.25	0.35	0.5	0.7	1	1.4	2
字母线宽 d							
高度 H_1	3.5	5	7	10	14	20	28
高度 H_2（最小值）*	7.5	10.5	15	21	30	42	60
* H_2 取决于标注内容的多少。							

表 4-10　表面纹理和方向的标注符号

符号	说明	示意图	符号	说明	示意图
=	纹理平行于视图所在的投影面		C	纹理呈近似同心圆且圆心与表面中心相关	
⊥	纹理垂直于视图所在的投影面		R	纹理呈近似放射状且与表面圆心相关	
X	纹理呈两斜向交叉且与视图所在的投影面相交		P	纹理呈微粒、凸起，无方向	
M	纹理呈多方向				

3. 表面结构代号示例

表面结构代号示例，参见表 4-11 所示。在该表格栏目"含义/解释"中提到的"传输带"是指评定表面粗糙度参数时的滤波器的波长范围；提到的"最大规则"是指若图样规定了表面粗糙度参数的最大值要求时，则整个被测表面上测得的参数值均不允许超过该最大值；提到的"16%规则"是指若图样规定了表面粗糙度参数的上限值或下限值要求时，如果在同一评定长度上的全部测得值中，超出极限值的个数不超过总数的 16%，则该表面是合格的。标准规定：16%规则是所有表面结构要求标注的默认规则。标准还规定：使用"最大规则"时为了指明表面粗糙度参数的最大值要求，应在参数符号的后面增加"max"标记，例如 Rz max；使用"16%规则"时，为了指明表面粗糙度参数的上限值或下限值要求，图样标注时的参数符号没有"max"标记。

表 4-11　表面结构代号

No.	符号	含义/解释
1	Rz 0.4	表示不允许去除材料，单向上限值，默认传输带，R 轮廓（粗糙度参数），表面粗糙度的最大高度为 0.4 μm，评定长度为 5 个取样长度（默认），"16%规则"（默认）
2	Rz max 0.2	表示去除材料，单向上限值，默认传输带，R 轮廓（粗糙度参数），表面粗糙度最大高度的最大值为 0.2 μm，评定长度为 5 个取样长度（默认），"最大规则"

续表

No.	符号	含义/解释
3	∇ 0.008–0.8/Ra 3.2	表示去除材料，单向上限值，传输带为 0.008~0.8 mm，R 轮廓（粗糙度参数），算术平均偏差为 3.2 μm，评定长度为 5 个取样长度（默认），"16%规则"（默认）
4	∇ –0.8/Ra 3 3.2	表示去除材料，单向上限值，传输带：取样长度为 0.8 μm（λ_s 默认 0.002 5 mm），R 轮廓（粗糙度参数），算术平均偏差为 3.2 μm，评定长度包含 3 个取样长度，"16%规则"（默认）
5	∇ U Ra max 3.2 / L Ra 0.8	表示不允许去除材料，双向极限值，两极限值均使用默认传输带，R 轮廓（粗糙度参数），上限值：算术平均偏差为 3.2 μm，评定长度为 5 个取样长度（默认），"最大规则"；下限值：算术平均偏差为 0.8 μm，评定长度为 5 个取样长度（默认），"16%规则"（默认）
6	∇ 0.8–25/Wz3 10	表示去除材料，单向上限值，传输带为 0.8~25 mm，W 轮廓（波纹度参数），波纹度最大高度为 10 μm，评定长度包含 3 个取样长度，"16%规则"（默认）

4. 表面结构代号在图样上的标注方法

（1）标注的基本规则。国标规定，图样上的任何零件表面，其表面结构代号只标注一次，并应尽可能标注在尺寸与公差相关集中的同一视图上。除非另有说明，所标注的表面结构代号是指对完工零件表面的要求。

（2）标注的位置与方向。表面结构代号的标注位置与方向总的原则是，使表面结构要求的注写方向与图样尺寸的识读方向保持一致，如图 4-12 所示。

（3）标注示例及解释。表面结构要求在图样中的注法示例及解释见表 4-12。

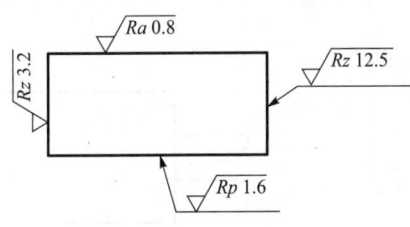

图 4-12 表面结构要求的注写方向

表 4-12 表面结构要求在图样中的注法

No.	标注示例	解释
1	（图示：矩形，标注 Rz 3.2、Ra 0.8、Rz 12.5、Rp 1.6）	表面结构符号、代号的标注方向，总的原则是与尺寸的注写和读取方向一致
2	（图示：带V形缺口的图形，标注 Ra 1.6、Rz 12.5、Rz 6.3、Ra 1.6、Rz 6.3、Rz 12.5）	表面结构要求可标注在轮廓线上，其符号应从材料外指向材料表面并接触表面，必要时表面结构符号也可以用带箭头或黑点的指引线引出标注

No.	标注示例	解 释
3		1. 圆柱和棱柱的表面结构要求只标注一次； 2. 表面结构可直接标注在延长线上，或用带箭头的指引线引出标注
4		表面结构符号可以用带箭头或黑点的指引线引出标注
5		在不致引起误解时，表面结构要求可以标注在尺寸线上
6		如果棱柱的每个表面有不同的表面结构要求，应分别单独标注

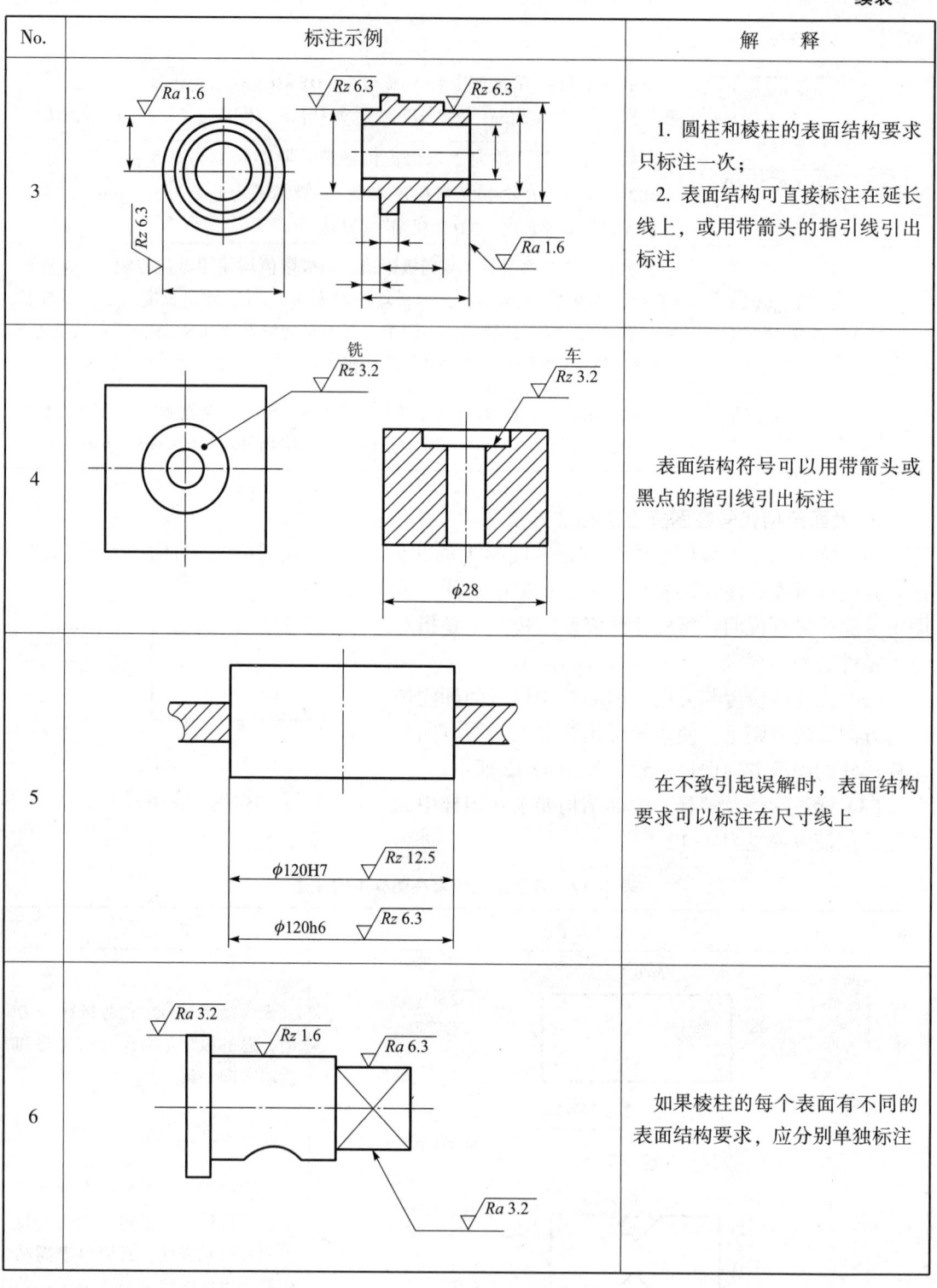

（4）表面结构要求的简化注法。表面结构要求在图样中的简化注法示例及其解释，参见表 4-13。

表面粗糙度标准 **第4章** 135

表 4-13 表面结构要求的简化注法

No.	标注示例	解释
1	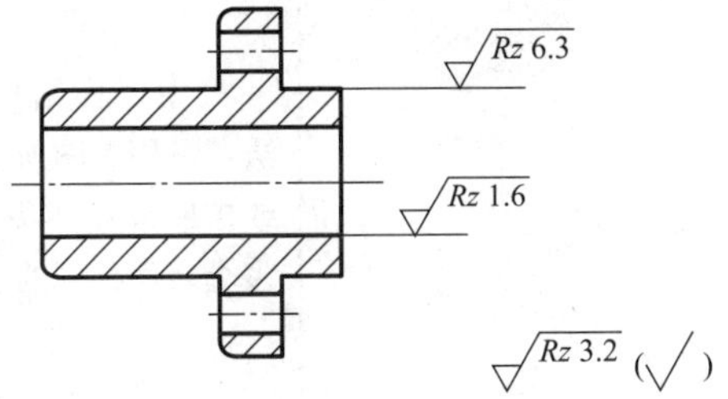 图1、图2（标注示例图） 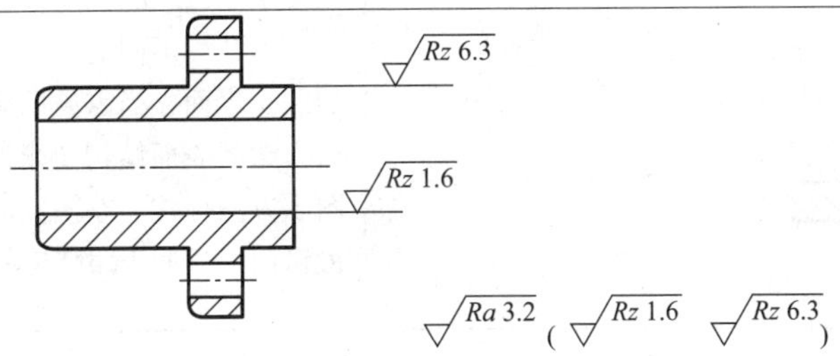	如果工件的多数（包括全部）表面具有相同的表面结构要求，则可统一标注在图样的标题栏附近。此时除全部表面有相同要求的情况外，表面结构要求的符号后面应有： ——在圆括号内给出无任何其他标注的基本符号（见图1） ——在圆括号内给出不同的表面结构要求（见图2） ——不同的表面结构要求应直接标注在图形中（见图1和图2）
2	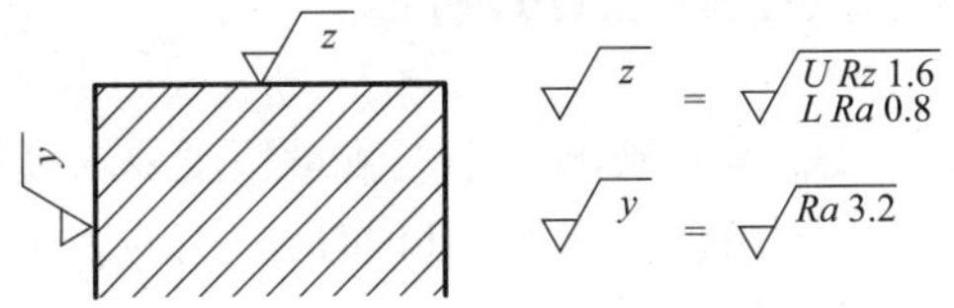 $\sqrt{z} = \sqrt{\begin{array}{l}U\ Rz\ 1.6\\ L\ Ra\ 0.8\end{array}}$ $\sqrt{y} = \sqrt{Ra\ 3.2}$	当多个表面具有相同的表面结构要求或图纸空间有限时，可用带字母的完整符号，以等式的形式，在图形或标题栏附近，对有相同表面结构要求的表面进行简化标注
3	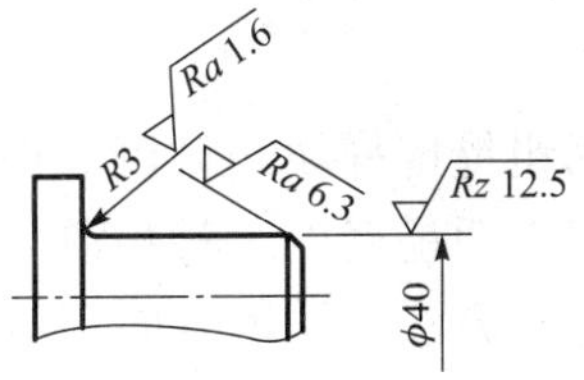 （标注示例图）	表面结构要求和尺寸可以同时标注在延长线上，也可以分别标注在轮廓线和尺寸界线上
4	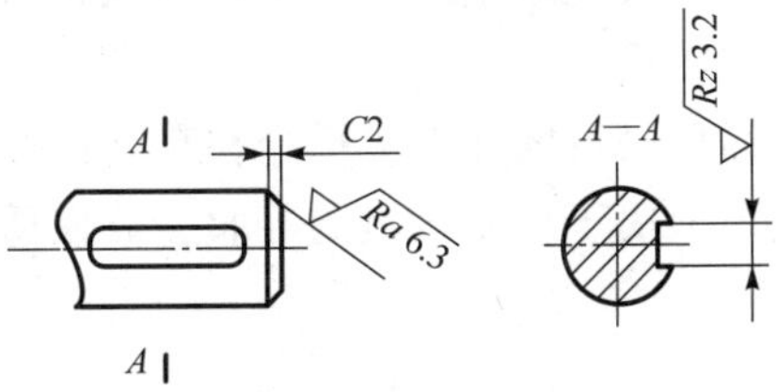 （标注示例图）	表面结构要求和尺寸可以标注在同一尺寸线上，见键槽侧壁的表面粗糙度和倒角的表面粗糙度
5	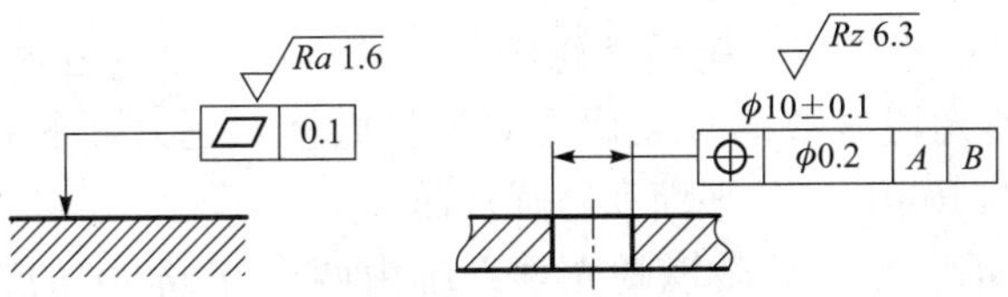 （标注示例图）	表面结构要求可以标注在几何公差框格的上方，也可以标注在位于几何公差框格上方的尺寸数值的上方

续表

No.	标 注 示 例	解 释
6	(a) ✓ = ✓Ra 3.2 (b) ✓ = ✓Ra 3.2 (c) ✓ = ✓Ra 3.2	只用表面结构符号的简化注法：可用左图所示三种基本符号或扩展符号，以等式的形式给出多个表面共同的表面结构要求
7	Fe/Ep.Cr25b / Ra 0.8 Rz 1.6 φ50h7	多种工艺获得同一表面的注法：由几种不同的工艺方法获得的同一表面，当需要明确每种工艺方法的表面结构要求时，可按图示方法标注。左图同时给出了镀铬前、后的表面结构要求

4.4 表面粗糙度的测量

表面粗糙度测量与一般长度测量相比较，具有被测量小、测量精度要求高等特点。测量表面粗糙度的仪器和形式有多种多样，但从测量原理上看，目前最常用的表面粗糙度测量方法有比较检验法、光切法、显微干涉法和轮廓法。

4.4.1 比较检验法

比较检验法是将已知其高度参数值的表面粗糙度样块与被测表面相比较，通过人的感官，或借助放大镜、显微镜来判断被测零件表面粗糙度的一种检测方法。当进行比较检验时，所用的表面粗糙度样块的材料、形状、加工方法、纹理方向等应尽可能与被测表面相同，以减少检测误差，提高判断的准确性。当大批量生产时，也可以从合格的被加工零件中挑选出样品，经检定后作为表面粗糙度样块使用。

采用比较检验法测量表面粗糙度具有简单易行的优点，适合在车间条件下使用。该方法的缺点是，评定结果的准确性在很大程度上取决于检验人员的经验，故仅适用于评定表面粗糙度要求不严格的工件。

4.4.2 光切法

光切法是利用"光切原理"测量零件表面粗糙度轮廓的方法，属于非接触测量方法中的一种。利用"光切原理"制成的光切显微镜（又称为双管显微镜）适宜于测量 Rz 值为 $2.0\sim63~\mu m$（相当于 Ra 值为 $0.32\sim10~\mu m$）的平面和外圆柱面。

光切法测量原理如图 4-13 所示。光学显微镜的光学系统由两个互成 90° 的光管组成，一个为照明光管，另一个为观察光管。从光源 1 发出的光，经聚光镜 2、狭缝 3 和物镜 4 后，变成一扁平的带状光束，以 45°倾角的方向投射到被测表面 8 上；再经被测表面反射，通过与照明光管成 90°的观察光管内的物镜 5，在目镜视场 7 中可以看到一条狭窄的高亮度光带，这条光带就是扁平光束与被测表面交线的影像，亦即被测表面在 45°斜向截面上实际轮廓线的已经经过放大的影像。此轮廓线同一侧的波峰 S 与波谷 S′通过物镜分别成像在分划板 6 的 a 和 a′点，如图 4-13（a）所示，a 与 a′两点之间的距离 h′即是微观峰谷影像的高度差。从 h′可以求出被测表面的微观峰谷高度差值 h：

$$h = h' \cos 45° / V \tag{4-7}$$

式中，V 为物镜的放大倍数，可通过仪器所附的一块"标准玻璃刻度尺"来确定。测量时，式（4-7）中的影像高度 h′为目镜视场中所见到的一个取样长度范围内、同一光带同侧所有峰谷中的最高峰顶至最深谷底之间的距离，该数值可用测微目镜千分尺精确测出。

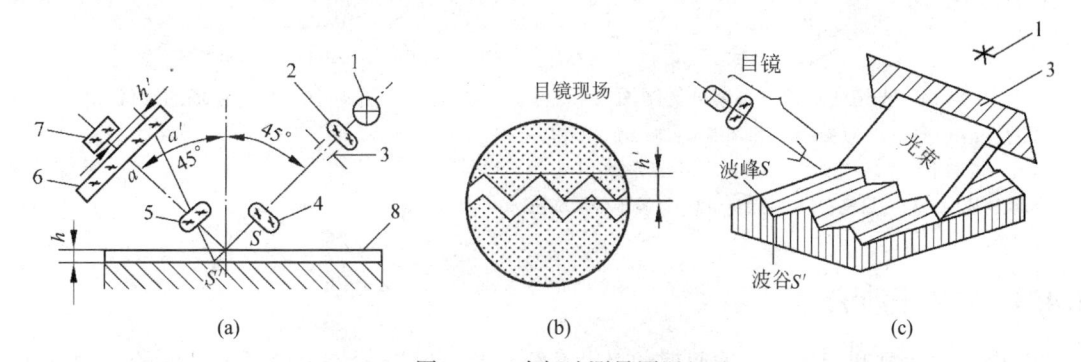

图 4-13 光切法测量原理
(a) 测量装置结构简图；(b) 目镜现场的影像；(c) 测量原理简图
1—光源；2—聚光镜；3—狭缝；4、5—物镜；6—分划板；7—目镜视场；8—被测表面

图 4-14 为光切法双管显微镜的外形结构。整个光学系统装在一个封闭的壳体 7 内，其上装有目镜 11 和可换物镜组 10。可换物镜组有四组，可根据被测零件表面粗糙度参数值的大小选用，并由手柄 8 借助弹簧力固紧。被测工件安放在工作台 9 上，先使零件表面的加工纹理方向与扁平光带垂直。松开锁紧旋钮 5，转动粗调螺母 4 可使横臂 3 连同壳体 7 沿立柱 2 上下移动，进行显微镜的粗调焦。旋转微调手轮 6，进行显微镜的精细调焦。然后，在目镜视场中可以看到清晰的狭窄波状高亮度光带，如图 4-15 所示。转动目镜千分尺旋钮 13，分划板上的十字线就会移动，就可测量影像高度 h′。

具体测量方法为：测量时，先调节目镜千分尺，使目镜中十字线的水平线与光带平行；然后旋转目镜千分尺旋钮，使水平线与光带的最高点和最低点先后相切；记下两次的读数差 a。由于读数是在测微目镜千分尺轴线（与十字线的水平线成 45°）方向测得的（见图 4-15），因此两次读数差 a 与目镜中影像高度 h′的关系为

$$h' = a \cdot \cos 45° \tag{4-8}$$

将式（4-8）代入式（4-7）得

$$h = a \cdot \cos 45° \cdot \cos 45° / V = a / (2V)$$

应当注意：测量 a 值时，应选择两条光带边缘中比较清晰的一条边缘进行测量，不要把光带的宽度测量进去，以免带来误读。

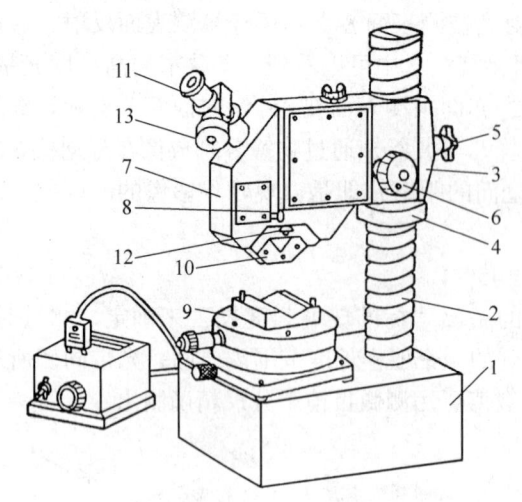

图 4-14　光切法双管显微镜外形结构

1—底座；2—立柱；3—横臂；4—粗调螺母；5—锁紧旋钮；
6—微调手轮；7—壳体；8—手柄；9—工作台；
10—可换物镜组；11—目镜；12—燕尾；13—目镜千分尺旋钮

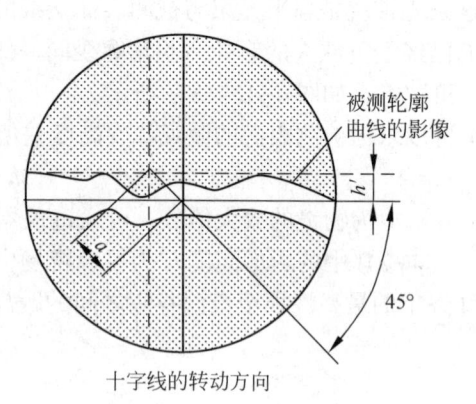

图 4-15　目镜视场的影像

4.4.3　显微干涉法

显微干涉法是利用光波干涉原理和显微系统来测量精密加工表面的粗糙度轮廓的方法，它也属于非接触测量方法中的一种。显微干涉法测量时，被测表面直接参与光路，用同一标准反射镜比较，以光波波长来度量干涉条纹的弯曲程度，从而测得该表面的表面粗糙度参数值。显微干涉法测量时使用的量仪称为干涉显微镜，它适宜测量 Rz 值为 $0.063 \sim 1.0\ \mu m$（相当于 Ra 值为 $0.01 \sim 0.16\ \mu m$）的平面、外圆柱面和球面。

干涉显微镜是应用光波干涉原理制造的，其光学系统原理如图 4-16（a）所示。由光源 1 发出的光线，经 2、3 组成的聚光滤色组聚光滤色，再经光栏 4 和透镜 5 至分光镜 7 分为两束光：一束经补偿镜 8、物镜 9 到平面反射镜 10，被平面反射镜 10 反射又回到分光镜 7，再由分光镜 7 反射经聚光镜 11 到反射镜 16，由反射镜 16 反射进入目镜 12；另一束光线向上经物镜 6 射向被测工件表面，由被测表面反射回来，通过分光镜 7、聚光镜 11 到反射镜 16，由反射镜 16 反射也进入目镜 12。在目镜 12 的视场内可以看到这两束光线因光程差而形成的干涉条纹。若被测表面为理想平面，则干涉条纹为一组等距平直的平行光带；若被测表面粗糙不平，则干涉条纹就会弯曲，如图 4-16（b）所示。根据光波干涉原理，光程差每增加半个波长（$\lambda/2$），就形成一条干涉带，故被测表面的不平高度（即峰、谷高度差）h 为

$$h = \frac{a}{b} \times \frac{\lambda}{2} \tag{4-9}$$

式中，a 为干涉条纹的弯曲量；b 为相邻干涉条纹的间距；λ 为光波波长（绿色光 $\lambda = 0.53\ \mu m$）；a、b 值可利用测微目镜测出。

根据测出的 a、b 值，即可按式（4-9）计算得出 h 值，干涉法的测量精度较高，适用于测量 Rz 小于 $1\ \mu m$ 的表面粗糙度轮廓参数。

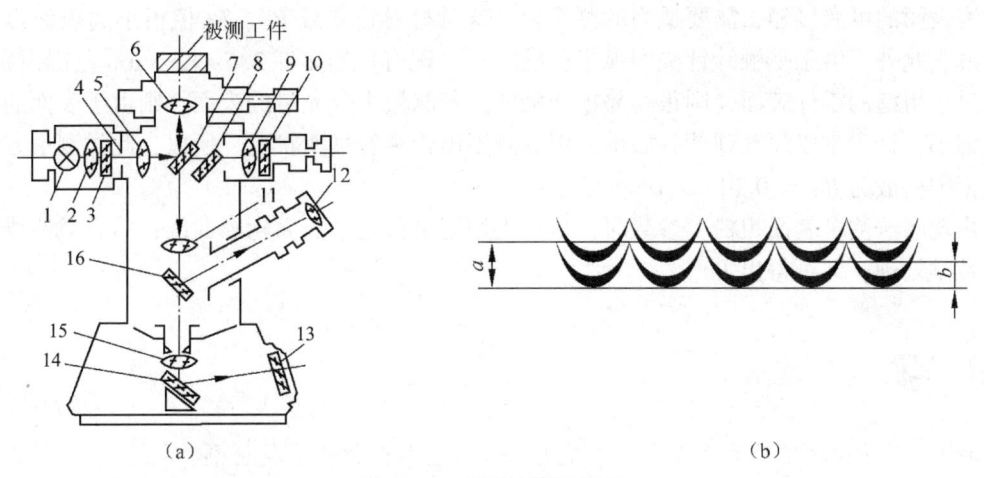

图 4-16 干涉法测量原理
(a) 测量装置结构简图；(b) 目镜视场的影像

1—光源；2，3—聚光滤色组；4—光栏；5，15—透镜；6，9—物镜；7—分光镜；8—补偿镜；
10—平面反射镜；11—聚光镜；12—目镜；13—照相机接口；14—反光镜；16—反射镜

4.4.4 轮廓法

轮廓法是一种接触式测量表面粗糙度参数的方法，最常用的仪器是电动轮廓仪。图 4-17 为国产 BCJ—2 型电动轮廓仪，其测量的基本原理是：

将被测工件 1 放在工作台 6 的定位块 7 上，调整工件 1（或驱动箱 4）的倾斜度，使工件被测表面平行于传感器 3 的滑行方向。调整传感器 3 及触针 2 的高度，使触针与被测表面适当接触。启动电动机，使传感器带动触针在工件被测表面上滑行。由于被测表面有微小的峰谷，使触针在滑行的同时还沿轮廓的垂直方向上下运动。触针的运动情况实际上反映了被测表面轮廓的情况。将触针运动的微小变化通过传感器转换成电信号，并经放大和计算处理，便可由指示表 5 直接显示出 Ra 的数值大小。

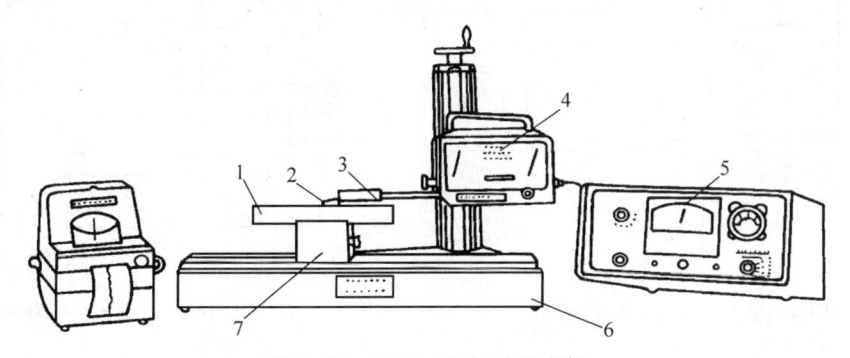

图 4-17 BCJ—2 型电动轮廓仪

1—被测工件；2—触针；3—传感器；4—驱动箱；5—指示表；6—工作台；7—定位块

轮廓法测量表面粗糙度的最大优点是能够直接读出表面粗糙度 Ra 的数值，此外它还能测量平面、轴、孔和圆弧面等各种形状的表面粗糙度。但因为它是接触式测量，为保证触针与被测表面的可靠接触,需要适当的测量力,这对材料较软或 Ra、Rz 值很小的表面容易产生划痕。此外,由于受触针针尖圆弧半径的限制(现有仪器多在 2.5~12.5 μm 范围内),若测量过于粗糙的零件表面,则很容易损伤触针;若测量十分光滑的表面,则由于表面的凹谷极其细小,针尖难以深触到凹谷底部,因而测不出轮廓的真实状况。所以,此类测量方法的测量范围一般为 Ra = 0.01~5 μm。

用轮廓法测量表面粗糙度参数时,也可先用记录仪记录表面轮廓曲线,然后对曲线图形进行数学处理,即可得出 Ra。

习 题

4-1 表面粗糙度的含义是什么?它与形状误差和波纹度有何区别?

4-2 什么叫取样长度和评定长度?规定取样长度和评定长度有何意义?两者间有什么关系?

4-3 在目前我国执行的国家标准中,表面粗糙度有哪些评定参数?哪些是主参数?它们各有什么特点?与之相应的测量方法和测量仪器有哪些?大致的测量范围是多少?

4-4 在一般情况下,ϕ40H7 和 ϕ80H7 相比,ϕ40H6/f5 和 ϕ40H6/s5 相比,哪个应选用较小的粗糙度值?

4-5 某传动轴的轴颈尺寸为 ϕ40h6,圆柱度公差为 0.004 mm,试确定该轴颈表面粗糙度 Ra 值。

4-6 按标准 GB/T 131—2006,指出图 4-18 中的表面粗糙度标注的错误,并加以改正。

4-7 试将图 4-19 中的表面粗糙度旧标准代号,替换成符合国标 GB/T 131—2006 的标注,并解释图中标注代号的含义。

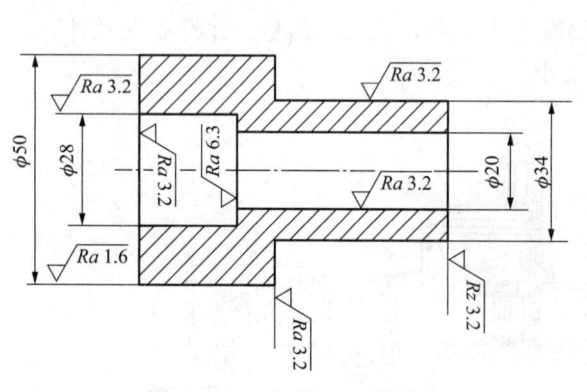

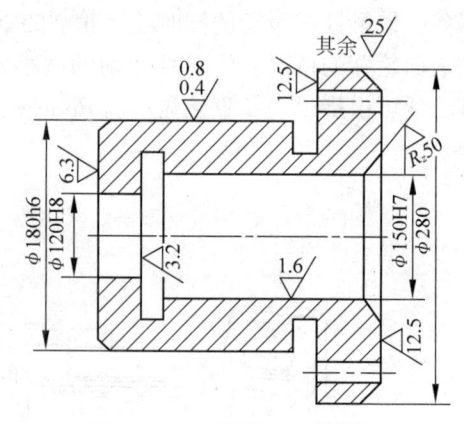

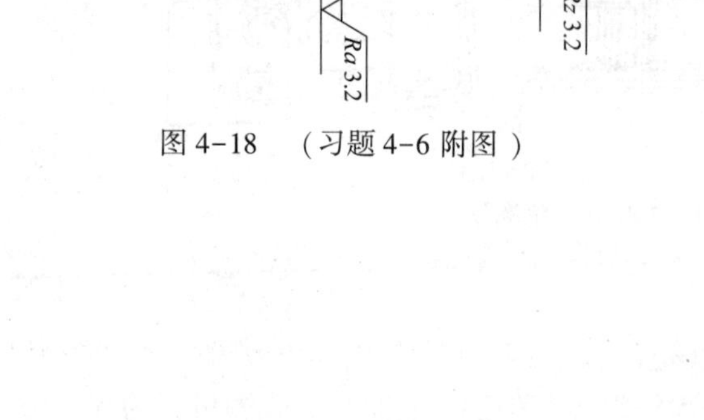

图 4-18 (习题 4-6 附图) 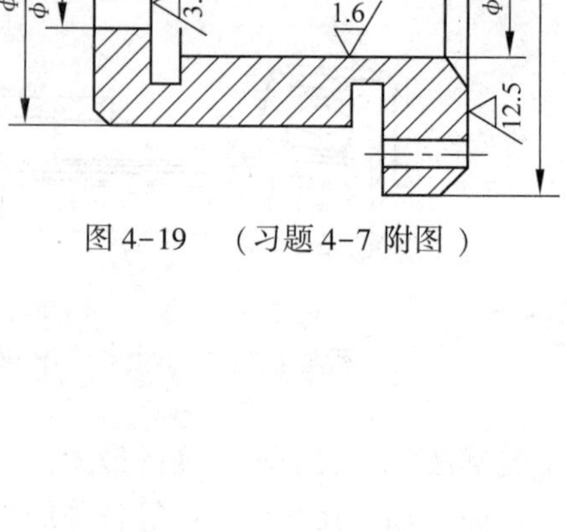 图 4-19 (习题 4-7 附图)

第 5 章

技术测量基础知识

5.1 技术测量概述

5.1.1 测量的概念

所谓测量,就是把被测量与标准量进行比较,从而确定两者比值的过程。零件的几何量需要通过测量或检验,才能判断其合格与否。设被测量为 L,所采用的计量单位为 E,则它们的比值为:$q=L/E$。因此,被测量的量值为:

$$L = qE \tag{5-1}$$

式(5-1)表明,任何几何量的量值都由两部分组成:表征几何量的数值和几何量的计量单位。例如,某一被测长度为 L,与标准量 E(mm)进行比较后,得到比值为 $q=50$,则被测长度 $L=qE=50$ mm。

显然,对任一被测对象进行测量,首先要确立计量单位,其次要有与被测对象相适应的测量方法,并且测量结果还需要达到所要求的测量精度。因此,一个完整的几何量测量过程应包括:被测对象、计量单位、测量方法和测量精度等四个要素。

被测对象——本课程研究的被测对象是几何量,包括长度、角度、表面粗糙度、几何误差以及螺纹、齿轮等的几何参数。

计量单位——指用于度量被测量量值的标准量,如米(m)、毫米(mm)、微米(μm)等。

测量方法——指测量时所采用的测量原理、计量器具和测量条件的总和。

测量精度——指测量结果与真值相一致的程度。

5.1.2 长度单位、基准和量值传递系统

1. 长度单位和基准

我国的法定长度计量单位是米(m),在机械制造中的常用单位是毫米(mm),在技术测量中的常用单位是微米(μm)。它们之间的关系是:1 m=1 000 mm;1 mm=1 000 μm。

在1983年第十七届国际计量大会上通过的米的定义为:"1米是光在真空中于 1/299 792 458 秒的时间间隔内所经过的距离。"米的定义有以下几个特点:

(1)将反映物理量单位概念的定义本身与单位的复现方法分开。这样,随着科学技术的

发展，单位的复现方法可不断改进，复现精度可不断提高，从而不受定义的局限。

（2）定义的理论基础及复现方法均以真空中的光速作为给定的常数基础。

（3）米的定义主要采用稳频激光来复现（在我国，采用碘吸收稳定的 0.633 μm 氦氖激光的波长作为长度标准），具有极好的稳定性和复现性，稳定可靠和统一，提高了测量精度。

2. 量值传递系统

使用激光来复现长度基准，虽然可以达到极高的测量精度，但不方便在生产中直接使用。为了保证量值的统一和方便操作，必须建立从国家长度计量基准到各生产场所中使用的工作计量器具之间的量值传递系统，以便将基准量值逐级传递到工作计量器具上。

如图 5-1 所示，长度量值从国家基准波长开始，分两个平行系统向下传递：一个是端面量具（量块）系统，另一个是线纹量具（线纹尺）系统。因此，量块和线纹尺都是量值传递的媒介，其中尤以量块的应用更为广泛。

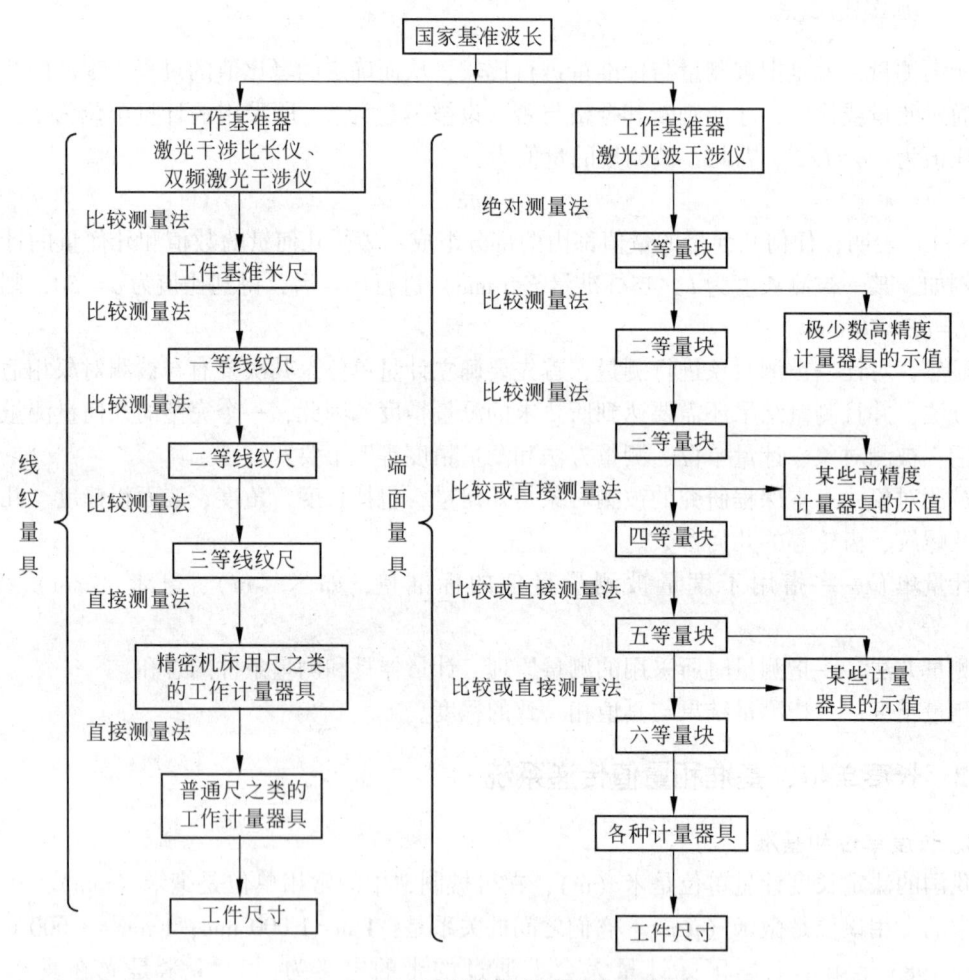

图 5-1 两个平行的长度量值传递系统

5.1.3 量块的基本知识

量块是没有刻度的平行端面量具，除了作为长度基准的传递媒介以外，也可用作检定和调整、校对计量器具，还可用作测量工件、精密划线和调整设备等。

1. 量块的材料、形状和尺寸

量块采用特殊合金钢制成，具有线膨胀系数小、耐磨损不易变形、研合性好等特点。如图 5-2（a）所示，量块呈长方体六面形，它有两个平整光洁的平行工作面（两个测量面）和四个非工作面。标称长度 $L \leqslant 5.5$ mm 的量块，其尺寸值标记在工作面上；标称长度 $L > 5.5$ mm 的量块，其尺寸值标记在非工作面上。如图 5-2（b）所示，量块的中心长度 L_0，是指量块的上测量面中心点至相研合的辅助体（平面平晶）表面之间的垂直距离；量块的长度 L_i，是指量块的上测量面任意一点到另一测量面之间的垂直距离。量块两测量面之间的最大垂直距离和最小垂直距离之差称为量块的长度变动量。

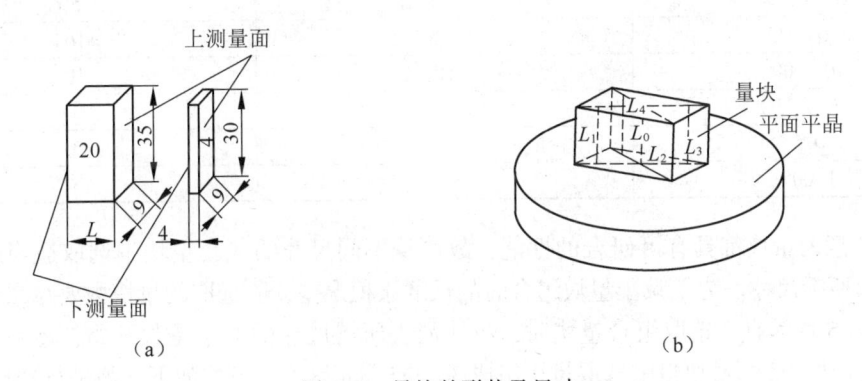

图 5-2 量块的形状及尺寸
（a）量块的工作面与非工作面；（b）量块的长度 L_i 与量块的中心长度 L_0

2. 量块的精度等级

根据 GB/T 6093—2001《几何量技术规范（GPS）长度标准量块》的规定，量块按制造精度（量块长度的极限偏差和长度变动量允许值）分为五级：k，0，1，2，3 级，其中 k 级量块的精度等级最高；量块按检定精度（中心长度测量极限误差和平面平行度允许偏差）分为六等：1，2，3，4，5，6 等，其中 1 等量块的精度最高，6 等量块的精度最低。

值得注意的是，量块的"级"与量块的"等"是既有关联又有区别的概念。从内在关系上说，由于量块平面的平行性和研合性的要求，量块从一定的"级"中只能检定出一定的"等"。从测量精度上说，量块按级使用时，是以量块的标称长度作为工作尺寸，该尺寸包含了量块的制造误差；量块按等使用时，是以检定后测得的实际尺寸作为工作尺寸，该尺寸排除了量块制造误差的影响，仅包含检定时的较小的测量误差，因此，量块按"等"使用比按"级"使用时的测量精度高。

3. 量块的使用

量块除了具有上述稳定性、耐磨性和准确性等基本特性外，还有一个重要特性——研合性。所谓研合性，是指两个量块的测量面相互接触，在不太大的压力作用下沿切向稍许滑动，就能通过分子力的作用而相互黏合为一个整体的性能。利用这一特性把量块正确研合在一起，便可组成所需要的各种尺寸。

研合量块组的正确方法如图5-3所示：首先用优质汽油将选用的各量块清洗干净，用洁布擦干；然后以大尺寸量块为基础，顺次将小尺寸量块研合上去。研合量块时要小心，避免碰撞或跌落，切勿划伤测量面。

我国生产的成套量块有每套91块、83块、46块、38块等几种规格，表5-1列出了国产83块一套的量块尺寸构成系列。

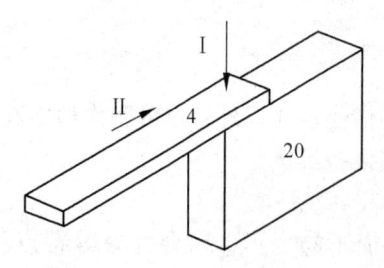

图5-3 研合量块的方法
Ⅰ—加力方向；Ⅱ—推进方向

表5-1 83块一套的量块尺寸构成系列

尺寸范围/mm	间隔/mm	小计/块
1.01~1.49	0.01	49
1.5~1.9	0.1	5
2.0~9.5	0.5	16
10~100	10	10
1	—	1
0.5	—	1
1.005	—	1

由于任意两量块都具有可研合的性能，故可从不同尺寸的成套量块中选取适当的几块量块，组合成所需尺寸。为了减小量块组合时的长度累积误差，所选取的量块数要尽量少，通常以不超过4~5块为宜。选取组合量块时，应从消去所需尺寸的最小尾数开始，逐一选取。例如，若从83块一套的量块组中选取量块组成36.375 mm尺寸，可按如下步骤进行选择操作：

$$\begin{array}{rl} 36.375 & \cdots\cdots\text{量块组合尺寸}\\ \underline{-1.005} & \cdots\cdots\text{第一块量块尺寸}\\ 35.37 & \\ \underline{-1.37} & \cdots\cdots\text{第二块量块尺寸}\\ 34.0 & \\ \underline{-4.0} & \cdots\cdots\text{第三块量块尺寸}\\ 30 & \cdots\cdots\text{第四块量块尺寸} \end{array}$$

即36.375 = 1.005+1.37+4+30。

5.2 计量器具与测量方法

5.2.1 计量器具的分类

计量器具又称为测量器具，可分为用于几何量测量的量具、量规、量仪（计量仪器）和计量装置四类。

1. 量具

量具通常是指结构比较简单的测量工具，包括单值量具、多值量具和标准量具等。单值量具是用来复现单一量值的量具，例如量块、角度块等，它们通常都是成套使用。多值量具是能够复现一定范围的一系列不同量值的量具，如线纹尺等。标准量具是用作计量标准，供量值传递用的量具，如量块、基准米尺等。

2. 量规

量规是一种没有刻度的，用以检验零件尺寸、形状、相互位置的专用检验工具，它只能判断零件是否合格，而不能得出具体尺寸，如光滑极限量规、螺纹量规等。

3. 量仪

量仪即计量仪器，是指能将被测量值转换成可直接观察的指示值或等效信息的计量器具。按工作原理和结构特征，量仪可分为机械式、电动式、光学式、气动式，以及它们的组合形式——光机电一体的现代量仪。

4. 计量装置

计量装置是一种专用检验工具，可以迅速地检验更多或更复杂的参数，从而有助于实现自动测量和自动控制。如自动分选机、检验夹具、主动测量装置等。

5.2.2 几种常用的计量器具

1. 游标量具

游标量具是利用游标读数原理制成的一种常用量具，它具有结构简单、使用方便、测量范围大等特点。常用的游标量具有游标卡尺、深度游标尺、高度游标尺等，它们的测量面位置不同，但读数原理相同。

如图 5-4 所示，游标量具的主尺上刻有以毫米（mm）为单位的均匀等分的连续刻线，主尺上还装有可沿主尺滑动的游标副尺。游标副尺上在 ($n-1$) mm 长度范围内均匀等分地刻有 n 条刻线。主尺与副尺装配组合后，主尺与副尺游标每一相邻刻线的间距相差 $1/n$（mm），该数值称为分度值，它代表游标量具所能达到的最高测量精度。根据测量精度的不同，游标量具的分度值有 0.1 mm、0.05 mm、0.02 mm 三种。

图 5-4 各种游标量具
（a）游标卡尺；（b）深度游标尺；（c）高度游标尺

用游标量具进行测量时，首先读出主尺刻度的整数部分数值；再判断副尺游标第几根刻线与主尺刻线对齐，用副尺游标刻线的序号乘以分度值，即可得到被测量的小数部分数值；将整数部分与小数部分相加，即为测量所得结果。例如，在分度值为 0.05 mm 的游标卡尺上，读得副尺游标的零线位于主尺刻线"14"与"15"之间，且副尺游标上第 8 根刻线与主尺刻线对齐，则被测尺寸为 14+8×0.05＝14.4（mm）。

为了读数方便，可在游标卡尺的副尺尺框上安装测微表头，这就是带表游标卡尺。带表游标卡尺的外形如图 5-5 所示，它通过机械传动装置，将两测量爪的相对

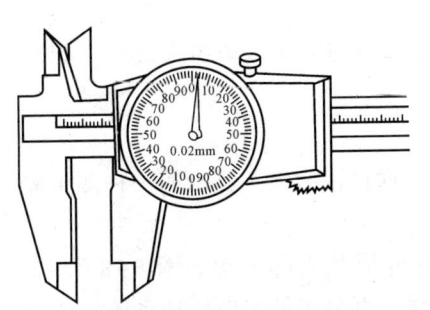

图 5-5 带表游标卡尺

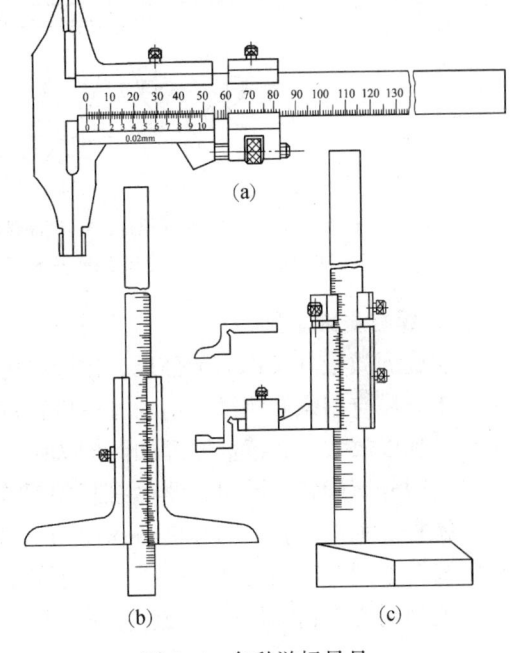

移动转换为指示表表针的回转运动，并借助尺身上的刻度和指示表，对两测量爪工作面之间的距离进行读数。

如图 5-6 所示为电子数显卡尺，它具有非接触性电容式测量系统，由液晶显示器直接显示被测对象的读数，测量时十分方便可靠。

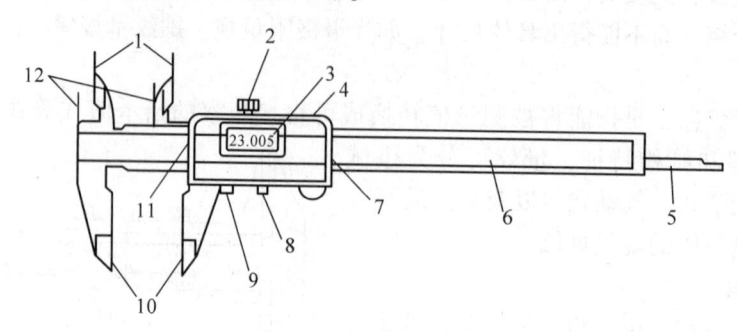

图 5-6 电子数显卡尺

1—内测量爪；2—紧固螺钉；3—液晶显示器；4—数据输出端口；5—深度尺；6—尺身；7，11—防尘板；8—置零按钮；9—米制/英制转换按钮；10—外测量爪；12—台阶测量面

2. 螺旋测微量具

螺旋测微量具又称为千分尺，按用途可分为外径千分尺、内径千分尺、深度千分尺等多种。千分尺应用螺旋测微传动的方法进行读数，将测头的微小直线位移量转换成微分筒的角位移量加以放大，其读数原理如图5-7所示：在微分筒的圆锥面上刻有 50 条均匀等分的刻线，当微分筒旋转一圈时，测微螺杆沿轴向移动一个导程 0.5 mm；当微分筒转过一格时，测微螺杆的轴向位移量为 0.5 mm×1/50 = 0.01 mm，它表示千分尺的分度值为 0.01 mm。在固定套筒上刻有间隔为 0.5 mm 的均匀等分刻线，根据刻线可读出被测量的大数部分；由微分筒上的刻度可精确地读出被测量的小数部分。两者相加，即为所得的测量值。

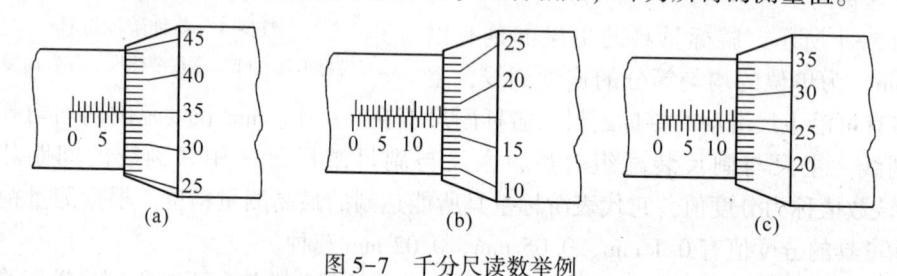

图 5-7 千分尺读数举例

(a) 8.85 mm；(b) 14.68 mm；(c) 12.76 mm

常用外径千分尺的测量范围有 0~25 mm、25~50 mm、50~75 mm 以至更大尺寸，但测微螺杆的测量行程一般均为 25 mm。

3. 机械量仪

机械量仪是利用机械结构将直线位移经传动、放大后，通过读数装置读出的一种测量器具。机械量仪的种类很多，主要有百分表和内径百分表。

（1）百分表。百分表是应用最广泛的机械量仪，它的外形及内部结构如图 5-8 所示。百分表的分度值为 0.01 mm，表盘圆周刻有 100 条等分刻线。百分表的齿轮传动系统的传动关系是：测量杆每移动 1 mm，指针相应回转一圈。百分表的示值范围有 0~3 mm、0~5 mm、

0~10 mm 三种。

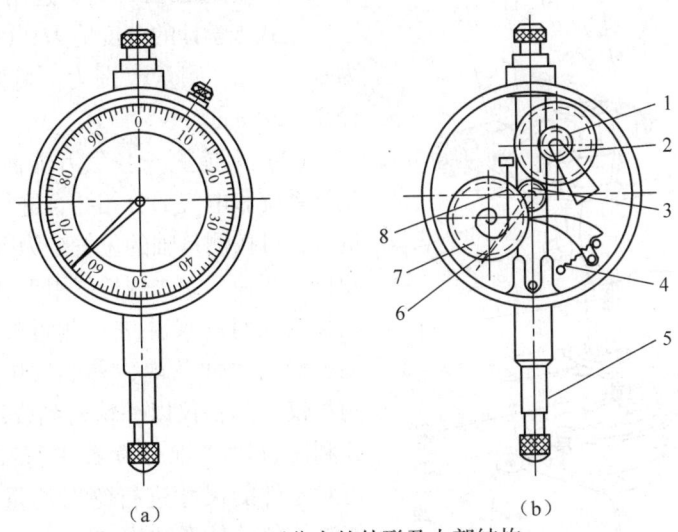

图 5-8 百分表的外形及内部结构
(a) 百分表的外形；(b) 内部结构示意图
1—小齿轮；2，7—大齿轮；3—中间齿轮；4—弹簧；5—测量杆；6—指针；8—游丝

(2) 内径百分表。内径百分表是一种采用相对测量法测量孔径的常用量仪，它可测量直径为 6~1 000 mm 的内孔尺寸，特别适合于深孔孔径的测量。内径百分表的结构如图 5-9 所示，它主要由百分表和表架等组成。

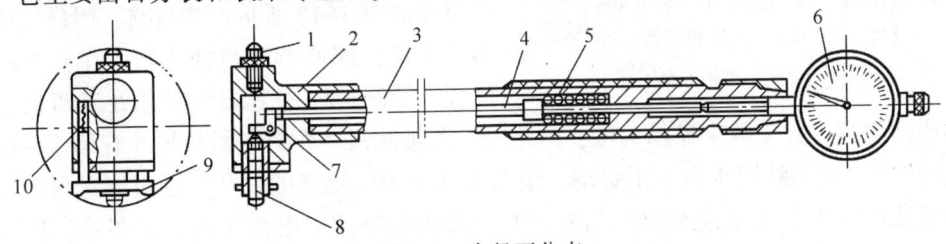

图 5-9 内径百分表
1—可换测量头；2—测量套；3—测杆；4—传动杆；5—测力弹簧；6—百分表；
7—杠杆；8—活动测量头；9—定位装置；10—定位弹簧

4. 光学量仪

光学量仪是利用光学原理制成的量仪，在长度测量中常用的有光学计、测长仪等。

(1) 立式光学计。立式光学计是利用光学杠杆放大作用将测量杆的直线位移转换为反射镜的偏转，使反射光线也相应发生偏转，从而得到标尺影像的一种光学量仪。用相对测量法测量长度时，以量块（或标准件）与工件相比较来测量它的偏差尺寸，故又称为立式光学比较仪。

立式光学计的外形结构如图 5-10 所示。测量时，先将量块置于工作台上与测头轻轻接触，调整仪器使反射镜与主光轴垂直，然后换上被测工件，由于工件与量块尺寸的差异而使测杆产生位移。测量时测头与被测件相接触，通过目镜读数。测头有球形、平面形和刀口形三种，根据被测零件表面的几何形状来选择，使被测件与测头表面尽量满足点接触，所以测量平面或圆柱面工件时，选用球形测头；测量球形工件时，选用平面形测头；测量小于

10 mm 的圆柱面工件时，选用刀口形测头。

立式光学计的分度值为 0.001 mm，示值范围为 ±0.1 mm，测量范围为：高度 0~180 mm、直径 0~150 mm。

（2）万能测长仪。万能测长仪是一种利用光学系统和电气部分相结合进行长度测量的精密量仪，可按测量轴的位置分为卧式测长仪和立式测长仪两种。立式测长仪用于测量外尺寸，卧式测长仪除对外尺寸进行测量外，更换附件后还能测量内尺寸及内、外螺纹中径等，故称万能测长仪。测长仪以一精密刻线尺作为实物基准，并利用显微镜细分读数进行高精度长度测量，可对零件的尺寸进行绝对测量和相对测量。万能测长仪的外形结构如图 5-11 所示。其分度值为 0.001 mm，测量范围为 0~100 mm。

5. 电动量仪

电感测微仪是一种常用的电动量仪，它是利用磁路中气隙的改变，引起电感量相应变化进行读数的一种量仪。数字式电感测微仪的工作原理如图 5-12 所示：测量前，用量块调整仪器的零位，即调节测量杆 3 与工作台 5 的相对位置，使测量杆 3 上端的磁芯处于两只差动线圈 1 的中间位置，并使数字显示为零；测量时，若被测尺寸相对于量块尺寸有偏差，测量杆 3 带动磁芯 2 在差动线圈 1 内上下移动，引起差动线圈电感量的变化；通过测量电路，将电感量的变化转换为电压（或电流）信号，并经放大和整流，由数字电压表显示，即可显示出被测尺寸相对于量块的偏差。其读数精度，数字显示可读出 0.1 μm 的量值。

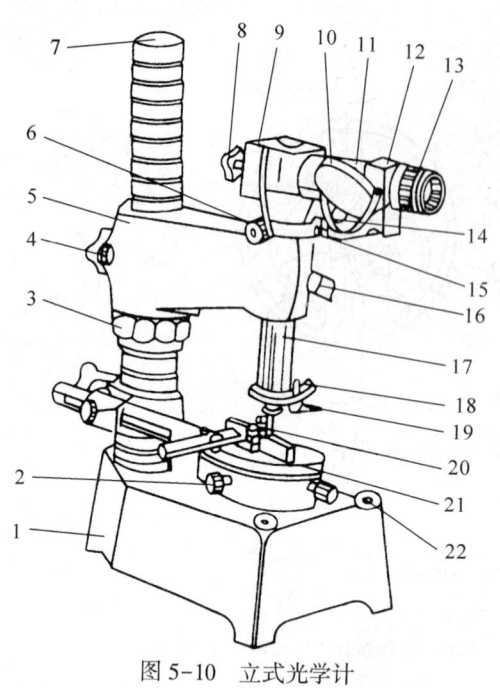

图 5-10 立式光学计
1—底座；2—调整螺钉；3—升降螺母；
4，8，15，16—固定螺钉；5—横臂；6—微动手轮；
7—立柱；9—插孔；10—进光反射镜；11—连接座；
12—目镜座；13—目镜；14—调节手轮；
17—光学计管；18—螺钉；19—提升器；20—测头；
21—工作台；22—基础调整螺钉

5.2.3 计量器具的度量指标

1. 刻线间距

刻线间距是指计量器具标尺或分度盘上相邻两刻线之间的距离。为了便于读数，刻线间距不宜太小，一般为 1~2.5 mm。

2. 分度值

分度值是指计量器具标尺或分度盘上每一刻线间距所代表的量值。一般长度计量器具的分度值有 0.1 mm、0.01 mm、0.001 mm、0.000 5 mm 等几种。如图 5-13 所示，表盘上的分度值为 1 μm。

3. 测量范围

测量范围是指计量器具所能测量的被测量最小值到最大值的范围。如图 5-13 所示，测量范围为 0~180 mm。

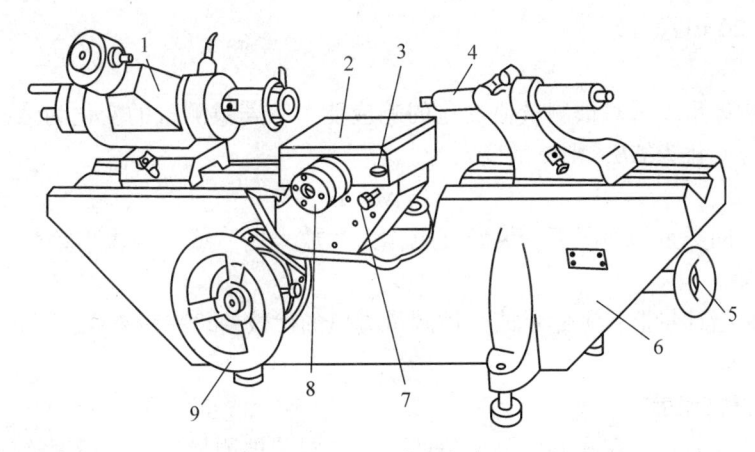

图 5-11　万能测长仪

1—测座；2—万能工作台；3,7—手柄；4—尾座；5,9—手轮；6—底座；8—微分筒

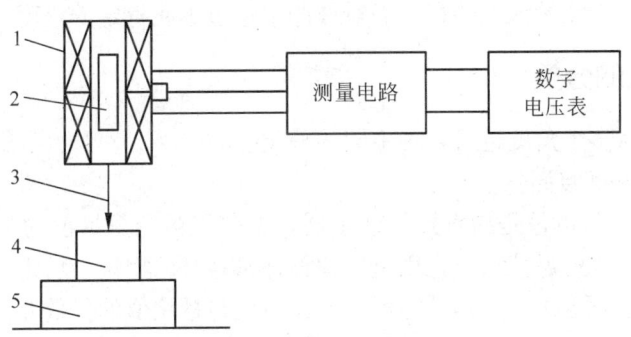

图 5-12　数字式电感测微仪工作原理

1—差动线圈；2—磁芯；3—测量杆；4—被测零件；5—工作台

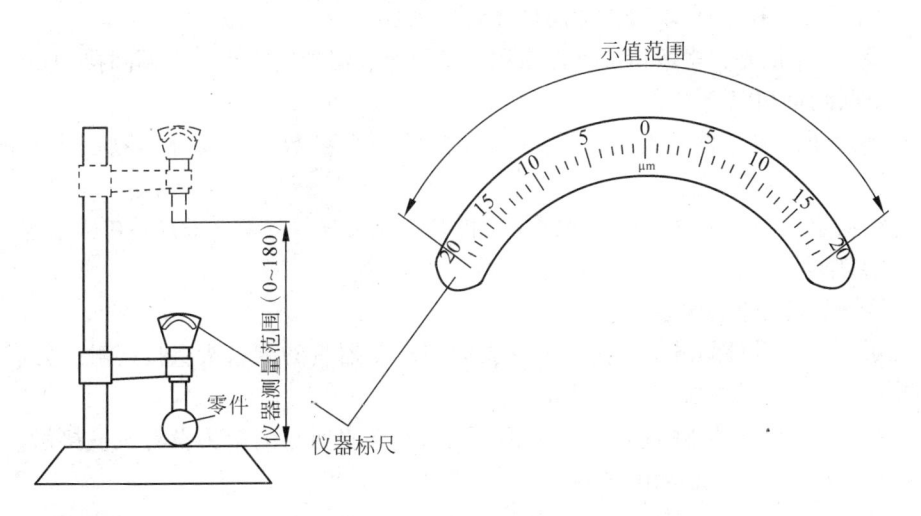

图 5-13　测量器具的参数

4. 示值范围

示值范围是指计量器具所能显示或指示的被测量起始值到终止值的范围。图 5-13 所示

的示值范围为±20 μm。

5. 灵敏度

灵敏度是指计量器具对被测量值变化的响应能力。若被测量的变化为 Δx，该量值引起的计量器具响应变化为 ΔL，则灵敏度 S 为

$$S = \Delta L / \Delta x \tag{5-2}$$

当分子、分母为同类量的情况下，灵敏度也称为"放大比"或"放大倍数"。

6. 示值误差

示值误差是指计量器具上的示值与被测量真值的代数差。一般来说，示值误差越小，计量器具精度越高。

7. 测量重复性误差

测量重复性误差是指在相同的测量条件下，对同一被测量进行等精度连续多次测量时，所有测得值的分散程度。它是计量器具本身各种误差的综合反映。

8. 不确定度

不确定度是指由于测量误差的存在而对被测量量值不能肯定的程度。

5.2.4 测量方法的分类

测量方法可以从多个角度进行各种不同的分类。

（1）直接测量和间接测量。

① 直接测量。直接测量是指直接从计量器具上获得被测量量值的测量方法。如用游标卡尺、千分尺测量零件的尺寸时，先用量块调整计量器具的零位，后用零件替换量块进行测量，则该零件的尺寸就等于计量器具标尺上的读数值与量块值的代数和。

② 间接测量。间接测量是指通过测量与被测量有一定函数关系的其他量，再通过计算来间接得到被测量量值的测量方法。例如用"弦高法"测量大尺寸圆柱体的直径时，通过测量弓高和弦长，即可间接求得被测圆柱体直径的数值。

为了减少测量误差，多数情况下都采用直接测量；必要时，也可采用间接测量。

（2）单项测量和综合测量。

① 单项测量。单项测量是指分别测量零件的各个参数。例如分别测量齿轮的齿形、齿距。

② 综合测量。综合测量是指同时测量零件几个相关参数的综合效应或综合参数。例如，齿轮误差的综合测量。

（3）接触测量和非接触测量。

① 接触测量。接触测量是指被测零件表面与计量器具的测量头直接接触，并有测量力存在的测量。例如，用机械比较仪测量轴径。

② 非接触测量。非接触测量是指测量时被测零件表面与测量头没有机械接触。例如光学投影测量、激光测量、气动测量等。

（4）被动测量和主动测量。

① 被动测量。被动测量是指在零件加工完毕后所进行的测量。其测量结果仅限于判断工件是否合格，可用于剔除坏品。

② 主动测量。主动测量是指零件在加工过程中进行的测量。其测量结果可直接用于控

制零件的加工过程，主动及时地防止废品的产生。显然，生产中的主动测量具有更积极的意义。

5.3 测量误差及数据处理

5.3.1 测量误差的概念

由于测量过程中计量器具本身的误差，以及测量方法和测量条件的限制，任何一次测量的测得值都不可能是被测量的真值，两者之间存在差异。这种差异在数值上则表现为测量误差。

测量误差有下列两种形式。

（1）绝对误差。绝对误差 δ 是指被测量的测得值 x 与其真值 x_0 之差的绝对值，即

$$\delta = |x - x_0| \tag{5-3}$$

因为测量误差可能是正值，也可能是负值，所以真值可以用下列公式表示

$$x_0 = x \pm \delta \tag{5-4}$$

（2）相对误差。相对误差 f 是指绝对误差 δ 与真值 x_0 之比。由于真值不可能准确得到，在实际应用中常以被测量的测得值 x 代替真值 x_0 进行估算。即

$$f = \frac{\delta}{x_0} \approx \frac{\delta}{x} \tag{5-5}$$

相对误差是一个无量纲的数据，常以百分比的形式表示。例如测量某两个轴颈，尺寸分别为 $\phi 20$ mm 和 $\phi 200$ mm，它们的绝对误差都为 0.02 mm；但它们的相对误差分别为 $f_1 = 0.02/20 = 0.1\%$，$f_2 = 0.02/200 = 0.01\%$，故前者的测量精度比后者低。由此可见，相对误差可以更好地说明测量的精确程度。

5.3.2 测量误差的来源

产生测量误差的因素很多，主要有以下几个方面。

（1）计量器具误差。计量器具误差是指计量器具本身所具有的误差，包括计量器具的设计、制造和使用过程中的各项误差，可用计量器具的示值精度或不确定度来表示。

（2）测量方法误差。测量方法误差是指测量方法不完善所引起的误差，包括计算公式不准确、测量方法选择不当、测量基准不统一、工件安装不合理以及测量力变动等引起的误差。

（3）测量环境误差。测量环境误差是指测量时的湿度、温度、振动、气压和灰尘等环境条件不符合标准条件所引起的误差，以温度对测量结果的影响最大。在长度计量中，规定标准温度为 20 ℃。

（4）人员误差。人员误差是指测量人员的主观因素所引起的误差。例如，测量人员技术不熟练、视觉偏差、估读判断错误等引起的误差。

总之，造成测量误差的因素很多，有些误差是不可避免的，有些误差是可以避免的。测量时应采取相应的措施，设法减小或消除测量误差对测量结果的影响，以保证测量的精度。

5.3.3 测量误差的种类和特性

测量误差按其性质，可分为系统误差、随机误差和粗大误差。

1. 系统误差

系统误差是指误差的大小和方向均保持不变或按一定规律变化的误差。前者称为常值系统误差，例如使用零位失准的千分尺测量工件引起的测量误差；后者称为变值系统误差，例如百分表刻度盘与指针回转中心不重合所引起的按正弦规律周期性变化的测量误差。

根据系统误差的变化规律，系统误差可以用实验对比或精密计算的方法确定，然后采用修正措施将其从测量结果中剔除。在某些情况下由于误差的变化规律比较复杂，变值系统误差值可能不易准确获知，此时可将其作为随机误差处理。

2. 随机误差

随机误差是由于测量过程中的不稳定因素引起的、其数值大小和符号以不可预知方式变化的测量误差。例如，测量过程中的温度波动、振动、测量力不稳定、量仪的示值变动等。随机误差是不可避免的，对每一次具体测量来说随机误差无规律可循，但对于大量多次重复测量来说，随机误差有统计规律可循。

（1）随机误差的分布规律及其特性。随机误差可用试验方法确定。实践表明，大多数情况下，随机误差符合正态分布规律。例如，在立式光学计上对某圆柱销的同一部位重复测量 150 次，得到 150 个测得值，其中最大值为 ϕ12.051 5 mm，最小值为 ϕ12.040 5 mm。按测得值的大小将 150 个测得值分别归入 11 组，分组间隔为 0.001 mm，有关数据见表 5-2。

表 5-2 测量数据分组统计表

组号	尺寸分组区间/mm	区间中心值 x_i/mm	出现次数 n_i	频率 n_i/n
1	12.040 5~12.041 5	12.041	1	0.007
2	>12.041 5~12.042 5	12.042	3	0.020
3	>12.042 5~12.043 5	12.043	8	0.053
4	>12.043 5~12.044 5	12.044	18	0.120
5	>12.044 5~12.045 5	12.045	28	0.187
6	>12.045 5~12.046 5	12.046	34	0.227
7	>12.046 5~12.047 5	12.047	29	0.193
8	>12.047 5~12.048 5	12.048	17	0.113
9	>12.048 5~12.049 5	12.049	9	0.060
10	>12.049 5~12.050 5	12.050	2	0.013
11	>12.050 5~12.051 5	12.051	1	0.007
间隔区间 $\Delta x=0.001$		测得值的平均值 $\bar{x} = \frac{1}{n}\sum_{i=1}^{n} x_i = 12.046$	$n = \sum_{i=1}^{n} x_i = 150$	$\sum_{i=1}^{n}\left(\frac{n_i}{n}\right) = 1$

将表 5-2 中的数据画成直方图：横坐标表示测得值 x_i，纵坐标表示各组测得值的出现次数和频率，便得到频率直方图。连接各矩形顶部线段中点所得的折线，称为测得值的实际分布曲线，如图 5-14 所示。如果上述实验的测量次数无限增大（$n\to\infty$），分组间隔无限减小（$\Delta x\to 0$），则实际分布曲线就会变成一条光滑的正态分布曲线，如图 5-15 所示。

从图 5-15 可以看出，随机误差具有 4 个分布特性：

① 对称性。相对某一中心 μ，符号相反、误差值相等的随机误差出现的概率相等。
② 单峰性。相对某一中心 μ，误差值小的随机误差出现的概率较大，曲线有最高点。
③ 抵偿性。多次重复测量条件下，对称中心两侧的随机误差的代数和趋近于 0。
④ 有界性。在一定的条件下，随机误差的绝对值不会超越某一确定的界限。

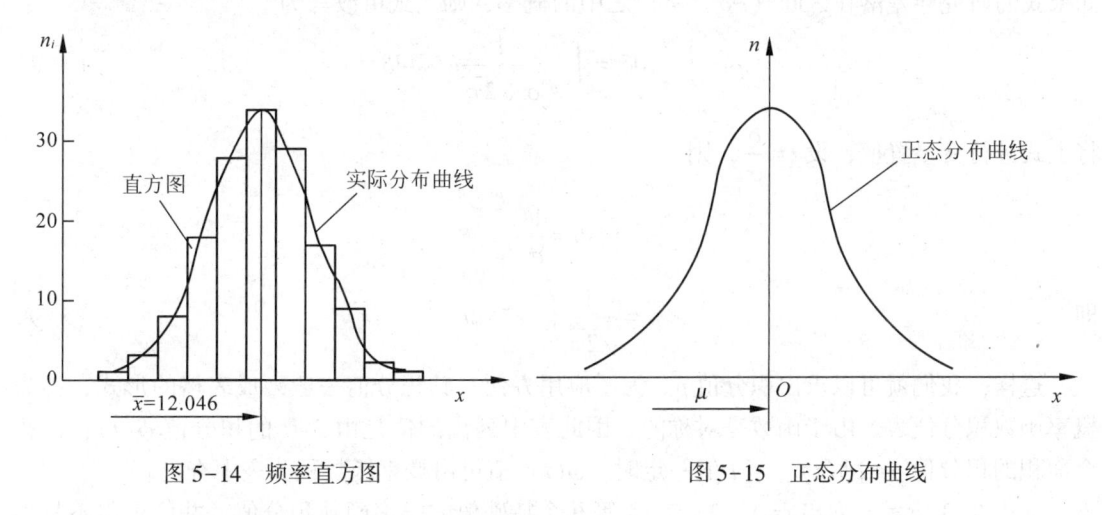

图 5-14　频率直方图

图 5-15　正态分布曲线

因此，可以用概率论和数理统计的方法来分析随机误差的分布特性，估算误差的范围，对测量结果进行数据处理。

（2）随机误差的评定指标。根据概率论原理，正态分布曲线的数学表达式为

$$y = f(\delta) = \frac{1}{\sigma\sqrt{2\pi}}\,\mathrm{e}^{-\frac{\delta^2}{2\sigma^2}} \qquad (5-6)$$

式中，y 为概率密度函数；δ 为随机误差；σ 为标准偏差（均方根差）；e 为自然对数的底，$e = 2.71828\cdots$。

由式（5-6）可以看出，不同的 σ 对应不同形状的正态分布曲线：σ 越小，$y_{\max}$ 值越大，曲线越陡峭，即测得值的分布越集中，测量的精密度越高；反之，σ 越大，$y_{\max}$ 值越小，曲线越平坦，随机误差分布越分散，测量的精密度越低。三种不同 σ 的正态分布曲线如图 5-16 所示。图中：$\sigma_1 < \sigma_2 < \sigma_3$，而 $y_{1\max} > y_{2\max} > y_{3\max}$。

式（5-6）中随机误差 δ 的标准偏差（均方根差）σ 可用下式计算

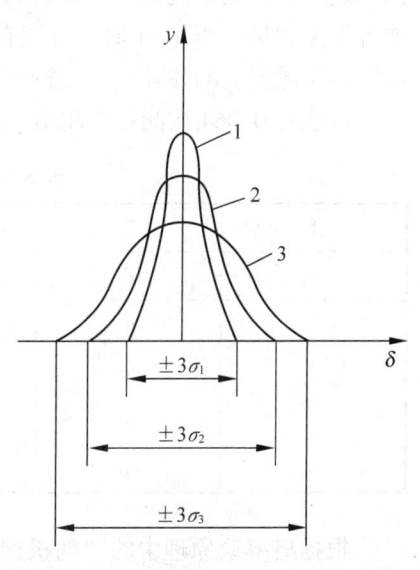

图 5-16　三种不同 σ 的正态分布曲线

$$\sigma = \sqrt{\frac{\delta_1^2 + \delta_2^2 + \cdots + \delta_N^2}{N}} \tag{5-7}$$

式中，δ_i 为测量列中各测得值相应的随机误差，N 为测量次数。

(3) 随机误差的极限值。由正态分布曲线知：正态分布曲线与水平坐标轴之间所包含的面积等于随机误差出现的概率，对于（$-\infty \sim +\infty$）范围来说，随机误差出现的概率总和为 1，即概率为 100%。

$$p = \int_{-\infty}^{+\infty} y \, d\delta = \int_{-\infty}^{+\infty} \frac{1}{\sigma\sqrt{2\pi}} e^{-\frac{\delta^2}{2\sigma^2}} d\delta = 1$$

如果我们研究误差落在区间（$-\delta$、$+\delta$）之中的概率，则上式可改写为

$$p = \int_{-\delta}^{+\delta} y \, d\delta = \int_{-\delta}^{+\delta} \frac{1}{\sigma\sqrt{2\pi}} e^{-\frac{\delta^2}{2\sigma^2}} d\delta \tag{5-8}$$

将上式进行变量置换，设 $t = \dfrac{\delta}{\sigma}$，则

$$dt = \frac{d\delta}{\sigma}$$

即

$$p = \frac{1}{\sqrt{2\pi}} \int_{-t}^{+t} e^{-\frac{t^2}{2}} dt \tag{5-9}$$

这样，我们就可以求出积分值 p。为了应用方便，其积分值一般列成表格的形式，称为概率函数积分值表。由于函数是对称的，因此表中列出的值是由 $0 \sim t$ 的积分值 $\phi(t)$，而整个面积的积分值 $p = 2\phi(t)$。当 t 值一定时，$\phi(t)$ 值可由概率函数积分表中查出。

如表 5-3 所示，列出 $t = 1，2，3，4$ 等几个特殊值的概率函数积分值，并已求出不超出 δ 区间的概率以及超出 δ 区间的概率。表中第 1 列为 t 值，第 2 列为随机误差 δ，第 3 列为根据 t 值在概率函数积分表中查出的积分值 $\phi(t)$，第 4 列为不超出 δ 的概率值 $p = 2\phi(t)$，第 5 列为超出 δ 的概率值 $p' = 1 - 2\phi(t)$。从表中所列数据，可以得到下列结果：若我们进行 100 次等精度测量，当 $\delta = \sigma$ 时，可能有 32 次测得值超出 $|\delta|$ 的范围；当 $\delta = 2\sigma$ 时，可能有 4.5 次测得值超出 $|\delta|$ 的范围；当 $\delta = 3\sigma$ 时，可能有 0.27 次测得值超出 $|\delta|$ 的范围；当 $\delta = 4\sigma$ 时，可能有 0.064 次测得值超出 $|\delta|$ 的范围。

表 5-3　几个特殊值的概率函数积分值

1	2	3	4	5
t	δ	$\phi(t)$	不超出 δ 的概率 p	超出 δ 的概率 $p' = 1-p$
1	σ	0.341 3	0.682 6	0.317 4
2	2σ	0.477 2	0.954 4	0.045 6
3	3σ	0.498 65	0.997 3	0.002 7
4	4σ	0.499 968	0.999 36	0.000 64

根据概率论原理中的"随机误差的有界性"特性，零件正常加工过程中出现的随机误差的绝对值 $|\delta_i|$ 不会太大，不可能明显超过某一尺寸范围，绝大多数（99.73% 以上）的

随机误差 δ_i 是出现在以正态分布曲线的对称中心线为中心、位于对称中心线两侧 $-3\sigma \sim +3\sigma$ 范围之内的区域,故生产中常取 $\delta = \pm 3\sigma$ 为随机误差的极限值。随机误差的极限值反映了所得测量数据的精确程度,反映了测量方法极限误差的大小,测量结果的极限误差可表达为 $\pm\delta_{lim} = \pm 3\sigma$。例如某次测量的测得值为 50.002 mm,若计算知标准偏差 $\sigma = 0.0003$ mm,则其测量结果应表达为

$$(50.002 \pm 3 \times 0.0003) \text{ mm} = (50.002 \pm 0.0009) \text{ mm}$$

该测量结果的置信概率为 99.73%,即该被测量的真值等于 50.0011~50.0029 mm 的准确性为 99.73%。

3. 粗大误差

粗大误差是指对测量结果产生显著歪曲的测量误差。例如,由于测量者的疏忽大意,在测量过程中看错、读错、记错读数,以及突然的冲击振动而引起的测量误差等。在正常情况下,粗大误差一般不会产生;但如果一旦出现了粗大误差,由于这类误差的数值都比较大,将使测量结果明显歪曲。所以在测量中,应尽量避免或剔除粗大误差。

5.3.4 测量精度

测量精度是指被测量的测得值与其真值的接近程度。测量精度和测量误差是描述同一个概念但表达方式相反的两个术语。测量误差越小,则测量精度就越高;反之,测量精度就越低。为了反映不同性质的测量误差对测量结果的不同影响,测量精度可分为以下几种。

1. 精密度

精密度反映测量结果中随机误差的影响程度。若随机误差小,则精密度高。

2. 正确度

正确度反映测量结果中系统误差的影响程度。若系统误差小,则正确度高。

3. 准确度

准确度反映测量结果中系统误差和随机误差的综合影响程度。若系统误差和随机误差都小,则准确度高。

如图 5-17 所示,具体的测量过程与射击打靶很相似:精密度高的,正确度不一定高;正确度高的,精密度不一定高;只有精密度和正确度都很高,才表明准确度比较高。

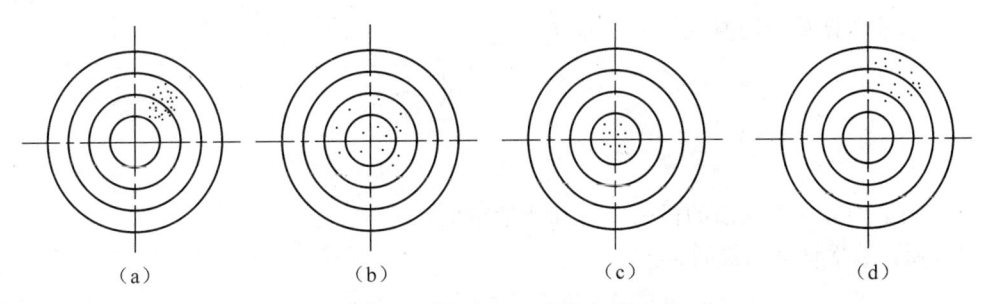

图 5-17 精密度、正确度和准确度
(a) 精密度高、正确度低;(b) 正确度高、精密度低;
(c) 准确度高(精密度、正确度都高);(d) 准确度低(精密度、正确度都低)

5.3.5 测量结果的数据处理

对测量结果进行数据处理，是为了找出被测量的最可信数值，以及找出该数值所包含的各种误差，以求消除或减小测量误差的影响，提高测量精度。

1. 测量列随机误差的处理

随机误差是客观存在、不可避免和无法消除的。为了减小随机误差的影响，可用概率论与数据统计的方法对测量结果进行处理，估算随机误差的数值和分布规律。数据处理的步骤如下。

（1）算术平均值 $\bar{x}$。在相同条件下对同一被测量作等精度多次重复测量，可得一系列的测量值 x_1、x_2、x_3、$\cdots$、x_n，称为"测量列"。测量列的算术平均值为

$$\bar{x} = \frac{1}{n}\sum_{i=1}^{n} x_i \tag{5-10}$$

式中，n 为测量次数。

当 $n \to \infty$ 时，$\bar{x}$ 趋近于真值 x_0。但因为测量次数 n 不可能无限多，仅用有限次测得值 x_i 无法求出真值 x_0，故实际测量中近似地以 $\bar{x}$ 作为被测量的真值 x_0。

（2）残差 v_i。残差是指每个测得值与算术平均值的代数差，即

$$v_i = x_i - \bar{x} \tag{5-11}$$

当测量次数足够多时，残差的代数和趋近于零。

（3）标准偏差 σ。标准偏差 σ 是表征随机误差集中与分散程度的指标。由于随机误差 δ_i 是未知量，实际测量时常用残差 v_i 代表 δ_i，所以测量列中单次测得值的标准偏差 σ 的估算值为

$$\sigma \approx \sqrt{\frac{\sum_{i=1}^{n} v_i^2}{n-1}} \tag{5-12}$$

这就是常见的贝塞尔（Bessel）公式，该式根号内的分母为 $(n-1)$ 而不是采用 n，这是因为按 v_i 计算 σ 时，n 个残差不完全独立，而是受 $\sum_{i=1}^{n} v_i = 0$ 条件的约束，因此 n 个残差只能等效于 $(n-1)$ 个独立随机变量。

（4）测量列算术平均值的标准偏差 $\sigma_{\bar{x}}$。

$$\sigma_{\bar{x}} = \frac{\sigma}{\sqrt{n}} = \sqrt{\frac{\sum_{i=1}^{n} v_i^2}{n(n-1)}} \tag{5-13}$$

（5）测量列算术平均值的极限误差和测量结果。

测量列算术平均值的极限误差为

$$\delta_{\lim(\bar{x})} = \pm 3\sigma_{\bar{x}} \tag{5-14}$$

测量列的测量结果可表示为

$$x_0 = \bar{x} \pm \delta_{\lim(\bar{x})} = \bar{x} \pm 3\sigma_x = \bar{x} \pm 3\frac{\sigma}{\sqrt{n}} \tag{5-15}$$

这时的置信概率 $p=99.73\%$。

2. 系统误差的处理

（1）常值系统误差的处理。常值系统误差的大小和符号均不变。在误差分布曲线图上，常值系统误差不改变测量误差分布曲线的形状，只改变测量误差分布中心的位置。从测量列的原始数据本身，看不出是否存在常值系统误差。但如果改变测量条件，对同一被测量进行等精度重复测量，若前后两次测量列的值有明显差异，则表示有常值系统误差存在。

例如，用比较仪测量某一线性尺寸时，若按"级"使用量块进行测量，其结果必定存在常值系统误差，该常值系统误差只有用级别更高的量块进行测量对比才能发现。

常值系统误差的消除办法：可取其反向值作为修正值，加到测量列的算术平均值上进行反向补偿，该常值系统误差即可被消除。

（2）变值系统误差的处理。变值系统误差的大小和符号均按一定规律变化。变值系统误差不仅改变测量误差分布曲线的形状，而且改变测量误差分布中心的位置。揭示变值系统误差，可使用残差观察法。

残差观察法是将残差按测量顺序排列，然后观察它们的分布规律：若残差大体上呈正、负相间出现且无规律性变化，则不存在变值系统误差（见图 5-18（a））；若残差按近似的线性规律递增或递减，则可判定存在线性变值系统误差（见图 5-18（b））；若残差的大小和符号呈规律性周期变化，则可判定存在周期性变值系统误差（见图 5-18（c））。

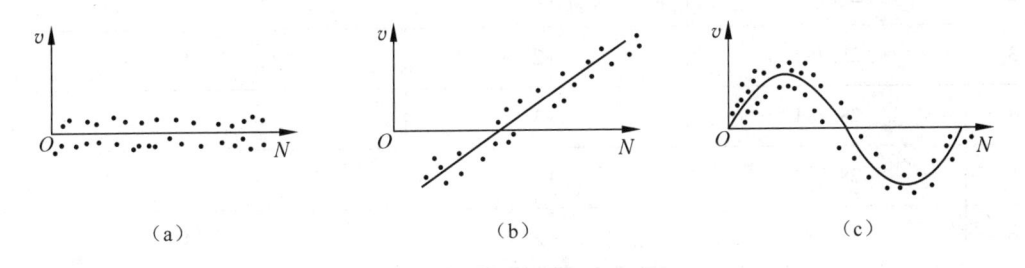

图 5-18 变值系统误差的发现
(a) 不存在变值系统误差；(b) 存在线性变值系统误差；(c) 存在周期性变值系统误差

从理论上说，系统误差是可以被消除的，但实际上由于系统误差存在的复杂性，系统误差只能减小到一定限度。一般来说，系统误差若减小到使其影响相当于随机误差的程度，则可认为系统误差已被消除。

3. 粗大误差的剔除

粗大误差会对测量结果产生明显的歪曲，应当将其从测量列中剔除。剔除粗大误差不能凭主观猜测，通常根据拉依达准则（又称 3σ 准则）予以判别。拉依达准则认为：当测量列服从正态分布规律时，残差落在 $\pm 3\sigma$ 外的概率仅为 0.27%，即在 370 次连续测量中只有一次测量的残差超出 $\pm 3\sigma$。考虑到实际上连续测量的次数一般不超过 370 次，故可认为测量列中不应含有超出 $\pm 3\sigma$ 范围的残差。拉依达准则的判断式为

$$|v_i|>3\sigma \tag{5-16}$$

在测量列中剔除一个含有粗大误差的测量值之后,应将剩余测量列重新计算求出新的 σ,再根据所得的新的 σ 按拉依达准则判断测量列中是否仍有粗大误差。注意,每次操作只能剔除一个粗大误差,必要时应反复操作直到剔除完毕为止。还须注意的是,当测量总次数小于 10 次时,一般不能使用拉依达准则来剔除粗大误差。

4. 数据处理举例

例 5-1 用立式光学计对某轴同一部位进行 12 次测量,测量数值见表 5-4,假设已消除了常值系统误差,试求其测量结果。

解:① 计算算术平均值 $\bar{x}=\dfrac{1}{n}\sum\limits_{i=1}^{n}x_i=\dfrac{1}{12}\sum\limits_{i=1}^{12}x_i=28.787$(mm)

② 计算残差 $v_i=x_i-\bar{x}$,同时计算出 v_i^2、$\sum\limits_{i=1}^{n}v_i$ 和 $\sum\limits_{i=1}^{n}v_i^2$,见表 5-4。

③ 判断变值系统误差:根据残差观察法判断,测量列中的残差大体上呈正、负相间,无明显规律的变化,所以认为无变值系统误差。

表 5-4 测量数值及其数据处理结果

序号	测得值 x_i/mm	残差 $v_i=x_i-\bar{x}$/μm	残差的平方 v_i^2/(μm)²
1	28.784	−3	9
2	28.789	+2	4
3	28.789	+2	4
4	28.784	−3	9
5	28.788	+1	1
6	28.789	+2	4
7	28.786	−1	1
8	28.788	+1	1
9	28.788	+1	1
10	28.785	−2	4
11	28.788	+1	1
12	28.786	−1	1
	$\bar{x}=28.787$	$\sum\limits_{i=1}^{12}v_i=0$	$\sum\limits_{i=1}^{12}v_i^2=40$

④ 计算标准偏差

$$\sigma \approx \sqrt{\frac{\sum_{i=1}^{12} v_i^2}{n-1}} = \sqrt{\frac{40}{11}} = 1.9 \ (\mu m)$$

⑤ 判断粗大误差：由标准偏差，可求得粗大误差的界限 $|v_i|>3\sigma = 5.7 \ \mu m$，故不存在粗大误差。

⑥ 计算算术平均值的标准偏差

$$\sigma_{\bar{x}} = \frac{\sigma}{\sqrt{n}} = \frac{1.9}{\sqrt{12}} = 0.55 \ (\mu m)$$

算术平均值的极限偏差

$$\delta_{\lim(\bar{x})} = \pm 3\sigma_{\bar{x}} = 0.001\ 6 \ (mm)$$

⑦ 写出测量结果

$$x_0 = \bar{x} \pm \delta_{\lim \bar{x}} = (28.787 \pm 0.001\ 6) \ mm$$

该测量结果的置信概率为 99.73%。

5.4 光滑工件尺寸的检验

光滑工件尺寸测量是最基础的几何量测量。几何量中的形状、位置、表面粗糙度等误差的测量，大都以长度尺寸测量为基础，因此，许多通用的尺寸测量器具，也常在几何误差等的测量中使用。

在进行检测时，要针对零件的结构特点和精度要求选用不同的计量器具。对于大批量生产，多采用专用量规检验，以提高检测效率；对于单件生产或小批量生产，常采用通用计量器具进行检测。本节介绍通用计量器具的选择原则及常用的尺寸测量方法。

5.4.1 验收原则及方法

误收与误废：

在进行检测时，如果把超出公差界限的废品判为合格品，称为误收；如果把公差界限内的合格品判为废品，称为误废。

例如，用示值误差为 ±4 μm 的千分尺验收 $\phi 20h6\ (_{-0.013}^{0})$ 的轴颈时，若轴颈的尺寸偏差为 0~+4 μm，属于不合格品。但由于千分尺的测量误差为 −4 μm，测量所得值仍旧可能小于规定的上偏差，从而把超差废品误判为合格品而接收，导致误收。反之，则可能导致误废。

为了保证产品质量，国家标准 GB/T 3177—2009《光滑工件尺寸的检验》对验收原则、验收极限和计量器具的选择等事项做了统一规定。该标准适用于使用普通计量器具（游标卡尺、千分尺、车间使用的比较仪等），对图样标注公差等级为 IT6~IT18 级、公称尺寸 ≤ 500 mm 的光滑工件尺寸的检验，也适用于对一般公差尺寸的检验。

5.4.2 安全裕度 A 与验收极限

我国国家标准规定的验收原则是：所采用的验收方法应当只接收位于所规定的极限尺寸之内的工件，即只允许有误废，而不允许有误收。这一验收原则，是从确保产品质量的角度进行考虑的，根据这一验收原则，为了保证零件满足互换性要求，将误收减至最少，国标规定了验收极限。

验收极限是指检验工件尺寸时，判断工件合格与否的尺寸界限。国家标准规定，验收极限可按下列两种方法之一确定。

方法1 验收极限是从规定的最大实体尺寸（MMS）和最小实体尺寸（LMS）分别向工件公差带内移动一个安全裕度（A）来确定，如图5-19所示。安全裕度 A 值按工件公差（T）的1/10确定，其数值如表5-5所示。

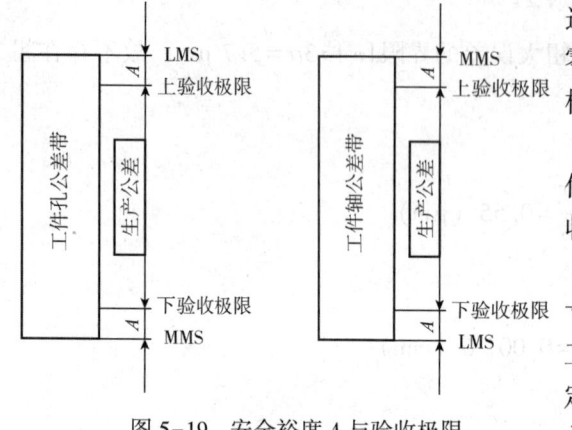

图 5-19 安全裕度 A 与验收极限

孔尺寸的验收极限：

上验收极限 = 最小实体尺寸(LMS) - 安全裕度(A)

下验收极限 = 最大实体尺寸(MMS) + 安全裕度(A)

轴尺寸的验收极限：

上验收极限 = 最大实体尺寸(MMS) - 安全裕度(A)

下验收极限 = 最小实体尺寸(LMS) + 安全裕度(A)

方法2 验收极限等于图样上标注的最大实体尺寸和最小实体尺寸，即 A 值等于零。

上述两种方法中具体选择哪一种方法，要结合工件的尺寸功能要求及其重要程度、尺寸公差等级、测量不确定度、工艺能力等多种因素综合考虑。考虑的原则是：① 对于图样标注适用包容要求的尺寸，或公差等级要求较高的尺寸，其验收极限按方法1确定；② 对于非配合尺寸和一般公差要求的尺寸，按方法2确定。

5.4.3 计量器具的选择原则

计量器具的选择，主要取决于计量器具的技术指标和经济指标。其要求如下。

(1) 选择计量器具时，应与被测工件的外形、位置、尺寸的大小及被测参数的特性相适应，使所选计量器具的测量范围能满足工件的测量精度要求。

(2) 选择计量器具时，应考虑工件的尺寸公差，使所选计量器具的不确定度既能保证测量精度要求，又能符合经济性要求。

为了保证测量结果的可靠性和量值的统一，国家标准规定：应按照计量器具的测量不确定度允许值 u_1 选择计量器具。u_1 的数值分为Ⅰ、Ⅱ、Ⅲ挡，分别约为工件公差的1/10、1/6和1/4；对于IT6~IT11，u_1 的值分为Ⅰ、Ⅱ、Ⅲ挡；对于IT12~IT18，u_1 的值分为Ⅰ、Ⅱ挡。在一般情况下，优先选用Ⅰ挡，其次为Ⅱ挡、Ⅲ挡。u_1 的数值如表5-5所示。

表5-5 安全裕度（A）与计量器具的测量不确定度允许值（u_1）

μm

公称尺寸/mm		IT6		\multicolumn{3}{c}{u_1}	IT7		\multicolumn{3}{c}{u_1}	IT8		\multicolumn{3}{c}{u_1}	IT9		\multicolumn{3}{c}{u_1}	IT10		\multicolumn{3}{c}{u_1}	IT11		\multicolumn{3}{c}{u_1}	IT12		\multicolumn{3}{c}{u_1}	IT13		\multicolumn{3}{c}{u_1}
大于	至	T	A	Ⅰ	Ⅱ	Ⅲ	T	A	Ⅰ	Ⅱ	Ⅲ	T	A	Ⅰ	Ⅱ	Ⅲ	T	A	Ⅰ	Ⅱ	Ⅲ	T	A	Ⅰ	Ⅱ	Ⅲ	T	A	Ⅰ	Ⅱ	Ⅲ	T	A	Ⅰ	Ⅱ	Ⅲ	T	A	Ⅰ	Ⅱ	Ⅲ
—	3	6	0.6	0.54	0.9	1.4	10	1.0	0.9	1.5	2.3	14	1.4	1.3	2.1	3.2	25	2.5	2.3	3.8	5.6	40	4.0	3.6	6.0	9.0	60	6.0	5.4	9.0	14	100	10	9.0	15	—	140	14	13	—	21
3	6	8	0.8	0.72	1.2	1.8	12	1.2	1.1	1.8	2.7	18	1.8	1.6	2.7	4.1	30	3.0	2.7	4.5	6.8	48	4.8	4.3	7.2	11	75	7.5	6.8	11	17	120	12	11	18	—	180	18	16	—	27
6	10	9	0.9	0.81	1.4	2.0	15	1.5	1.4	2.3	3.4	22	2.2	2.0	3.3	5.0	36	3.6	3.3	5.4	8.1	58	5.8	5.2	8.7	13	90	9.0	8.1	14	20	150	15	14	23	—	220	22	20	—	33
10	18	11	1.1	1.0	1.7	2.5	18	1.8	1.7	2.7	4.1	27	2.7	2.4	4.1	6.1	43	4.3	3.9	6.5	9.7	70	7.0	6.3	11	16	110	11	10	17	25	180	18	16	27	—	270	27	24	—	41
18	30	13	1.3	1.2	2.0	2.9	21	2.1	1.9	3.2	4.7	33	3.3	3.0	5.0	7.4	52	5.2	4.7	7.8	12	84	8.4	7.6	13	19	130	13	12	20	29	210	21	19	32	—	330	33	30	—	50
30	50	16	1.6	1.4	2.4	3.6	25	2.5	2.3	3.8	5.6	39	3.9	3.5	5.9	8.8	62	6.2	5.6	9.3	14	100	10	9.0	15	23	160	16	14	24	36	250	25	23	38	—	390	39	35	—	59
50	80	19	1.9	1.7	2.9	4.3	30	3.0	2.7	4.5	6.8	46	4.6	4.1	6.9	10	74	7.4	6.7	11	17	120	12	11	18	27	190	19	17	29	43	300	30	27	45	—	460	46	41	—	69
80	120	22	2.2	2.0	3.3	5.0	35	3.5	3.2	5.3	7.9	54	5.4	4.9	8.1	12	87	8.7	7.8	13	20	140	14	13	21	32	220	22	20	33	50	350	35	32	53	—	540	54	49	—	81
120	180	25	2.5	2.3	3.8	5.6	40	4.0	3.6	6.0	9.0	63	6.3	5.7	9.5	14	100	10	9.0	15	23	160	16	15	24	36	250	25	23	38	56	400	40	36	60	—	630	63	57	—	95
180	250	29	2.9	2.6	4.4	6.5	46	4.6	4.1	6.9	10	72	7.2	6.5	11	16	115	12	10	17	26	185	18	17	28	42	290	29	26	44	65	460	46	41	69	—	720	72	65	—	110
250	315	32	3.2	2.9	4.8	7.2	52	5.2	4.7	7.8	12	81	8.1	7.3	12	18	130	13	12	19	29	210	21	19	32	47	320	32	29	48	72	520	52	47	78	—	810	81	73	—	120
315	400	36	3.6	3.2	5.4	8.1	57	5.7	5.1	8.4	13	89	8.9	8.0	13	20	140	14	13	21	32	230	23	21	35	52	360	36	32	54	81	570	57	51	81	—	890	89	80	—	130
400	500	40	4.0	3.6	6.0	9.0	63	6.3	5.7	9.5	14	97	9.7	8.7	15	22	155	16	14	23	35	250	25	23	38	56	400	40	36	60	90	630	63	57	95	—	970	97	87	—	150

在选择计量器具时，所选用的计量器具的不确定度，应小于或等于计量器具的不确定度允许值 u_1。表 5-6 所示为千分尺和游标卡尺的不确定度，表 5-7 所示为比较仪的不确定度，表 5-8 所示为指示表的不确定度。

表 5-6　千分尺和游标卡尺的不确定度　　　　　　　　　　　　　　　　　　mm

| 尺寸范围 || 计量器具类型 ||||
大于	至	分度值为 0.01 的外径千分尺	分度值为 0.01 的内径千分尺	分度值为 0.02 的游标卡尺	分度值为 0.05 的游标卡尺
		不确定度			
0	50	0.004			
50	100	0.005	0.008		0.05
100	150	0.006		0.020	
150	200	0.007			
200	250	0.008	0.013		
250	300	0.009			
300	350	0.010			0.100
350	400	0.011	0.020		
400	450	0.012			
450	500	0.013	0.025		
500	600				
600	700		0.030		
700	1 000				0.150

注：当采用比较测量时，千分尺的不确定度可小于本表规定的数值，一般可减小 40%。

表 5-7　比较仪的不确定度　　　　　　　　　　　　　　　　　　mm

| 尺寸范围 || 所使用的计量器具 ||||
大于	至	分度值为 0.000 5 mm（相当于放大倍数为 2 000 倍）的比较仪	分度值为 0.001 mm（相当于放大倍数为 1 000 倍）的比较仪	分度值为 0.002 mm（相当于放大倍数为 500 倍）的比较仪	分度值为 0.005 mm（相当于放大倍数为 200 倍）的比较仪
		不　确　定　度			
0	25	0.000 6	0.001 0	0.001 7	
25	40	0.000 7			
40	65	0.000 8	0.001 1	0.001 8	0.003 0
65	90	0.000 8			
90	115	0.000 9	0.001 2	0.001 9	
115	165	0.001 0	0.001 3		
165	215	0.001 2	0.001 4	0.002 0	
215	265	0.001 4	0.001 6	0.002 1	0.003 5
265	315	0.001 6	0.001 7	0.002 2	

注：测量时，使用的标准器由 4 块 1 级（或 4 等）量块组成。

表 5-8　指示表的不确定度　　　　　　　　　　　　　　　mm

尺寸范围		所使用的计量器具			
大于	至	分度值为 0.001 mm 的千分表（0级在全程范围内）、分度值为 0.002 mm 的千分表（在一转范围内）	分度值为 0.001 mm、0.002 mm、0.005 mm 的千分表（1级在全程范围内）、分度值为 0.01 mm 的百分表（0级在任意 1 mm 内）	分度值为 0.01 mm 的百分表（0级在全程范围内，1级在任意 1 mm 内）	分度值为 0.01 mm 的百分表（1级在全程范围内）
		不　　确　　定　　度			
0	25	0.005	0.010	0.018	0.030
25	40	^	^	^	^
40	65	^	^	^	^
65	90	^	^	^	^
90	115	^	^	^	^
115	165	0.006	^	^	^
165	215	^	^	^	^
215	265	^	^	^	^
265	315	^	^	^	^

例 5-2　被检验工件为 $\phi 50h9(_{-0.062}^{0})$ⒺＥ，试确定验收极限，并选择适当的计量器具。

解：此工件遵守包容要求，应按方法 1 确定验收极限。

查表 5-5 得安全裕度 $A = 6.2 \ \mu m$，因此

上验收极限 = 50 − 0.006 2 = 49.993 8（mm）

下验收极限 = 50 − 0.062 + 0.006 2 = 49.944 2（mm）

按优先选用 Ⅰ 挡的原则查表 5-5，得计量器具的不确定度允许值 $u_1 = 5.6 \ \mu m$。

查表 5-6，在工件尺寸 0~50 mm 尺寸段，查得分度值为 0.01 mm 的外径千分尺的不确定度为 0.004 mm，它小于 0.005 6 mm，所以能满足要求。

5.5　光滑极限量规设计

5.5.1　概述

光滑极限量规是一种无刻线的专用量具，其结构简单、制造容易、使用方便，被广泛应用于大批量生产中。但它只能判断工件尺寸是否合格，不能测出工件的具体实际尺寸。

按被测对象的种类，光滑极限量规分为塞规和卡规两种。塞规是孔用极限量规，它的通规按被测孔的最小极限尺寸确定，防止孔的作用尺寸小于孔的最小极限尺寸；它的止规按被测孔的最大极限尺寸设计，防止孔的实际尺寸大于孔的最大极限尺寸。卡规是轴用量规，它的通规按被测轴的最大极限尺寸设计，防止轴的作用尺寸大于轴的最大极限尺寸；它的止规按被测轴的最小极限尺寸设计，防止轴的实际尺寸小于轴的最小极限尺寸，如图 5-20 所示。

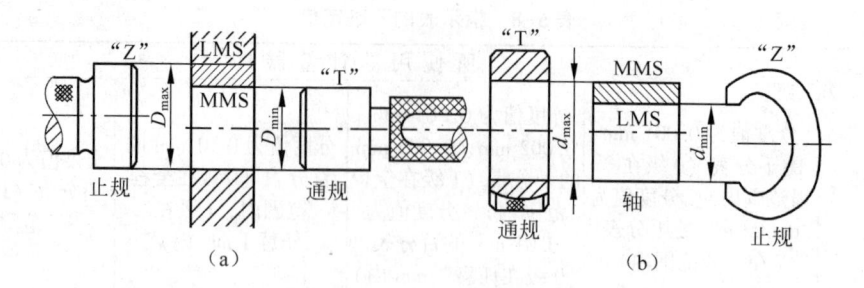

图 5-20 孔用量规和轴用量规
(a) 孔用量规；(b) 轴用量规

按用途，光滑极限量规分为工作量规、验收量规、校对量规三种。工作量规是车间工人在生产过程中使用的量规，它的通规和止规分别用代号 T 和 Z 表示。验收量规是检验部门或用户在验收产品时使用的量规。校对量规是用于校对工作量规的量规，用来检验工作量规是否符合制造公差的要求和是否已经达到磨损极限。

在实际生产中工作量规应用最普遍，下面仅阐述与工作量规设计有关的内容。

5.5.2 量规设计的原则

1. 泰勒原则

为了准确地评定遵守包容要求的孔和轴是否合格，设计光滑极限量规时应遵守泰勒原则（极限尺寸判断原则）的规定。如图 5-21 所示，泰勒原则是指孔或轴的实际尺寸与形状误差综合形成的体外作用尺寸（D_{fe} 或 d_{fe}），不允许超出最大实体尺寸（D_M 或 d_M）；在孔或轴任何位置上的局部实际尺寸（D_a 或 d_a），不允许超出最小实体尺寸（D_L 或 d_L）。即

对于孔：$D_{fe} \geq D_{min}$，$D_a \leq D_{max}$

对于轴：$d_{fe} \leq d_{max}$，$d_a \geq d_{min}$

式中，D_{max} 与 D_{min} 分别为孔的最大与最小极限尺寸，d_{max} 与 d_{min} 分别为轴的最大与最小极限尺寸。

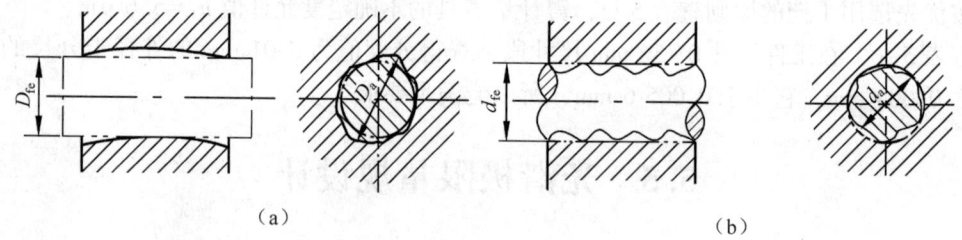

图 5-21 孔、轴体外作用尺寸 D_{fe}、d_{fe} 与实际尺寸 D_a、d_a
(a) 孔；(b) 轴

包容要求Ⓔ是从设计的角度出发，反映对孔、轴的设计要求。而泰勒原则是从验收的角度出发，反映对孔、轴的验收要求。从保证孔与轴的配合性质的角度看，两者是一致的。

当用光滑极限量规检验工件时，对符合泰勒原则的量规要求如下：通规应设计成全形量规，其测量面应具有与被测孔或被测轴相应的完整表面；通规的尺寸应等于被测孔或被测轴的最大实体尺寸，通规的长度应与被测孔或被测轴的配合长度一致；止规应设计成两点式的非全形量规，两点间的距离应等于被测孔或被测轴的最小实体尺寸。

选用量规的结构形式时，必须考虑工件结构、大小、产量和检验效率等，图 5-22 给出了量规的形式示例。

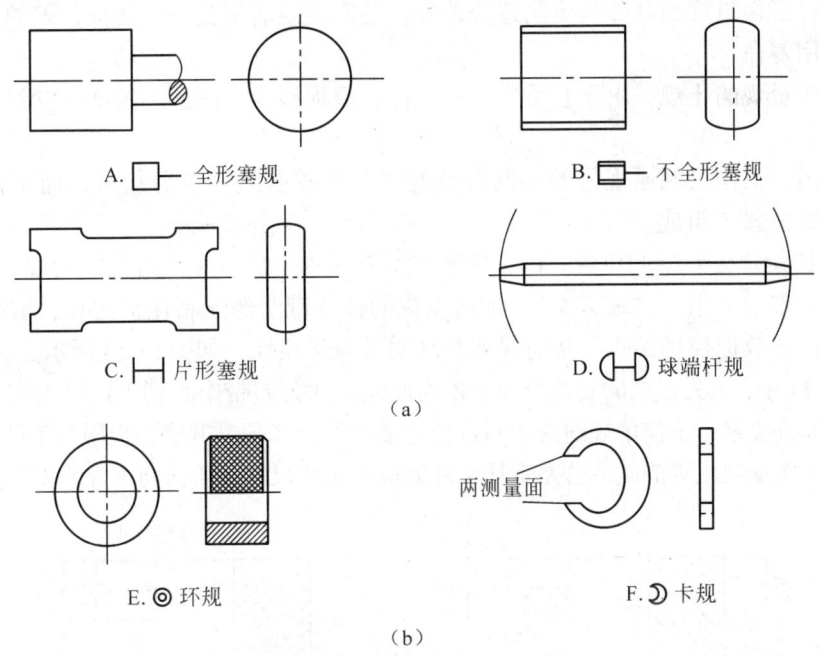

图 5-22　孔、轴用量规的形式
(a) 孔用量规；(b) 轴用量规

但在实际生产中，极限量规常偏离上述原则。例如：为了使用标准化的量规，允许通规的长度小于结合面的全长；对于尺寸大于 ϕ100 mm 的孔，用全形塞规很笨重，不方便使用，允许使用非全形塞规；环规通规不能检验正在顶尖上加工的工件及曲轴，允许用卡规代替；检验小孔的塞规止规，常使用便于制造的全形塞规；刚性差的工件，由于考虑受力变形，也常使用全形塞规或环规。图 5-23 为孔用和轴用量规不同尺寸段的量规形式。必须指出，只有在保证被检验工件的形状误差不致影响配合性质的前提下，才允许使用偏离极限尺寸判断原则的量规。

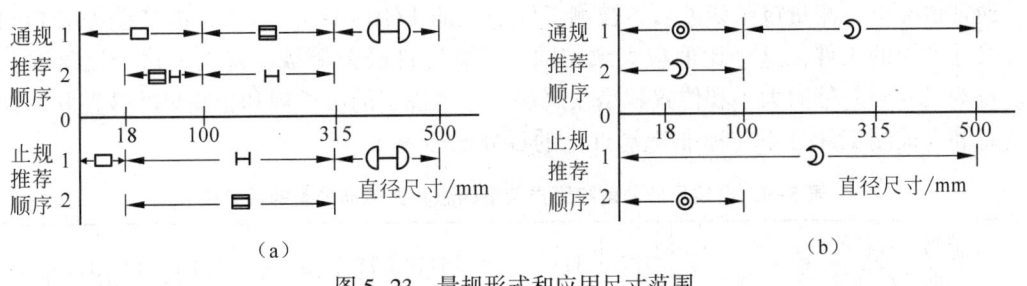

图 5-23　量规形式和应用尺寸范围
(a) 孔用量规；(b) 轴用量规

2. 工作量规公差带

（1）工作量规公差带的大小——制造公差、磨损公差。量规是一种精密检验工具，制造量规和制造工件一样，在制造过程中不可避免地会产生误差，故必须规定制造公差。量规制造公差的大小决定了量规制造的难易程度。

工作量规的通规在工作时，要经常通过被检验工件，其工作表面不可避免地会产生磨损，为了使通规具有一定的使用寿命，除了采用淬硬钢精密制造外，还需要留出适当的磨损储量，因而，工作量规通规除规定制造公差外，还需规定磨损公差。磨损公差的大小，决定了量规的使用寿命。

对于工作量规的止规，由于它不应通过工件，磨损很少，因此不留磨损储量，即止规不规定磨损公差。

综上所述，工作量规通规公差由制造公差 T 和磨损公差两部分组成，而工作量规止规公差仅由制造公差 T 组成。

（2）工作量规公差带的位置。国家标准 GB/T 1957—2006《光滑极限量规 技术条件》规定，量规公差带采用"内缩方案"。即将量规的公差带全部限制在被测孔、被测轴公差带之内，使它能有效地控制误收，从而保证产品质量与互换性，如图 5-24 所示。

在图 5-24 中，T 为量规的制造公差，Z 为通规尺寸公差带中心到工件最大实体尺寸间的距离，称为位置要素。工作量规通规的制造公差带对称于 Z 值，其磨损极限与工件的最大实体尺寸重合。工作量规止规的制造公差带从工件的最小实体尺寸起始，向工件公差带内分布。

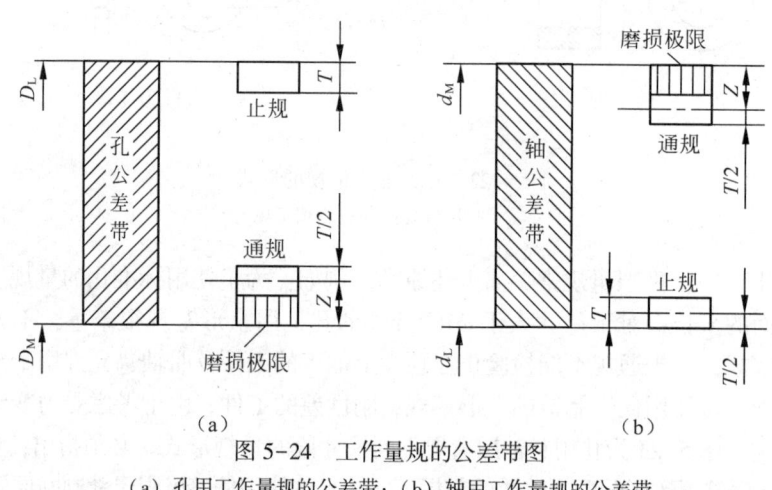

图 5-24 工作量规的公差带图
(a) 孔用工作量规的公差带；(b) 轴用工作量规的公差带

通常情况下，测量极限误差可占被测工件公差的 1/10~1/6。对于标准公差等级相同而公称尺寸不同的工件，这个比值应大致相同。随着工件公差等级的降低，这个比值逐渐减小。量规尺寸公差带的大小和位置就是按照这一原则规定的。通规和止规尺寸公差和磨损储量的总和占被测工件公差（标准公差 IT）的百分比见表 5-9。

表 5-9 量规尺寸公差和磨损储量的总和占标准公差的百分比　　　　%

被测孔或轴的标准公差等级	IT6	IT7	IT8	IT9	IT10	IT11	IT12	IT13	IT14	IT15	IT16
$\dfrac{T+(Z+T/2)}{IT}$	40	32.9	28	23.5	19.7	16.9	14.4	13.8	12.9	12	11.5

GB/T 1957—2006 规定了公称尺寸至 500 mm、公差等级 IT6~IT14 的孔与轴所用的工作量规的尺寸公差 T 和通端位置要素 Z 值，见表 5-10。

表 5-10　IT6~IT14 级工作量规的尺寸公差值及其通端位置要素值（摘自 GB/T 1957—2006）　μm

工件公称尺寸 D、d/mm	IT6			IT7			IT8			IT9			IT10			IT11			IT12			IT13			IT14		
	IT6	T	Z	IT7	T	Z	IT8	T	Z	IT9	T	Z	IT10	T	Z	IT11	T	Z	IT12	T	Z	IT13	T	Z	IT14	T	Z
~3	6	1	1	10	1.2	1.6	14	1.6	2	25	2	3	40	2.4	4	60	3	6	100	4	9	140	6	14	250	9	20
>3~6	8	1.2	1.4	12	1.4	2	18	2	2.6	30	2.4	4	48	3	5	75	4	8	120	5	11	180	7	16	300	11	25
>6~10	9	1.4	1.6	15	1.8	2.4	22	2.4	3.2	36	2.8	5	58	3.6	6	90	5	9	150	6	13	220	8	20	360	13	30
>10~18	11	1.6	2	18	2	2.8	27	2.8	4	43	3.4	6	70	4	8	110	6	11	180	7	15	270	10	24	430	15	35
>18~30	13	2	2.4	21	2.4	3.4	33	3.4	5	52	4	7	84	5	9	130	7	13	210	8	18	330	12	28	520	18	40
>30~50	16	2.4	2.8	25	3	4	39	4	6	62	5	8	100	6	11	160	8	16	250	10	22	390	14	34	620	22	50
>50~80	19	2.8	3.4	30	3.6	4.6	46	4.6	7	74	6	9	120	7	13	190	9	19	300	12	26	460	16	40	740	26	60
>80~120	22	3.2	3.8	35	4.2	5.4	54	5.4	8	87	7	10	140	8	15	220	10	22	350	14	30	540	20	46	870	30	70
>120~180	25	3.8	4.4	40	4.8	6	63	6	9	100	8	12	160	9	18	250	12	25	400	16	35	630	22	52	1 000	35	80
>180~250	29	4.4	5	46	5.4	7	72	7	10	115	9	14	185	10	20	290	14	29	460	18	40	720	26	60	1 150	40	90
>250~315	32	4.8	5.6	52	6	8	81	8	11	130	10	16	210	12	22	320	16	32	520	20	45	810	28	66	1 300	45	100
>315~400	36	5.4	6.2	57	7	9	89	9	12	140	11	18	230	14	25	360	18	36	570	22	50	890	32	74	1 400	50	110
>400~500	40	6	7	63	8	10	97	10	14	155	12	20	250	16	28	400	20	40	630	24	55	970	36	80	1 550	55	120

（3）工作量规的几何公差。量规几何公差与量规尺寸公差之间的关系，应遵守包容原则，即量规的几何公差应在量规的尺寸公差范围内。并规定量规几何公差为量规尺寸公差的 50%。考虑到制造和测量的困难，当量规尺寸公差小于 0.002 mm 时，其几何公差取为 0.001 mm。

根据工件尺寸公差等级的高低和公称尺寸的大小，工作量规测量面的表面粗糙度参数 Ra 通常为 0.025~0.4 μm，具体见表 5-11。

表 5-11　工作量规测量面的表面粗糙度参数 Ra 值

工 作 量 规	工件公称尺寸/mm		
	至 120	>120~315	>315~500
	Ra 最大允许值/μm		
IT6 级孔用量规	0.05	0.1	0.2
IT6~IT9 级轴用量规	0.1	0.2	0.4
IT7~IT9 级孔用量规			
IT10~IT12 级孔、轴用量规	0.2	0.4	0.8
IT13~IT16 级孔、轴用量规	0.4	0.8	0.8

注：校对量规测量面的表面粗糙度值比被校对的轴用量规测量面的粗糙度值小 50%。

5.5.3　工作量规设计示例

1. 量规的结构形式

检验光滑工件的光滑极限量规，其结构形式很多，合理地选择和使用，对正确判断检验结果影响很大，图 5-22、图 5-23 列出了国家标准推荐的常用量规的结构形式及其应用的尺寸范围，供选择量规结构形式时参考。

2. 设计示例

例 5-3　设计检验 φ30H8/f7Ⓔ孔用工作量规、轴用工作量规。

解：① 由（表 2-2、表 2-4、表 2-5）GB/T 1800.1—2009 查出孔与轴的上、下偏差为

孔：ES = +0.033 mm
　　EI = 0
轴：es = −0.020 mm
　　ei = −0.041 mm

② 由表 5-10 查出工作量规的制造公差 T 和位置要素值 Z，并确定量规的形状公差和校对量规的制造公差：

塞规制造公差　　$T = 0.0034$ mm
塞规位置要素值　$Z = 0.005$ mm
塞规形状公差　　$T/2 = 0.0017$ mm

卡规制造公差　　　　$T = 0.0024$ mm
卡规位置要素值　　　$Z = 0.0034$ mm
卡规形状公差　　　　$T/2 = 0.0012$ mm

③ 画出孔、轴及量规公差带图，如图 5-25 所示。

④ 计算各种量规的极限偏差，并按"入体原则"写出量规的尺寸标注。

ϕ30H8 孔用塞规：

通规（T）：

上偏差 = EI + Z + T/2 = 0 + 0.005 + 0.0017 = +0.0067（mm）

下偏差 = EI + Z − T/2
　　　 = 0 + 0.005 − 0.0017
　　　 = +0.0033（mm）

所以，孔用塞规的通规尺寸 = $\phi 30^{+0.0067}_{+0.0033}$ = $\phi 30.0067^{\ 0}_{-0.0034}$ mm。

止规（Z）：

上偏差 = ES = +0.033 mm

下偏差 = ES − T
　　　 = +0.033 − 0.0034
　　　 = +0.0296（mm）

所以，孔用塞规的止规尺寸 = $\phi 30^{+0.033}_{+0.0296}$ = $\phi 30.033^{\ 0}_{-0.0034}$ mm。

30f7 轴用卡规：

通规（T）：

上偏差 = es − Z + T/2
　　　 = −0.020 − 0.0034 + 0.0012
　　　 = −0.0222（mm）

下偏差 = es − Z − T/2
　　　 = −0.020 − 0.0034 − 0.0012
　　　 = −0.0246（mm）

所以，轴用卡规的通规尺寸 = $30^{-0.0222}_{-0.0246}$ = $29.9754^{+0.0024}_{\ 0}$（mm）。

止规（Z）：

上偏差 = ei + T = −0.041 + 0.0024 = −0.0386（mm）

下偏差 = ei = −0.041（mm）

所以，轴用卡规的止规尺寸 = $30^{-0.0386}_{-0.041}$ = $29.959^{+0.0024}_{\ 0}$（mm）。

⑤ 画出工作量规简图，如图 5-26 所示。

在图样上标注量规工作尺寸时有两种方法：

一种是按照工件公称尺寸为量规的公称尺寸，再标注量规的上、下偏差。在实际生产中也使用另一种标注方法，即以量规的最大实体尺寸为公称尺寸来标注，这样可使上、下偏差之一为零值，便于加工，此时所标注偏差的绝对值即为量规制造公差。

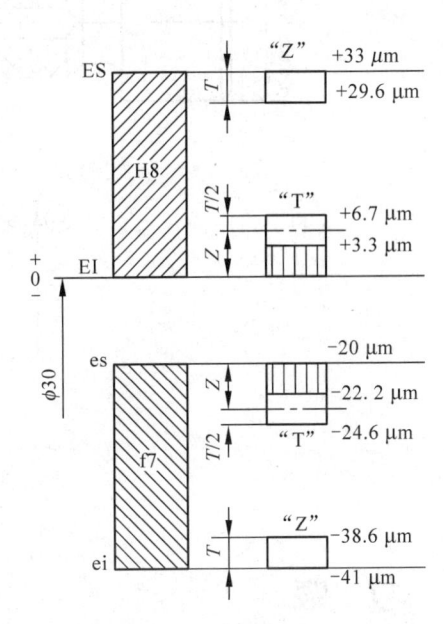

图 5-25　量规公差带图

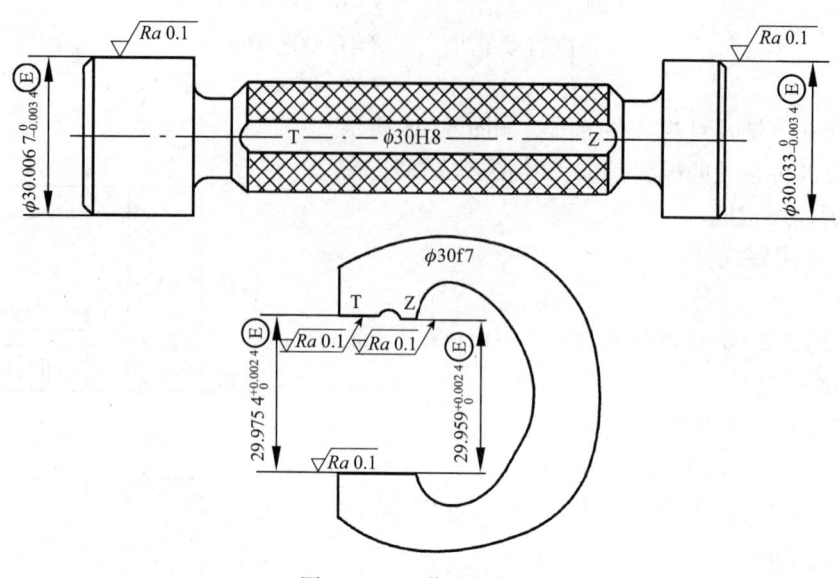

图 5-26　工作量规简图

习题

5-1　量块分等、分级的依据是什么？量块按级使用和按等使用有何不同？

5-2　测量误差有哪几类？产生各类测量误差的原因有哪些？

5-3　举例说明随机误差、系统误差、粗大误差的特性和不同，并简要说明如何进行处理？

5-4　若用标称尺寸为 20 mm 的量块将百分表调零后测量某零件的尺寸，千分表读数为 +30 μm，经检定量块的实际尺寸为 20.006 mm。试计算：

(1) 千分表的零位误差和修正值；

(2) 被测零件的实际尺寸（不计千分表的示值误差）。

5-5　三块量块的实际尺寸和检定时的极限尺寸分别为（20±0.000 3）mm、（1.005±0.000 3）mm、（1.48±0.000 3）mm，试计算量块的组合尺寸和极限误差。

5-6　已知某轴尺寸为 $\phi 20f10$Ⓔ，试选择计量器具并确定验收极限。

5-7　试计算 $\phi 50H7/e6$ 配合的孔、轴工作量规的极限偏差，并画出工作量规的公差带图。

第6章 普通螺纹的公差与配合

螺纹连接在机电产品和仪器仪表中应用十分广泛。

按螺纹连接的结合性质和使用要求，螺纹可分为以下3类。

1. 普通螺纹

主要用于连接和紧固机械零部件，是应用最为广泛的一种螺纹。普通螺纹分粗牙螺纹和细牙螺纹两种。对这类螺纹结合的要求是可旋合性和连接的可靠性，同时要求具有拆卸方便的特点。

2. 传动螺纹

主要用于传递精确的位移、传递动力和运动，如机床中的丝杠和螺母，千斤顶的起重螺杆等。对这类螺纹结合的要求是传动准确、可靠，螺牙接触良好，以及具有足够的耐磨性等。

3. 密封螺纹

密封螺纹又称紧密螺纹，用于需要密封的螺纹连接。例如管螺纹的连接，要求不漏水、不漏气、不漏油，结合紧密。对这类螺纹结合的要求是具有良好的旋合性及密封性。

本章主要介绍公制普通螺纹的公差配合及测量。本章涉及的国家标准为：

GB/T 14791—2013　　螺纹术语
GB/T 192—2003　　普通螺纹　基本牙形
GB/T 193—2003　　普通螺纹　直径与螺距系列
GB/T 196—2003　　普通螺纹　基本尺寸
GB/T 197—2003　　普通螺纹　公差
GB/T 2516—2003　　普通螺纹　极限偏差
GB/T 3934—2003　　普通螺纹量规　技术条件

6.1　普通螺纹的基本牙形和几何参数

6.1.1　公制普通螺纹的基本牙形

公制普通螺纹的基本牙形，是在等边原始三角形的基础上，削去顶部和底部所形成的，如图6-1所示。公制普通螺纹的基本尺寸见表6-1，其直径与螺距的标准组合系列见表6-2。

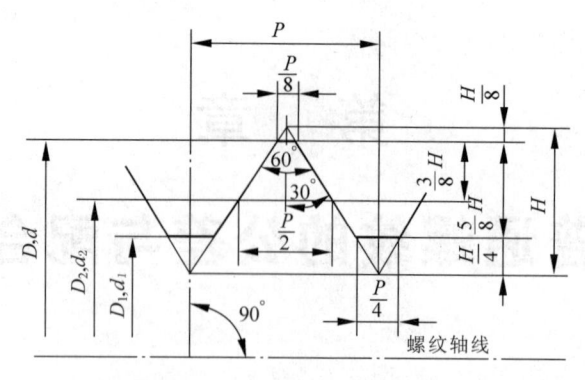

图 6-1 普通螺纹的基本牙形

D—内螺纹大径；d—外螺纹大径；D_2—内螺纹中径；d_2—外螺纹中径；
D_1—内螺纹小径；d_1—外螺纹小径；P—螺距；H—原始三角形高度

表 6-1 普通螺纹的公称尺寸（摘自 GB/T 196—2003）   mm

基本大径 D, d	螺距 P	中径 D_2, d_2	小径 D_1, d_1	基本大径 D, d	螺距 P	中径 D_2, d_2	小径 D_1, d_1
5	0.8	4.480	4.134	12	1.75	10.863	10.106
	0.5	4.675	4.459		1.5	11.026	10.376
5.5	0.5	5.175	4.959		1.25	11.188	10.647
6	1	5.350	4.917		1	11.350	10.917
	0.75	5.513	5.188	14	2	12.701	11.835
7	1	6.350	5.517		1.5	13.026	12.376
	0.75	6.513	6.188		1.25	13.188	12.647
8	1.25	7.188	6.647		1	13.350	12.917
	1	7.350	6.917	15	1.5	14.026	13.376
	0.75	7.513	7.188		1	14.350	13.917
9	1.25	8.188	7.647	16	2	14.701	13.835
	1	8.350	7.917		1.5	15.026	14.376
	0.75	8.513	8.188		1	15.350	14.917
10	1.5	9.026	8.376	17	1.5	16.026	15.376
	1.25	9.188	8.647		1	16.350	15.917
	1	9.350	8.917	18	2.5	16.376	15.294
	0.75	9.513	9.188		2	16.701	15.835
11	1.5	10.026	9.376		1.5	17.026	16.376
	1	10.350	9.917		1	17.350	16.917
	0.75	10.513	10.188	20	2.5	18.376	17.294
					2	18.701	17.835
					1.5	19.026	18.376
					1	19.350	18.917

续表

基本大径 D, d	螺距 P	中径 D_2, d_2	小径 D_1, d_1	基本大径 D, d	螺距 P	中径 D_2, d_2	小径 D_1, d_1
22	2.5 2 1.5 1	20.376 20.701 21.026 21.350	19.294 19.835 20.376 20.917	27	3 2 1.5 1	25.051 25.701 26.026 26.350	23.752 24.835 25.376 25.917
24	3 2 1.5 1	22.051 22.701 23.026 23.350	20.752 21.835 22.376 22.917	28	2 1.5 1	26.701 27.026 27.350	25.835 26.376 26.917
25	2 1.5 1	23.701 24.026 24.350	22.835 23.376 23.917	30	3.5 3 2 1.5 1	27.727 28.051 28.701 29.026 29.350	26.211 26.752 27.835 28.376 28.917
26	1.5	25.026	24.376	32	2 1.5	30.701 31.026	29.835 30.376

表 6-2 直径与螺距的标准组合系列（摘自 GB/T 193—2003）　　　　　　mm

基本大径 D, d			螺距 P								
第1系列	第2系列	第3系列	粗牙	细牙							
				3	2	1.5	1.25	1	0.75	0.5	0.35	0.25	0.2
5			0.8							0.5			
		5.5								0.5			
6			1						0.75				
	7		1						0.75				
8			1.25					1	0.75				
		9	1.25					1	0.75				
10			1.5				1.25	1	0.75				
		11						1	0.75				
12			1.75		1.5		1.25	1					
	14		2			1.5	1.25①	1					
		15				1.5		1					
16			2			1.5		1					
		17				1.5		1					
	18		2.5		2	1.5		1					
20			2.5		2	1.5		1					
	22		2.5		2	1.5		1					
24			3		2	1.5		1					
		25			2	1.5							
		26				1.5							
	27		3		2	1.5		1					
		28			2	1.5		1					

续表

基本大径 D, d			螺距 P								
第1系列	第2系列	第3系列	粗牙	细牙								
^	^	^	^	3	2	1.5	1.25	1	0.75	0.5	0.35	0.25	0.2
30			3.5	(3)	2	1.5						
		32			2	1.5		1				
		33	3.5	(3)	2	1.5						
36		35②				1.5						
			4	3	2	1.5						
		38				1.5						
		39	4	3	2	1.5						

注：① 仅用于发动机的火花塞；② 仅用于轴承的锁紧螺母。

6.1.2 公制普通螺纹的几何参数

1. 大径（D，d）

大径是与外螺纹牙顶或与内螺纹牙底相切的假想圆柱体的直径。国家标准规定，普通螺纹大径的公称尺寸为螺纹的基本大径尺寸。对外螺纹而言，大径为顶径，外螺纹的大径用 d 表示；对内螺纹而言，大径为底径，内螺纹的大径用 D 表示。

2. 小径（D_1，d_1）

小径是与内螺纹牙顶或与外螺纹牙底相切的假想圆柱体的直径。对外螺纹而言，小径为底径，外螺纹小径用 d_1 表示；对内螺纹而言，小径为顶径，内螺纹小径用 D_1 表示。

3. 中径（D_2，d_2）

中径是一个假想圆柱的直径，该假想圆柱的母线通过螺纹牙形上牙厚与牙槽宽度相等的地方，该假想圆柱称为中径圆柱。内螺纹的中径用 D_2 表示，外螺纹的中径用 d_2 表示。中径圆柱的轴线称为螺纹轴线，中径圆柱的母线称为螺纹中径线。

4. 单一中径（D_{2s}，d_{2s}）

单一中径是一个假想圆柱体的直径，该假想圆柱体的母线通过螺纹牙形上沟槽宽度等于基本螺距一半的地方。当螺距无偏差时，单一中径就是中径；当螺距有偏差时，单一中径不等于中径，如图 6-2 所示，图中 ΔP 为螺距误差。

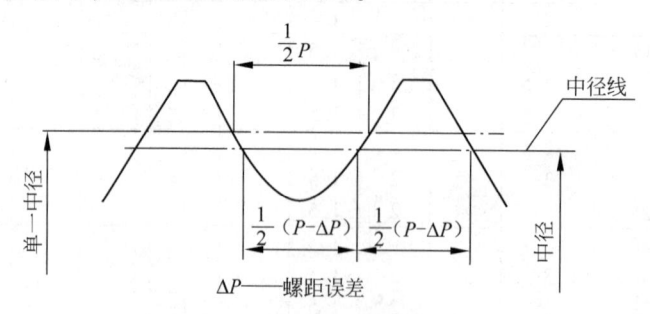

图 6-2 螺纹的单一中径与中径

5. 作用中径

作用中径是指在规定的旋合长度内,恰好包容实际螺纹牙形的一个假想螺纹的中径。这个假想螺纹具有理想的螺距、牙形半角及牙形高度,并另在牙顶处和牙底处留有间隙,以保证包容时不与实际螺纹牙形的大径、小径发生干涉。螺纹的作用中径如图6-3所示。

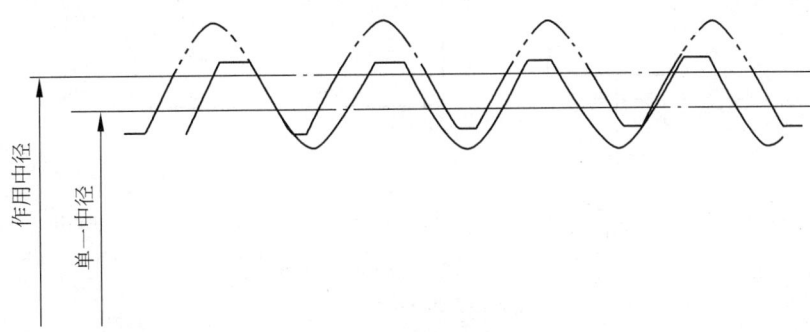

图6-3 螺纹的作用中径

6. 螺距（P）和导程（P_h）

螺距P是指相邻牙形同一侧面在中径线上对应两点之间的轴向距离。导程P_h指同一条螺旋线上相邻牙形同一侧面在中径线上对应点之间的轴向距离。对单头螺纹,导程等于螺距;对多头螺纹,导程是螺距P与螺旋线数n的乘积,即导程$P_h = n \times P$。

7. 牙形角（α）和牙形半角（$\alpha/2$）

牙形角α是指在螺纹牙形轴截面上相邻两牙侧面之间的夹角,公制普通螺纹的牙形角$\alpha = 60°$;牙形半角是某一牙侧与螺纹轴线的垂线之间的夹角,公制普通螺纹的牙形半角$\alpha/2 = 30°$,如图6-4所示。牙形半角的大小和倾斜方向对螺纹的旋合性、接触面积都有影响,故牙形半角是螺纹公差与配合的主要参数之一。

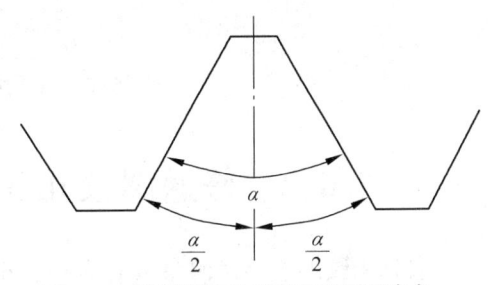

图6-4 普通螺纹的牙形角和牙形半角

8. 原始三角形高度（H）

原始三角形高度指由原始三角形顶点沿垂直于轴线方向到其底边的距离H,如图6-1所示。

9. 螺旋线升角（ϕ）

螺旋线升角是指在中径圆柱上,螺旋线的切线与垂直螺纹轴线的平面之间的夹角。如图6-5（a）所示。从图6-5（b）中可以看出,它与导程和中径之间的关系为

$$\tan\phi = \frac{P_h}{\pi d_2} \tag{6-1}$$

10. 螺纹旋合长度（L）和螺牙接触高度

螺纹旋合长度指两个相互配合的螺纹,沿螺纹轴线方向上相互旋合部分的长度。螺牙接触高度指两个相互配合的螺纹,螺牙牙侧重合部分在垂直于螺纹轴线方向上的距离。螺纹旋合长度（L）和螺牙接触高度如图6-6所示。

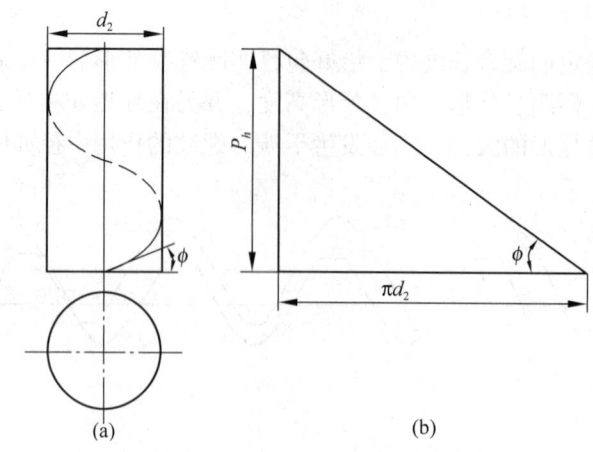

图 6-5　螺纹的螺旋线升角
(a) 螺旋线升角 ϕ；(b) 计算简图

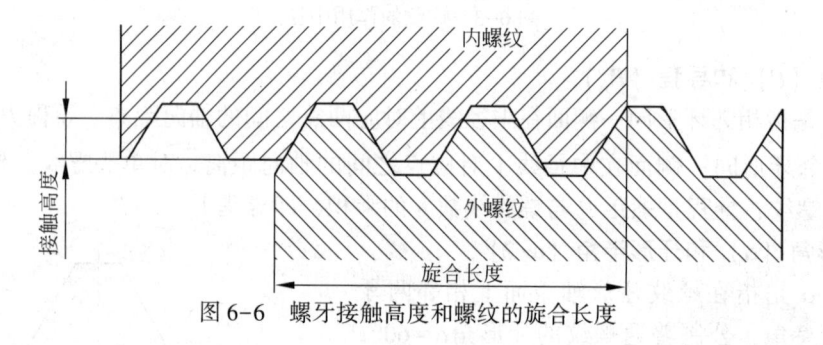

图 6-6　螺牙接触高度和螺纹的旋合长度

6.2　普通螺纹几何参数对螺纹互换性的影响

普通螺纹的主要几何参数有大径、小径、中径、螺距和牙形半角等 5 个。在加工过程中，这些参数不可避免都会产生一定的误差，这些误差将影响螺纹的旋合性、螺牙接触高度和螺纹连接的可靠性，从而影响螺纹结合的互换性。以下介绍螺纹大径偏差、小径偏差、牙形半角偏差及螺距偏差对螺纹互换性的影响。

6.2.1　大径偏差、小径偏差对螺纹互换性的影响

国标规定，螺纹结合时在螺牙相互旋合的大径处或小径处不准接触。根据这一规定，内螺纹的大径和小径的实际尺寸应当大于外螺纹的大径和小径的实际尺寸。实际加工螺纹时从工艺简单性和使用方便性考虑，都是使牙底处加工成为略呈凹圆弧状，以可靠防止内外螺纹旋合时可能发生的螺纹干涉。但是，如果内螺纹的小径过大或外螺纹的大径过小，将会明显减小螺牙重合高度，从而影响螺纹的连接可靠性，也必须加以限制。所以，对螺纹的顶径，即内螺纹的小径和外螺纹的大径，均规定了公差。

从保证互换性的角度看，对内螺纹大径只要考虑与外螺纹大径之间不发生干涉，因此只需限制内螺纹的最小大径；而外螺纹小径不仅要与内螺纹小径保持留有间隙，还应考虑牙底形状对螺纹连接强度的削弱影响，因此必须限制外螺纹的最大小径，还要考虑限制牙底形状

和限制牙底圆弧的最小圆弧半径。

6.2.2 螺距偏差对螺纹互换性的影响

对普通螺纹来说，螺距偏差主要影响螺纹的可旋合性和连接的可靠性；对传动螺纹来说，螺距偏差直接影响传动精度，影响螺牙所受载荷的分布均匀性。螺距偏差包括单个螺距偏差和螺距累积偏差两种。前者是指单个螺距的实际尺寸与其公称尺寸之代数差。后者是指旋合长度内，任意螺距的实际尺寸与其公称尺寸之代数差。后者对螺纹旋合性的影响更为明显。为了保证可旋合性，必须对旋合长度范围内任意两螺牙之间的螺距最大累积偏差加以控制。

螺距偏差和螺距累积偏差对旋合性的影响如图 6-7 所示。

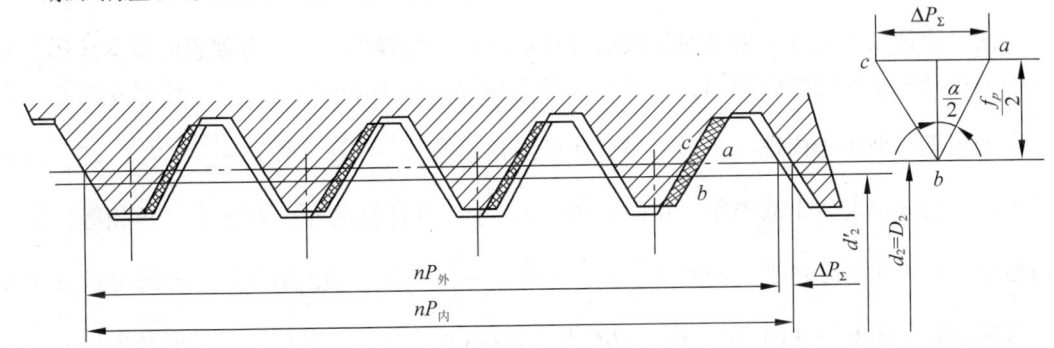

图 6-7 螺距偏差对旋合性的影响

图 6-7 中，假定画有阴影线的内螺纹具有标准基本牙形，且内外螺纹的中径及牙形半角都相同，但外螺纹的螺距有偏差。旋合后，内外螺纹的牙形产生干涉（图中阴影重叠部分），外螺纹将不能自由旋入内螺纹。为了使存在螺距偏差的外螺纹仍可自由旋入标准内螺纹，在制造过程中应将外螺纹的实际中径减小一个数值 f_p（或者将标准内螺纹的实际中径加大一个数值 f_p），以防止或消除此干涉区。这个实际中径的加大量或减少量 f_p，就是螺距偏差的影响折算到中径上的补偿值，称为螺距偏差的中径当量。从图 6-7 中 $\triangle abc$ 的几何关系可得：

$$f_p = |\Delta P_\Sigma| \times \cot\frac{\alpha}{2} \tag{6-2}$$

对于公制普通螺纹，$\alpha/2 = 30°$，则

$$f_p = \sqrt{3}\,|\Delta P_\Sigma| \approx 1.732\,|\Delta P_\Sigma| \tag{6-3}$$

式中，ΔP_Σ 之所以取绝对值，是由于 ΔP_Σ 的数值不论为正值或负值，仅改变发生干涉的牙侧位置，但对旋合性的影响性质都相同，都是使螺纹旋合发生困难。ΔP_Σ 应当是在螺纹旋合长度范围内最大的螺距累积偏差值，但该值并不一定就出现在最大旋合长度上。

6.2.3 牙形半角偏差对螺纹互换性的影响

螺纹牙形半角偏差等于实际牙形半角与其理论牙形半角之差，分两种情况：一种是螺纹的牙形角等于 60°，但左、右牙形半角不相等，例如车床车削螺纹时的车刀安装歪斜造成 $\alpha_1 \neq \alpha_2$，如图 6-8（a）所示；另一种是螺纹的左、右牙形半角相等，但牙形角不等于 60°，这是由于螺纹刀具的角度制造误差造成的，如图 6-8（b）所示。不论哪种牙形半角偏差，

都对螺纹的互换性产生影响。

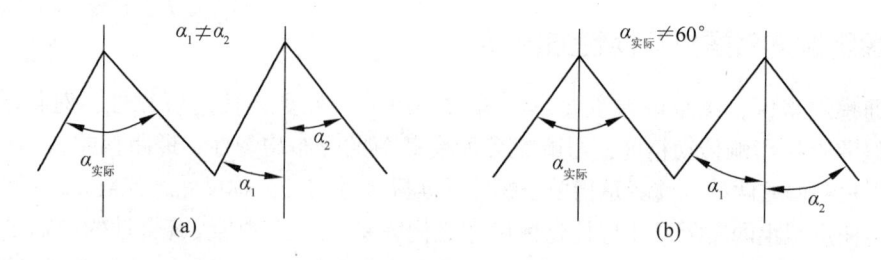

图 6-8 牙形半角偏差
(a) 螺纹车刀安装歪斜；(b) 螺纹车刀角度不正确

下面讨论螺纹牙形半角偏差对螺纹旋合性的影响。假设内螺纹具有理想的基本牙形，外螺纹的中径及螺距与内螺纹相同，仅牙形半角有偏差。在图 6-9（a）中，外螺纹的左、右牙形半角相等，但小于内螺纹牙形半角，牙形半角偏差 $\Delta\frac{\alpha}{2}=\frac{\alpha}{2}$（外）$-\frac{\alpha}{2}$（内）$<0$，则在其牙顶部分的牙侧发生干涉现象。在图 6-9（b）中，外螺纹的左、右牙形半角相等，但大于内螺纹牙形半角，牙形半角偏差 $\Delta\frac{\alpha}{2}=\frac{\alpha}{2}$（外）$-\frac{\alpha}{2}$（内）$>0$，则在其牙底部分的牙侧发生干涉现象。在图 6-9（c）中，由 △ABC 和 △DEF 可以看出，当左、右牙形半角偏差不相同时，两侧牙形干涉区的干涉量也就不同。

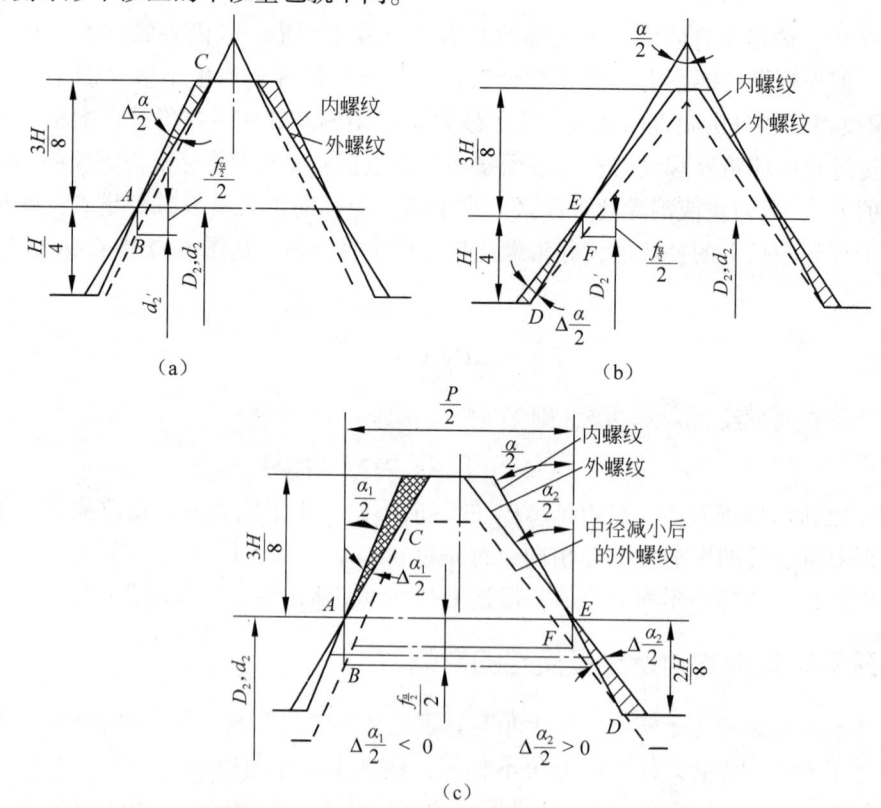

图 6-9 牙形半角偏差对螺纹旋合性的影响
(a) 角顶附近的牙侧发生干涉；(b) 牙底附近的牙侧发生干涉；(c) 左右牙侧同时发生干涉

为了让带有牙形半角偏差的外螺纹仍能旋入内螺纹中，需要将外螺纹的中径减小，该中径减小量称为牙形半角偏差的中径当量$f_{\frac{\alpha}{2}}$。由图6-9（c）中的几何关系，根据三角形正弦定理，可得到外螺纹牙形半角误差的中径当量$f_{\frac{\alpha}{2}}$为

$$f_{\frac{\alpha}{2}} = 0.073P\left(K_1\left|\Delta\frac{\alpha_1}{2}\right| + K_2\left|\Delta\frac{\alpha_2}{2}\right|\right) \tag{6-4}$$

式中，P为螺距（mm）；$\Delta\frac{\alpha_1}{2}$为左牙形半角偏差（′）；$\Delta\frac{\alpha_2}{2}$为右牙形半角偏差（′）；K_1、K_2为系数。

式（6-4）是以外螺纹存在牙形半角偏差的情况推导整理出来的，当假设外螺纹具有标准牙形，而内螺纹存在牙形半角偏差时，则需要将内螺纹的中径加大一个$f_{\frac{\alpha}{2}}$，故式（6-4）对内螺纹同样适用。系数K_1、K_2的取值如表6-3所示。

表6-3　系数K_1、K_2的取值

内螺纹				外螺纹			
$\Delta\frac{\alpha}{2}_{(左)}>0$	$\Delta\frac{\alpha}{2}_{(左)}<0$	$\Delta\frac{\alpha}{2}_{(右)}>0$	$\Delta\frac{\alpha}{2}_{(右)}<0$	$\Delta\frac{\alpha}{2}_{(左)}>0$	$\Delta\frac{\alpha}{2}_{(左)}<0$	$\Delta\frac{\alpha}{2}_{(右)}>0$	$\Delta\frac{\alpha}{2}_{(右)}<0$
K_1		K_2		K_1		K_2	
3	2	3	2	2	3	2	3

6.2.4　螺纹作用中径及中径的合格条件

1. 作用中径

当外螺纹存在螺距偏差和牙形半角偏差时，为了保证旋合性，它只能与一个中径较大的标准内螺纹旋合，其效果相当于外螺纹的中径增大了。这个增大了的假想的外螺纹中径称为外螺纹的作用中径，其值等于外螺纹的实际中径加上螺距偏差的中径当量与牙形半角偏差的中径当量，即

$$d_{2作用} = d_{2实际} + (f_p + f_{\frac{\alpha}{2}}) \tag{6-5}$$

同理，当内螺纹存在螺距偏差和牙形半角偏差时，它只能与一个中径较小的标准外螺纹旋合，其效果相当于内螺纹的中径减小了。这个减小了的假想的内螺纹中径称为内螺纹的作用中径，其值等于内螺纹的实际中径减去螺距偏差的中径当量与牙形半角偏差的中径当量，即

$$D_{2作用} = D_{2实际} - (f_p + f_{\frac{\alpha}{2}}) \tag{6-6}$$

由于螺距偏差和牙形半角偏差的影响均可折算为中径当量，故对于普通螺纹，国家标准没有规定螺距及牙形半角的公差，只规定了螺纹中径公差，用螺纹中径公差来同时限制实际中径、螺距及牙形半角三个要素的偏差。这一合理规定，使普通螺纹标准得以大大简化。

2. 中径的合格条件

如果外螺纹的作用中径过大，或内螺纹的作用中径过小，都将难以旋合。若外螺纹的单一中径过小，或内螺纹的单一中径过大，都将会影响螺纹的连接强度。所以从保证螺纹旋合性和螺纹的连接强度看，螺纹中径的合格性判断准则应遵循泰勒原则，即：螺纹的作用中径不能超越最大实体牙形的中径，螺纹任意位置的实际中径（单一中径）不能超越最小实体牙形的中径。所谓最大实体牙形或最小实体牙形，是指在螺纹中径公差范围内，分别具有材

料量最多或具有材料量最少且与基本牙形形状一致的螺纹牙形。

对于外螺纹：作用中径不大于中径最大极限尺寸；任意位置的实际单一中径不小于中径最小极限尺寸。即

$$d_{2作用} \leq d_{2\max} \text{ 且 } d_{2单一} \geq d_{2\min}$$

对于内螺纹：作用中径不小于中径最小极限尺寸；任意位置的实际单一中径不大于中径最大极限尺寸。即

$$D_{2作用} \geq D_{2\min} \text{ 且 } D_{2单一} \leq D_{2\max}$$

6.3　普通螺纹的公差与配合

6.3.1　普通螺纹的公差带

国家标准 GB/T 197—2003《普通螺纹公差与配合》对普通螺纹的公差制作了有关规定，其结构如图 6-10 所示。螺纹公差带由构成公差带大小的公差等级和确定公差带位置的基本偏差组成，同时结合考虑内、外螺纹的旋合长度，共同形成各种不同的螺纹精度。

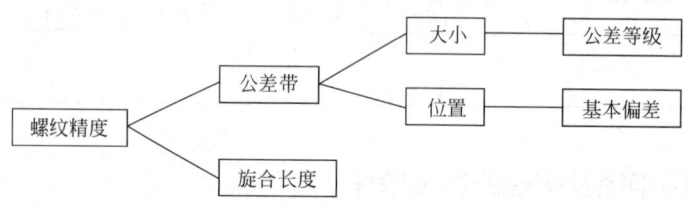

图 6-10　普通螺纹公差制的结构简图

1. 螺纹的公差等级

国家标准对内、外螺纹规定了不同的公差等级，在各公差等级中，3 级精度最高，9 级精度最低，其中 6 级为基本级。螺纹的公差等级如表 6-4 所示。

表 6-4　螺纹的公差等级

螺纹直径	公差等级	螺纹直径	公差等级
内螺纹中径 D_2	4, 5, 6, 7, 8	外螺纹中径 d_2	3, 4, 5, 6, 7, 8, 9
内螺纹小径 D_1	4, 5, 6, 7, 8	外螺纹大径 d	4, 6, 8

螺纹的公差值由经验公式计算而来，普通螺纹的中径公差和顶径公差的数值参见表 6-5 和表 6-6。

表 6-5　内、外螺纹的中径公差（摘自 GB/T 197—2003）　　　　　　　μm

基本大径 /mm >	基本大径 /mm ≤	螺距 P/mm	内螺纹中径公差 T_{D2} 公差等级 4	5	6	7	8	外螺纹中径公差 T_{d2} 公差等级 3	4	5	6	7	8	9
5.6	11.2	0.75	85	106	132	170	—	50	63	80	100	125	—	—
		1	95	118	150	190	236	56	71	90	112	140	180	224
		1.25	100	125	160	200	250	60	75	95	118	150	190	236
		1.5	112	140	180	224	280	67	85	106	132	170	212	295

续表

基本大径 /mm		螺距 P/mm	内螺纹中径公差 T_{D2}					外螺纹中径公差 T_{d2}						
			公差等级					公差等级						
>	≤		4	5	6	7	8	3	4	5	6	7	8	9
11.2	22.4	1	100	125	160	200	250	60	75	95	118	150	190	236
		1.25	112	140	180	224	280	67	85	106	132	170	212	265
		1.5	118	150	190	236	300	71	90	112	140	180	224	280
		1.75	125	160	200	250	315	75	95	118	150	190	236	300
		2	132	170	212	265	335	80	100	125	160	200	250	315
		2.5	140	180	224	280	355	85	106	132	170	212	265	335
22.4	45	1	106	132	170	212	—	63	80	100	125	160	200	250
		1.5	125	160	200	250	315	75	95	118	150	190	236	300
		2	140	180	224	280	355	85	106	132	170	212	265	335
		3	170	212	265	335	425	100	125	160	200	250	315	400
		3.5	180	224	280	355	450	106	132	170	212	265	335	425
		4	190	236	300	375	475	112	140	180	224	280	355	450
		4.5	200	250	315	400	500	118	150	190	236	300	375	475

表 6-6　内、外螺纹的顶径公差（摘自 GB/T 197—2003）　　μm

公差项目 公差等级 螺距/mm	内螺纹顶径（小径）公差 T_{D1}				外螺纹顶径（大径）公差 T_d		
	5	6	7	8	4	6	8
0.75	150	190	236	—	90	140	—
0.8	160	200	250	315	95	150	236
1	190	236	300	375	112	180	280
1.25	212	265	335	425	132	212	335
1.5	236	300	375	475	150	236	375
1.75	265	335	425	530	170	265	425
2	300	375	475	600	180	280	450
2.5	355	450	560	710	212	335	530
3	400	500	630	800	236	375	600

考虑到内螺纹的加工比外螺纹困难，在同一公差等级中，内螺纹的中径公差比外螺纹的中径公差大 32%。对外螺纹的小径和内螺纹的大径没有规定具体的公差值，而只是规定内、外螺纹牙底部实际轮廓上的任何点均不得超出按基本偏差所确定的最大实体牙形。

2. 螺纹的基本偏差

螺纹公差带的位置由基本偏差确定。螺纹的基本牙形是计算螺纹偏差的基准，内、外螺纹的公差带相对于基本牙形的位置，与圆柱体的公差带位置一样，由基本偏差来确定。对于外螺纹，基本偏差是指上偏差（es）；对于内螺纹，基本偏差是指下偏差（EI）。

在普通螺纹标准中，对内螺纹规定了代号为 G、H 的两种基本偏差，对外螺纹规定了代号为 e、f、g、h 的四种基本偏差，如图 6-11 所示。内外螺纹的基本偏差数值如表 6-7 所示。

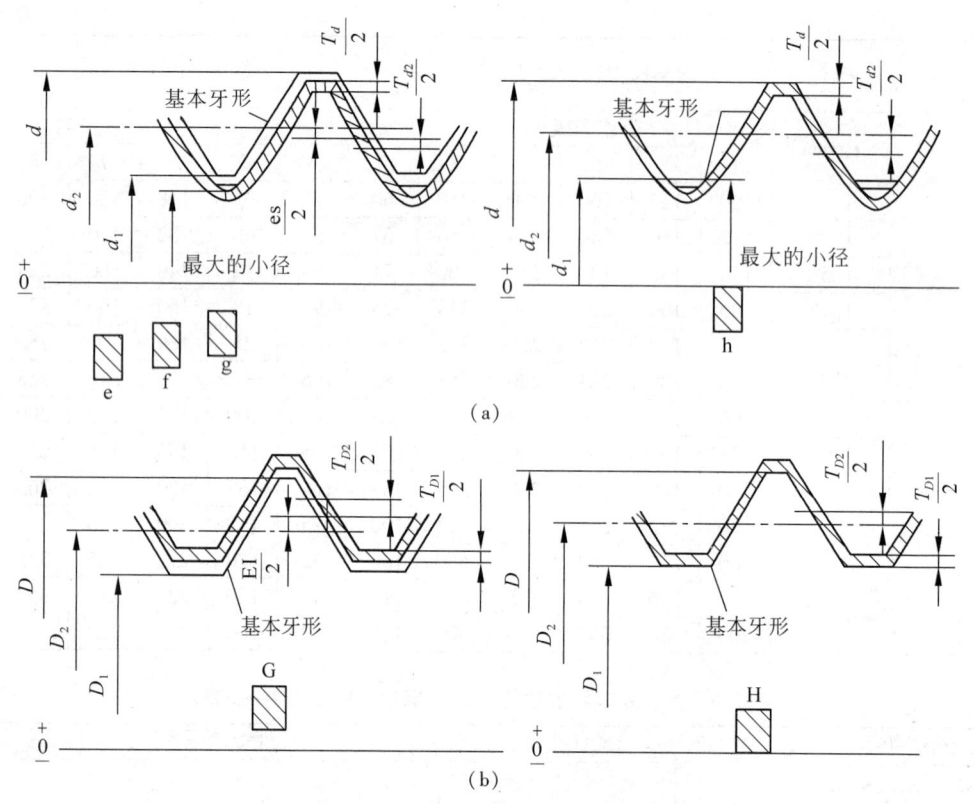

图 6-11 内、外螺纹公差带的位置
(a) 外螺纹的公差带；(b) 内螺纹的公差带

表 6-7 内、外螺纹的基本偏差（摘自 GB/T 197—2003）　　μm

螺距/mm	内螺纹 D_2、D_1		外螺纹 d、d_2			
	G	H	e	f	g	h
	EI		es			
0.75	+22	0	−56	−38	−22	0
0.8	+24	0	−60	−38	−24	0
1	+26	0	−60	−40	−26	0
1.25	+28	0	−63	−42	−28	0
1.5	+32	0	−67	−45	−32	0
1.75	+34	0	−71	−48	−34	0
2	+38	0	−71	−52	−38	0
2.5	+42	0	−80	−58	−42	0
3	+48	0	−85	−63	−48	0

3. 螺纹的旋合长度和配合精度

国家标准按螺纹的直径和螺距将旋合长度分为三组，分别称为：短旋合长度组（S）、中旋合长度组（N）、长旋合长度组（L），以满足普通螺纹不同使用性能的要求。

螺纹的旋合长度与螺纹精度有关。当公差等级一定时，螺纹的旋合长度越长，螺距累积误差越大，加工就越困难。因此，公差等级相同而旋合长度不同的螺纹，精度等级不相同。

标准按螺纹公差等级和旋合长度将螺纹精度分为精密、中等和粗糙三级。螺纹精度等级的高低代表着螺纹加工的难易程度。精密级用于精密螺纹，要求配合性质的变动量很小时采用；中等级用于一般用途的机械和构件，较多情况采用；粗糙级用于精度要求不高或制造比较困难的螺纹，例如在热轧棒料上或在深盲孔内加工螺纹等特殊情况。

通常情况下，以中等旋合长度的 6 级公差等级作为螺纹配合的中等精度，精密级与粗糙级都是相对中等级比较而言。各种旋合长度的数值见表 6-8。

表 6-8 普通螺纹旋合长度（摘自 GB 197—2003）   mm

基本大径 D、d		螺距 P	旋合长度			
			S	N		L
>	≤		≤	>	≤	>
5.6	11.2	0.75	2.4	2.4	7.1	7.1
		1	3	3	9	9
		1.25	4	4	12	12
		1.5	5	5	15	15
11.2	22.4	1	3.8	3.8	11	11
		1.25	4.5	4.5	13	13
		1.5	5.6	5.6	16	16
		1.75	6	6	18	18
		2	8	8	24	24
		2.5	10	10	30	30
22.4	45	1	4	4	12	12
		1.5	6.3	6.3	19	19
		2	8.5	8.5	25	25
		3	12	12	36	36
		3.5	15	15	45	45
		4	18	18	53	53
		4.5	21	21	63	63

6.3.2 普通螺纹公差带的选用

按照内、外螺纹不同的基本偏差和公差等级，可以组成很多种螺纹公差带。在实际生产应用中，为了减少螺纹刀具和螺纹量规的规格与数量，GB/T 197—2003 推荐了内、外螺纹的常用公差带，如表 6-9 和表 6-10 所示。除特殊情况外，表中以外的其他公差带不宜选用。表中的内螺纹公差带与外螺纹公差带可以形成任意组合，但是为了保证内、外螺纹旋合后具有足够的螺牙接触高度，推荐优先组成 H/g、H/h 或 G/h 配合。对于基本大径小于 1.4 mm 的螺纹，则应选用 5H/6h、4H/6h 或更精密的配合。

普通螺纹公差带的优先选用顺序为：粗字体公差带、一般字体公差带、括号内公差。带有方框的粗字体公差带可以用于大批量生产的紧固件螺纹。

如无其他特殊说明，表 6-9 和表 6-10 中的推荐公差带适用于涂镀前螺纹，且为薄涂镀层（如电镀）螺纹。涂镀后，螺纹实际轮廓上的任何点不应超越按公差位置 H 和 h 所确定的最大实体牙形；内、外螺纹螺牙底部实际轮廓上的任何点，均不应超越按基本牙形和公差带位置所确定的最大实体牙形。

表 6-9　内螺纹的推荐公差带（GB/T 197—2003）

配合精度	公差带位置 G			公差带位置 H		
	S	N	L	S	N	L
精密	—	—	—	4H	5H	6H
中等	(5G)	**6G**	(7G)	**5H**	6H	**7H**
粗糙	—	(7G)	(8G)	—	7H	8H

表 6-10　外螺纹的推荐公差带（GB/T 197—2003）

配合精度	公差带位置 e			公差带位置 f			公差带位置 g			公差带位置 h		
	S	N	L	S	N	L	S	N	L	S	N	L
精密	—	—	—	—	—	—	—	(4g)	(5g4g)	(3h4h)	**4h**	(5h4h)
中等	—	**6e**	(7e6e)	—	**6f**	—	(5g6g)	6g	(7g6g)	(5h6h)	6h	(7h6h)
粗糙	—	(8e)	(9e8e)	—	—	—	—	8g	(9g8g)	—	—	—

6.3.3　普通螺纹的标记

普通螺纹的完整标记由螺纹特征代号、螺纹尺寸代号、螺纹公差代号等组成。各代号之间用符号"—"分开。例如

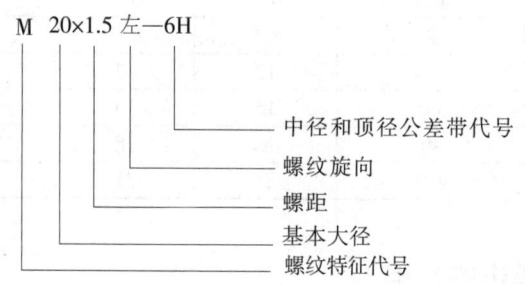

```
M  20×1.5 左—6H
              │   │   │   │   │
              │   │   │   │   └─ 中径和顶径公差带代号
              │   │   │   └───── 螺纹旋向
              │   │   └───────── 螺距
              │   └───────────── 基本大径
              └───────────────── 螺纹特征代号
```

1. 螺纹特征代号

螺纹特征代号用字母"M"表示。

2. 螺纹尺寸代号

（1）单线螺纹的尺寸代号为"基本大径×螺距"，基本大径和螺距的数值单位为毫米。对于普通粗牙螺纹，可以省略标注其螺距项。例如

基本大径为 8 mm、螺距为 1 mm 的单线细牙螺纹：M8×1

基本大径为 8 mm、螺距为 1.25 mm 的单线粗牙螺纹：M8

（2）多线螺纹的尺寸代号为"基本大径×P_h（导程）P（螺距）"，基本大径、导程和螺距的数值单位为毫米。如果要进一步说明螺纹线数，可在后面增加的括号内使用英语进行说明（双线为 two starts；三线为 three starts；四线为 four starts）。例如

基本大径为 16 mm、螺距为 1.5 mm、导程为 3 mm 的双线螺纹：

M16×P_h3P1.5 或 M16×P_h3P1.5（two starts）

3. 螺纹公差带代号

螺纹的公差带代号包含中径公差带代号和顶径公差带代号。中径公差带代号在前，顶径公差带代号在后。如果中径公差带代号与顶径公差带代号相同，则只要标注一个公差带代号。螺纹的尺寸代号与公差带代号之间用符号"—"分开。例如

中径公差带为5g、顶径公差带为6g的外螺纹：M10×1—5g6g

中径公差带和顶径公差带均为6g的粗牙外螺纹：M10—6g

中径公差带为5H、顶径公差带为6H的内螺纹：M10×1—5H6H

中径公差带和顶径公差带均为6H的粗牙内螺纹：M10—6H

在下列情况下，中等精度螺纹不标注其公差带代号。

内螺纹：

—5H 基本大径≤1.4 mm

—6H 基本大径≥1.6 mm

注：对螺距为0.2 mm的螺纹，其公差等级为4级。

外螺纹：

—6h 基本大径小于等于1.4 mm

—6g 基本大径大于等于1.6 mm

例如：

中径公差带和顶径公差带均为6g、中等精度的粗牙外螺纹：M10

中径公差带和顶径公差带均为6H、中等精度的粗牙内螺纹：M10

表示组成配合的内、外螺纹时，内螺纹的公差带代号在前，外螺纹的公差带代号在后，中间用斜线分开。例如

公差带为6H的内螺纹与公差带为5g6g的外螺纹组成配合：M20×2—6H/5g6g；

公差带为6H的内螺纹与公差带为6g的外螺纹组成配合，中等精度、粗牙螺纹：M6。

4. 标记内有必要说明的有关信息

标记内有必要说明的有关信息包括螺纹的旋合长度和螺纹旋向。对于短旋合长度组和长旋合长度组的螺纹，应在公差带代号之后分别标注符号"S"和"L"，并在旋合长度代号与公差带之间用符号"—"分开。中旋合长度组的螺纹不必标注旋合长度代号（N）。例如

短旋合长度的内螺纹：M20×2—5H—S

长旋合长度的内、外螺纹：M6—7H/7g6g—L

中旋合长度的外螺纹（粗牙、中等精度的6g公差带）：M6

对于左旋螺纹，应在旋合长度代号之后标注"LH"代号，并在旋合长度代号与旋向代号之间用符号"—"分开。右旋螺纹不必标注旋向代号。例如

左旋螺纹：M8×1—LH（公差带代号和旋合长度代号被省略）

　　　　　M6×0.75—5h6h—S—LH

　　　　　M14×P_h6P2—7H—L—LH

　　　　　M14×P_h6P2(three starts)—7H—L—LH

右旋螺纹：M6（螺距、公差带代号、旋合长度代号和旋向代号被省略）

例6-1 试查表求出 M20-6H/5g6g 普通内、外螺纹的中径、大径和小径的公称尺寸、极限偏差和极限尺寸。

解:
① 由表 6-2，查得螺距 $P = 2.5$ mm。
② 由表 6-1，查得：大径 $D = d = 20$ mm
　　　　　　　　　中径 $D_2 = d_2 = 18.376$ mm
　　　　　　　　　小径 $D_1 = d_1 = 17.294$ mm
③ 由表 6-5、表 6-6 查得极限偏差（mm）：

	ES（es）	EI（ei）
内螺纹大径	不规定	0
中径	+0.224	0
小径	+0.450	0
外螺纹大径	−0.042	−0.377
中径	−0.042	−0.174
小径	−0.042	不规定

④ 计算极限尺寸（mm）：

	最大极限尺寸	最小极限尺寸
内螺纹大径	不超过实体牙形	20
中径	18.600	18.376
小径	17.744	17.294
外螺纹大径	19.958	19.623
中径	18.334	18.202
小径	17.252	不超过实体牙形

例 6-2 M20—6g 的外螺纹，实测 $d_{2\text{单}} = 18.230$ mm，牙形半角误差为：$\Delta\alpha/2_{(左)} = +30'$，$\Delta\alpha/2_{(右)} = -45'$，螺距累积误差 $\Delta P_\Sigma = +50$ μm。试求该螺纹的作用中径，并判别其合格性。

解:
① 求螺纹中径的公称尺寸及极限尺寸。查表 6-1，知 $d = 20$ mm 时，粗牙螺距 $P = 2.5$ mm，代入计算式 $d_2 = d - 0.6495P$，得
$$d_2 = 18.376 \text{ mm（或查表 6-1）}$$
查表 6-5、表 6-7 得螺纹中径的上偏差 es = −42 μm，下偏差 ei = es − T_{d_2} = −42 − 170 = −212（μm），则中径的极限尺寸为
$$d_{2\max} = 18.334 \text{ mm} \quad d_{2\min} = 18.164 \text{ mm}$$
② 求中径当量 f_p 及 $f_{\alpha/2}$。由式（6-3）得：$f_p = 1.732 |\Delta P_\Sigma| = 86.6$ μm
由表 6-3 可知，$\Delta\alpha/2_{(左)} > 0$ 时，$K_1 = 2$，$\Delta\alpha/2_{(右)} < 0$ 时，$K_2 = 3$，代入式（6-4）得
$$f_{\alpha/2} = 0.073P[K_1|\Delta\alpha/2_{(左)}| + K_2|\Delta\alpha/2_{(右)}|]$$
$$= 0.073 \times 2.5 \times [2 \times |30'| + 3 \times |-45'|]$$
$$= 35.6 \text{（μm）}$$
③ 求作用中径 $d_{2\text{作用}}$。由式（6-5）得：
$$d_{2\text{作用}} = d_{2\text{单}} + (f_p + f_{\alpha/2}) = 18.352 \text{（μm）}$$
④ 螺纹合格性判断。由极限尺寸判断原则知，对外螺纹，螺纹互换性合格的条件为

$$d_{2作用} \leq d_{2\max}; \quad d_{2单-} \geq d_{2\min}$$

但该螺纹的 $d_{2作用} > d_{2\max}$，即该螺纹的作用中径超出了最大实体尺寸，故该螺纹不合格。该螺纹的 $d_{2单-}$、$d_{2作用}$ 与公差带的关系如图 6-12 所示。

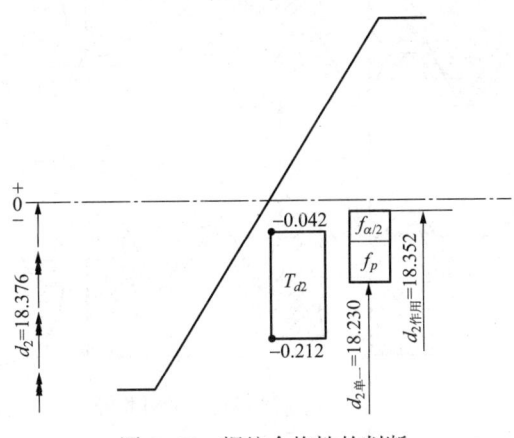

图 6-12　螺纹合格性的判断

6.4　普通螺纹的测量

普通螺纹的测量方法可分为综合测量和单项测量。

6.4.1　普通螺纹的综合测量

普通螺纹的综合测量，可以用投影仪或螺纹量规进行。生产中主要用螺纹量规来控制螺纹的极限轮廓，适用于成批生产。

外螺纹的大径和内螺纹的小径分别用光滑极限环规（卡规）和光滑极限塞规检查，其他参数也均用螺纹量规检查。

根据螺纹中径合格性的判断原则，螺纹量规的通端和止端在螺纹长度和牙形上的结构特征是不相同的。螺纹量规的通端主要用于检查作用中径不得超出其最大实体牙形中径（同时控制螺纹的底径），应该具有完整的牙形，且其螺纹长度至少要等于螺纹工件旋合长度的 80%。当螺纹通规可以和螺纹工件自由旋合时，就表示螺纹工件的作用中径未超出最大实体牙形。螺纹量规的止端只控制螺纹的实际中径不得超出其最小实体牙形中径，为了消除螺距误差和牙形半角误差的影响，其牙形应做成截短牙形，且螺纹长度只留有 2~3.5 牙。用螺纹环规检验外螺纹如图 6-13 所示，用螺纹塞规检验内螺纹如图 6-14 所示。

6.4.2　普通螺纹的单项测量

普通螺纹的单项测量，一般是分别测量螺纹的各个参数，主要指中径、螺距、牙形半角和顶径。螺纹的单项测量主要用于螺纹工件的工艺分析或螺纹量规和螺纹刀具的质量检查。

1. 用螺纹千分尺测量外螺纹中径

在实际生产中，车间常采用螺纹千分尺测量低精度螺纹。螺纹千分尺的结构和一般外径千分尺相似，只是两个测量面可以根据不同的螺纹牙形和螺距选用不同的测量头。螺纹千分尺的结构如图 6-15 所示。

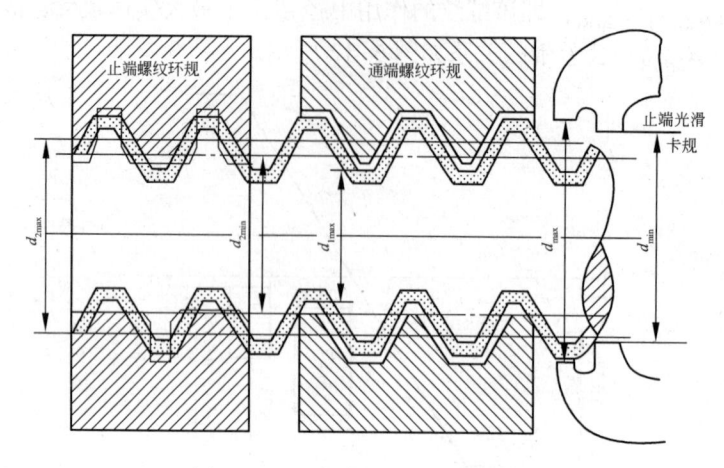

图 6-13 用螺纹环规检验外螺纹

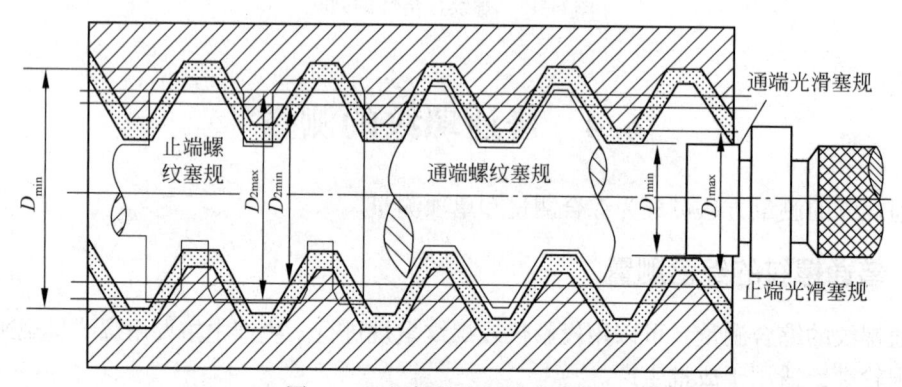

图 6-14 用螺纹塞规检验内螺纹

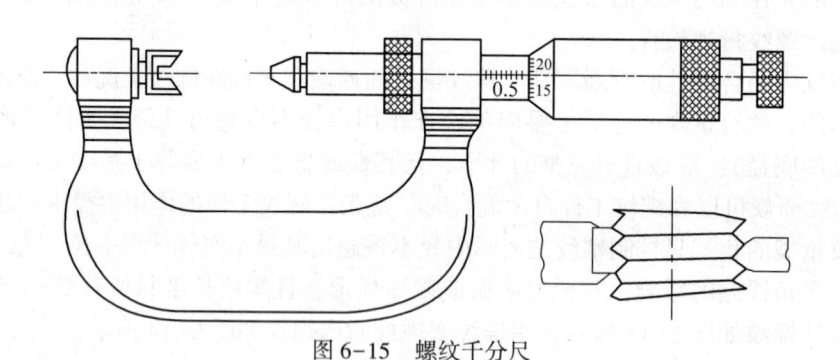

图 6-15 螺纹千分尺

2. 三针法测量外螺纹中径

三针法是一种间接测量方法，主要用于测量精密外螺纹（如丝杠、螺纹塞规）的中径 d_2，如图 6-16 所示。根据被测螺纹的螺距和牙形半角，选取三根直径相同的高精度量针（直径为 d_0）放在螺纹牙槽内，借助量仪（机械测微仪、光学计、测长仪等）测量出尺寸 M 值，然后根据被测螺纹已知的螺距 P、牙形半角 $\alpha/2$ 和量针的直径 d_0，按下式计算螺纹中径的实际尺寸。

$$d_2 = M - d_0 \left[1 + \frac{1}{\sin\frac{\alpha}{2}}\right] + \frac{P}{2}\left(\cot\frac{\alpha}{2}\right) \qquad (6-7)$$

对于公制螺纹，$\frac{\alpha}{2}=30°$，$d_{0最佳}=0.57735P$；

对于梯形螺纹，$\frac{\alpha}{2}=15°$，$d_{0最佳}=0.51765P$。

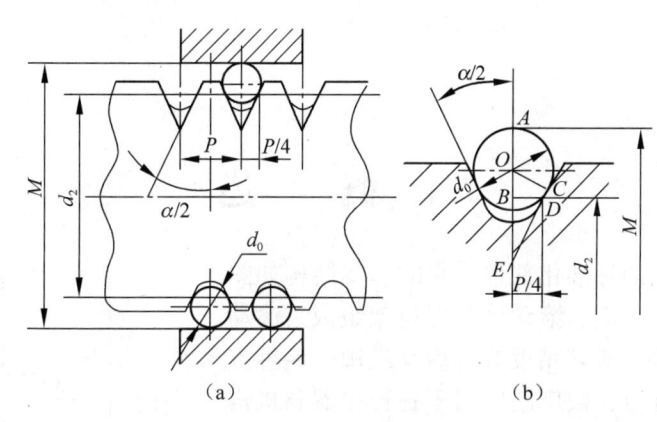

图 6-16 用三针法测量外螺纹中径

(a) 测量装置示意图；(b) 计算简图

3. 用工具显微镜测量螺纹各要素

用工具显微镜测量螺纹属于影像法测量，可以测得螺纹的各种参数，如螺纹的大径、中径、小径、螺距和牙形角等。多种精密螺纹，例如螺纹量规、精密丝杠、传动螺杆、滚刀等，都可在工具显微镜上进行测量。具体测量方法，可参阅有关仪器的操作使用说明资料。

习 题

6-1 以外螺纹为例，试比较其中径 d_2、单一中径 $d_{2单一}$、作用中径 $d_{2作用}$ 的异同点，三者在什么情况下是相等的？

6-2 影响普通螺纹互换性的主要因素有哪些？

6-3 为什么普通螺纹精度由螺纹公差带和螺纹旋合长度共同决定？

6-4 同一精度级别的螺纹，为什么旋合长度不同时，中径公差等级也不同？

6-5 普通螺纹的中径公差分几级？内、外螺纹有何不同？常用的公差等级是多少级？

6-6 一对螺纹的配合代号为 M16，试查表确定内、外螺纹的基本中径、大径和小径的公称尺寸和极限偏差，并计算内、外螺纹的基本中径、大径和小径的极限尺寸。

第 7 章 滚动轴承的公差与配合

7.1 概述

滚动轴承是常用的标准化部件，它的基本结构如图 7-1 所示，由外圈、内圈、滚动体和保持架组成。滚动轴承具有摩擦阻力小、旋转精度高、启动灵敏、装拆方便、机械效率高等优点，被广泛应用于各种机器和机构中。为了保证机器的工作性能，安装在机器上的滚动轴承必须满足下列两项要求：必要的旋转精度；合适的径向游隙和轴向游隙。

滚动轴承是具有两种互换性的标准化部件：滚动轴承与配合偶件之间具有外互换性，例如滚动轴承内圈内表面与轴颈的配合，滚动轴承外圈外表面与外壳孔的配合；滚动轴承内部各零件之间具有内互换性，例如内圈滚道与滚动体、外圈滚道与滚动体的配合。本章主要讨论滚动轴承的外互换性，即讨论滚动轴承内圈内表面与轴颈和滚动轴承外圈外表面与外壳孔的公差与配合。

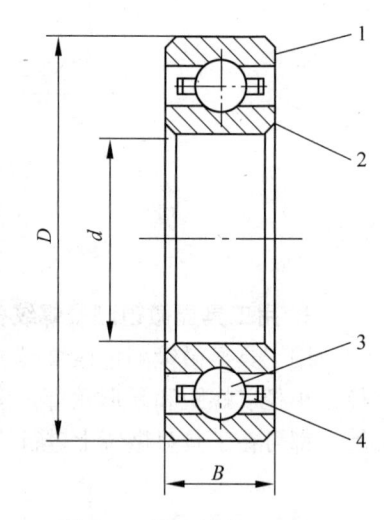

图 7-1 滚动轴承
1—外圈；2—内圈；3—滚动体；4—保持架

7.2 滚动轴承精度等级及其应用

滚动轴承的精度等级是按其外形尺寸精度和运动旋转精度分级的。

外形尺寸精度是指滚动轴承的内圈内径、外圈外径和轴承宽度的尺寸公差；运动旋转精度是指滚动轴承的内圈内表面、外圈外表面的径向跳动，轴承端面对轴承滚道的跳动，轴承端面对轴承内孔的跳动等。

国家标准 GB/T 307.3—2005 规定：向心轴承的精度分为 0、6、5、4、2 共五级，其中 0 级精度最低，2 级精度最高；圆锥滚子轴承的精度分为 0、6x、5、4、2 共五级；推力轴承的精度分为 0、6、5、4 共四级。

滚动轴承各精度等级的应用场合如下：

0 级精度轴承——用于中等负荷、中等转速、旋转精度不高的一般场合，例如普通机床中的变速机构、普通电动机、水泵、压缩机等旋转机构中所用的轴承。0级精度轴承在机械制造行业中的应用数量较多。

6级精度轴承——用于旋转精度较高和转速较高的一般场合，例如普通机床的主轴轴承（常用于主轴后轴承）、精密机床的传动轴轴承。

5级精度、4级精度轴承——用于旋转精度较高和转速较高的重要场合，例如精密机床的主轴轴承，精密仪器和精密机械使用的轴承、普通机床的主轴前轴承。

2级精度轴承——用于旋转精度很高和转速很高的重要场合，例如精密坐标镗床的主轴轴承、高精度仪器轴承、高转速机构中使用的轴承。

机床主轴轴承的精度等级可参照表7-1选用。

表 7-1 机床主轴轴承精度等级

轴承类型	精度等级	应用场合
200 300	4、2	高精度磨床、丝锥磨床、螺纹磨床、磨齿机、插齿刀磨床（2级）
36000 46000	5	精密镗床、内圆磨床、齿轮加工机床
	6	卧式车床、铣床
3182100	4	精密丝杠车床、高精度车床、高精度外圆磨床
	5	精密车床、精密铣床、转塔车床、外圆磨床、多轴车床、镗床
	6	卧式车床、自动车床、铣床、立式车床
2000 3000	6	精密车床及铣床的后轴承
7000	2、4	坐标镗床（2级）、磨齿机（4级）
	5	精密车床、精密铣床、镗床、精密转塔车床、滚齿机
	6	铣床、车床
8000	6	一般精度机床

7.3 滚动轴承公差带的特点

滚动轴承的公差带是滚动轴承国家标准 GB/T 307.1—2005、GB/T 307.2—2005、GB/T 307.3—2005、GB/T 307.4—2002 规定的特殊的公差带，它与别的偶件组成配合时，都是以滚动轴承作为配合基准件来选择基准制的，例如，滚动轴承的内圈内径与轴颈的配合采用基孔制，滚动轴承的外圈外径与外壳孔的配合采用基轴制。这就是说，《滚动轴承》国家标准规定：以滚动轴承作为基准件构成外互换性，滚动轴承的内圈内孔为基准孔，滚动轴承的外圈外圆为基准轴，它们的公差带是与《极限与配合》国家标准中的有关规定明显不同的特殊的基准件公差带。

滚动轴承国家标准规定，轴承外圈外径的单一平面平均直径 D_{mp} 的公差带的上偏差为零，如图7-2所示，与一般基准轴公差带的分布位置相同，但数值不同（见表7-2）。滚动轴承国家标准还规定，轴承内圈的单一平面平均直径 d_{mp} 公差带的上偏差也为零，如图7-2所示，这项规定与一般基准孔的公差带分布位置截然相反，数值也完全不同（见表7-3）。国家标准的这些规定，主要是考虑轴承配合的特殊需要：因为在多数情况下轴承内圈随转轴同步旋转，内圈与轴之间必须具有一定的过盈量，但过盈量又不宜过大，以保证拆卸方便，防止内圈应力过大产生较大变形，影响轴承内部的游隙。将滚动轴承内圈内径的公差带配置在零线的下方，使其上偏差为零、下偏差为负值，当其与任何基本偏差的轴组成配合时，所得到的配合性质均有不同程度的变紧，可以满足滚动轴承配合的特殊需要。

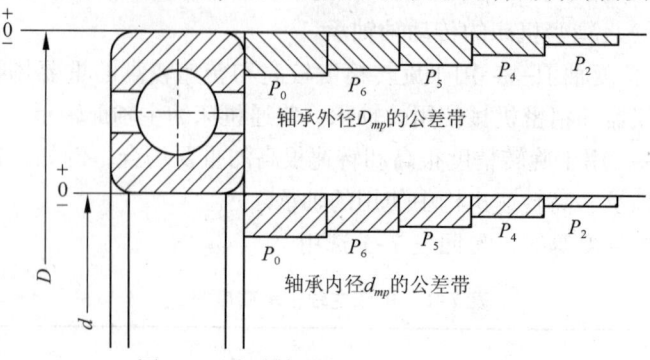

图 7-2 滚动轴承内、外径公差带图

此外，滚动轴承的内外圈都是薄壁件，在制造和自由状态下都很容易变形，同时在装配后也很容易得到校正。根据这些特点，滚动轴承国家标准中不仅规定了两种尺寸公差，还规定了两种形状公差，其目的是控制轴承的变形程度、控制轴承与轴和外壳孔配合的精度。

两种尺寸公差是：①轴承单一内径（d_s）与外径（D_s）的偏差（Δd_s，ΔD_s）；②轴承单一平面平均内径（d_{mp}）与外径（D_{mp}）的偏差（Δd_{mp}，ΔD_{mp}）。

两种形状公差是：① 轴承单一径向平面内，内径（d_s）与外径（D_s）的变动量（V_{dsp}，V_{Dsp}）；② 轴承平均内径与外径的变动量（V_{dmp}，V_{Dmp}）。

向心轴承外径、内径的尺寸公差和形状公差以及轴承的旋转精度公差，分别见表 7-2 和表 7-3。从 0 级精度至 2 级精度的平均直径公差相当于 IT7~IT3 级的尺寸公差。

表 7-2 向心轴承外圈公差 （GB/T 307.1—2005） μm

D/mm	精度等级	ΔD_{mp} 上偏差	ΔD_{mp} 下偏差	ΔD_s① 上偏差	ΔD_s① 下偏差	V_{Dsp}② 开型轴承 直径系列 9	V_{Dsp}② 开型轴承 直径系列 0,1	V_{Dsp}② 开型轴承 直径系列 2,3,4	V_{Dsp}② 闭型轴承 直径系列 2,3,4	V_{Dsp}② 闭型轴承 直径系列 0,1	V_{Dmp} 最大	K_{ea} 最大	S_D 最大	S_{ea}③ 最大	ΔC_s 上偏差	ΔC_s 下偏差	V_{Cs} 最大
>50 ~80	0	0	-13	—	—	16	13	10	20	—	10	25	—	—	与同一轴承内圈的 ΔB_s 相同		与同一轴承内圈的 V_{Bs} 相同
	6	0	-11	—	—	14	11	8	16	16	8	13	—	—			与同一轴承内圈的 V_{Bs} 相同
	5	0	-9	—	—	9	7	7	—	—	5	8	8	10			6
	4	0	-7	0	-7	7	5	5	—	—	3.5	5	4	5			3
	2	0	-4	0	-4	—	4	4	4	4	2	4	1.5	4			1.5
>80 ~120	0	0	-15	—	—	19	19	11	26	—	11	35	—	—			与同一轴承内圈的 V_{Bs} 相同
	6	0	-13	—	—	16	16	10	20	20	10	18	—	—			
	5	0	-10	—	—	10	8	8	—	—	5	10	9	11			8
	4	0	-8	0	-8	8	6	6	—	—	4	6	5	6			4
	2	0	-5	0	-5	—	5	5	5	5	2.5	5	2.5	5			2.5

注：① 仅适用于 4、2 级轴承直径系列 0，1，2，3 及 4；
② 对 0、6 级轴承，用于内、外环安装前或拆卸后，直径系列 7 和 8 无规定值；
③ 仅适用于沟型球轴承；
④ 表中"—"表示均未规定公差值。

表 7-2 和表 7-3 中，K_{ia}、K_{ea} 为成套轴承内、外圈的径向圆跳动允许值；S_{ia}、S_{ea} 为成套轴承内、外圈轴向跳动的允许值；S_d 为内圈端面对内孔垂直度的允许值；S_D 为外圈外表面对端面垂直度的允许值；V_{Bs} 为内圈宽度变动的允许值；ΔB_s 为内圈单一宽度偏差允许值；ΔC_s 为外圈宽度偏差允许值；V_{Cs} 为外圈宽度变动的允许值。表中的"直径系列"，是指同一内径的轴承，由于使用场合不同，所需承受的载荷大小和寿命极限也就不相同，必须使用直径大小不同的滚动体，因而使滚动轴承的外径和宽度也随之改变，这种内径相同但外径不相同的结构变化，叫作滚动轴承的直径系列。

表 7-3　向心轴承内圈公差（GB/T 307.1—2005）　　　　　　　　μm

d/mm	精度等级	Δd_{mp} 上偏差	Δd_{mp} 下偏差	Δd_s ④ 上偏差	Δd_s ④ 下偏差	V_{dsp} ① 直径系列 9 最大	V_{dsp} ① 直径系列 0、1 最大	V_{dsp} ① 直径系列 2、3、4 最大	V_{dmp} 最大	K_{ia} 最大	S_d 最大	S_{ia} ③ 最大	ΔB_s 全部 上偏差	ΔB_s 正常 下偏差	ΔB_s 修正② 下偏差	V_{Bs} 最大
>18 ~30	0	0	-10	—	—	13	10	8	8	13	—	—	0	-120	-250	20
	6	0	-8	—	—	10	8	6	6	8	—	—	0	-120	-250	20
	5	0	-6	—	—	6	5	5	3	5	8	8	0	-120	-250	5
	4	0	-5	0	-5	—	4	4	2.5	3	4	4	0	-120	-250	2.5
	2	0	-2.5	0	-2.5	—	2.5	2.5	1.5	2.5	1.5	2.5	0	-120	-250	1.5
>30 ~50	0	0	-12	—	—	15	12	9	9	15	—	—	0	-120	-250	20
	6	0	-10	—	—	13	10	8	8	10	—	—	0	-120	-250	20
	5	0	-8	—	—	8	6	6	4	5	8	8	0	-120	-250	5
	4	0	-6	0	-6	6	5	5	3	4	5	5	0	-120	-250	3
	2	0	-2.5	0	-2.5	—	2.5	2.5	1.5	2.5	1.5	2.5	0	-120	-250	1.5

注：① 直径系列 7、8 无规定值；
② 指用于成对或成组安装时单个轴承的内圈宽度公差；
③ 仅适用于沟型球轴承；
④ 表中 4、2 级公差值仅适用于直径系列 0、1、2、3 及 4；
⑤ 表中"—"表示均未规定公差值。

7.4　滚动轴承与轴颈及外壳孔的配合

7.4.1　轴颈及外壳孔的公差带

机器零件上与滚动轴承相配合的轴颈及外壳孔，其尺寸公差带、几何公差以及配合种类选择的基本原则，应当按照《极限与配合》国家标准 GB/T 1800.1—2009 中的规定。由于滚动轴承属于标准件，所以轴承内圈与轴颈的配合选用基孔制的配合，轴承外圈与外壳孔的配合选用基轴制的配合。需要指出，轴承内圈与轴颈的配合虽然属于基孔制，但由于国家标准规定滚动轴承的内圈孔公差带均采用上偏差为零、下偏差为负的向下单向分布，故滚动轴承内圈孔与轴颈组合后所得到的配合性质比相应光滑圆柱体的轴按基孔制形成的配合紧一些。

滚动轴承国家标准 GB/T 275—1993 推荐了与 0 级、6 级、5 级、4 级轴承相配合的轴颈和壳体孔的公差带，列于表 7-4 中。

国家标准规定了与滚动轴承配合的 16 种外壳孔公差带和 17 种轴颈公差带，这些滚动轴承配合的常用公差带如图 7-3 所示。

表 7-4 与滚动轴承相配合的轴颈和外壳孔公差带

轴承精度	轴颈公差带		壳体孔公差带		
	过渡配合	过盈配合	间隙配合	过渡配合	过盈配合
0	g8、h7 g6、h6、j6、js6 g5、h5、j5	k6、m6、n6、 p6、r6、k5、m5	H8 G7、H7 H6	J7、JS7、K7、M7、N7 J6、JS6、K6、M6、N6	P7 P6
6	g6、h6、j6、js6 g5、h5、j5	k6、m6、n6、p6、 r6、k5、m5	H8 G7、H7 H6	J7、JS7、K7、M7、N7 J6、JS6、K6、M6、N6	P7 P6
5	h5、j5、js5	k6、m6 k5、m5	H6	JS6、K6、M6	
4	h5、js5 H4、	k5、m5		K6	

注：① 孔 N6 与 0 级精度轴承（外径 $D<150$ mm）和 6 级精度轴承（外径 $D<315$ mm）的配合为过盈配合；
② 轴 r6 用于内径 $d>120\sim150$ mm；轴 r7 用于内径 $d>180\sim500$ mm。

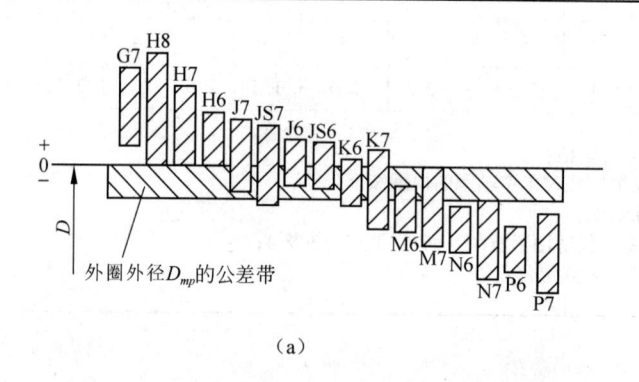

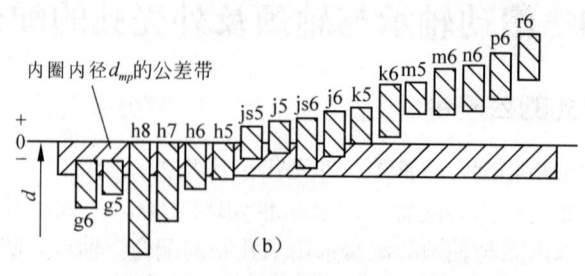

图 7-3 滚动轴承配合的常用公差带
(a) 与轴承配合的外壳孔公差带；(b) 与轴承配合的轴颈公差带

上述公差带只适用于对轴承的旋转精度和运转平稳性无特殊要求，轴为实心轴或厚壁钢制轴，外壳为铸钢或铸铁制件，且轴承的工作温度不超过 100 ℃的使用场合。

7.4.2 选择滚动轴承配合种类的原则

正确地选择滚动轴承的配合种类，对保证机器正常运转，提高轴承寿命，充分发挥轴承的承载能力具有重大意义。选择轴承配合时应综合考虑轴承的工作条件，作用在轴承上的负荷大小、方向和性质，工作温度、轴承类型和尺寸，旋转精度和运转速度等一系列因素。

1. 负荷类型

滚动轴承运转时，根据作用于轴承上的合成径向负荷相对于轴承套圈的旋转情况，可将所受负荷分为局部负荷、循环负荷和摆动负荷三类，如图 7-4 所示。

（1）局部负荷。作用于轴承上的合成径向负荷与轴承套圈相对静止，即负荷方向始终不变地作用于滚动轴承套圈滚道的局部区域上，该套圈所承受的这种负荷称为局部负荷，如图 7-4（a）、（b）所示。承受这类局部负荷的轴承与外壳孔或轴颈组成配合时，一般选较松的过渡配合，或较小的间隙配合，以便让滚动轴承套圈滚道间的摩擦力矩带动轴承套圈缓慢转位，以延长轴承的使用寿命。

（2）循环负荷。作用于轴承上的合成径向负荷与轴承套圈相对旋转，即合成径向负荷顺次作用于轴承套圈滚道的整个圆周上，该套圈所承受的负荷性质称为循环负荷，如图 7-4（a）、（b）所示。通常承受循环负荷的轴承套圈与轴颈（或外壳孔）相配合时，应选过盈配合或较紧的过渡配合，其过盈量的大小以不使轴承套圈与轴颈或外壳孔的配合表面之间出现爬行现象为原则。

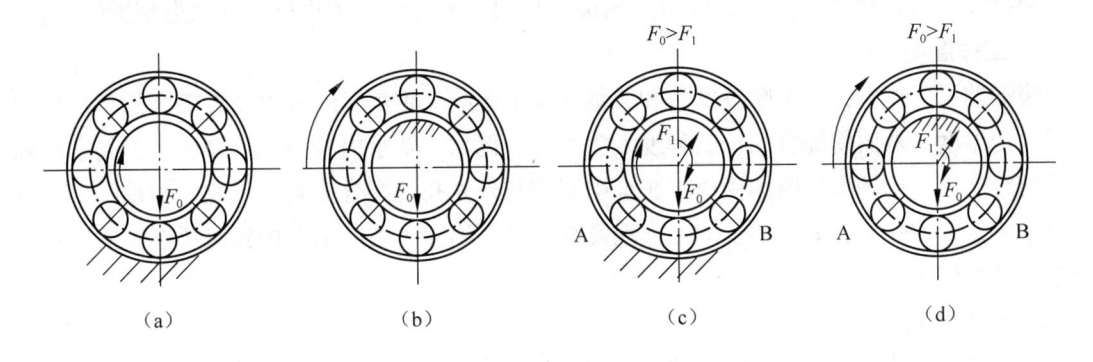

图 7-4 滚动轴承承受的负荷类型

(a) 内圈：循环负荷 外圈：局部负荷； (b) 内圈：局部负荷 外圈：循环负荷； (c) 内圈：循环负荷 外圈：摆动负荷； (d) 内圈：摆动负荷 外圈：循环负荷

（3）摆动负荷。作用于轴承上的合成径向负荷相对于承载轴承套圈在一定区域内相对摆动，即在轴承套圈滚道的局部圆周上受到大小和方向经常变动的负荷向量的交变作用时，该轴承套圈所承受的负荷性质称为摆动负荷，如图 7-4（c）、（d）所示。承受摆动负荷的轴承套圈，其配合要求与承受循环负荷时相同或略松一些。

2. 负荷的大小

负荷的大小可用当量径向动负荷 F_r 与轴承的额定动负荷 C_r 的比值来区分，通常规定：当 $F_r \leq 0.07C_r$ 时，为轻负荷；当 $0.07C_r < F_r \leq 0.15C_r$ 时，为正常负荷；当 $F_r > 0.15C_r$ 时，为重负荷。

选择滚动轴承与轴颈的配合和与外壳孔的配合时，应当考虑轴承所受负荷的大小。负荷越大，过盈量应选得越大，因为在较重负荷的作用下轴承套圈容易变形，使配合面受力不均匀，甚至引起配合松动。因此，承受轻负荷、正常负荷、重负荷的轴承与轴颈和外壳孔的配合性质，应当依次渐紧。

当轴承内圈承受循环负荷时，它与轴配合所需的最小过盈量（$Y_{\min 计算}$）可按下式计算

$$Y_{\min 计算} = \frac{13Rk}{b \times 10^6} \text{ (mm)} \tag{7-1}$$

式中，R 为轴承承受的最大径向负荷（kN）；k 为与轴承系列有关的系数，轻系列时 $k=2.8$，中系列时 $k=2.3$，重系列时 $k=2$；b 为轴承内圈的配合宽度（m），$b = B - 2r$，B 为轴承宽度，r 为内圈倒角。

为避免套圈破裂，必须按不超出套圈允许的强度计算其最大过盈（$Y_{\max 计算}$）：

$$Y_{\max 计算} = \frac{11.4dk\,[\sigma_p]}{(2k-2) \times 10^3} \text{ (mm)} \tag{7-2}$$

式中，$[\sigma_p]$ 为允许的拉应力（10^5 Pa），轴承钢的拉应力 $[\sigma_p] \approx 400 \times 10^5$ Pa；d 为轴承内圈内径（m）；k 同前述含义。

根据计算所得到的 $Y_{\min 计算}$，便可从国标《极限与配合》有关表格中选取最接近的配合。

3. 工作温度

滚动轴承工作时，由于摩擦发热和其他热源的影响，轴承套圈的温度可能高于与之相配合零件的温度，从而使配合的松紧程度发生变化。例如，轴承内圈的受热膨胀会引起它与轴颈的配合变松，而轴承外圈的受热膨胀会引起它与外壳孔的配合变紧。因此，轴承的工作温度通常应低于 100 ℃，如果轴承的工作温度高于这一温度，则应采取措施对所选用的轴承配合进行适当修正。

4. 轴承游隙

轴承游隙的大小对滚动轴承的承载能力有很大的影响。轴承的游隙可分为原始游隙、安装游隙和工作游隙。合理选择轴承游隙的方法，应在原始游隙的基础上，综合考虑因配合性质、轴承内外圈温度差、工作负荷等因素变化所引起的游隙变化规律，以工作时的实际游隙接近最佳状态为目标来选取轴承游隙组别。对于在一般情况下工作的向心轴承（调整式轴承），应优先选用基本组游隙；当对游隙有特殊要求时，可选用辅助组游隙。

5. 轴承尺寸大小

滚动轴承的尺寸越大，选取的配合应越紧。但对于重型机械上使用的尺寸特别大的滚动轴承，应采用较松的配合。

6. 旋转精度和速度

对于负荷较大、旋转精度要求较高的滚动轴承，为了消除弹性变形和振动的影响，应避免采用间隙配合。对于精密机床使用的轻负荷轴承，为了避免外壳孔与轴颈的形状误差对轴承精度产生不良影响，常采用间隙较小的间隙配合。例如内圆磨床磨头处的轴承，其内圈间隙为 1~4 μm，外圈间隙为 4~10 μm。对于旋转速度较高，又工作在冲击振动负荷下的轴承，它与轴颈和外壳孔的配合，最好选用过盈配合。

7. 其他因素

（1）空心轴颈比实心轴颈、薄壁壳体比厚壁壳体、轻合金壳体比钢或铸铁壳体采用的轴承配合要紧一些；剖分式壳体比整体式壳体采用的配合要松一些，以防止出现过盈时将轴承外圈挤扁导致卡阻事故；紧于 k7（包括 k7）的配合或壳体孔的公差等级小于 IT6 级时，应选用整体式壳体。

（2）为了便于轴承的安装和拆卸，对于重型机械宜采用较松的轴承配合。如果既要求可拆卸，同时又要求采用较紧的配合时，可采用分离型轴承或内圈带锥孔和紧定套、退卸套的轴承。

（3）当要求轴承的内圈或外圈能够沿轴向游动时，该轴承内圈与轴颈或轴承外圈与外壳孔的配合应选较松的配合。

（4）由于过盈配合使滚动轴承的径向游隙减小，当轴承的两个套圈之一须采用过盈量特别大的过盈配合时，应当注意选择具有大于基本组的径向游隙的轴承。

7.4.3 选择滚动轴承配合种类的方法

滚动轴承与轴颈和外壳孔的配合种类，常常综合考虑上述因素用类比法选取。表 7-5~表 7-8 列出了常用配合的选用参考资料，可供选用时参考。

表 7-5 向心轴承和轴的配合——轴公差带代号

运转状态		负荷状态	深沟球轴承、调心球轴承和角接触球轴承	圆柱滚子轴承和圆锥滚子轴承	调心滚子轴承	公差带
说明	举例		轴承公称内径/mm			
旋转的内圈负荷及摆动负荷	一般通用机械、电动机、机床主轴、泵、内燃机、正齿轮传动装置、铁路机车车辆轴箱、破碎机等	轻负荷	≤18 >18~100 >100~200 —	— ≤40 >40~140 >140~200	— ≤40 >40~100 >100~200	h5 j6① k6① m6①
		正常负荷	≤18 >18~100 >100~140 >140~200 >200~280 — —	— ≤40 >40~100 >100~140 >140~200 >200~400 —	— ≤40 >40~65 >65~100 >100~140 >140~280 >280~500	j5、js5 k5② m5② m6 n6 p6 r6

续表

运转状态		负荷状态	深沟球轴承、调心球轴承和角接触球轴承	圆柱滚子轴承和圆锥滚子轴承	调心滚子轴承	公差带
说明	举例		轴承公称内径/mm			
旋转的内圈负荷及摆动负荷	一般通用机械、电动机、机床主轴、泵、内燃机、正齿轮传动装置、铁路机车车辆轴箱、破碎机等	重负荷	— >50~140 >140~200 >200 —	— >50~100 >100~140 >140~200 >200	n6 p6③ r6 r7	
固定的内圈负荷	静止轴上的各种轮、张紧滑轮、振动筛、惯性振动器	所有负荷	所有尺寸			f6 g6① h6 j6
仅有轴向负荷			所有尺寸			j6、js6
圆锥孔轴承						
所有负荷	铁路机车车辆轴箱		装在退卸套上的所有尺寸			h8（IT6）⑤④
	一般机械传动		装在紧定套上的所有尺寸			h9（IT7）③④

注：① 凡对精度有较高要求的场合，应用 j5，k5，…代替 j6，k6，…。
② 圆锥滚子轴承、角接触球轴承配合对游隙影响不大，可用 k6、m6 代替 k5、m5。
③ 重负荷下轴承游隙应选大于 0 组。
④ 凡有较高精度或转速要求的场合，应选用 h7（IT5）代替 h8（IT6）等。
⑤ IT6、IT7 表示圆柱度公差数值。

表 7-6 向心轴承和外壳孔的配合——孔公差带代号

运转状态		负荷状态	其他状况	公差带①	
说明	举例			球轴承	滚子轴承
固定的外圈负荷	一般机械、铁路机车车辆轴箱、电动机、泵、曲轴主轴承	轻、正常、重	轴向易移动，可采用剖分式外壳	H7、G7②	
		冲击	轴向能移动，可采用整体或剖分式外壳	J7、JS7	
摆动负荷		轻、正常			
		正常、重		K7	
		冲击		M7	
旋转的外圈负荷	张紧滑轮、轮毂轴承	轻	轴向不移动，采用整体式外壳	J7	K7
		正常		K7、M7	M7、N7
		重		—	N7、P7

注：① 并列公差带随尺寸的增大从左至右选择，对旋转精度有较高要求时，可相应提高一个公差等级。
② 不适用于剖分式外壳。

表 7-7 推力轴承和轴颈的配合——轴公差带代号

运转状态	负荷状态	推力球和推力滚子轴承	推力调心滚子轴承②	公差带
		轴承公称内径/mm		
仅有轴向负荷		所有尺寸		j6、js6
固定的轴圈负荷	径向和轴向联合负荷	≤250		j6
		>250		js6
旋转的轴圈负荷或摆动负荷		<200		k6①
		>200~400		m6
		>400		n6

注：① 要求较小过盈时，可分别用 j6、k6、m6 代替 k6、m6、n6。
　　② 也包括推力圆锥滚子轴承、推力角接触球轴承。

表 7-8 推力轴承和外壳孔的配合——孔公差带代号

运转状态	负荷状态	轴承类型	公差带	备注
仅有轴向负荷		推力球轴承	H8	
		推力圆柱滚子轴承、圆锥滚子轴承	H7	
		推力调心滚子轴承		外壳孔与座圈间间隙为 0.001D（D 为轴承公称外径）
固定的座圈负荷	径向和轴向联合负荷	推力角接触球轴承、推力调心滚子轴承、推力圆锥滚子轴承	H7	
旋转的座圈负荷或摆动负荷			K7	普通使用条件
			M7	有较大径向负荷时

7.4.4 配合偶件的几何公差

当轴颈和外壳孔存在较大的形状误差时，安装后轴承的薄壁套圈将产生滚动变形。轴肩和外壳孔端面是安装轴承的轴向定位面，若存在较大的轴向跳动，轴承安装后产生歪斜，将导致滚动体与滚道接触不良，使轴承旋转时产生噪声和振动，影响运动精度，造成局部磨损。因此，对轴颈和外壳孔的圆柱表面，以及轴肩和外壳孔的端面，都要规定相应的圆柱度公差和轴向跳动公差，见表 7-9。

表 7-9 轴颈和壳体孔的几何公差

公称尺寸/mm		圆柱度 t				轴向圆跳动 t_1			
		轴颈		壳体孔		轴肩		壳体孔肩	
		滚动轴承精度等级							
		0	6 (6x)	0	6 (6x)	0	6 (6x)	0	6 (6x)
大于	至	公差值/μm							
0	6	2.5	1.5	4	2.5	5	3	8	5
6	10	2.5	1.5	4	2.5	6	4	10	6
10	18	3.0	2.0	5	3.0	8	5	12	8
18	30	4.0	2.5	6	4.0	10	6	15	10
30	50	4.0	2.5	7	4.0	12	8	20	12
50	80	5.0	3.0	8	5.0	15	10	25	15
80	120	6.0	4.0	10	6.0	15	10	25	15

续表

公称尺寸 /mm		圆柱度 t				轴向圆跳动 t_1			
		轴 颈		壳体孔		轴 肩		壳体孔肩	
		滚动轴承精度等级							
		0	6 (6x)	0	6 (6x)	0	6 (6x)	0	6 (6x)
大于	至	公差值/μm							
120	180	8.0	5.0	12	8.0	20	12	30	20
180	250	10.0	7.0	14	10.0	20	12	30	20
250	315	12.0	8.0	16	12.0	25	15	40	25
315	400	13.0	9.0	18	13.0	25	15	40	25
400	500	15.0	10.0	20	15.0	25	15	40	25

7.4.5 配合偶件的表面粗糙度

轴颈和外壳孔的表面粗糙度将会影响轴承配合的可靠度，其数值可参考表 7-10 选取。

表 7-10 配合面的表面粗糙度

轴或轴承座直径/mm		轴或外壳配合表面直径公差等级							
		IT7			IT6			IT5	
		表面粗糙度/μm							
大于	至	Rz	Ra		Rz	Ra		Rz	Ra	
			磨	车		磨	车		磨	车
0	80	10	1.6	3.2	6.3	0.8	1.6	4	0.4	0.8
80	500	16	1.6	3.2	10	1.6	3.2	6.3	0.8	1.6
端 面		25	3.2	6.3	25	3.2	6.3	10	1.6	3.2

例 7-1 在 C616 车床主轴后支承上，装有两个单列向心球轴承（见图 7-5），其外形尺寸为 $d×D×B=50\ \text{mm}×90\ \text{mm}×20\ \text{mm}$，试选定轴承的精度等级，轴承与轴颈和外壳孔的配合。

解：（1）分析并确定滚动轴承的精度等级。

① C616 车床属轻型普通车床，主轴承受轻载荷。

② C616 车床主轴的旋转精度和转速较高，选择 6 级精度的滚动轴承。

（2）分析并确定滚动轴承与轴颈和壳体孔的配合。

① 滚动轴承内圈与主轴轴颈组成配合后同步旋转，外圈装在壳体孔中不旋转。

② 主轴后支承主要承受齿轮传动的支反力，内圈承受循环负荷，外圈承受局部负荷，故前者配合应紧，后者配合略松。

③ 参考表 7-5、表 7-6，选出轴颈公差带为 $\phi50j5$，壳体孔公差带为 $\phi90J6$。

④ 机床主轴前轴承已实行轴向定位，若后轴承外圈与壳体孔的配合无间隙，则不能补偿由于温度

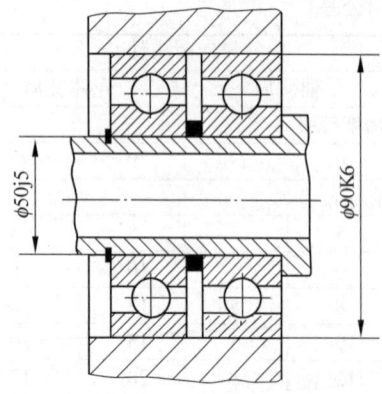

图 7-5 C616 车床主轴的后轴承结构

变化引起的主轴微量伸缩；若外圈与壳体孔的配合有间隙，则会引起主轴跳动，影响车床的加工精度。为了满足使用要求，考虑将壳体孔的公差带提高一档，改用 ϕ90K6。

⑤ 按滚动轴承公差国家标准，由表 7-2 查出 6 级精度滚动轴承单一平面平均内径偏差（Δd_{mp}）为 $\phi 50\ (^{\ 0}_{-0.01})$，由表 7-3 查出 6 级精度滚动轴承单一平面平均外径偏差（ΔD_{mp}）为 $\phi 90\ (^{\ 0}_{-0.013})$。

根据公差与配合国家标准（GB/T 1800.2—2009）查得：

$$\text{轴颈为 } \phi 50j5\ (^{+0.006}_{-0.005}), \text{ 壳体孔为 } \phi 90K6\ (^{+0.004}_{-0.018})$$

图 7-6 为 C616 车床主轴后轴承的公差与配合图解，由此可知，轴承与轴颈的配合性质，比轴承与壳体孔的配合性质要紧一些。

⑥ 按表 7-9、表 7-10 查出轴颈和外壳孔的几何公差和表面粗糙度数值，将它们标注在零件图 7-6 上。

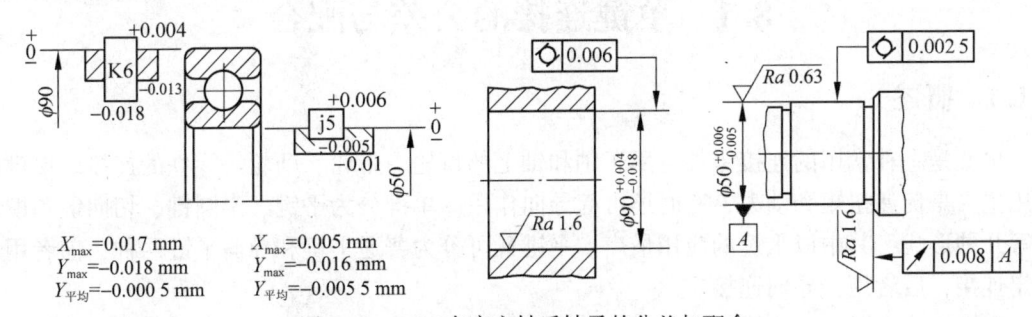

图 7-6 C616 车床主轴后轴承的公差与配合

习　题

7-1　滚动轴承的精度是根据什么划分的？共有几级？代号是什么？哪级的应用最广？

7-2　滚动轴承内圈与轴颈、外圈与外壳孔的配合分别采用哪种基准制？有什么特点？

7-3　滚动轴承内径、外径公差带有何特点？共有几级？为什么？

7-4　选择滚动轴承与轴颈、轴承与外壳孔的配合时，主要考虑哪些因素？

7-5　滚动轴承承受负荷的大小不同和类型不同时，与选择配合有何关系？

7-6　选择滚动轴承与轴颈、轴承与外壳孔的配合时，主要考虑哪些因素？

7-7　一深沟球轴承 6310，中系列，内径 $d=\phi 50$ mm，外径 $D=\phi 110$ mm，与轴承内圈内径配合的轴颈用 j6，与轴承外圈外径配合的外壳孔用 JS7。试绘出它们的公差与配合图解，并计算它们的配合极限间隙和极限过盈。

7-8　某机床转轴上安装 6308/p6 深沟球轴承，内径为 $\phi 40$ mm，外径为 $\phi 90$ mm，该轴承承受着一个 4 000 N 的径向负荷，轴承的额定负荷为 31 400 N，内圈随轴一起转动，而外圈静止。试确定轴颈与外壳孔的极限偏差、几何公差值和表面粗糙度参数值。

第 8 章

键与花键的公差与配合

8.1 单键连接的公差与配合

8.1.1 概述

单键是一种常用的连接零件,用于轴和轴上的齿轮、带轮、凸轮等零件的连接。单键的作用主要是传递扭矩和动力,有时还可起导向作用。单键分为平键、半圆键、切向键和楔形键等几种形式,其中以平键的应用最广。平键又可分为普通平键和导向平键两种,前者用于固定连接,后者用于导向连接。

平键连接由平键、轴槽、轮毂槽三部分组成,三者的装配关系如图 8-1 所示。平键连接的主要尺寸有键宽和键槽宽 b(轴槽宽和轮毂槽宽)、键高 h、槽深(轴槽深 t_1、轮毂槽深 t_2)、键和键槽长 L 等参数。键和键槽的宽度 b 为配合尺寸,通过选择不同的配合性质,可分别用作固定连接和导向连接;其余尺寸为非配合尺寸,可规定较松的公差。通常情况下,键高 h 不允许与键槽底面接触,两者之间必须留有 0.2 mm 左右的间隙。

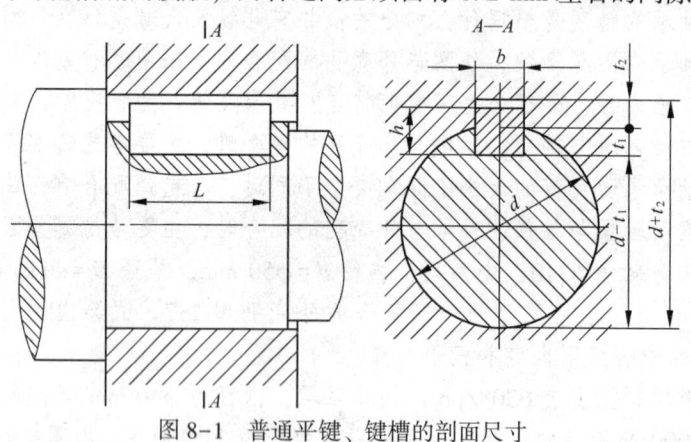

图 8-1 普通平键、键槽的剖面尺寸

8.1.2 平键连接的公差与配合

GB/T 1095—2003《平键 键槽的剖面尺寸》规定了平键连接的剖面尺寸及公差,如图 8-1 和表 8-1 所示。其中,轴槽深 t_1 和轮毂槽深 t_2 的尺寸与极限偏差由 GB/T 1095—2003 专门规定,见表 8-1。平键高 h 的公差带一般采用 h11,平键长 L 的公差带采用 h14,轴槽

长度 L 的公差带采用 H14。

根据国标规定，平键为标准件，键宽仅采用一种公差带 h8；轴槽宽和轮毂槽宽则采用三种公差带，分别与平键组成松连接、正常连接和紧密连接等三种性质不同的配合，以满足不同用途的需要。平键连接的公差带如图 8-2 所示，三种配合的应用场合参见表 8-2。

选用平键连接的方法是：① 首先查表 8-1，根据轴的公称直径值 d 确定键的尺寸 b，再确定槽深 t_1、t_2 的公称尺寸和极限偏差；② 然后查表 8-2，根据平键连接的应用场合确定连接的配合类型；③ 查表 8-1，分别确定平键、轴槽宽、轮毂槽宽的极限偏差；④ 将结果标注在图样上。

表 8-1 普通平键键槽的尺寸与公差（摘自 GB/T 1095—2003）　　　　　　　　mm

轴的公称直径 d 推荐值[①]	键尺寸 $b×h$	键槽 宽度 b 公称尺寸	极限偏差 正常连接 轴 N9	极限偏差 正常连接 毂 JS9	极限偏差 紧密连接 轴和毂 P9	极限偏差 松连接 轴 H9	极限偏差 松连接 毂 D10	深度 轴 t_1 公称尺寸	深度 轴 t_1 极限偏差	深度 毂 t_2 公称尺寸	深度 毂 t_2 极限偏差	半径 r min	半径 r max
>6~8	2×2	2	−0.004 −0.029	±0.012 5	−0.006 −0.031	+0.025 0	+0.060 +0.020	1.2	+0.10 0	1.0	+0.10 0	0.08	0.16
>8~10	3×3	3						1.8		1.4			
>10~12	4×4	4	0 −0.030	±0.015	−0.012 −0.042	+0.030 0	+0.078 +0.030	2.5		1.8			
>12~17	5×5	5						3.0		2.3		0.16	0.25
>17~22	6×6	6						3.5		2.8			
>22~30	8×7	8	0 −0.036	±0.018	−0.015 −0.051	+0.036 0	+0.098 +0.040	4.0		3.3			
>30~38	10×8	10						5.0		3.3			
>38~44	12×8	12	0 −0.043	±0.021 5	−0.018 −0.061	+0.043 0	+0.120 +0.050	5.0		3.3			
>44~50	14×9	14						5.5		3.8		0.25	0.40
>50~58	16×10	16						6.0	+0.20 0	4.3	+0.20 0		
>58~65	18×11	18						7.0		4.4			
>65~75	20×12	20	0 −0.052	±0.026	−0.022 −0.074	+0.052 0	+0.149 +0.065	7.5		4.9			
>75~85	22×14	22						9.0		5.4			
>85~95	25×14	25						9.0		5.4		0.4	0.60
>95~110	28×16	28						10.0		6.4			
>110~130	32×18	32						11.0		7.4			
>130~150	36×20	36	0 −0.062	±0.031	−0.026 −0.088	+0.062 0	+0.180 +0.080	12.0	+0.30 0	8.4	+0.30 0	0.7	1.00
>150~170	40×22	40						13.0		9.4			
>170~200	45×25	45						15.0		10.4			
>200~230	50×28	50						17.0		11.4			

注：① GB/T 1095—2003 没有给出相应轴颈的公称直径，此栏为根据一般受力情况推荐的轴的公称直径值。

表 8-2 平键连接的三种配合类型及应用场合

配合类型	尺寸 b 的公差带 键	尺寸 b 的公差带 轴槽	尺寸 b 的公差带 轮毂槽	应 用 场 合
松	h8	H9	D10	用于导向平键，轮毂可在轴上移动
正常	h8	N9	JS9	键固定在轴槽和轮毂槽中，用于载荷不大的场合
紧密	h8	P9	P9	键牢固地固定在轴槽和轮毂槽中，用于载荷较大、有冲击和双向扭矩的场合

8.1.3 平键连接的几何公差和表面粗糙度

为了保证键宽与键槽宽之间有足够的接触面积，避免装配困难，应分别规定轴槽和轮毂

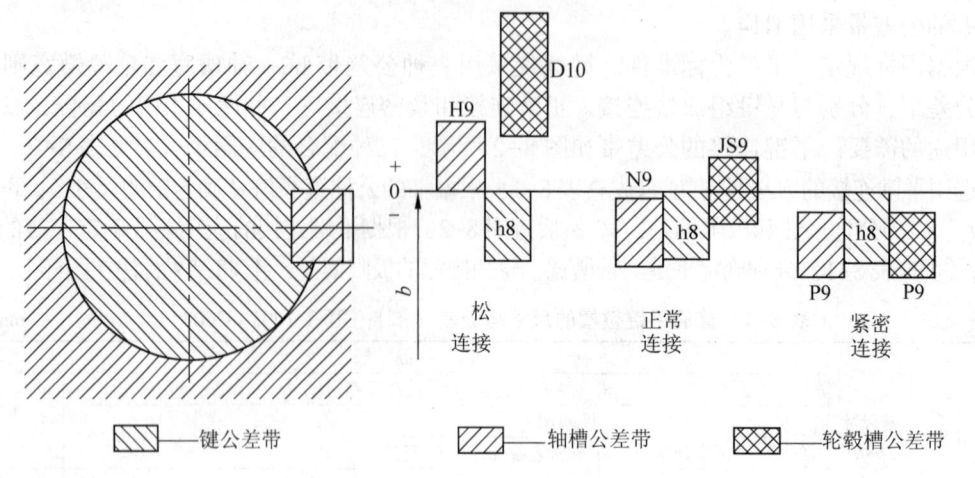

图 8-2 键宽与键槽宽的公差带

槽的对称度公差。具体方法是以键宽为公称尺寸，按 GB/T 1184—1996 中规定的对称度公差 7~9 级选取。

当键长 L 与键宽 b 之比大于或等于 8（$L/b \geq 8$）时，还应规定键的两工作侧面在长度方向上的平行度要求。

作为主要配合表面，轴槽和轮毂槽的键槽宽度 b 两侧面的表面粗糙度 Ra 值一般取 1.6~3.2 μm，轴槽的底面和轮毂槽底面的表面粗糙度参数 Ra 取 6.3 μm。

有关标注示例如图 8-3 所示。考虑到测量的方便性，在键连接工作图中，轴槽深 t_1 用 $(d-t_1)$ 标注，其极限偏差的符号与 t_1 相反；轮毂槽深 t_2 用 $(d+t_2)$ 标注，其极限偏差的符号与 t_2 相同。

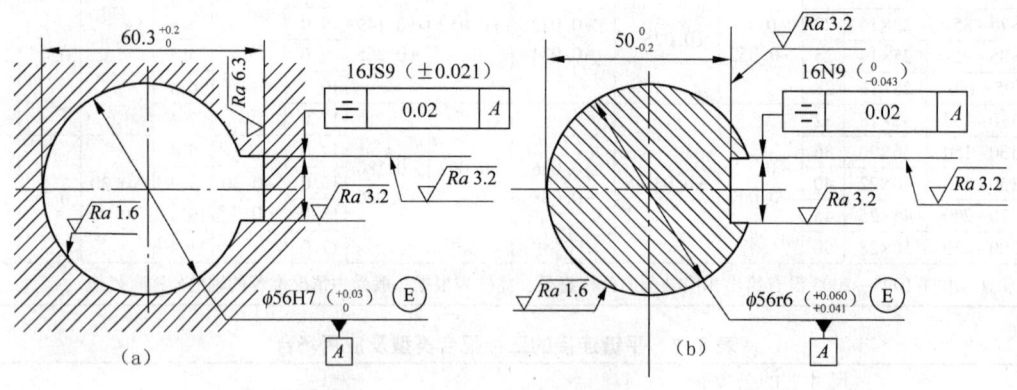

图 8-3 键槽尺寸和公差的标注
(a) 轮毂槽；(b) 轴槽

8.2 矩形花键的公差与配合

8.2.1 概述

与平键连接相比，花键连接具有定心精度高、导向性能好、承载能力强、对轴的削弱较小等优点，在机械连接中得到了广泛的应用。

按花键配合的性质，花键连接分为固定连接与滑动连接两种。按花键齿的形状，有矩形花键、渐开线花键和三角形花键三种（参见图8-4）。在机械传动中，矩形花键的应用最广。

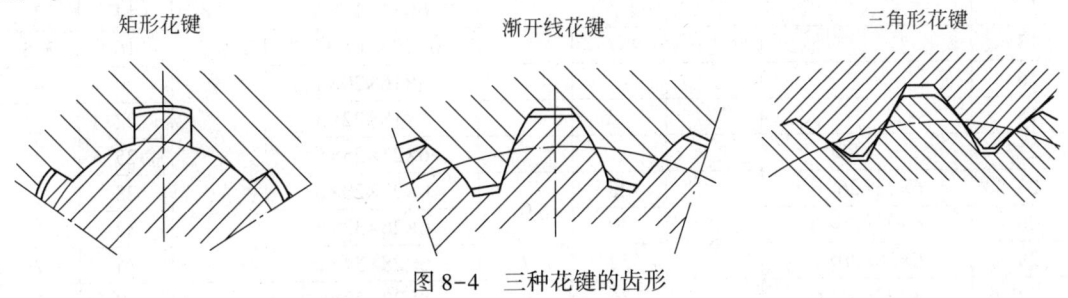

图8-4 三种花键的齿形

花键连接的配合特点如下。

（1）较多的配合参数：花键相对于圆柱配合或单键连接而言，其配合参数较多，除键宽外，还有定心尺寸、非定心尺寸、齿宽尺寸、键长尺寸等，其中最关键的是定心尺寸的精度要求。

（2）采用基孔制配合：内花键通常采用拉刀或插齿刀加工，生产效率高，较容易获得理想的精度。花键配合采用基孔制，内花键的尺寸精度保持不变，只要通过改变外花键的尺寸，即可得到不同的配合，这样做可以减少昂贵的所需拉刀的规格种类，最经济地满足不同场合的配合需要。

（3）必须考虑几何误差的影响：花键在加工过程中不可避免地存在几何误差，为了限制几何误差对花键配合的影响，除了规定花键的尺寸公差外，还必须规定花键的几何公差，或规定限制几何误差的花键综合公差。

本节只介绍矩形花键的公差与配合。

8.2.2 矩形花键的主要尺寸及定心方式

1. 矩形花键的主要尺寸

矩形花键的主要尺寸有三个，即大径 D、小径 d 和键宽（键槽宽）B，如图8-5所示。

GB/T 1144—2001《矩形花键尺寸、公差和检验》规定，矩形花键的键数为偶数，有6、8、10三种。按承载能力不同，矩形花键的尺寸分为轻、中两个系列，如表8-3所示。中系列的键高尺寸比轻系列的尺寸大，故承载能力较强。对于同一小径尺寸，两个系列矩形花键的键数相同，键宽（键槽宽）也相同，仅大径尺寸不同。

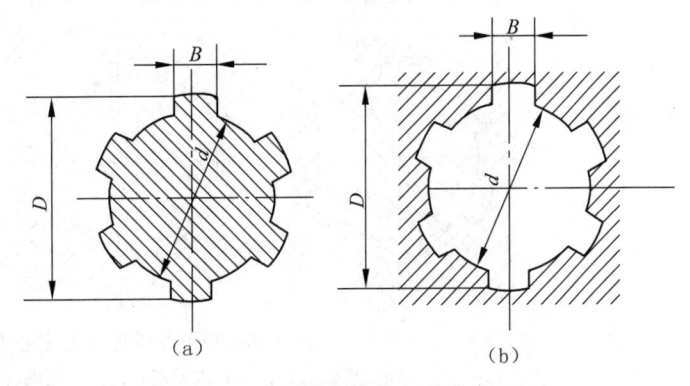

图8-5 矩形花键的主要尺寸
(a) 外花键；(b) 内花键

表 8-3　矩形花键尺寸系列（摘自 GB/T 1144—2001）　　　　　　　mm

小径 (d)	轻 系 列				中 系 列			
	规格 N×d×D×B	键数 N	大径 D	键宽 B	规格 N×d×D×B	键数 N	大径 D	键宽 B
11					6×11×14×3		14	3
13					6×13×16×3.5		16	3.5
16					6×16×20×4		20	4
18					6×18×22×5		22	5
21					6×21×25×5	6	25	
23	6×23×26×6		26		6×23×28×6		28	
26	6×26×30×6		30	6	6×26×32×6		32	6
28	6×28×30×7	6	32	7	6×28×34×7		34	7
32	8×32×36×6		36	6	8×32×38×6		38	6
36	8×36×40×7		40	7	8×36×42×7		42	7
42	8×42×46×8		46	8	8×42×48×8		48	8
46	8×46×50×9		50	9	8×46×54×9	8	54	9
52	8×52×58×10	8	58		8×52×60×10		60	
56	8×56×62×10		62	10	8×56×65×10		65	10
62	8×62×68×12		68		8×62×72×12		72	
72	10×72×78×12		78	12	10×72×82×12		82	12
82	10×82×88×12		88		10×82×92×12		92	
92	10×92×98×14	10	98	14	10×92×102×14	10	102	14
102	10×102×108×16		108	16	10×102×112×16		112	16
112	10×112×120×18		120	18	10×112×125×18		125	18

2. 矩形花键的定心方式

在制造矩形花键时，如果要求小径、大径和键宽（键槽宽）三个尺寸同时都精密配合是十分困难的。为了既保证花键连接的配合精度，又降低花键的制造难度，只能在三个连接尺寸中选一个作为定心尺寸，对它提出较高的精度要求，用它来保证内、外花键的配合性质和定心精度；而其余两个尺寸则作为非定心尺寸，可以采用较低要求。因此，矩形花键可以有三种定心方式：小径定心、大径定心、键侧（键槽侧）定心，如图 8-6 所示。

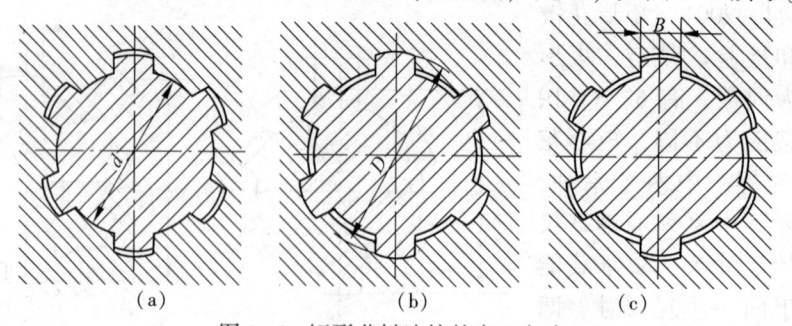

图 8-6　矩形花键连接的定心方式
(a) 小径定心；(b) 大径定心；(c) 键侧（键槽侧）定心

在国标 GB/T 1144—2001 中，规定矩形花键连接应采用小径定心方式。国标规定：对矩形花键的小径选用公差等级较高的小间隙配合，如图 8-6（a）所示。采用小径定心时，花

键的大径 D 为非定心尺寸，其公差等级较低，且有足够大的间隙，以保证内、外花键的大径表面不接触；键宽（键槽宽）尺寸虽然也是非定心尺寸，但因为内、外花键的键侧（键槽侧）用于传递扭矩和导向，所以它们的配合仍应具有较高的精度。

国标规定的矩形花键采用小径定心有许多优点，它可以在降低制造难度的前提下确保定心精度。例如：内、外花键配合表面通常都淬硬至 42HRC 左右，以提高接触面的强度、硬度和耐磨性，延长使用寿命。但热处理后的零件有残余热变形，需采用磨削修正。如果不采用小径定心，则内花键的大径和键侧都很难进行磨削修正，无法保证花键的定心精度；如果采用小径定心，则外花键的小径可采用成型磨削修正，内花键的小径可采用内圆磨削修正，因而可使小径配合面达到极高的尺寸精度、形状精度和表面粗糙度要求。可见，采用小径定心方法可使花键连接获得更高的定心精度，使定心的稳定性好，使用寿命长。

8.2.3 矩形花键的公差与配合

在国家标准 GB/T 1144—2001 中，规定矩形花键的尺寸公差采用基孔制，以减少拉刀的种类和数目。内、外花键小径、大径和键宽（键槽宽）的尺寸公差带，分为一般传动用和精密传动用两大类，内、外矩形花键的尺寸公差带见表 8-4。表中列出的公差带及其极限偏差数值，与 GB/T 1800.1—2009 中规定一致。对一般传动用的内花键槽宽，还分别列出了拉削后热处理和不热处理两种情况，规定了两种公差带。标准规定，矩形花键按装配形式分为：滑动、紧滑动和固定三种配合，前两种配合在工作过程中既可传递扭矩，还可以让花键套在轴上移动，后一种配合只能用来传递扭矩，花键套在轴上无轴向移动。

根据规定，矩形花键选用尺寸公差带的一般原则是：当定心精度要求高时，应选用精密传动用尺寸公差带，反之可选用一般传动用尺寸公差带；当要求传递扭矩大或经常需要正反转变速时，应选择紧一些的配合，反之可选择松一些的配合；当内、外花键需要频繁相对滑动或配合长度较大时，可选择松一些的配合。

矩形花键各尺寸公差带的选用，可参见表 8-4。

表 8-4 矩形花键的尺寸公差带（摘自 GB/T 1144—2001）

内 花 键			外 花 键			
d	D	\multicolumn{2}{c|}{B}	d	D	B	装配形式
		拉削后不热处理	拉削后热处理				
\multicolumn{7}{c|}{一般传动用}							
H7	H10	H9	H11	f7	a11	d10	滑动
				g7		f9	紧滑动
				h7		h10	固定
\multicolumn{7}{c|}{精密传动用}							
H5	H10	H7、H9		f5	a11	d8	滑动
				g5		f7	紧滑动
				h5		h8	固定
H6				f6		d8	滑动
				g6		f7	紧滑动
				h6		h8	固定

注：① 精密传动用的内花键，当需要控制键侧配合间隙时，槽宽可选 H7，一般情况下可选 H9。
② d 为 H6 和 H7 的内花键，允许与提高一级的外花键配合。

8.2.4 矩形花键的几何公差和表面粗糙度

1. 形状公差

矩形花键定心尺寸（小径 d）的极限尺寸应遵守包容要求。即当小径 d 的实际尺寸处于最大实体状态时，矩形花键必须具有理想形状；只有当小径 d 的实际尺寸偏离最大实体状态时，才允许有形状误差。

2. 位置度公差

矩形花键的位置度公差遵守最大实体要求。花键的位置度公差综合控制花键各键之间的角向位置、各键对轴线的对称度误差和各键对轴线的平行度误差等，用综合量规（位置量规）进行检验。矩形花键的位置度公差值见表 8-5。花键位置度的图样标注如图 8-7 所示。

表 8-5 矩形花键位置度公差值 t_1（摘自 GB/T 1144—2001） mm

键槽宽或键宽 B		3	3.5~6	7~10	12~18
		\multicolumn{4}{c	}{t_1}
键槽宽		0.010	0.015	0.020	0.025
键宽	滑动、固定	0.010	0.015	0.020	0.025
	紧滑动	0.006	0.010	0.013	0.016

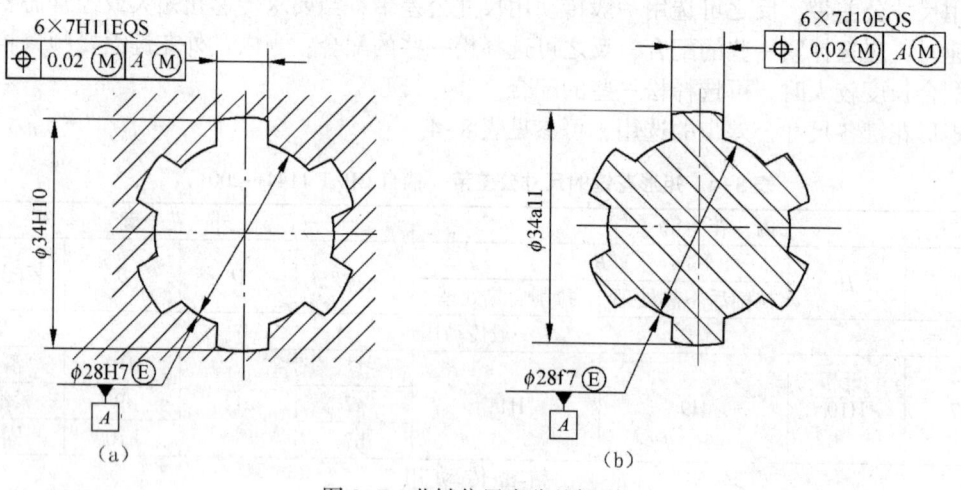

图 8-7 花键位置度公差标注
(a) 内花键；(b) 外花键

为了降低制造成本，当单件、小批量生产时可采用单项测量，规定花键的对称度公差和等分度公差。矩形花键的对称度公差值见表 8-6。花键的等分度公差是指花键各齿沿 360°圆周方向均匀分布理想位置的最大允许偏离值。国家标准规定，花键的等分度公差值等于花键的对称度公差值。花键（花键槽）的对称度公差和等分度公差遵守独立原则。花键的对称度公差、等分度公差在图样上的标注方法如图 8-8 所示。

表 8-6　矩形花键的对称度公差值 t_2（摘自 GB/T 1144—2001）　　　　mm

键槽宽或键宽 B	3	3.5~6	7~10	12~18
	对称度公差值 t_2			
一般传动用	0.010	0.012	0.015	0.018
精密传动用	0.006	0.008	0.009	0.011

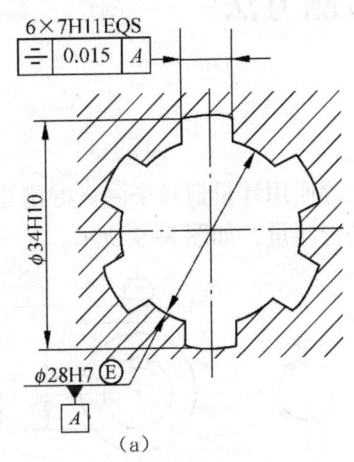

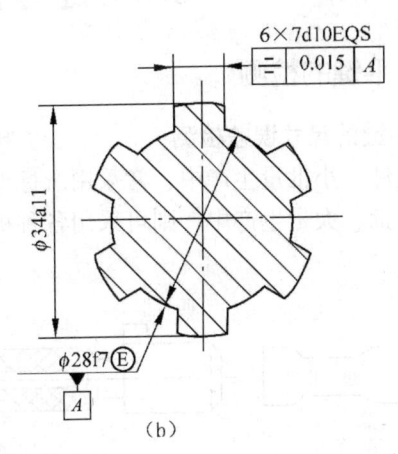

图 8-8　花键对称度公差标注
（a）内花键；（b）外花键

对较长的花键，还应规定花键各键齿（键槽）侧面对定心表面轴线的平行度公差，平行度公差值可根据使用要求自行规定。

3. 表面粗糙度

矩形花键各结合表面的表面粗糙度要求，参见表 8-7。

表 8-7　矩形花键表面粗糙度参考值　　　　μm

加工表面	内花键	外花键
	Ra 不大于	
大径	6.3	3.2
小径	0.8	0.8
键（键槽）侧	3.2	0.8

8.2.5　矩形花键的标注

矩形花键连接的标记代号为：键数 N×小径 d×大径 D×键（键槽）宽 B，各尺寸的公差带代号可标注在各自的公称尺寸之后。例如，N=8、$d=23\dfrac{H7}{f7}$、$D=26\dfrac{H10}{a11}$、$B=6\dfrac{H11}{d10}$ 的花键副标注方法如下：

花键规格：8×23×26×6

对花键副（在装配图上），标注配合代号如下：

$$8\times23\frac{H7}{f7}\times26\frac{H10}{a11}\times6\frac{H11}{d10} \qquad \text{GB/T 1144—2001}$$

对内、外花键（在零件图上），标注尺寸公差代号如下：

   内花键 8×23H7×26H10×6H11 GB/T 1144—2001

   外花键 8×23f7×26a11×6d10   GB/T 1144—2001

8.3 键与花键的检测方法

8.3.1 平键的检测

1. 平键的尺寸误差检测

在单件、小批量生产中，常采用游标卡尺、千分尺等通用计量器具来测量键槽宽度和深度。在成批、大量生产中，则可采用各种极限量规来进行测量，如图8-9所示。

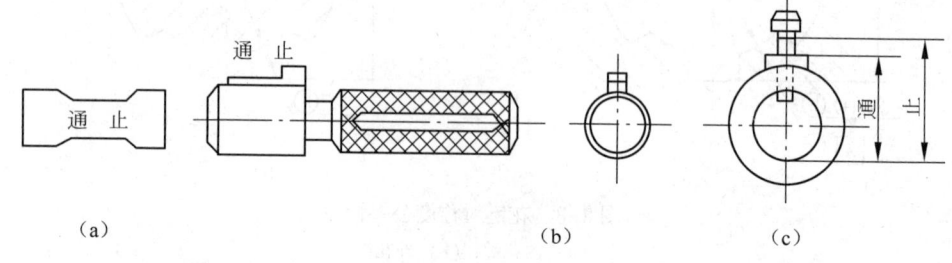

图 8-9 键槽尺寸检测的极限量规
（a）槽宽用极限量规；（b）轮毂槽深用极限量规；（c）轴槽深用极限量规

2. 平键的对称度误差检测

在单件、小批量生产时，可采用分度头、V形块和百分表测量平键的对称度误差；在大批量生产时，可采用综合量规（如对称度极限量规）检验，只要量规能通过即为合格，如图8-10所示。图8-10（a）为轮毂槽对称度量规，图8-10（b）为轴槽对称度量规。

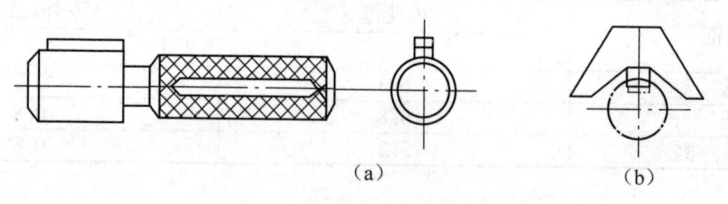

图 8-10 轮毂槽和轴槽对称度量规
（a）轮毂槽对称度量规；（b）轴槽对称度量规

8.3.2 矩形花键的检测

矩形花键的检测项目，包括尺寸误差的检测和几何误差的检测。

在单件、小批生产时，矩形花键的尺寸误差和位置误差采用千分尺、游标卡尺、指示表等通用计量器具分别测量。在大批、大量生产时，采用花键综合塞规（综合环规），同时检验内花键（外花键）的小径、大径、键槽宽（键宽）、大径对小径的同轴度、键（键槽）的位置度等项目的综合效果。此外，还要用单项止端塞规（单项止端卡规）或普通计量器具进行检测，判断其小径、大径、键槽宽（键宽）的实际尺寸是否超越其最小实体尺寸。

检测内、外花键时，如果花键综合量规能通过，而单项止端量规不能通过，则表示被检测的内、外花键合格；反之，即为不合格。内、外花键综合量规如图 8-11 所示。

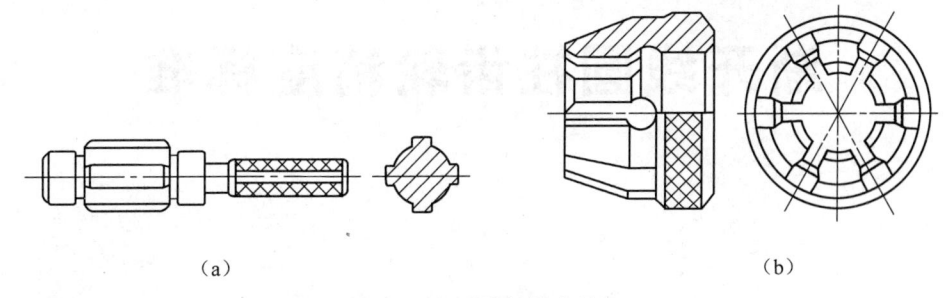

图 8-11 矩形花键综合量规
（a）花键塞规；（b）花键环规

习 题

8-1 平键连接中，键宽与键槽宽的配合是采用什么基准制？为什么？

8-2 平键连接的配合种类有哪些？各种配合的应用情况如何？

8-3 矩形花键的定心方式有哪几种？为什么国家标准规定矩形花键的定心方式采用小径定心？

8-4 影响花键连接的配合性质有哪些因素？

8-5 某传动轴（直径 $d=50$ mm）与齿轮采用普通平键连接，配合类别选为正常连接，试确定键的尺寸，并按照 GB/T 1095—2003 确定键、轴槽、轮毂槽宽和高的公差值，并画出尺寸公差带图。

8-6 某机床变速箱中一滑移齿轮内孔与轴为花键连接，已知花键的规格为 6×28×32×7，花键孔长 30 mm，花键轴长 75 mm，花键孔相对于花键轴须移动，且定心精度要求高。试确定齿轮花键孔和花键轴各主要尺寸的公差带代号，并计算它们的极限偏差和极限尺寸，确定齿轮花键孔和花键轴相应的位置度公差及各主要表面的表面粗糙度值，并将上述的各项要求标注在内、外花键的截面图上。

第 9 章 渐开线圆柱齿轮精度标准

9.1 概　　述

9.1.1 对齿轮传动的使用要求

渐开线齿轮传动是一种最广泛、最重要的机械传动方式。根据工作目的不同，渐开线齿轮传动可分为主要用于传递运动和主要用于传递动力两大类，前者称为传动齿轮，后者称为传力齿轮。传动齿轮主要用于机床的变速箱传动链中，对传递运动的准确性要求较高，它们工作时的负荷不太大，但要求齿轮工作平稳，传动准确，瞬时速比恒定，振动、冲击和噪声要小；传力齿轮主要用于矿山机械、重型机械等动力传递机构中，它们的工作负荷很大，转速一般较低，要求具有足够的承载能力和较高的效率，所以对齿轮强度和轮齿载荷分布的均匀性要求较高。此外，渐开线齿轮啮合传动时，非工作齿面之间必须留有规定的侧隙，以保证轮齿齿面的润滑及齿轮副的正常工作。

在各种机器和仪器的传动装置中，渐开线齿轮传动应用非常广泛。为了保证渐开线齿轮传动的精度和质量，对渐开线齿轮传动主要有以下四方面的使用要求。

1. 传递运动的准确性

由机械原理知，理想齿廓的渐开线齿轮在传递运动时可以保持恒定的传动比。但由于各种加工误差的影响，加工后得到的实际齿轮，其齿廓相对于旋转中心分布不均匀，且廓形也偏离理想的渐开线，因而使从动齿轮的实际转角产生了转角误差。传递运动的准确性，就是要求将齿轮的最大转角误差限制在一定范围内，使齿轮在一周转角范围内的传动比的变动尽量小，以保证从动齿轮与主动齿轮的运动协调关系。

2. 传动的平稳性

渐开线齿轮传动不但要求在传动全过程中保持传动比恒定，而且要求在任何时刻都应保持瞬时传动比恒定。因为齿轮任一瞬时传动比的变化，都会使从动齿轮的转速发生波动，从而产生瞬时加速度和惯性冲击力，引起齿轮传动中的冲击、振动和噪声。齿轮传动的平稳性，就是要求将齿轮在每一齿转角范围内的最大转角误差限制在一定范围内，从而使瞬时传动比的变动尽量小。

3. 载荷分布的均匀性

齿轮在传递载荷工作时，若齿面上的载荷分布不均匀，将会因载荷作用的接触面积过小而导致应力集中，引起局部齿面的剧烈磨损、点蚀甚至轮齿折断。载荷分布的均匀性就是要求齿轮传动时工作齿面的接触面积应具有一定的大小，以使轮齿均匀承载，从而提高齿轮的承载能力和使用寿命。

4. 齿轮副侧隙的合理性

所谓齿轮副侧隙，是指一对齿轮啮合时，在非工作齿面间留有的间隙。要求留有齿轮副侧隙的目的，是为了保证啮合齿面间形成油膜润滑，补偿齿轮副的安装误差与加工误差，以及补偿受力变形和发热变形。齿轮副侧隙不可过小，以免齿轮传动过程中出现卡死或烧伤的现象；但齿轮副侧隙也不能过大，尤其是对于需要经常正反转的传动齿轮，齿轮副侧隙过大将产生反向空行程，引起换向冲击和机械滞后现象。

一般来说，由于齿轮传动的工作场合不同，对上述四方面的要求也有所侧重。例如，精密机床的分度机构、测量仪器的读数机构、自动控制系统使用的齿轮等，这几类齿轮的工作载荷与转速都不大，但传动精度的要求很高，主要的使用要求是齿轮传递运动的准确性。对于普通机器的传动齿轮，如汽车、拖拉机，通用减速器中的齿轮和机床的变速齿轮，主要的使用要求是传动的平稳性和载荷分布的均匀性，而对传递运动的准确性要求可以低一些，同时要有相对较大的齿侧间隙，以便使润滑油畅通充足，避免因温度升高而发生咬死故障；但对于需要经常正反转双向传动的齿轮副，则应考虑尽量减小齿侧间隙，以减小反转时的空程误差。对于低速、重载的传力齿轮，如轧钢机、矿山机械、起重机械中的低速、重载齿轮，因为主要用于传递扭矩，它们的主要使用要求是保证载荷分布的均匀性，同时齿轮副的齿侧间隙也应较大，以补偿受力变形和受热变形，而对于其他方面的要求则可降低一些。

9.1.2 齿轮误差的来源

齿轮误差的来源，主要是源于齿轮加工过程中的工艺系统原始误差和齿轮副的安装误差，本章只讨论齿轮的加工制造误差。

生产中切削加工齿轮的方法分为两种：成型法和展成法。成型法是使用成型刀具、逐齿间断分度加工齿轮，所得齿轮的精度很低，较少使用；展成法是使用齿轮刀具（齿轮插刀、齿轮滚刀等）按齿轮啮合原理展成加工轮齿，所得齿轮的精度较高，是最主要的齿轮加工方法。高精度齿轮还需进行剃齿或磨齿等精加工，其原理也属于展成法加工。齿轮加工是一个十分复杂的工艺过程，产生齿轮误差的因素很多，概括而论，由加工引起的齿轮误差有四类，其种类及产生原因如下。

1. 齿距误差

齿距误差是指加工所得的实际齿廓相对于齿轮旋转中心的切向齿距分布不均匀的程度，它由齿轮加工过程中的几何偏心和运动偏心引起。

以滚切齿轮为例，齿轮加工时的情况如图 9-1 所示，滚切齿轮时齿轮毛坯呈间隙配合安装在滚齿机工作台的定位心轴上，齿轮毛坯孔的几何中心为 $O_1—O_1$，滚齿机工作台定位心轴的几何中心为 $O—O$，当两者不重合时存在偏心距 e_1，e_1 称为几何偏心。工作台分度蜗轮的几何中心为 $O_2—O_2$，由于滚齿机存在制造误差使 $O_2—O_2$ 与 $O—O$ 不可能绝对重合，这个不重合量 e_2 称为运动偏心。

齿轮加工过程中存在的几何偏心，使加工所得的齿圈与定位孔不同轴，其结果既使实际齿圈一边的齿高加大，另一边的齿高减小，又使实际轮齿的齿距在分度圆周上呈周期性齿距不均匀变化（见图 9-2）；齿轮加工过程中存在的运动偏心，则使滚齿加工时分度蜗轮与蜗杆的啮合半径变动，导致滚齿机工作台周期性地"快—慢—快—慢"旋转，加工所得的齿圈虽无径向偏心，但存在切线方向的轮齿位置错移，使实际轮齿在分度圆周上的弧齿距不均匀，呈周期性变化（见图 9-3）。可见，无论是几何偏心还是运动偏心，其结果都是使加工出来的齿廓相对于工件的旋转中心分布不均匀，产生以 2π 为周期的切向齿距误差。

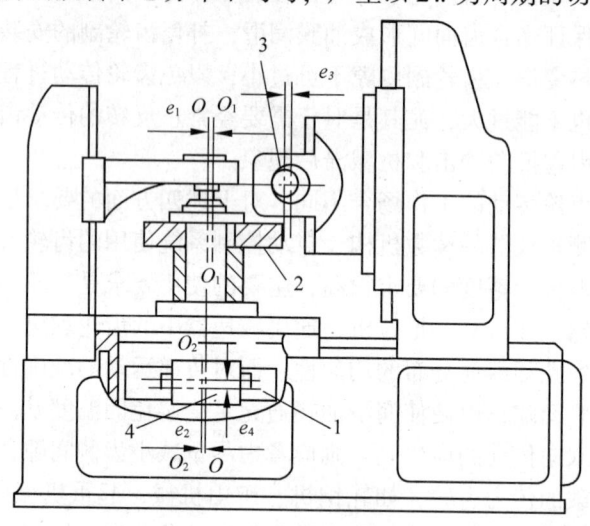

图 9-1 滚齿加工示意图
1—分度蜗轮；2—齿坯；3—滚刀；4—分度蜗杆

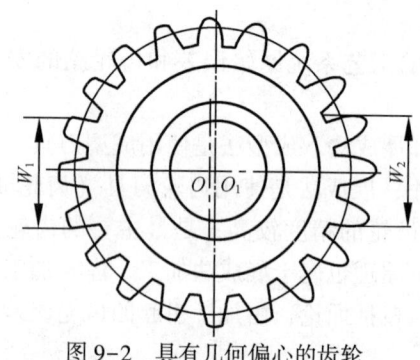

图 9-2 具有几何偏心的齿轮 图 9-3 具有运动偏心的齿轮

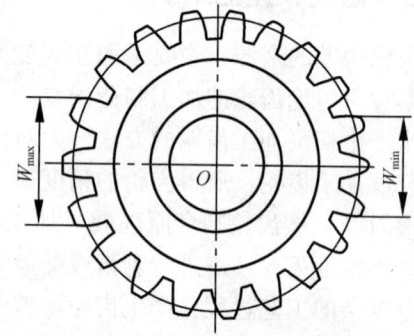

2. 齿形误差

齿形误差是指加工出来的齿廓与理论渐开线齿形的偏离程度。齿形误差主要是由于齿轮加工刀具本身的切削刃廓形误差、齿形角误差、齿轮刀具的轴向窜动和径向跳动、齿坯的径向跳动以及在滚齿机工作台每一个齿距转角范围 $\left(\dfrac{2\pi}{z}\right)$ 内的转速不均等误差引起。

3. 齿向误差

齿向误差是指加工后的齿面沿基准轴线方向上的形状和位置误差。齿向误差主要是由于刀具进给运动的方向歪斜，以及齿坯安装偏斜等误差引起。

4. 齿厚误差

齿厚误差是指加工所得的轮齿齿厚在整个齿圈范围内的不一致程度。齿厚误差主要是由于刀具铲形面对齿坯中心的位置误差，以及齿轮加工刀具本身的齿廓分布不均引起。

9.1.3 控制齿轮误差的措施

为了保证齿轮传动的工作质量，必须控制单个齿轮的制造误差和齿轮副的安装误差，制定有关的齿轮精度标准。2008 年我国颁布了国标 GB/T 10095.1—2008 及 GB/T 10095.2—2008，以代替旧标准。该国标分别等同于国际标准 ISO 1328-1：1995 及 ISO 1328-2：1997，本章内容采用该标准进行介绍。

在齿轮精度标准中，齿轮的误差、偏差统称为偏差，并且将偏差与公差共用一个符号表示，例如 F_α 既表示齿廓总偏差，又表示齿廓总公差。此外，测量单项要素所用的偏差符号用小写字母（如 f）加相应的下标表示；而反映若干单项要素偏差之和的"累积"或"总"偏差所用的符号，采用大写字母（如 F）加相应的下标表示。

9.2 影响齿轮传递运动准确性的偏差及其测量

9.2.1 切向综合总偏差 F_i'

切向综合总偏差 F_i' 是指被测齿轮与理想精确的测量齿轮单面啮合检验时，在被测齿轮一周范围内，实际转角与公称转角之差的总幅度值，如图 9-4 所示。该误差以分度圆弧长计值；精确的测量齿轮允许用精确齿条、精确蜗杆、精确测头等测量元件代替。

F_i' 曲线通常是在齿轮单面啮合综合检测仪（简称单啮仪）上测得。F_i' 曲线反映了齿轮一周范围内的转角总误差，它是几何偏心、运动偏心以及基节误差、齿形误差等的综合结果，而且是在近似于齿轮工作状态下测得的，所以 F_i' 是评定传递运动准确性较为完善的综合指标。

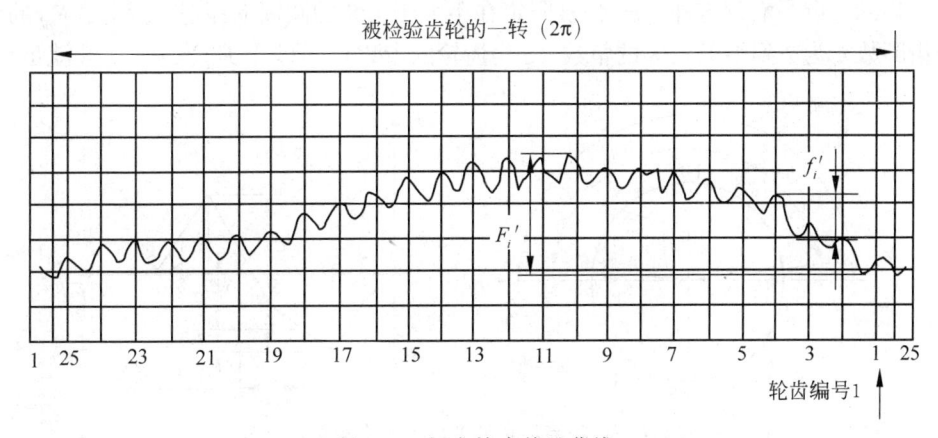

图 9-4 切向综合偏差曲线

光栅式齿轮单啮仪的工作原理如图 9-5 所示：标准蜗杆与被测齿轮单面啮合，二者各带一个同轴安装的圆光栅盘和信号发生器；两路所检测到的角位移信号经分频器后变为同频信号；当被测齿轮存在制造误差时，该误差引起的微小回转角误差将变为两路信号的相位差，经比相器和记录器，在圆记录纸上记录下来，供研究之用。测量所得的误差曲线如图 9-4 所示。由于单啮仪的制造精度要求很高，价格十分昂贵，在生产中也可采用其他指标来评定传递运动的准确性。

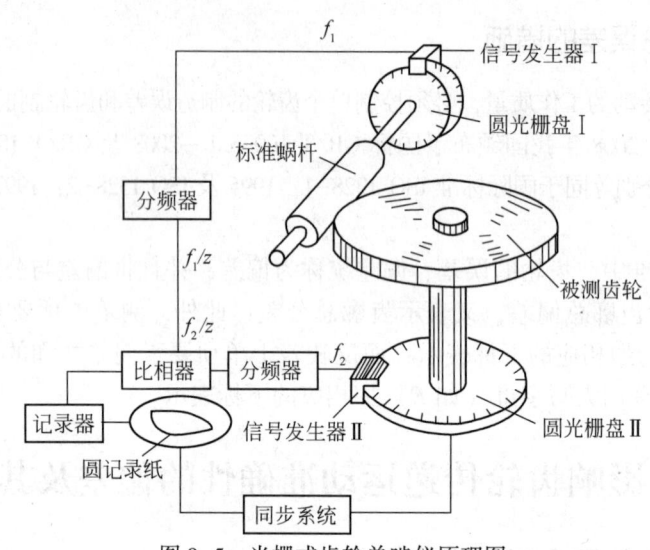

图 9-5 光栅式齿轮单啮仪原理图

9.2.2 齿距累积总偏差 F_p 与 k 个齿距累积偏差 F_{pk}

齿距累积总偏差 F_p 是指分度圆上任意两个同侧齿面间实际弧长与公称弧长之差的最大绝对值，如图 9-6 所示。它表现为齿距累积偏差曲线的总幅值。

对某些齿数较多的齿轮，为了控制齿轮的局部累积偏差和提高测量效率，可以测量 k 个齿的齿距累积偏差 F_{pk}。F_{pk} 是指在分度圆上 k 个齿距的实际弧长与公称弧长之差的最大绝对值，如图 9-6 所示。除另有规定外，F_{pk} 值被限定在不大于 1/8 的圆周上评定，因此，F_{pk} 的允许值适用于齿距数 k 为 2 到小于 $z/8$ 的整数（z 为齿轮的齿数）。通常，F_{pk} 取 $k = z/8$ 就足够了。

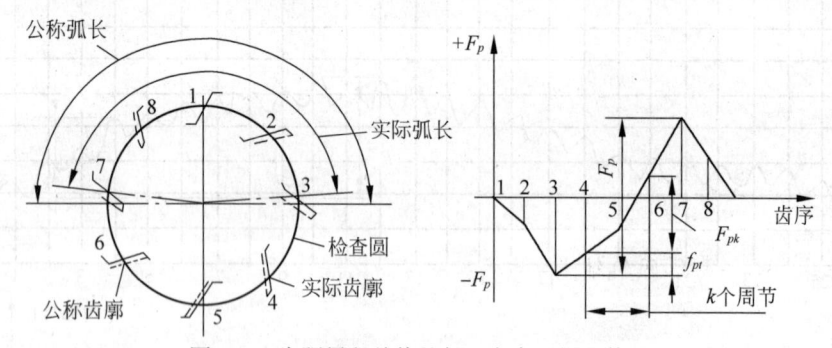

图 9-6 齿距累积总偏差与 k 个齿距累积偏差

齿距累积偏差主要是在滚切齿形的过程中由于几何偏心和运动偏心造成的。它能反映齿轮一转中由偏心引起的转角误差，因此 F_p（F_{pk}）可代替 F_i' 作为评定齿轮传递运动准确性的指标。但 F_p 是逐齿测得的，每齿只测一个点，而 F_i' 是在连续运转中测得的，F_i' 更全面地反映了偏心引起的转角误差。由于 F_p 可以使用较普及的齿距仪、万能测齿仪等仪器来测量，因此它是目前工厂中常用的一种齿轮运动精度的评定指标。

图 9-7 为万能测齿仪测量齿距的简图，首先以被测齿轮上任一实际齿距作为基准，将仪器指示表调零，然后沿整个齿圈依次测出其他实际齿距与作为基准的齿距的差值（称为相对齿距偏差），经过数据处理后求出 F_p（同时也可求得单个齿距偏差 f_{pt}）。

9.2.3 齿圈径向跳动 F_r

齿圈径向跳动 F_r 是指齿轮转一周范围内，测头在齿槽内（或齿轮上）于齿高中部与齿廓双面接触时，测头相对于齿轮轴心线位置的最大变动量，如图 9-8 (a) 所示。齿圈径向跳动 F_r 可在齿圈跳动检查仪、万能测齿仪或普通偏摆检查仪上用指示表进行测量，如图 9-8 (b) 所示。

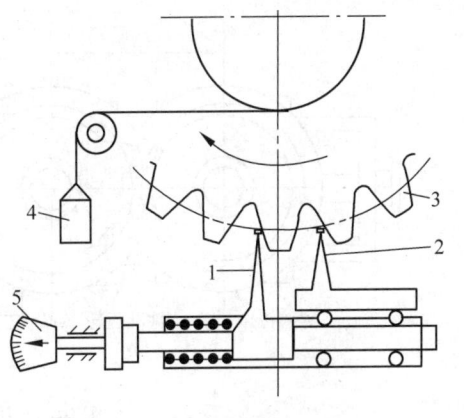

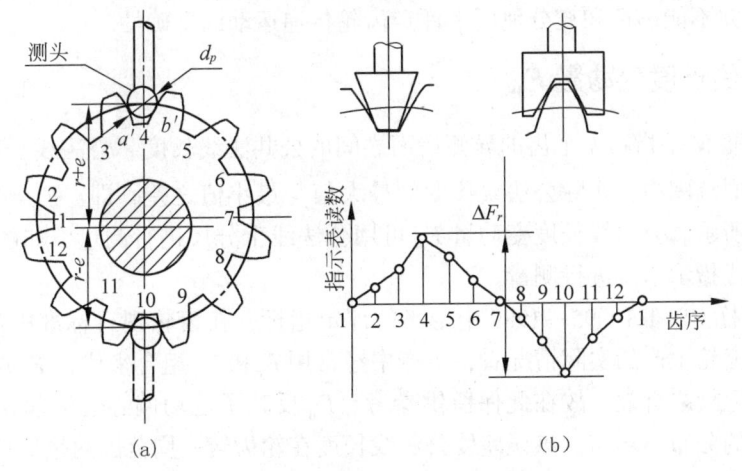

图 9-7 万能测齿仪测量齿距
1—活动测头；2—固定测头；3—被测齿轮；
4—重锤；5—指示表

图 9-8 测量齿圈径向跳动

F_r 主要是由几何偏心引起的，它可以反映齿距累积偏差中的径向误差，但不能反映由运动偏心引起的切向误差，故不能全面评价齿轮传递运动的准确性，只能作为齿轮检测的单项指标。它以齿轮转一周为周期出现，属长周期径向齿轮误差，必须与能揭示切向齿轮误差的单项指标组合，才能全面评定齿轮传递运动的准确性。

9.2.4 径向综合总偏差 F_i''

径向综合总偏差 F_i'' 是指被测齿轮与理想精确的测量齿轮双面啮合时，被测齿轮在转一周范围内的双啮中心距的最大值与最小值之差，如图 9-9 (a) 所示。其中双啮中心距是指被测齿轮与精确测量齿轮无侧隙双面啮合时的中心距。若齿轮存在径向误差（如几何偏心）及短周期误差（如齿形偏差、基节偏差等），则被测齿轮与理想精确测量齿轮双面啮合时的中心距会发生变化。F_i'' 的测量用齿轮双面啮合综合检查仪（简称双啮仪）进行，测量所得的误差曲线如图 9-9 (b) 所示。

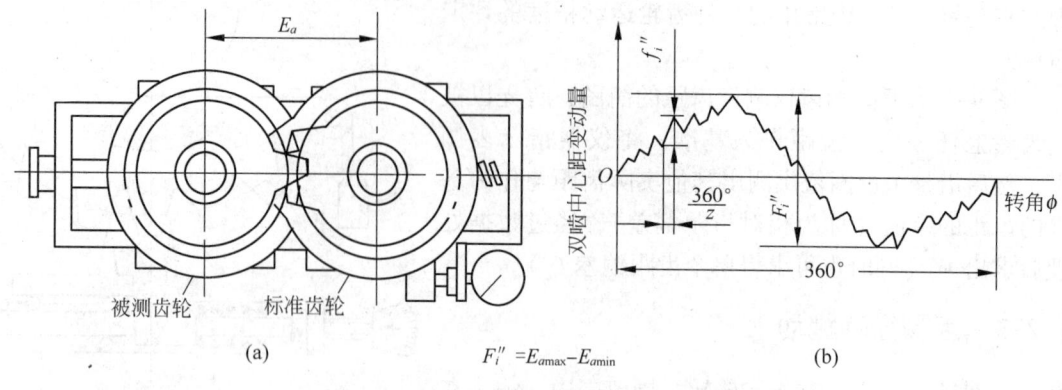

图 9-9 用齿轮双啮仪测径向综合总偏差

F_i'' 主要反映径向误差，由于 F_i'' 的测量操作方便、效率高、所用仪器结构比较简单，因此在大批量生产时普遍应用。但由于测量时被测齿轮的齿面是与理想精确测量齿轮双面啮合，与齿轮的实际工作状态不完全符合，所以 F_i'' 只能反映齿轮的径向误差，而不能反映切向误差，即 F_i'' 并不能确切和充分地用来评定齿轮传递运动的准确性。

9.2.5 公法线长度变动量 F_W

公法线长度 W 是指跨 k 个齿的异侧齿面之间的公共法线长度。公法线长度变动量 F_W 是指在轮齿转一周范围内，实际公法线长度的最大值与最小值之差，即：$F_W = W_{max} - W_{min}$，如图 9-10（a）所示。公法线长度变动量 F_W 可用公法线千分尺进行测量，如图 9-10（b）所示，或用公法线指示卡规进行测量。

F_W 是旧国标 GB/T 10095—1989 中定义的评定指标，在齿轮现行标准中没有 F_W 此项参数。但从我国齿轮生产的实际情况看，生产中经常用 F_r 和 F_W 组合来代替 F_p 或 F_i'，这样做的检验成本不高但行之有效，故在此保留供参考。F_W 反映了运动偏心会引起各实际齿廓在圆周切线位置上的分布不均匀，该误差使公法线长度在轮齿转一周范围内呈周期性变化，它只能反映切向误差，不能反映径向误差。

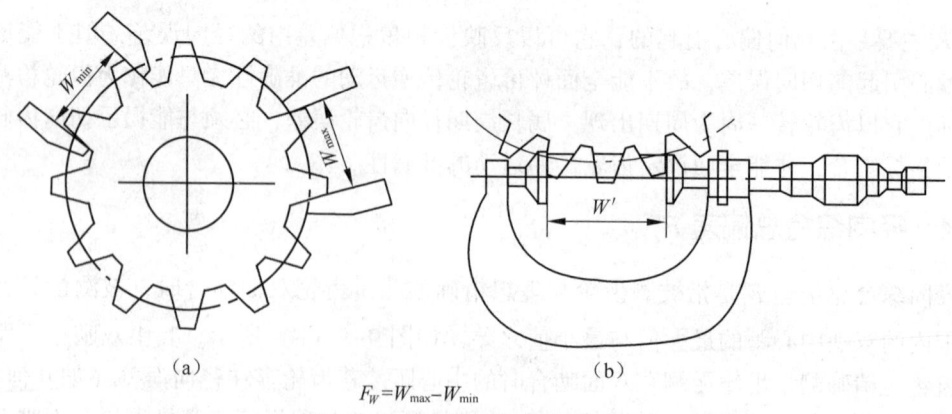

图 9-10 公法线长度变动量及测量

由机械原理知，齿轮公法线是一段基圆切线，公法线长度 W 是两平行测量爪与齿轮上所跨首末两齿异侧齿面相切时两切点之间的距离。所以公法线长度变动量 F_W 实质上是反映基圆上一段弧长的变动量,用以揭露因运动偏心而造成的齿距分布不均匀,与齿轮轴线的位置无关,因此与几何偏心无关。也就是说,公法线长度变动只能反映运动偏心,而不能反映几何偏心,它必须与反映径向误差的检验参数组合使用才能全面评定齿轮传递运动准确性的精度。

F_W 的测量较为简单,且无须测量基准,其测量可达较高的精度,适用于检测中等精度或较高精度(一般多为 5~9 级)的齿轮。

9.3 影响齿轮传动平稳性的偏差及其测量

9.3.1 一齿切向综合偏差 f_i'

一齿切向综合偏差 f_i' 是指被测齿轮与精确理想齿轮单面啮合(单啮仪)测量时,在一个齿距范围内的切向综合偏差,以分度圆弧长计值。如图 9-4 所示,在一个齿距角内,过误差曲线的最高、最低点作与横坐标平行的两条直线,此两条平行线间的距离即为 f_i'。f_i' 与切向综合总偏差一样,用单啮仪进行测量。

f_i' 反映齿轮一齿范围内的转角误差,在齿轮一转中多次重复出现,是评定齿轮传动平稳性精度的一项指标。它主要揭示由刀具制造误差和安装误差,以及机床分度蜗杆制造误差和安装误差所造成的齿轮短周期综合偏差。

9.3.2 一齿径向综合偏差 f_i''

一齿径向综合偏差 f_i'' 是指被测齿轮在进行径向综合检验时,对应一个齿距角($360°/z$)范围内的径向综合偏差值,如图 9-9(b)所示。

如图 9-9(a)所示,f_i'' 采用双啮仪测量。f_i'' 主要反映由刀具制造和安装误差(如齿距偏差、齿形偏差及偏心等)所造成的径向短周期误差,由于仪器结构简单,操作方便,所以 f_i'' 在成批生产中广泛使用。

9.3.3 齿廓偏差

齿轮加工时分度蜗杆的齿距偏差、齿距累积偏差、螺旋线偏差及齿廓偏差等,都会使分度蜗杆和工作台出现周期性的回转不均匀,使被加工的齿轮齿面产生波纹。这种被加工齿的齿廓形状误差,用齿廓偏差来反映。

1. 齿廓总偏差 F_α

F_α 是指在齿廓计值范围 L_α 内,包容实际齿廓迹线的两条设计齿廓迹线间的距离,即在图 9-11 中过齿廓迹线的最高、最低点,作与设计齿廓迹线平行的两条平行线之间的距离。齿廓偏差测量也称为齿形测量,通常是在渐开线检查仪上进行该项测量工作。

如图 9-11 所示,图中沿啮合线方向 AF 的长度叫作可用长度,表示只有对应 AF 这一段的齿廓才是渐开线,可用长度用 L_{AF} 表示。图中 AE 长度叫作有效长度,用 L_{AE} 表示,因为齿轮只在 AE 段啮合,所以这一段才有效。从 E 点开始延伸的有效长度 L_{AE} 的 92%叫作齿廓计值范围 L_α。设计齿廓是指符合设计规定的齿廓,当没有其他的限定时,设计齿廓是指端面齿廓。齿廓总偏差 F_α 主要影响齿轮传动的平稳性,因为存在有 F_α 的齿轮,其齿廓偏离标准渐开线，无法保证齿轮副的瞬时传动比为常数，容易产生振动与噪声。

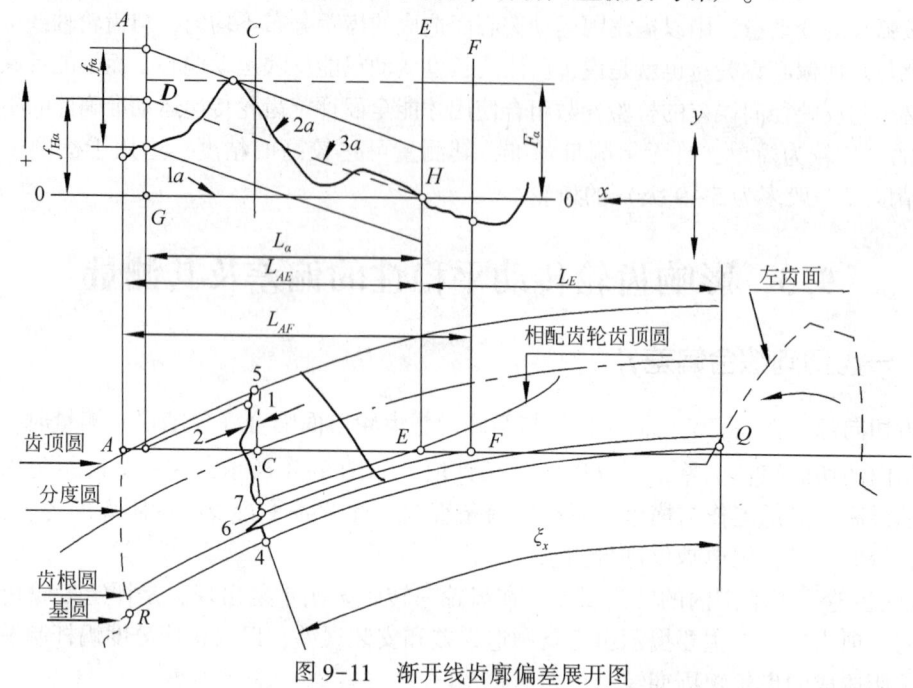

图 9-11 渐开线齿廓偏差展开图

有时为了进一步分析齿廓总偏差 F_α 对齿轮传动质量的影响，或为了分析齿轮加工中的工艺误差，标准中又把 F_α 细化分成以下两种偏差，即 $f_{f\alpha}$ 与 $f_{H\alpha}$，但该两项偏差都不是必检项目。

2. 齿廓形状偏差 $f_{f\alpha}$

$f_{f\alpha}$ 是指在计值范围内，包容实际齿廓迹线的两条与平均齿廓迹线完全相同的曲线间的距离，且两条曲线与平均齿廓迹线的距离为常数。如图 9-11 所示，图中示例为非修形的标准渐开线齿轮，因此设计齿廓迹线为直线，平均迹线也是直线，包容实际迹线的也应是两条平行直线（对非标准渐开线齿轮，设计齿廓迹线可能为曲线）。取值时，首先用最小二乘法画出一条平均齿廓迹线（3a），然后过曲线的最高点、最低点作其平行线，则两平行线间沿 y 轴方向的距离即为 $f_{f\alpha}$。

齿廓形状偏差 $f_{f\alpha}$ 应在其对应的极限偏差值范围内。

3. 齿廓倾斜偏差 $f_{H\alpha}$

$f_{H\alpha}$ 是指在计值范围的两端与平均齿廓迹线相交的两条设计齿廓迹线之间的距离，如图 9-11 所示。在图中，计值范围的左端与平均齿廓迹线相交于 D 点，右端与平均齿廓迹线相交于 H 点，则 GD 即为 $f_{H\alpha}$ 值。

齿廓倾斜偏差 $f_{H\alpha}$ 应在其对应的极限偏差值范围内。

9.3.4 单个齿距偏差 f_{pt}

单个齿距偏差 f_{pt} 是指在端平面内的齿轮分度圆周上，每个实际弧齿距与理论弧齿距的代数差，如图 9-6 所示。理论弧齿距是指所有实际弧齿距的平均值。单个齿距偏差 f_{pt} 应在其对应的极限偏差值范围内。

±f_{pt} 是允许单个齿距偏差 f_{pt} 的两个极限值。当齿轮存在齿距偏差时，不管是正值还是负值，都会在一对轮齿啮合完毕而另一对轮齿进入啮合瞬间，主动齿与被动齿发生碰撞，影响齿轮传动的平稳性。单个齿距偏差可用齿距仪、万能测齿仪等进行测量。

9.3.5 基圆齿距偏差 f_{pb}

基圆齿距偏差 f_{pb} 是指实际基节与公称基节之差，如图 9-12 所示，即 $f_{pb}=f_{b实际}-f_{b公称}$。基节为基圆齿距的弧长。齿轮传动的正确啮合条件是两个齿轮的基圆齿距（基节）相等且等于公称值，否则将使齿轮在啮合过程中，特别是在每个轮齿进入和退出啮合瞬间产生传动比的变化。GB/T 10095 中没有定义 f_{pb} 这个参数，而是在 GB/Z 18620.1 中给出了这个检验参数，故有必要对其进行介绍。

如图 9-13 所示，设齿轮 1 为主动轮，其基圆齿距 f_{b1} 为没有误差的公称基圆齿距；齿轮 2 为从动轮，其基圆齿距 f_{b2} 存在着基圆齿距偏差。

若 $f_{b2}>f_{b1}$，如图 9-13（a）所示。当第一对齿 A_1 和 A_2 啮合终了时，第二对齿 B_1 和 B_2 尚未进入啮合。此时，A_1 的齿顶将沿着 A_2 的齿根"刮行"（称顶刃啮合），发生啮合线外的非正常啮合，使从动轮 2 突然降速，直至 B_1 和 B_2 进入啮合为止。这时，

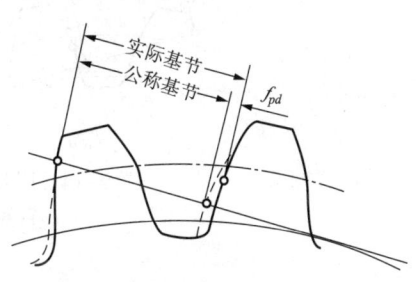

图 9-12 基圆齿距偏差

从动轮又突然加速（恢复正常啮合）。因此，从一对齿过渡到下一对齿的换齿啮合过程中，将引起附加的冲击。

若 $f_{b2}<f_{b1}$，如图 9-13（b）所示，则第一对齿 A_1' 和 A_2' 啮合尚未结束时，第二对齿 B_1' 和 B_2' 已提前进入啮合，B_1' 齿撞击 B_2' 齿齿顶，使从动轮 2 突然加速，迫使 A_1' 和 A_2' 脱啮。此时，同样产生 B_2' 的顶刃啮合，直到 B_1' 和 B_2' 进入正常啮合时为止。

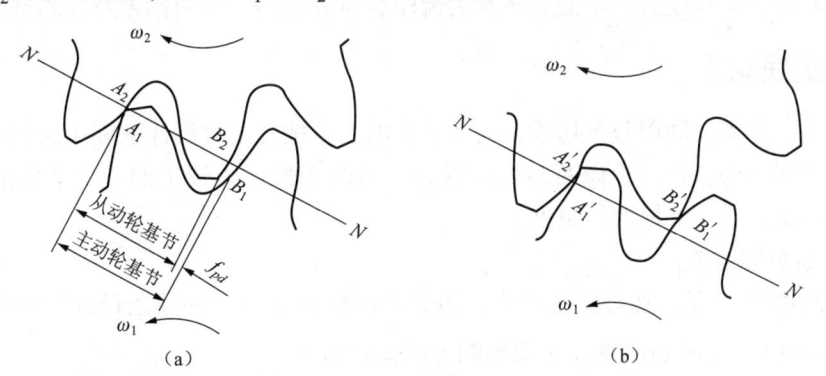

图 9-13 基圆齿距偏差对速比的影响
(a) $f_{b2}>f_{b1}$ 时，啮合终了位置产生冲击；(b) $f_{b2}<f_{b1}$ 时，啮合开始位置产生冲击

这种齿面撞击、刮行和换齿啮合时的附加冲击在齿轮一转中多次重复出现，是引起齿轮传动中高频率振动和噪声的主要因素（即影响传动平稳性的主要因素）。

f_{pb} 通常采用基节检查仪进行测量，对于 4~6 级的齿轮，f_{pb} 可用万能测齿仪测量；对于小模数齿轮，可在万能工具显微镜上用投影法进行测量。f_{pb} 一般应逐齿测量，而且要测量

轮齿的两个侧面。图 9-14 所示为使用基节检查仪测量 f_{pb} 时的原理图，测量时先按被测齿轮基节的公称值（$p_b = p_t \cdot \cos \alpha$，其中 p_t 为分度圆公称齿距，α 为齿轮的压力角）组合量块，用量块附件夹将量块夹牢，并按量块尺寸调整相互平行的活动量爪 1 与固定量爪 2 之间的距离，此时将指示表调整至零位。然后即可将两平行量爪与被测齿轮的相邻两齿同侧齿面相切，并从指示表上读取 f_{pb} 值。为使测量稳定可靠，可用另一定位爪 3 紧靠在第 3 齿的异侧齿面上定位。

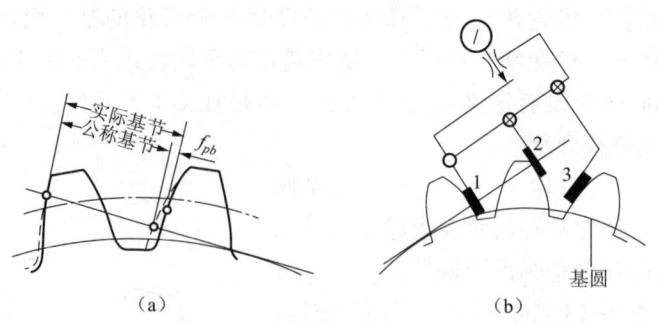

图 9-14 用基节检查仪测量基节偏差的原理
（a）基节偏差；（b）测量示意图

9.4 影响齿轮载荷分布均匀性的偏差及其测量

从理论上讲，理想齿轮的一对轮齿在啮合过程中，每一瞬间都应当是沿全齿宽接触的。但生产中由于存在齿轮的制造误差和安装误差，实际齿轮的啮合传动并不是沿全齿宽及全齿高接触，而是与理想状况有种种偏离，从而影响齿轮传动过程中载荷分布的均匀性，影响齿轮的强度、寿命和承载能力。下面分析有关齿轮载荷分布均匀性的偏差及其测量。

9.4.1 螺旋线偏差

螺旋线偏差是指在端面基圆切线方向上测得的实际螺旋线对设计螺旋线的偏离量。其计值范围除另有规定外，指在轮齿两端处各减去下面两个数值中较小的一个之后的"迹线长度"：5%的齿宽，或一个模数的长度。

1. 螺旋线总偏差 F_β

螺旋线总偏差 F_β 是指在计值范围内，包容实际螺旋线迹线的两条设计螺旋线迹线间的距离。如图 9-15 所示，该项偏差主要影响齿面接触精度。

在螺旋线检查仪上测量非修形螺旋线的斜齿轮螺旋线误差，其原理是将被测齿轮的实际螺旋线与标准的理论螺旋线逐点进行比较并用所得的差值在记录纸上画出偏差曲线图，如图 9-15 所示。没有螺旋线偏差的螺旋线展开后应是一条直线（设计螺旋线迹线），即图中的 1。如果没有 F_β 误差，仪器的记录笔应该走出一条与 1 重合的直线；而当存在 F_β 偏差时，则走出一条曲线 2（实际螺旋线迹线）。齿轮从基准面Ⅰ到非基准面Ⅱ的轴向距离为齿宽 b。齿宽 b 两端各减去 5%的齿宽或减去一个模数长度后得到的两者中最小值是螺旋线计值范围 L_β，过实际螺旋线迹线的最高点和最低点作与设计螺旋线迹线平行的两条直线之间的距离即为 F_β。

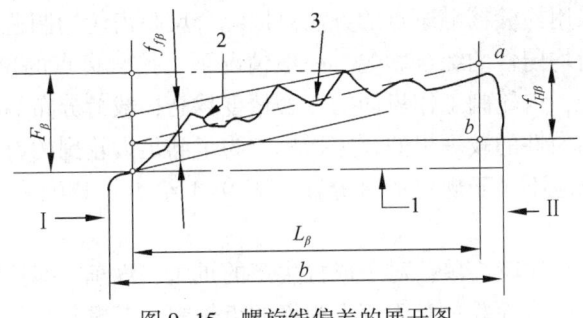

图 9-15 螺旋线偏差的展开图

有时为了某种目的,还可以对 F_β 进一步细分为 $f_{f\beta}$ 和 $f_{H\beta}$ 两项偏差(如后所述),但它们不是必检项目。

2. 螺旋线形状偏差 $f_{f\beta}$

对于非修形的螺旋线来说,螺旋线形状偏差 $f_{f\beta}$ 是在计值范围内,包容实际螺旋线迹线的两条与平均螺旋线迹线完全相同的曲线间的距离(见图 9-15)。平均螺旋线迹线是在计值范围内,按最小二乘法确定的(见图 9-15 中的 3)。螺旋线偏差应在对应的公差或极限偏差范围内。

3. 螺旋线倾斜偏差 $f_{H\beta}$

螺旋线倾斜偏差 $f_{H\beta}$ 是指在计值范围的两端,与平均螺旋线迹线相交的设计螺旋线迹线之间的距离(见图 9-15 中 a、b 之间的垂向距离)。应该指出,有时出于某种目的,将齿轮设计成修形螺旋线,此时的设计螺旋线迹线不再是直线,此时 F_β、$f_{f\beta}$、$f_{H\beta}$ 的取值方法见 GB/T 10095.1。

对直齿圆柱齿轮,螺旋角 $\beta=0$,此时 F_β 称为齿向偏差。

9.4.2 接触斑点

轮齿齿面的接触斑点,是指安装好的齿轮副在轻微制动的条件下,运转数圈后齿面上分布的接触擦亮痕迹,如图 9-16 所示。接触斑点可用"沿齿长方向的百分数"和"沿齿高方向的百分数"来表示。百分数越大,表示齿轮副轮齿载荷的接触分布均匀性越好,其中,沿齿长方向的接触斑点主要影响轮齿的承载能力,沿齿高方向的接触斑点主要影响齿轮副的工作平稳性。

检验接触斑点应在齿轮装配后或机器出厂前进行。所谓在轻微制动的条件下检测,是为了使啮合齿面之间既保持可靠地接触(不脱离),而又不产生明显的弹性变形。要保证齿轮副中一个齿轮的每个轮齿与另一个相配齿轮的每个轮齿一一啮合过,且有一定的磨合,才可能出现较明显的擦亮痕迹。评定时应以接触擦亮痕迹面积最小的齿作为齿轮副接触斑点的检验结果。此外,按规定在检验齿轮齿面的接触斑点时一般不使用颜色涂料,只有必要时才可使用规定的薄膜涂料来检验着色斑点。

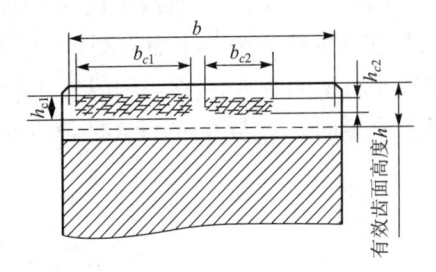

图 9-16 接触斑点分布示意图

接触斑点不是单个齿轮的评定指标,而是一对齿轮在确定的安装条件下的评定指标。对于装配好的齿轮副，采用检验接触斑点的方法可以综合反映齿轮的制造误差和齿轮副的安装误差等对齿面接触载荷均匀性的综合影响。一般情况下，接触斑点的位置应趋于齿面中部，且上述两个百分数越大，齿轮副工作齿面的接触精度越高，载荷分布的均匀性越好。轮齿接触斑点是齿轮副承载均匀性的较理想的评定指标。为了满足齿轮副的齿面载荷分布均匀性要求，齿轮副的接触斑点应不小于规定的百分比。表 9-1 给出了装配后齿轮副接触斑点的最低要求。

接触斑点的检验方法比较简单：对于成批生产的机床、汽车、拖拉机等中小齿轮，允许在啮合机上与精确齿轮啮合检验；对于较大规格的齿轮副，考虑到操作的方便可行性，可以在安装好的传动中进行检验，这样做更具有现实意义。

表 9-1 齿轮装配后接触斑点的要求（摘自 GB/Z 18620.4—2008）　　%

齿轮精度等级	$b_{c1}/b\times100\%$ 直齿轮	$b_{c1}/b\times100\%$ 斜齿轮	$h_{c1}/h\times100\%$ 直齿轮	$h_{c1}/h\times100\%$ 斜齿轮	$b_{c2}/b\times100\%$ 直齿轮	$b_{c2}/b\times100\%$ 斜齿轮	$h_{c2}/h\times100\%$ 直齿轮	$h_{c2}/h\times100\%$ 斜齿轮
4 级及更高	50	50	70	50	40	40	50	30
5 和 6	45	45	50	40	35	35	30	20
7 和 8	35	35	50	40	35	35	30	20
9~12	25	25	50	40	25	25	30	20

9.4.3　轴线平行度偏差 $f_{\Sigma\delta}$、$f_{\Sigma\beta}$

如果一对啮合圆柱齿轮的两轴线相互不平行，则将影响轮齿齿面的接触精度和齿面载荷分布的均匀性。轴线平行度偏差的影响与向量的方向有关，GB/Z 18620.3 规定了轴线平面内的轴线平行度偏差 $f_{\Sigma\delta}$ 和垂直平面上的轴线平行度偏差 $f_{\Sigma\beta}$。

如图 9-17 所示，轴线平面内的轴线平行度偏差 $f_{\Sigma\delta}$ 是在两轴线的公共平面内测量的；垂直平面上的轴线平行度偏差 $f_{\Sigma\beta}$ 是在与轴线公共平面相垂直的平面上测量的。$f_{\Sigma\delta}$ 与 $f_{\Sigma\beta}$ 的最大推荐值为

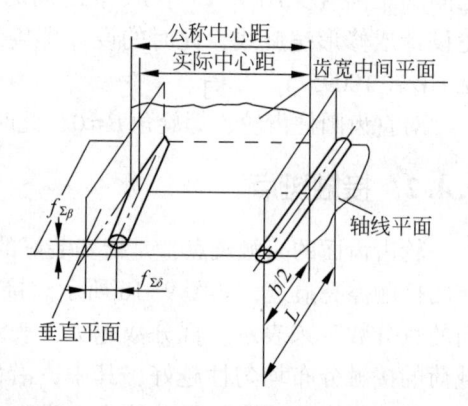

$$f_{\Sigma\delta}=0.5\left(\frac{L}{b}\right)F_{\beta}$$

$$f_{\Sigma\delta}=2f_{\Sigma\beta}$$

图 9-17　轴线平行度偏差 $f_{\Sigma\delta}$ 和 $f_{\Sigma\beta}$

式中，L 为轴承跨距，b 为齿宽。

9.5　影响齿轮副侧隙的偏差及其测量

为了保证齿轮副的连续正常工作，在齿轮副非工作齿面间应留有适当的侧隙。国家标准规定：采用"基中心距制"，即在中心距一定的情况下，采用控制轮齿齿厚的方法获得所需的齿轮

副侧隙。

9.5.1 最小法向侧隙 $j_{bn\min}$

1. 齿轮副侧隙表示方法

齿轮副侧隙有两种表示方法：① 圆周侧隙 j_{wt}，② 法向侧隙 j_{bn}。

如图 9-18 所示，圆周侧隙 j_{wt} 是指安装好的齿轮副，当其中一个齿轮固定时，另一个齿轮的圆周晃动量，j_{wt} 以分度圆上的弧长计值；法向侧隙 j_{bn} 是指安装好的齿轮副，当工作齿面接触时，非工作齿面之间的最短距离，j_{bn} 以直线长度计值。

测量 j_{bn} 需要在基圆的公切线方向，也就是在啮合线方向上进行测量，一般可以通过压铅丝的方法测量，即齿轮啮合过程中在两齿轮之间放入一段铅丝，啮合后取出被压扁了的铅丝，测量其厚度即可测得 j_{bn} 的值。此外，j_{bn} 也可借助厚薄规（塞尺）进行直接测量。

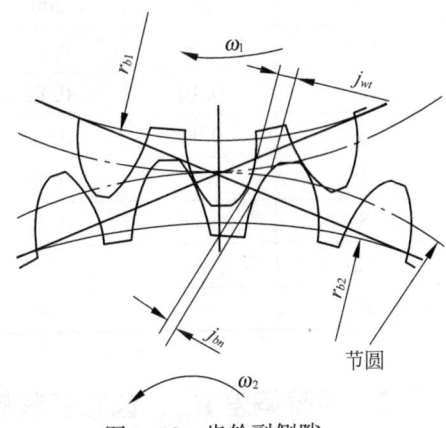

图 9-18 齿轮副侧隙

理论上，j_{bn} 与 j_{wt} 存在如下关系

$$j_{bn}=j_{wt}\cos\alpha_{wt}\cos\beta_b \tag{9-1}$$

式中，α_{wt} 为端面工作压力角，β_b 为基圆螺旋角。

2. 最小法向侧隙 $j_{bn\min}$ 的确定

（1）影响最小法向侧隙的因素。在确定齿轮副最小法向侧隙时，应考虑下列因素。

① 补偿温升而引起变形所必需的最小侧隙量 j_{bn1}。

$$j_{bn1}=a(\alpha_1\Delta t_1-\alpha_2\times\Delta t_2)\times\sin\alpha_n \tag{9-2}$$

式中，a 为中心距（mm）；α_1、α_2 分别为齿轮和箱体材料的线膨胀系数；α_n 为法向啮合角；Δt_1、Δt_2 分别为齿轮和箱体工作温度与标准温度（20 ℃）之差。

② 保证正常润滑所必需的最小侧隙量 j_{bn2}。

j_{bn2} 取决于润滑方式和齿轮的工作速度。当采用油池润滑时，$j_{bn2}=(5\sim10)m_n$（μm）；当采用喷油润滑时，最小侧隙按圆周速度 v 确定如下：

ⅰ）当 $v\leqslant 10$ m/s 时，$j_{bn2}=10m_n$（m_n 为法向模数），μm。

ⅱ）当 $10<v\leqslant 25$ m/s 时，$j_{bn2}=20\ m_n$，μm。

ⅲ）当 $25<v\leqslant 60$ m/s 时，$j_{bn2}=30\ m_n$，μm。

ⅳ）当 $v>60$ m/s 时，$j_{bn2}=(30\sim50)m_n$，μm。

因此，齿轮副的最小法向侧隙 $j_{bn\min}$ 为

$$j_{bn\min}=j_{bn1}+j_{bn2} \tag{9-3}$$

（2）最小法向侧隙 $j_{bn\min}$ 的推荐数据。

对于用黑色金属材料制造的齿轮和黑色金属材料制造的箱体组成的齿轮传动，工作时的齿轮节圆线速度<15 m/s，其箱体、轴承和轴都采用常用的一般制造公差，$j_{bn\min}$ 可按下式计算

$$j_{bn\min}=\frac{2}{3}(0.06+0.0005a+0.03m_n)\ \text{mm} \tag{9-4}$$

式中，a 为中心距；m_n 为法向模数。

按式（9-4）计算，可以得出如表 9-2 所示的推荐数据。

表 9-2　对于中、大模数齿轮最小侧隙 j_{bnmin} 的推荐数据（摘自 GB/Z 18620.2—2008）　mm

法向模数 m_n	中心距					
	50	100	200	400	800	1 600
1.5	0.09	0.11	—	—	—	—
2	0.10	0.12	0.15	—	—	—
3	0.12	0.14	0.17	0.24	—	—
5	—	0.18	0.21	0.28	—	—
8	—	0.24	0.27	0.34	0.47	—
12	—	—	0.35	0.42	0.55	—
18	—	—	—	0.54	0.67	0.94

9.5.2　齿厚偏差 E_{sn}、齿厚极限偏差 E_{sns}、E_{sni}

为了保证得到设计所要求的最小法向侧隙，应当对齿轮的齿厚作相应的减薄，这就是说，必须对齿轮的齿厚规定相应的齿厚偏差 E_{sn}。齿厚偏差 E_{sn} 是指分度圆柱面上，齿厚的实际值与公称值之差，如图 9-19 所示。一般情况下，齿厚偏差有齿厚上偏差和齿厚下偏差两个数值，而且齿厚上偏差 E_{sns} 与齿厚下偏差 E_{sni} 均为负值。对于斜齿轮，齿厚偏差 E_{sn} 则是指法向齿厚。在齿轮副传动过程中，齿厚上、下偏差除了用于保证获得最小极限侧隙 j_{bnmin} 外，还用于补偿齿轮的加工误差与安装误差。

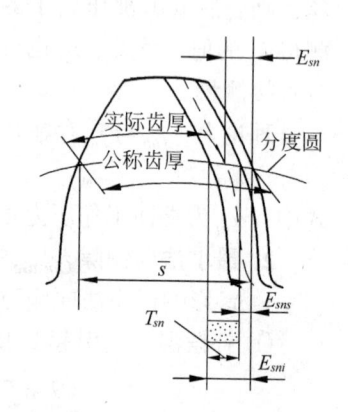

图 9-19　齿厚偏差

对于 E_{sns} 数值的确定，可以参考同类产品的设计经验或其他有关资料选取，当缺少有关资料时可参考下述方法计算选取。

当主动轮与被动轮的齿厚都做成最小值，即都做成分度圆齿厚上偏差 E_{sns} 时，齿轮副可获得最小侧隙 j_{bnmin}。通常取两个齿轮的分度圆齿厚上偏差相等，此时

$$j_{bnmin} = 2|E_{sns}|\cos \alpha_n \tag{9-5}$$

因此有

$$E_{sns} = \frac{j_{bnmin}}{2\cos \alpha_n} \tag{9-6}$$

按式（9-6）求得的 E_{sns} 应取负值。

齿厚公差 T_{sn} 仅影响齿轮副侧隙的变动量，而与齿轮传动精度大体无关。如对齿轮副的最大侧隙有严格要求时，就必须进行计算。齿厚公差 T_{sn} 的数值选择要适当，数值过小势必导致增加齿轮的制造成本；数值过大则会使侧隙加大，使齿轮正、反转时的反向空行程加大，使传动质量变差。齿厚公差 T_{sn} 可按下式求得

$$T_{sn} = 2\sqrt{F_r^2 + b_r^2}\, \tan \alpha_n \tag{9-7}$$

式中，b_r 为切齿时的径向进刀公差，可按表 9-3 选取。

表 9-3　切齿时的径向进刀公差 b_r 值

齿轮精度等级	4	5	6	7	8	9
b_r 值	1.26IT7	IT8	1.26IT8	IT9	1.26IT9	IT10
注：查 IT 值的主参数为分度圆直径尺寸。						

为了使齿侧间隙不致过大，在齿轮加工中还需根据加工设备的情况，适当地控制齿厚下偏差 E_{sni}。E_{sni} 可按下式求得

$$E_{sni} = E_{sns} - T_{sn} \tag{9-8}$$

显然，若齿厚偏差合格，实际齿厚偏差 E_{sn} 应处于齿厚公差带内。

在工业生产中，通常采用齿厚游标卡尺来测量分度圆弦齿厚，如图 9-20 所示。使用齿厚游标卡尺测量分度圆弦齿厚时，是以被测齿轮的齿顶圆定位进行测量，因受齿顶圆偏差的影响，测量所得的精度较低，故此法仅适用于精度较低的齿轮测量或模数较大的齿轮测量。

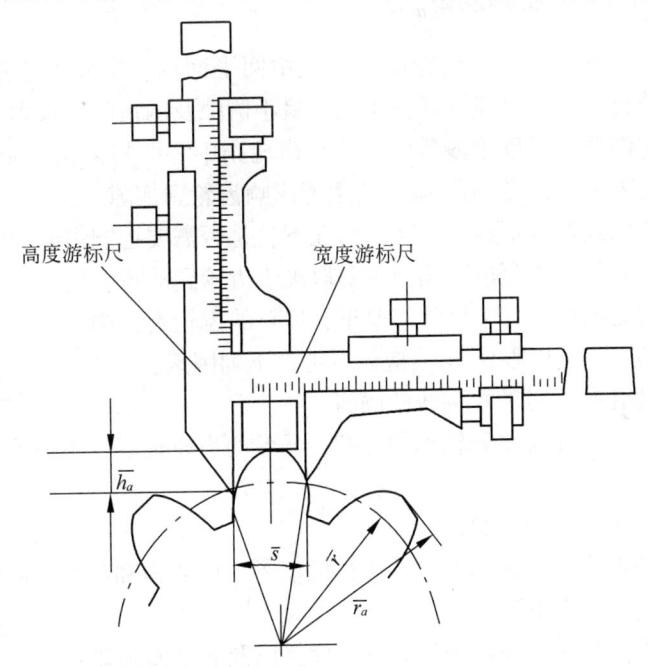

图 9-20　采用齿厚游标卡尺进行齿厚测量

测量齿厚时，先将齿厚游标卡尺的高度游标尺调至相当于分度圆弦齿高 $\bar{h}_a$ 位置，再用宽度游标尺测出分度圆弦齿厚 $\bar{s}$ 值，将其与理论值相比较，即可得到齿厚偏差 E_{sn}。

对于非变位直齿轮，$\bar{s}$ 与 $\bar{h}_a$ 按下式计算

$$\bar{s} = 2r\sin\frac{90°}{z} = m_n z \sin\frac{90°}{z} \tag{9-9}$$

$$\bar{h}_a = m_n \left[1 + \frac{z}{2}\left(1 - \cos\frac{90°}{z}\right)\right] \tag{9-10}$$

9.5.3 公法线平均长度极限偏差 E_{bns} 和 E_{bni}

由机械原理知,齿轮齿厚的变化必然引起公法线长度的变化。所以测量公法线长度及其变动量,同样可以控制齿轮副的齿侧间隙。公法线平均长度的上偏差 E_{bns} 和下偏差 E_{bni} 与齿厚偏差有如下关系

$$E_{bns}=E_{sns}\cos\alpha_n \tag{9-11}$$

$$E_{bni}=E_{sni}\cos\alpha_n \tag{9-12}$$

公法线平均长度极限偏差可用公法线千分尺或公法线指示卡规进行测量,如图9-10所示。直齿轮测公法线时的跨测齿数 k,通常可按下式计算

$$k=\frac{z}{9}+0.5 \quad (\text{取相近的整数}) \tag{9-13}$$

齿形角为20°的非变位直齿齿轮的公法线长度为

$$W_k=m\left[2.952(k-0.5)+0.014z\right] \tag{9-14}$$

9.5.4 齿轮副中心距极限偏差 $\pm f_a$

齿轮副中心距极限偏差是指在齿轮副的齿宽中间平面内,实际中心距与公称中心距之差。通常情况下,公称中心距是设计者在考虑了最小侧隙及两齿轮的齿顶不与另一相啮合齿轮的齿根部分发生非渐开线齿廓干涉后确定的。齿轮副中心距极限偏差 $\pm f_a$ 是由设计者所规定的齿轮副中心距偏差的允许变动范围, $\pm f_a$ 主要影响齿轮副侧隙。

在齿轮仅承受单向载荷且不经常反转的情况下,是否需要控制齿轮副的最大侧隙并不是一个重要的问题,此时的中心距极限偏差主要取决于齿轮副的重合度。

对于既需要控制运动精度且又经常需要正、反转的齿轮副,则必须控制齿轮副的最大侧隙,此时确定齿轮副中心距极限偏差 $\pm f_a$ 应认真考虑下列因素:

(1) 主轴、箱体孔孔系对轴承轴线的倾斜。
(2) 因箱体孔系的尺寸偏差和轴承的间隙,导致两齿轮轴线的不一致与错斜。
(3) 齿轮副安装误差。
(4) 轴承的径向跳动与轴向蹿动。
(5) 工作温度的影响(随箱体和齿轮零件的温差、中心距和材料不同而变化)。
(6) 旋转件的离心力影响。
(7) 其他因素,例如润滑剂污染的允许程度,以及非金属齿轮材料的溶胀。

GB/Z 18620.3—2008 未给出中心距极限偏差的允许偏差值,在生产中可类比某些成熟产品的技术资料,或参照表9-4确定。

表9-4 中心距极限偏差 $\pm f_a$

齿轮精度等级 中心距 a/mm	5、6	7、8
≥6~10	7.5	11
>10~18	9	13.5
>18~30	10.5	16.5

续表

中心距 a/mm \ 齿轮精度等级	5、6	7、8
>30~50	12.5	19.5
>50~80	15	23
>80~120	17.5	27
>120~180	20	31.5
>180~250	23	36
>250~315	26	40.5
>315~400	28.5	44.5
>400~500	31.5	48.5

9.6 渐开线圆柱齿轮精度标准

GB/T 10095.1—2008 和 GB/T 10095.2—2008 对渐开线圆柱齿轮的精度等级作出了新的规定。本节主要介绍齿轮精度等级及其选择、各项齿轮偏差数值的查用、根据生产情况合理选择齿轮误差的检验组、合理确定齿轮副侧隙的评定指标及齿坯和箱体的精度、合理确定在齿轮零件图中各项要求的标注方法等内容。

9.6.1 齿轮精度等级及其选择

1. 精度等级

国家标准对圆柱齿轮不分直齿与斜齿,将精度等级由高至低划分为 0~12 共 13 个等级。其中 0~2 级精度的齿轮在目前工艺水平状况下尚不能制造,称为有待发展的展望级;3~5 级为高精度等级;6~8 级为中等精度等级;9 级为较低精度等级;10~12 级为低精度等级。表 9-5 给出了各精度等级齿轮的适用范围和切齿方法,可供参考。

表 9-5 齿轮精度等级的选用（供参考）

精度等级	圆周速度/(m·s^{-1}) 直齿	圆周速度/(m·s^{-1}) 斜齿	齿面的终加工	工作条件
3级（极精密）	到40	到75	特精密的磨削和研齿;用精密滚刀或单边剃齿后大多数不经淬火的齿轮	要求特别精密的或在最平稳且无噪声的特别高速下工作的齿轮传动;特别精密机构中的齿轮;特别高速传动（透平齿轮）;检测 5~6 级齿轮用的测量齿轮
4级（特别精密）	到35	到70	精密磨齿;用精密滚刀和挤齿或单边剃齿后的大多数齿轮	特别精密分度机构中或在最平稳且无噪声的极高速下工作的齿轮传动;特别精密分度机构中的齿轮;高速透平传动;检测 7 级齿轮用的测量齿轮

续表

精度等级	圆周速度/(m·s⁻¹) 直齿	圆周速度/(m·s⁻¹) 斜齿	齿面的终加工	工作条件
5级（高精密）	到20	到40	精密磨齿；大多数用精密滚刀加工，进而挤齿或剃齿的齿轮	精密分度机构中或要求极平稳且无噪声的高速工作的齿轮传动；精密机构用齿轮；透平齿轮；检测8级和9级齿轮用测量齿轮
6级（高精密）	到15	到30	精密磨齿或剃齿	要求最高效率且无噪声的高速下平稳工作的齿轮传动或分度机构的齿轮传动；特别重要的航空、汽车齿轮；读数装置用特别精密传动的齿轮
7级（精密）	到10	到15	无须热处理，仅用精确刀具加工的齿轮；淬火齿轮必须精整加工（磨齿、挤齿、珩齿等）	增速和减速用齿轮传动；金属切削机床送刀机构用齿轮；高速减速器用齿轮；航空、汽车用齿轮；读数装置用齿轮
8级（中等精密）	到6	到10	不磨齿，不必光整加工或对研	无须特别精密的一般机械制造用齿轮；包括在分度链中的机床传动齿轮；飞机、汽车制造业中的不重要齿轮；起重机构用齿轮；农业机械中的重要齿轮；通用减速器齿轮
9级（较低精密）	到2	到4	无须特殊光整工作	用于粗糙工作的齿轮

  齿轮副中两个齿轮的精度可以取相同等级，也允许取不同等级。如取不同的精度等级，则按其中精度等级较低者确定齿轮副的精度等级。

  齿轮的精度等级确定以后，各级精度的各项评定指标的公差（或极限偏差）值可查表9-6~表9-8。当齿轮的法向模数大于 40 mm，分度圆直径大于 4 000 mm，有效齿宽大于 630 mm 时，其公差（或极限偏差）已超出标准表格中的范围，这时可按标准给出的有关公式计算。

表 9-6 $\pm f_{pt}$、F_p、F_α、$f_{f\alpha}$、$f_{H\alpha}$、F_r、f_i'、F_i''、F_W、$\pm F_{pt}$ 偏差允许值（摘自 GB/T 10095.1～2—2008） μm

分度圆直径 d/mm	模数 m_n/mm	偏差项目 精度等级	单个齿距极限偏差 $\pm f_{pt}$				齿轮累积总偏差 F_p				齿廓总偏差 F_α				齿廓形状偏差 $f_{f\alpha}$				齿廓倾斜极限偏差 $\pm f_{H\alpha}$				径向跳动公差 F_r				f_i'/k 值				公法线长度变动公差 F_W			
			5	6	7	8	5	6	7	8	5	6	7	8	5	6	7	8	5	6	7	8	5	6	7	8	5	6	7	8	5	6	7	8
≥5～22	≥0.5～2		4.7	6.5	9.5	13	11	16	23	32	4.6	6.5	9.0	13	3.5	5.0	7.0	10	2.9	4.2	6.0	8.5	9.0	13	18	25	14	19	27	38	10	14	20	29
	>2～3.5		5.0	7.5	10	15	12	17	23	33	6.5	9.5	13	19	5.0	7.0	10	14	4.2	6.0	8.5	12	9.5	13	19	27	16	23	32	45				
>20～50	≥0.5～2		5.0	7.0	10	14	14	20	29	41	5.0	7.5	10	15	4.0	5.5	8.0	11	3.3	4.6	6.5	9.5	11	16	23	32	14	20	29	41	12	16	23	32
	>2～3.5		5.5	7.5	11	15	15	21	30	42	7.0	10	14	20	5.5	8.0	11	16	4.5	6.5	9.0	13	12	17	24	34	17	24	34	48				
	>3.5～6		6.0	8.5	12	17	15	22	31	44	9.0	12	18	25	7.0	9.5	14	19	5.5	8.0	11	16	12	17	25	36	19	27	38	54				
>50～125	≥0.5～2		5.5	7.5	11	15	18	26	37	52	6.0	8.5	12	17	4.6	6.5	9.0	13	3.7	5.0	7.5	10	15	21	29	42	16	22	31	44	14	19	27	37
	>2～3.5		6.0	8.5	12	17	19	27	38	53	8.0	11	16	22	6.0	8.5	12	17	5.0	7.0	10	14	15	21	30	43	18	25	36	51				
	>3.5～6		6.5	9.0	13	18	19	28	39	55	9.5	13	19	27	7.5	10	15	21	6.0	8.5	12	17	16	22	31	44	20	29	40	57				
>125～280	≥0.5～2		6.0	8.5	12	17	24	35	49	69	7.0	9.5	14	20	5.5	7.5	11	15	4.4	6.0	9.0	12	20	28	39	55	17	24	34	49	16	22	31	44
	>2～3.5		6.5	9.0	13	18	25	35	50	70	9.0	13	18	25	7.0	9.5	14	20	5.5	8.0	11	16	20	28	40	56	20	28	39	56				
	>3.5～6		7.0	10	14	20	25	36	51	72	11	15	21	30	8.0	11	16	23	6.5	9.0	13	18	21	29	41	58	22	31	44	62				
>280～560	≥0.5～2		6.5	9.5	13	19	32	46	64	91	8.5	12	17	23	6.5	9.0	13	18	5.5	7.5	11	15	26	36	51	73	19	27	39	54	19	26	37	53
	>2～3.5		7.0	10	14	20	33	46	65	92	10	15	21	29	8.0	11	16	22	6.5	9.0	13	18	26	37	52	74	22	31	44	62				
	>3.5～6		8.0	11	16	22	33	47	66	94	12	17	24	34	9.0	13	18	26	7.5	11	15	21	27	38	53	75	24	34	48	68				

注：① 本表中的 F_W 为根据我国的生产实践提出的，供参考；② 将 f_i'/k 乘以 k 即得到 F_i'；当 $\varepsilon_r < 4$ 时，$k = 0.2 \times \left(\dfrac{\varepsilon_r + 4}{\varepsilon_r}\right)$；当 $\varepsilon_r \geq 4$ 时，$k = 0.4$；③ $F_i'' = F_p + F_i'$；
④ $\pm F_{pt} = F_{pt} + 1.6\sqrt{(k-1)}\, m_n$（5级精度），通常取 $k = z/8$，按相邻两级的公比 $\sqrt{2}$，可求得其他级 $\pm F_{pk}$ 值。

齿轮精度标准中没有给出以下 9 个公差项目的数值，需要时可按下列计算公式计算：

$$F_i' = F_p + F_f \qquad (9\text{-}15)$$
$$f_i' = 0.6(f_{pt} + f_f) \qquad (9\text{-}16)$$
$$F_{px} = F_\beta \qquad (9\text{-}17)$$
$$f_{f\beta} = \cos\beta \text{（}\beta\text{ 为分度圆上的螺旋角）} \qquad (9\text{-}18)$$
$$F_b = F_\beta \text{（按接触线长度查表 9-7）} \qquad (9\text{-}19)$$
$$F_{ic}' = F_{i1}' + F_{i2}' \qquad (9\text{-}20)$$
$$f_{ic}' = f_{i1}' + f_{i2}' \qquad (9\text{-}21)$$
$$f_x = F_\beta \qquad (9\text{-}22)$$
$$f_y' = 0.5 F_\beta \qquad (9\text{-}23)$$

表 9-7 F_β、$f_{f\beta}$、$\pm f_{H\beta}$ 偏差允许值（摘自 GB/T 10095.1~2—2008）　μm

分度圆直径 d/mm	齿宽 d/mm	螺旋线总偏差 F_β 5	6	7	8	螺旋线形状偏差 $f_{f\beta}$ 和螺旋线倾斜极限偏差 $\pm f_{H\beta}$ 5	6	7	8
≥5~20	≥4~10	6.0	8.5	12	17	4.4	6.0	8.5	12
	>10~20	7.0	9.5	14	19	4.9	7.0	10	14
>20~50	≥4~10	6.5	9.0	13	18	4.5	6.5	9.0	13
	>10~20	7.0	10	14	20	5.0	7.0	10	14
	>20~40	8.0	11	16	23	6.0	8.0	12	16
>50~125	≥4~10	6.5	9.5	13	19	4.8	6.5	9.5	13
	>10~20	7.5	11	15	21	5.5	7.5	11	15
	>20~40	8.5	12	17	24	6.0	8.5	12	17
	>40~80	10	14	20	28	7.0	10	14	20
>125~280	≥4~10	7.0	10	14	20	5.0	7.0	10	14
	>10~20	8.0	11	16	22	5.5	8.0	11	16
	>20~40	9.0	13	18	25	6.5	9.0	13	18
	>40~80	10	15	21	29	7.5	10	15	21
	>80~160	12	17	25	35	8.5	12	17	25
>280~560	≥10~20	8.5	12	17	24	6.0	8.5	12	17
	>20~40	9.5	13	19	27	7.0	9.5	14	19
	>40~80	11	15	22	33	8.0	11	16	22
	>80~160	13	18	26	36	9.0	13	18	26
	>160~250	15	21	30	43	11	15	22	30

表 9-8 F_i''、f_i''公差值（摘自 GB/T 10095.2—2008） μm

分度圆直径 d/mm	模数 m_n/mm	径向综合总偏差 F_i'' 5	6	7	8	一齿径向综合偏差 f_i'' 5	6	7	8
≥5~20	≥0.2~0.5	11	15	21	30	2.0	2.5	3.5	5.0
	>0.5~0.8	12	16	23	33	2.5	4.0	5.5	7.5
	>0.8~1.0	12	18	25	35	3.5	5.0	7.0	10
	>1.0~1.5	14	19	27	38	4.5	6.5	9.0	13
>20~50	≥0.2~0.5	13	19	26	37	2.0	2.5	3.5	5.0
	>0.5~0.8	14	20	28	40	2.5	4.0	5.5	7.5
	>0.8~1.0	15	21	30	42	3.5	5.0	7.0	10
	>1.0~1.5	16	23	32	45	4.5	6.5	9.0	13
	>1.5~2.5	18	26	37	52	6.5	9.5	13	19
>50~125	≥1.0~1.5	19	27	39	55	4.5	6.5	9.0	13
	>1.5~2.5	22	31	43	61	6.5	9.5	13	19
	>2.5~4.0	25	36	51	72	10	14	20	29
	>4.0~6.0	31	44	62	88	15	22	31	44
	>6.0~10	40	57	80	114	24	34	48	67
>125~280	≥1.0~1.5	24	34	48	68	4.5	6.5	9.0	13
	>1.5~2.5	26	37	53	75	6.5	9.5	13	19
	>2.5~4.0	30	43	61	86	10	15	21	29
	>4.0~6.0	36	51	72	102	15	22	48	67
	>6.0~10	45	64	90	127	24	34	48	67
>280~560	≥1.0~1.5	30	43	61	86	4.5	6.5	9.0	13
	>1.5~2.5	33	46	65	92	6.5	9.5	13	19
	>2.5~4.0	37	52	73	104	10	15	21	29
	>4.0~6.0	42	60	84	119	15	22	31	44
	>6.0~10	51	73	103	145	24	34	48	68

2. 精度等级的选用

选择齿轮精度等级的主要依据是齿轮的用途、使用要求及工作条件。选择齿轮精度等级的方法有计算法和类比法，其中类比法应用最广。类比法是根据与以往产品设计、性能试验、使用过程中所积累的经验以及较可靠的技术资料进行对比，从而确定齿轮精度等级的一种方法。表 9-9 列出了各种常用机械所采用的齿轮精度等级，可供选用时参考。

表 9-9 各种机械采用的齿轮精度等级

应用范围	精度等级	应用范围	精度等级
测量齿轮	2~5	拖拉机	6~10
汽轮机减速器	3~6	一般用途的减速器	6~9
金属切削机床	3~8	轧钢设备的小齿轮	6~10
内燃机车与电气机车	6~7	矿山绞车	8~10
轻型汽车	5~8	起重机	7~10
重型汽车	6~9	农业机械	8~11
航空发动机	3~7		

在机械传动中应用最多的齿轮既传递运动又传递动力，其精度等级与齿轮的圆周线速度密切相关，因此可先计算出齿轮的最高圆周线速度，再参考表 9-5 确定齿轮精度等级。

9.6.2 齿轮副侧隙的选择

1. 侧隙的规定

为了满足不同场合的使用要求，齿轮副侧隙按齿厚极限偏差的不同，将代号分为 14 种（参见图 9-21），分别以 C、D、E、…、S 这 14 个字母表示。14 种代号表示的齿厚极限偏差的数值大小，是以齿距极限偏差 f_{pt} 的不同倍数来区分的（参见表 9-10）。通常选取其中的两个字母组成侧隙代号，前一个字母表示齿厚上偏差，后一个字母表示齿厚下偏差。

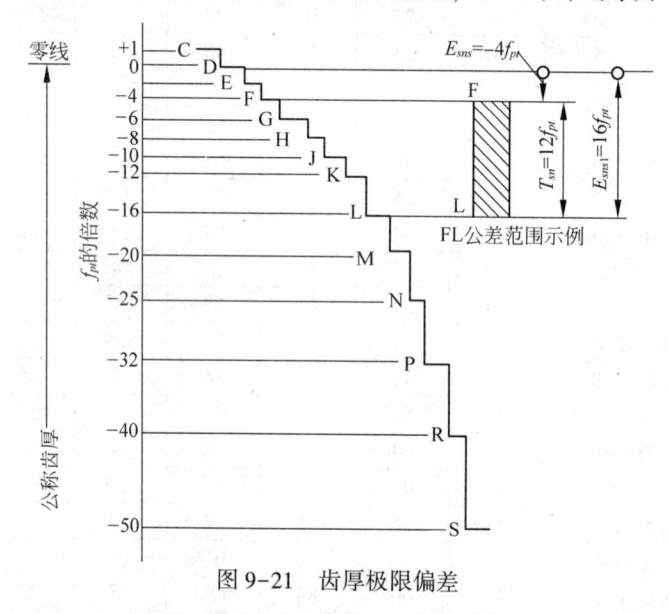

图 9-21 齿厚极限偏差

这是一种"基中心距制"的侧隙形成方法，即中心距保持不变，通过改变齿厚的极限偏差来形成不同的齿侧间隙的方法。从图 9-21 和表 9-10 可以看出，齿厚上偏差（E_{sns}）的值在大多数情况下均为负值。

表 9-10 齿厚极限偏差计算式

$C = +1 f_{pt}$	$G = -6 f_{pt}$	$L = -16 f_{pt}$	$R = -40 f_{pt}$
$D = 0$	$H = -8 f_{pt}$	$M = -20 f_{pt}$	$S = -50 f_{pt}$
$E = -2 f_{pt}$	$J = -10 f_{pt}$	$N = -25 f_{pt}$	
$F = -4 f_{pt}$	$K = -12 f_{pt}$	$P = -32 f_{pt}$	

2. 齿厚极限偏差的确定

（1）确定齿轮副所需的法向最小侧隙。应当根据齿轮的工作条件，来决定齿轮副所需的法向侧隙。其中，法向最小侧隙 $j_{n\min}$ 应保证正常润滑，并足以补偿齿轮工作时因温度升高而引起的变形。

（2）确定齿厚的上偏差。确定齿轮齿厚的上偏差 E_{sns1} 和下偏差 E_{sns2} 时，除应考虑保证形成齿轮副所需的最小侧隙外，还要补偿由于齿轮的制造误差和安装误差所引起的齿轮副侧隙减少量。一般情况下，考虑两个相互啮合齿轮的齿厚上偏差为等值分配，即：$E_{sns1} = E_{sns2} = E_{sns}$，则

$$E_{sns} = (E_{sns1} + E_{sns2})/2 \tag{9-24}$$

若两个齿轮的齿厚上偏差采用不等值分配，一般大齿轮的齿厚减薄量应当略大于小齿轮的齿厚减薄量，以尽量避免削弱小齿轮的轮齿强度。

9.6.3 齿轮公差检验项目及检验组

齿轮精度标准 GB/T 10095.1—2008、GB/T 10095.2—2008 及其指导性技术文件中给出的偏差项目虽然很多，但作为评价齿轮质量的客观标准，齿轮质量的检验项目应该主要是单项指标，即齿距偏差（F_p、$\pm f_{pt}$、$\pm F_{pk}$）、齿廓总偏差 F_α、螺旋线总偏差 F_β（直齿轮为齿向公差 F_β），以及齿厚偏差 E_{sn}。至于标准中给出的其他参数，一般不是必检项目，而是可以根据供需双方的具体要求进行协商确定的，从而充分体现了设计第一的思想。

根据我国多年来的生产实践及目前齿轮生产的质量控制水平，国标推荐 5 个齿轮检验组，以便于设计人员或供需双方依据齿轮的功能要求、生产批量和检测手段，在以下推荐的 5 个齿轮检验组中选取一个适当的检验组来评定齿轮的精度等级，参见表 9-11。

表 9-11 推荐的齿轮检验组

检验组	检验项目	适用等级	测量仪器	备注
1	F_p、F_α、F_β、F_r、E_{sn}	3~9	齿距仪、齿形仪、齿向仪、摆差测定仪、齿厚卡尺或公法线千分尺	单件小批量
2	F_p、F_{pt}、F_α、F_β、F_r、E_{sn}	3~9	齿距仪、齿形仪、齿向仪、摆差测定仪、齿厚卡尺或公法线千分尺	单件小批量
3	F_i''、f_i''、E_{sn}	6~9	双面啮合测量仪、齿厚卡尺或公法线千分尺	大批量
4	F_{pt}、F_r、E_{sn}	10~12	齿距仪、摆差测定仪、齿厚卡尺或公法线千分尺	
5	F_i'、f_i'、F_β、E_{sn}	3~6	单啮仪、齿向仪、齿厚卡尺或公法线千分尺	大批量

9.6.4 齿坯精度

齿坯是供加工制造齿轮用的半成品工件，齿坯的尺寸偏差、几何误差和表面粗糙度等几何参数误差不仅直接影响齿轮的加工和检验，还影响到齿轮副的接触精度和运行质量。由于在加工齿轮坯和箱体时保持较紧的公差，比加工高精度的齿轮要经济得多，因此应首先根据拥有的制造设备条件，尽量使齿轮坯和箱体的制造公差保持最小值。这样可使加工的齿轮有较宽松的公差，从而获得更为经济的整体设计效果。

齿轮标准对齿坯的有关部分规定了尺寸公差及几何公差，见表 9-12 和表 9-13。

表 9-12 齿坯尺寸公差（供参考）

齿轮精度等级		5	6	7	8	9	10	11	12
孔	尺寸公差	IT5	IT6	\multicolumn{2}{c}{IT7}	\multicolumn{2}{c}{IT8}	\multicolumn{2}{c}{IT9}
轴	尺寸公差	IT5	IT6	\multicolumn{2}{c}{IT7}	\multicolumn{2}{c}{IT8}	\multicolumn{2}{c}{IT9}
顶圆直径偏差		\multicolumn{8}{c}{$\pm 0.05 m_n$}

表 9-13 齿坯径向和轴向圆跳动公差　　μm

分度圆直径 d/mm	齿轮精度等级			
	3、4	5、6	7、8	9~12
到 125	7	11	18	28
>125~400	9	14	22	36
>400~800	12	20	32	50
>800~1 600	18	28	45	71

9.6.5 齿轮的表面粗糙度要求

齿轮齿面的表面粗糙度要求可参考表 9-14 选用。齿轮各基准面的表面粗糙度要求可参考表 9-15 选用。

表 9-14 齿轮齿面的表面粗糙度推荐极限值（摘自 GB/Z 18620.4—2008）　　μm

齿轮精度等级	Ra		Rz	
	$m_n < 6$	$m_n \leq 25$	$m_n < 6$	$6 \leq m_n \leq 25$
3	—	0.16	—	1.0
4	—	0.32	—	2.0
5	0.5	0.63	3.2	4.0
6	0.8	1.00	5.0	6.3
7	1.25	1.60	8.0	10
8	2.0	2.5	12.5	16
9	3.2	4.0	20	25
10	5.0	6.3	32	40

表 9-15 齿轮各基准面的表面粗糙度（Ra）推荐值　　μm

各面粗糙度 Ra \ 齿轮精度等级	5	6	7	8	9	
齿面加工方法	磨齿	磨或珩齿	剃或珩齿	精滚精插	插齿或滚齿	滚齿	铣齿
齿轮基准孔	0.32~0.63	1.25	\multicolumn{2}{c}{1.25~2.5}	\multicolumn{2}{c}{5}
齿轮轴基准颈	0.32	0.63	\multicolumn{2}{c}{1.25}	\multicolumn{2}{c}{2.5}
齿轮基准端面	\multicolumn{2}{c}{1.25~2.5}	\multicolumn{2}{c}{2.5~5}	\multicolumn{2}{c}{3.2~5}
齿轮顶圆	\multicolumn{2}{c}{1.25~2.5}	\multicolumn{4}{c}{3.2~5}

9.6.6 齿轮的图样标注方法

1. 齿轮精度等级的标注方法

国家标准规定：在文件需叙述齿轮精度要求时，应注明 GB/T 10095.1—2008 或 GB/T 10095.2—2008。

当齿轮的检验项目同为某一精度等级时，可标注精度等级和标准号。如齿轮的检验项目同为 7 级，则标注为

$$7 \text{ GB/T } 10095.1—2008 \text{ 或 } 7 \text{ GB/T } 10095.2—2008$$

当齿轮检验项目的精度等级不同时，如齿廓总偏差 F_α 为 6 级，而齿距累积总偏差 F_p 和螺旋线总偏差 F_β 均为 7 级时，则标注为

$$6(F_\alpha)7(F_p、F_\beta) \text{ GB/T } 10095.1—2008$$

若偏差 F_i''、f_i'' 均按 GB/T 10095.2—2008 要求，精度均为 6 级，则标注为

$$6\ (F_i''、f_i'')\ \text{GB/T } 10095.2—2008$$

2. 齿厚偏差的标注方法

① $S_n {}_{E_{sni}}^{E_{sns}}$：其中 S_n 为法向公称齿厚，E_{sns} 为齿厚上偏差，E_{sni} 为齿厚下偏差。

② $W_k {}_{E_{bni}}^{E_{bns}}$：其中 W_k 为跨 k 个齿的公法线公称长度，E_{bns} 为公法线长度上偏差，E_{bni} 为公法线长度下偏差。

3. 齿轮的零件图样标注示例

图 9-22 所示为齿轮的零件工作图标注示例，供参考。

9.6.7 圆柱齿轮公差标准提要

齿轮传动有 4 项使用要求，即传递运动的准确性、传动的平稳性、载荷分布的均匀性、保持合理的齿轮副侧隙。这不仅是齿轮设计、制造和使用的出发点，也是制定齿轮公差标准的出发点。

齿轮精度的评定指标很多，国家标准规定了各项相应的偏差指标。2008 年国家颁布了 GB/T 10095.1—2008 和 GB/T 10095.2—2008 渐开线圆柱齿轮精度标准，将齿轮偏差、偏差统称为偏差，并且将偏差与公差共用一个符号表示，同时还规定了侧隙的评定指标。单项要素所用的偏差符号用小写字母（如 f）加上相应的下标组成，而表示若干单项要素偏差之和的"累积"或"总"偏差所用的符号，采用大写字母（如 F）加相应的下标表示。

齿轮偏差的项目较多，学习时可用比较法，注意搞清楚各项不同指标的实质及异同，明确各项评定指标的代号、定义、作用及检测方法。在齿轮误差的选用方面，应学会应用书中所列表格，根据齿轮的具体生产条件进行合理选择。

齿轮精度共分 13 级，其中 5 级精度为基本等级，6~8 级为中等精度齿轮，应用最为广泛。确定精度等级的方法是，从齿轮的具体工作情况出发，全面考虑，合理选择。

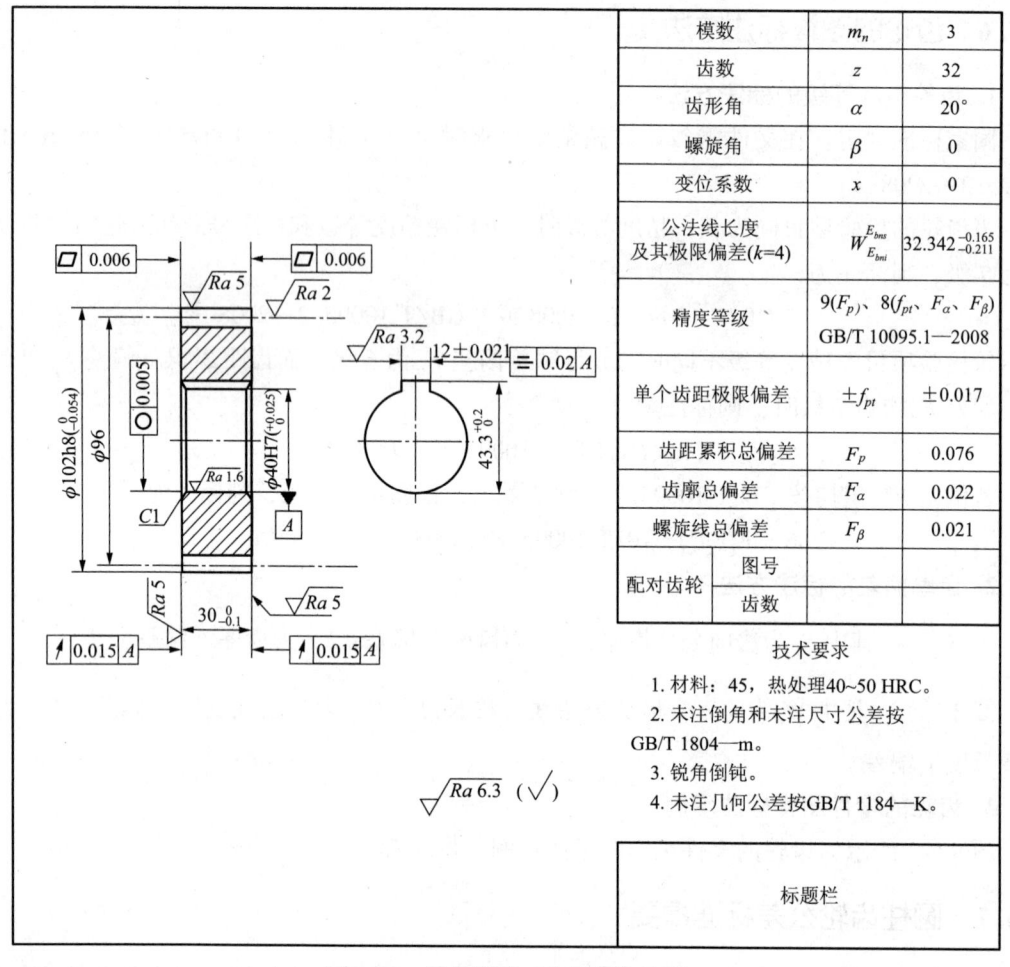

图 9-22 齿轮零件工作图标注示例

习 题

9-1 对齿轮传动的四项使用要求是什么？它们之间有何联系与区别？

9-2 如何表示齿轮精度等级？粗、中、高和低精度等级大致是从几级到几级？

9-3 评定齿轮传递运动准确性的指标有哪些？

9-4 评定齿轮传动平稳性的指标有哪些？

9-5 在齿轮副传动中，侧隙有什么作用？用什么评定指标来控制侧隙？

9-6 齿轮副精度的评定指标有哪些？

9-7 如何计算齿厚上偏差 E_{sns} 和齿厚下偏差 E_{sni}？

9-8 如何选择齿轮的精度等级？应当从哪几个方面来考虑选择齿轮的检验组项目？

9-9 齿坯要求检验哪些精度项目？为什么？

9-10 某减速器中一对直齿圆柱标准齿轮，$m = 5$ mm，$z_2 = 60$，$\alpha = 20°$，$n_1 = 960$ r/min，

两轴承距离 a=200 mm，齿轮为钢制，箱体为铸铁制造，单件小批生产。试确定：① 齿轮精度等级；② 检验项目及其允许值；③ 齿厚上、下偏差或公法线长度极限偏差值；④ 齿轮箱体精度要求及允许值；⑤ 齿坯精度要求及允许值；⑥ 画出齿轮零件图。

9-11 某直齿圆柱标准齿轮，$m=3$ mm，$\alpha=20°$，$z=30$，齿轮精度为 8 级，经测量公法线长度分别为：32.130，32.124，32.095，32.133，32.106 和 32.120，若公法线要求为 $32.256_{-0.198}^{-0.120}$，试判断该齿轮公法线长度偏差与公法线长度变动量 F_W 是否合格？

9-12 已知标准渐开线直齿圆柱齿轮副的模数 $m=3$ mm，齿形角 $\alpha=20°$，齿宽 $b=30$ mm。小齿轮齿数 $z_1=30$，小齿轮齿坯孔径 $D_1=25$ mm；大齿轮齿数 $z_2=90$，大齿轮齿坯孔径 $D_2=50$ mm。大、小齿轮的精度等级和齿厚极限偏差代号均为 6JL GB/T 10095—2008。试查表确定表 9-16 中所列各检验项目的公差或极限偏差。

表 9-16 习题 9-12 附表

项 目			代号	小齿轮	大齿轮
齿坯	孔径公差				
	齿顶圆直径偏差				
	径向和轴向圆跳动公差				
齿轮	齿距累积总偏差		F_p		
	齿廓形状偏差		$f_{f\alpha}$		
	齿距极限偏差		$\pm f_{pt}$		
	螺旋线总偏差		F_β		
	齿厚	上偏差	E_{sns}		
		下偏差	E_{sni}		
齿轮副	中心距极限偏差		$\pm f_a$		
	轴线平行度公差	x 方向	$f_{\Sigma\delta}$		
		y 方向	$f_{\Sigma\beta}$		
	接触斑点	沿齿高方向			
		沿齿长方向			

第 10 章

尺寸链计算方法

10.1 尺寸链的基本概念

机器设计时,需要进行三方面的分析和计算:运动链的分析和计算、强度刚度的分析和计算、几何精度的分析和计算。通过运动链及强度刚度的分析计算,可以确定零件的尺寸和传动关系;但为了保证机器的顺利装配和使用性能要求,还应进一步确定构成机器零件的尺寸精度。保证机器精度的各尺寸不是孤立的,而是相互关联的统一的有机整体,它们之间的关系可以用尺寸链理论进行分析研究。本章将介绍国家标准 GB/T 5847—2004《尺寸链 计算方法》的主要内容。

10.1.1 尺寸链的定义及特点

在机器装配或零件加工过程中,由相互连接的尺寸形成封闭的尺寸组合,称为尺寸链。

如图 10-1 所示,普通车床的主轴中心与尾座孔的中心应当等高,按机床有关标准规定:允许尾座孔中心略高于主轴中心,但最大不得超过 0.02 mm。由图可知,构成普通车床中心高的几个主要尺寸有:主轴中心高 A_1、垫板厚度 A_2、尾座底面到尾座孔中心高 A_3,以及装配后自然形成的尺寸 A_0,它们之间存在着这样的关系

$$A_0 = (A_2 + A_3) - A_1$$

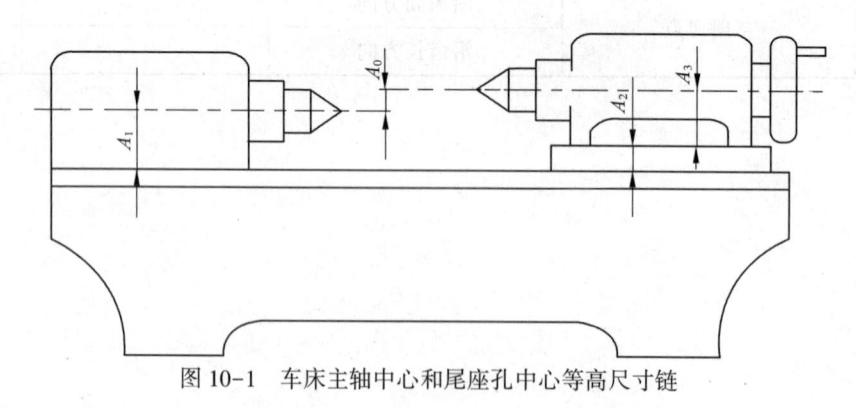

图 10-1 车床主轴中心和尾座孔中心等高尺寸链

这种由装配尺寸 A_1、A_2、A_3 及 A_0 首位相连形成的封闭尺寸组合,称为装配尺寸链。

对于具体零件来说,加工过程中形成的各尺寸也存在上述关系。例如,图 10-2 所示零

件的加工过程为：① 以面Ⅰ为基准，按尺寸A_1加工面Ⅲ；② 再以面Ⅰ为基准，按尺寸A_2加工面Ⅱ；③ 最后自然形成尺寸A_0。它们之间的关系为：

$$A_0 = A_1 - A_2$$

这种由加工尺寸A_1、A_2及A_0首位相连形成的封闭尺寸组合，称为加工尺寸链。加工尺寸链又称为零件工艺尺寸链。

在进行尺寸链分析和计算时，往往不画出零件或机器的具体结构图，而是采用一种简单的尺寸关系图进行表示，这叫尺寸链图。如图10-1所示的车床装配尺寸链，可以采用图10-3的尺寸链图表示。

在尺寸链中，所有尺寸全都在一个零件上的，称为零件尺寸链，如图10-2所示；若这些尺寸不都在同一个零件上，则称为装配尺寸链，如图10-3所示。

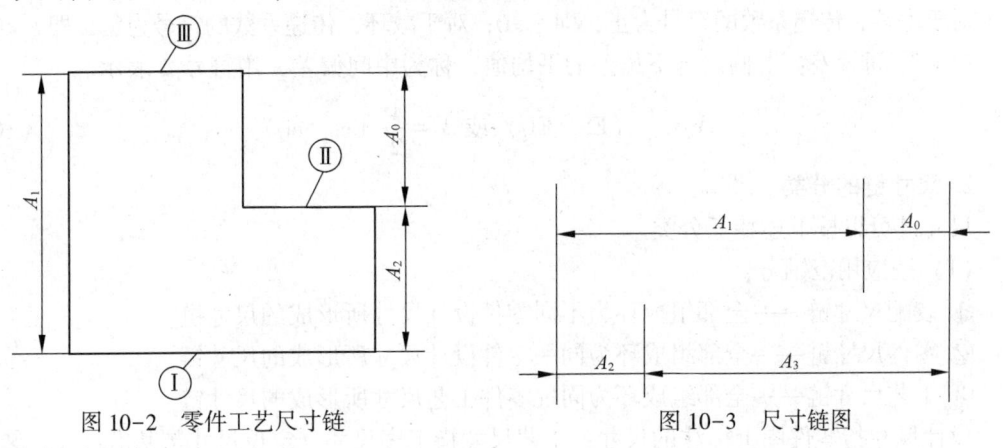

图 10-2　零件工艺尺寸链　　　　　　图 10-3　尺寸链图

尺寸链的特点为：
（1）尺寸链的封闭性，即必须由一系列互相关联的尺寸排列成为封闭的形式。
（2）尺寸链的制约性，即某一尺寸的变化将影响其他尺寸的变化。

10.1.2　尺寸链的基本术语及其分类

1. 基本术语

（1）环：列入尺寸链中的每一个尺寸，称为环。环可分为封闭环和组成环。

（2）封闭环：尺寸链中，在装配过程或加工过程中最后自然形成的那个尺寸称为封闭环；封闭环是尺寸链中最后自动生成的尺寸，它的实际尺寸受尺寸链其他各环的影响和制约。在图样上，封闭环的尺寸符号右下角应加注角标"0"，如图10-1、图10-2、图10-3中的尺寸A_0。

（3）组成环：尺寸链中除封闭环外的其他环，均称为组成环。组成环中任一环的变动，必然引起封闭环的变动。在图样上，组成环的尺寸符号右下角应加注阿拉伯数字角标，数字表示各组成环的序号，如图10-1、图10-2、图10-3中的尺寸A_1、A_2、A_3等。

根据组成环对封闭环的影响，还可将组成环分为增环和减环。

① 增环：在其他组成环不变的条件下，若某一组成环的变动引起封闭环的同向变动，则该组成环称为增环，如图10-3中的尺寸A_2、A_3。

② 减环：在其他组成环不变的条件下，若由于某一组成环的变动引起封闭环的反向变动，则该组成环称为减环，如图 10-3 中的 A_1。

（4）补偿环：在尺寸链中预先选定的某一组成环，可以通过改变其大小或位置使封闭环达到规定要求，具有这种功能的组成环称为补偿环。

（5）传递系数：表示各组成环对封闭环影响大小的系数，称为传递系数，用 ξ_i 表示。即：传递系数等于封闭环的函数表达式对某一组成环所求的偏导数。若封闭环 L_0 与各组成环 L_i 的关系为 $L_0 = f(L_i)$，则传递系数

$$\xi_i = \frac{\partial f}{\partial L_i} \tag{10-1}$$

式中，∂f 为对封闭环误差影响的变动量；∂L_i 为组成环的误差变动量。

对于增环，传递系数的符号为正，即 $\xi_i > 0$；对于减环，传递系数的符号为负，即 $\xi_i < 0$。

（6）中间偏差：上偏差与下偏差的平均值，称为中间偏差，用符号 Δ 表示。

$$\Delta_i = \frac{1}{2}(\text{ES}_i + \text{EI}_i) \text{ 或 } \Delta_i = \frac{1}{2}(\text{es}_i + \text{ei}_i) \tag{10-2}$$

2. 尺寸链的分类

尺寸链可以按下述特征分类。

（1）按应用范围分：
① 装配尺寸链——全部组成环为不同零件设计尺寸所形成的尺寸链。
② 零件尺寸链——全部组成环为同一零件设计尺寸所形成的尺寸链。
③ 工艺尺寸链——全部组成环为同一零件工艺尺寸所形成的尺寸链。

设计尺寸指零件图上标注的尺寸；工艺尺寸指工序尺寸、定位尺寸与基准尺寸。装配尺寸链与零件尺寸链，又统称为设计尺寸链。

（2）按各环在空间的位置分：
① 直线尺寸链——全部组成环平行于封闭环的尺寸链。如图 10-2、图 10-3 所示。
② 平面尺寸链——全部组成环位于一个或几个平行平面内，但某些组成环不平行于封闭环的尺寸链。
③ 空间尺寸链——组成环位于几个不平行平面内的尺寸链。

空间尺寸链和平面尺寸链可用投影法分解为直线尺寸链，然后按直线尺寸链分析计算。

（3）按尺寸链组合形式分：
① 并联尺寸链——两个尺寸链具有一个或几个公共环，即为并联尺寸链。
② 串联尺寸链——两个尺寸链之间有一个公共基准面，即为串联尺寸链。
③ 混合尺寸链——由并联尺寸链和串联尺寸链混合组成的尺寸链为混合尺寸链。

（4）按几何特征分：
① 长度尺寸链——全部环均为长度尺寸的尺寸链。
② 角度尺寸链——全部环均为角度尺寸的尺寸链。

角度尺寸链常用于分析或计算机械结构中有关零件要素的位置精度，如平行度、垂直度、同轴度等。如图 10-4（a）所示，为了保证滑动轴承座孔的端面对支承底面 B 的垂直度要求（A_0），需要在图上标注孔的轴线与支承座底面 B 的平行度要求（$A_1 = 0.01$ mm），以及标注孔的端面对孔轴线的垂直度要求（$A_2 = 0.05$ mm），从而构成一个角度尺寸链，如图

10-4（b）所示。

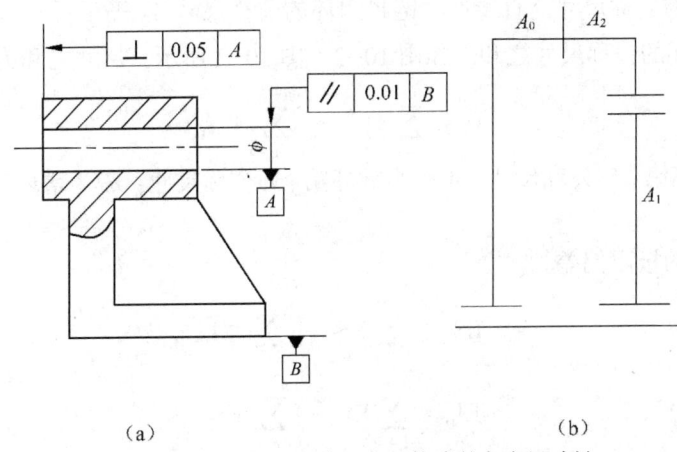

(a)　　　　　　　　　　　　(b)

图 10-4　滑动轴承座位置公差构成的角度尺寸链
(a) 图样标注；(b) 尺寸链图

10.2　尺寸链的计算方法

10.2.1　尺寸链计算的内容

（1）尺寸链计算的目的。尺寸链计算的目的是通过计算，正确合理地确定尺寸链中封闭环与各个组成环的公称尺寸、公差、极限偏差之间的关系。

（2）尺寸链计算的类型。根据不同要求，尺寸链的计算习惯上分为3种类型：

① 正计算：根据已给定的组成环的尺寸和极限偏差，计算封闭环的尺寸与极限偏差，验证其是否符合技术要求。这方面的计算主要是用来验证设计的正确性。

② 反计算：已知封闭环的尺寸和极限偏差以及各组成环的公称尺寸，求各组成环的极限偏差。反计算主要用于产品设计、加工和装配工艺等方面。

③ 中间计算：已知封闭环和其他组成环的公称尺寸及极限偏差，求尺寸链中某一组成环的公称尺寸和极限偏差。中间计算常用于正确解决工艺过程中出现的矛盾，如加工基准的换算等问题。

（3）解尺寸链的常用方法。解尺寸链的常用方法有：完全互换法、概率互换法、分组互换法、修配法、调整法。

10.2.2　完全互换法解尺寸链

完全互换法又称为极值法，它是从尺寸链中各环的极限尺寸出发进行尺寸链计算。因此，按完全互换法计算所得到的尺寸进行加工，所得到的零件具有完全互换性，这种零件无须进行挑选或修配，就能顺利地装到机器上，并且能达到所需的精度要求。

如果遇到非直线尺寸链的求解问题，则应考虑传递系数 ξ_i 的影响，下面以直线尺寸链为例，介绍完全互换法。在计算时将各环尺寸按坐标轴分别投影后进行计算，再将所得的计算结果进行合成。

1. 基本公式

(1) 封闭环的公称尺寸。直线尺寸链封闭环的公称尺寸 A_0 等于所有增环的公称尺寸之和,减去所有减环的公称尺寸之和。如图 10-2、图 10-3 所示,尺寸之和为

$$A_0 = \sum_{i=1}^{m} A_i \uparrow - \sum_{j=m+1}^{n-1} A_j \downarrow \tag{10-3}$$

式中,$A_i \uparrow$ 为增环第 i 环公称尺寸;$A_j \downarrow$ 为减环第 j 环公称尺寸;m 为增环环数;n 为尺寸链总环数。

(2) 封闭环的极限偏差。

上极限偏差为
$$ES_0 = \sum_{i=1}^{m} ES_i - \sum_{j=m+1}^{n-1} EI_j \tag{10-4}$$

下极限偏差为
$$EI_0 = \sum_{i=1}^{m} EI_i - \sum_{j=m+1}^{n-1} ES_j \tag{10-5}$$

(3) 封闭环的公差。封闭环的公差为所有组成环的公差之和,即

$$T_0 = \sum_{i=1}^{n-1} T_i = ES_0 - EI_0 \tag{10-6}$$

(4) 封闭环的中间偏差。封闭环的中间偏差为所有增环的中间偏差之和,减去所有减环的中间偏差之和,即

$$\Delta_0 = \sum_{i=1}^{m} \Delta_i \uparrow - \sum_{j=m+1}^{n-1} \Delta_j \downarrow \tag{10-7}$$

2. 正计算和中间计算

正计算和中间计算尺寸链的步骤如下。

(1) 确定封闭环,按首尾相连最短原则画出尺寸链图。封闭环是加工和装配过程中最后形成的那个尺寸。确定封闭环是计算尺寸链的关键。

当封闭环确定之后,就要画出尺寸链图(见图 10-3)。具体做法是:从与封闭环任意一端相连的组成环开始,依次查找相互联系而又影响封闭环大小的尺寸,直至到达封闭环的另一端为止,这些首尾相互连接而成的封闭尺寸组合,便是该尺寸链的全部组成环。

在查找尺寸链和画尺寸链图时,应遵循"尺寸链最短原则",使组成环的数目为最少。因为当封闭环的公差值一定时,组成环的数目越多,分配给各组成环的公差就越少,各组成环的加工难度就会加大。

(2) 判别增环、减环。判别增环、减环的方法有很多种,如:① 定义法:按照尺寸链的有关定义进行判别,逐一查明各组成环的身份;② 画箭头法:在尺寸链图上从封闭环的一端出发,沿尺寸链逐一依次向另一端画单箭头,一个环的上方画一个单箭头,最后根据各环上方的箭头方向进行判别,其中,与封闭环箭头方向相反的组成环为增环,反之为减环;③ 拉橡筋法:在尺寸链图上将封闭环和一个待判别的组成环假想为两根弹性橡筋,将其余的组成环均假想为固联的刚性杆组,假想拉动刚性杆组考察两根弹性橡筋的变化,与封闭环同步被拉长的组成环为增环,反之为减环。

确定了增环、减环之后,可在增环尺寸代号后面加注符号"↑",在减环尺寸代号后面加注符号"↓"。例如图 10-3 中的组成环,可以写成:$A_1 \downarrow$,$A_2 \uparrow$,$A_3 \uparrow$ 等。

（3）代入相应公式计算。

例 10-1 如图 10-5 所示，在曲柄轴轴向装配尺寸链中，零件的尺寸和极限偏差分别为：$A_1 = 43.5^{+0.10}_{+0.05}$，$A_2 = 2.5^{0}_{-0.04}$，$A_3 = 38.5^{0}_{-0.07}$，$A_4 = 2.5^{0}_{-0.04}$。试验算轴向间隙 A_0 是否在所要求的间隙 0.05~0.25 mm 范围内。

解： ① 绘制尺寸链图。

A_0 为封闭环，画出尺寸链图，如图 10-5（b）所示。图中 A_1 是增环；A_2、A_3、A_4 是减环。

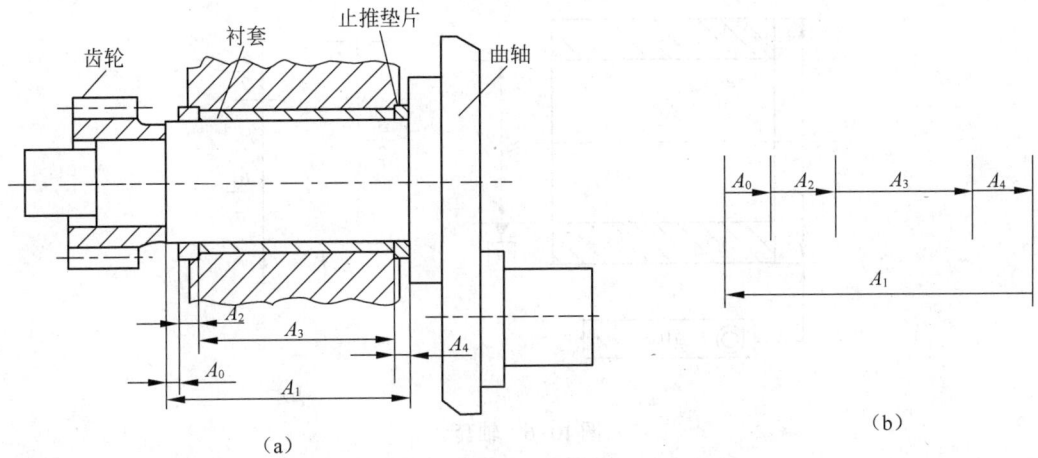

图 10-5 曲柄轴向间隙装配示意图
(a) 图样标注；(b) 尺寸链图

② 求封闭环的公称尺寸。

按式（10-3）得：$A_0 = A_1 - A_2 - A_3 - A_4 = 43.5 - 2.5 - 38.5 - 2.5 = 0$（mm）

③ 求封闭环的上、下极限偏差。

$$\text{ES}_0 = \sum_{i=1}^{m} \text{ES}_i - \sum_{j=m+1}^{n-1} \text{EI}_j = +0.10 - (-0.04 - 0.07 - 0.04) = +0.25 \text{ (mm)}$$

$$\text{EI}_0 = \sum_{i=1}^{m} \text{EI}_i - \sum_{j=m+1}^{n-1} \text{ES}_j = +0.05 - 0 = +0.05 \text{ (mm)}$$

由计算可知，实际轴向间隙在所要求的 0.05~0.25 mm 范围内。

注意： 当尺寸链中存在几何公差且不可忽略时，应将几何公差作为尺寸链的一个组成环纳入计算，该组成环的几何尺寸为 0，上、下偏差为 $\pm t_i/2$（t_i 为几何公差值）。

例 10-2 加工轴套的工艺过程如图 10-6 所示：① 镗内孔，$B_1 = \phi 60^{+0.06}_{0}$，② 上心轴车外圆，$B_2 = \phi 70^{-0.04}_{-0.12}$，心轴夹具可以保证车外圆时外圆轴线对内孔轴线的同轴度公差 B_3 为 $\phi 0.02$ mm。求壁厚 B_0 的尺寸和偏差。

解： ① 绘制尺寸链图。

取半径值计算，画出尺寸链图，如图 10-6（b）所示。图中的壁厚 B_0 为封闭环。图中 $\dfrac{B_2}{2}$、$\dfrac{B_3}{2}$ 是增环；$\dfrac{B_1}{2}$ 是减环。

增环：同轴度公差值$\frac{B_3}{2}=0^{+0.01}_{\ \ 0}$、车削外圆尺寸$\frac{B_2}{2}=35^{-0.02}_{-0.06}$；

减环：镗削内孔尺寸$\frac{B_1}{2}=30^{+0.03}_{\ \ 0}$。

② 求封闭环的公称尺寸。

由图 10-6（b）可知

$$B_0 = B_2/2 + B_3/2 - B_1/2 = 35 + 0 - 30 = 5 \text{（mm）}$$

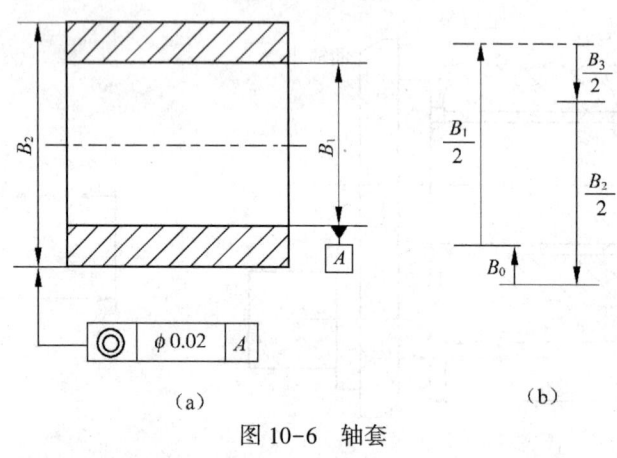

图 10-6 轴套
(a) 图样标注；(b) 尺寸链图

③ 求封闭的上、下偏差。

$$ES_0 = ES_2 + ES_3 - EI_1 = -0.02 + 0.01 - 0 = -0.01 \text{（mm）}$$
$$EI_0 = EI_2 + EI_3 - ES_1 = -0.06 + 0 - 0.03 = -0.09 \text{（mm）}$$

所以 $B_0 = 5^{-0.01}_{-0.09}$ mm

3. 反计算（设计计算）

已知封闭环的公差和极限偏差，计算各组成环的公差和极限偏差。

(1) 各组成环的公差计算。各组成环的公差计算常用以下两种解法，即等公差法和等精度法。

① 等公差法。采用等公差法时，先假定各组成环的公差相等，在满足式（10-6）的条件下，求出各组成环的平均公差T_{av}。接着根据各环尺寸大小和加工难易程度适当调整，最后确定各环的公差T_i。对于线性尺寸链

$$T_{av} = \frac{T_0}{n-1} \tag{10-8}$$

② 等精度法。等精度法又称为等公差等级法，其特点是所有组成环采用同一公差等级，即各组成环的公差等级系数 a 相同。对于线性尺寸链平均公差等级系数 a_{av} 为

$$a_{av} = \frac{T_0}{\sum_{i=1}^{n-1} i_i} = \frac{T_0}{\sum_{i=1}^{n-1}\left(0.45\sqrt[3]{D_i} + 0.001 D_i\right)} \tag{10-9}$$

根据 a_{av}，即可按标准公差计算表（表 2-1）确定公差等级，再由标准公差数值表（表

2-2) 查出相应各组成环的尺寸公差值。

(2) 各组成环的极限偏差。在各组成环的公差确定以后,可按以下两种方法确定其极限偏差。

① 入体原则。当组成环的尺寸为孔尺寸时,其极限偏差按 H 对待;当组成环的尺寸为轴尺寸时,其极限偏差按 h 对待。

② 对称分布原则。对称分布原则即指:所有尺寸的极限偏差 = ±T_i/2。

例 10-3 一只对开齿轮箱如图 10-7 所示,根据使用要求间隙 A_0 在 1~1.75 mm 范围内,已知各零件的公称尺寸为 A_1 = 101 mm, A_2 = 50 mm, A_3 = A_5 = 5 mm, A_4 = 140 mm,求各环的尺寸偏差。

解:画尺寸链图。

A_1、A_2 为增环,A_3、A_4、A_5 为减环,间隙 A_0 在装配后成为封闭环。增环 ζ = +1,减环 ζ = -1。

$A_0 = A_1 + A_2 - (A_3 + A_4 + A_5)$
$= 101 + 50 - (5 + 140 + 5) = 1 \text{(mm)}$

由题意知 $T_0 = 1.75 - 1 = 0.75$(mm),

则 $A_0 = 1^{+0.75}_{\ 0}$ mm。

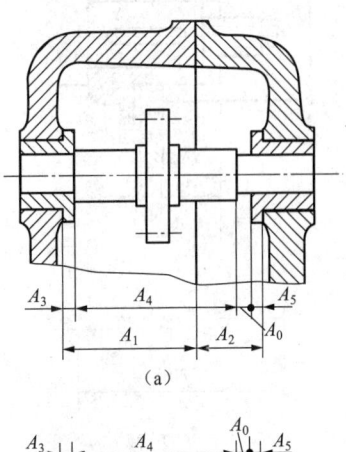

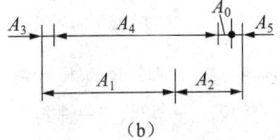

图 10-7 对开齿轮箱尺寸链

封闭环公差为各组成环公差之和。求各环公差时,可采用等精度法,先初步估算公差值,然后根据实际情况合理确定各环公差值。

尺寸小于 500 mm 的零件的公差值 T 可按第 2 章 $T = ai = a(0.45\sqrt[3]{D} + 0.001D)$ 公式计算,a 为公差等级系数。

$$T_0 = a_{av} \sum_{i=1}^{n} (0.45\sqrt[3]{A_i} + 0.001A_i)$$

式中,A_i 为各组成环的尺寸;a_{av} 为平均公差等级系数。

$$a_{av} = \frac{T_0}{\sum_{i=1}^{n}(0.45\sqrt[3]{A_i} + 0.001A_i)} \approx \frac{750}{2.2 + 1.7 + 0.77 + 2.47 + 0.77} = \frac{750}{7.9} \approx 94.8$$

查第 2 章表 2-1 标准公差计算公式,a_{av} = 94.8 相当于 IT11 级。再根据尺寸查第 2 章表 2-2 标准公差数值可得 T_1 = 0.22 mm、T_2 = 0.16 mm、T_3 = T_5 = 0.075 mm,则 T_4 = 0.25 mm。经验算知,此时 $T_0 = T_1 + T_2 + T_3 + T_4 + T_5$ = 0.22 + 0.16 + 0.075 + 0.25 + 0.075 = 0.78 > 0.75 mm,超出了题目给定的间隙允许变动范围,需要对个别组成环的尺寸调整公差等级。

考虑工艺实际情况,将尺寸 A_4 调整为 IT10 级,查表 2-2 知,调整后 T_4 = 0.16 mm,调整后 T_0 = 0.22 + 0.16 + 0.075 + 0.16 + 0.075 = 0.69 < 0.75 mm。

故 $A_1 = 101^{+0.22}_{\ 0}$ mm、$A_2 = 50^{+0.16}_{\ 0}$ mm、$A_3 = A_5 = 5^{\ 0}_{-0.075}$ mm、$A_4 = 140^{\ 0}_{-0.16}$ mm。

验算 ES_0 = 0.69 mm、EI_0 = 0,满足 $A_0 = 1^{+0.75}_{\ 0}$ mm 的要求。

例 10-4 如图 10-8 所示的部件,端盖螺母 2 应保证转盘 1 与轴套 3 之间的间隙为

0.1~0.3 mm，要求确定有关零件尺寸的极限偏差。设各环尺寸按正态分布。

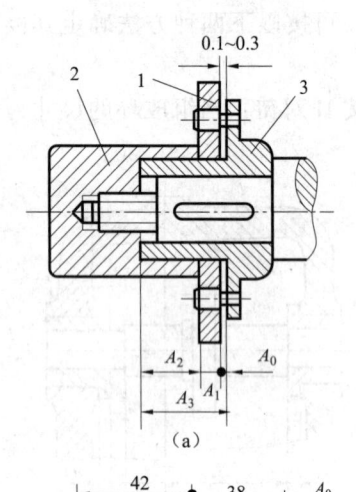

解：（1）绘制尺寸链图（见图 10-8（b）），确定增环和减环。

（2）计算基本尺寸。

$$A_0 = \sum_{i=1}^{n-1} \xi_i A_i = A_3 - A_1 - A_2$$
$$= 80 - 42 - 38 = 0$$

上式中，$\xi_1 = -1$，$\xi_2 = -1$，$\xi_3 = 1$。

（3）计算各组成环平均公差等级系数。

因 $T_0 = \sum_{i=1}^{n-1} |\xi_i| \alpha (0.45 \sqrt[3]{D_i} + 0.001 D_i)$，$|\xi_i| = 1$，故

$$a_{av} = \frac{T_0}{\sum_{i=1}^{n-1}(0.45\sqrt[3]{D_i} + 0.001 D_i)}$$
$$= \frac{300 - 100}{1.56 + 1.56 + 1.86} \approx 40$$

由标准公差计算公式表（表 2-1）查得 $a_{av} = 40$，相近于 IT9 级。

（4）确定各组成环的标准公差值。

图 10-8 轴上零件装配尺寸链
1—转盘；2—螺母；3—轴套

由标准公差数值表（表 2-2）查得各组成环尺寸公差值：$T_{A1} = 0.062$ mm，$T_{A2} = 0.062$ mm，$T_{A3} = 0.074$ mm。则

$$T'_0 = 0.062 + 0.062 + 0.074 = 0.198 < 0.2 = T_0$$

说明所有组成环按 IT9 级选定的公差值能满足技术条件的要求。

（5）确定各组成环的极限偏差。

为了保证各组成环的极限偏差能满足封闭环的要求，可预先选定一环作为调整环，而其余各环公差按"向体内原则"布置，即外尺寸按基轴制轴的公差带，内尺寸按基孔制孔的公差带，阶梯尺寸按对零线对称布置的公差带。

若选定 A_1 环作为调整环，从图 10-8 中可知，组成环 A_2 和 A_3 是阶梯尺寸，其公差带应对称于零线布置，即组成环 A_2、A_3 的中间偏差 $\Delta_2 = \Delta_3 = 0$。根据技术要求可知，封闭环的中间偏差 $\Delta_0 = 0.2$ mm，则可求得调整环 A_1 的中间偏差。

因 $$\Delta_0 = \sum_{i=1}^{n-1} \xi_i \Delta_i = \Delta_3 - \Delta_1 - \Delta_2$$

则 $$\Delta_1 = \Delta_3 - \Delta_2 - \Delta_0 = 0 - 0 - 0.2 = -0.2 \text{ (mm)}$$

调整环 A_1 的上极限偏差

$$ES_1 = \Delta_1 + \frac{1}{2}T_1 = -0.2 + \frac{1}{2} \times 0.062 = -0.169 \text{ (mm)}$$

调整环 A_1 下极限偏差

$$EI_1 = \Delta_1 - \frac{1}{2}T_1 = -0.2 - \frac{1}{2} \times 0.062 = -0.231 \text{ (mm)}$$

将组成环 A_1 的极限偏差的计算值按接近的标准基本偏差圆整为 $38b9\left(^{-0.170}_{-0.232}\right)$，此时其中间偏差 $\Delta_1 = -0.201$。全部计算结果列于表 10-1。

表 10-1 例 10-4 的全部计算结果   mm

尺寸链各环代号	各环公差 T	各环尺寸和极限偏差	备　注
A_0	0.2	$0\left(^{+0.30}_{+0.10}\right)$	技术要求
A_1	0.062	$38b9\left(^{-0.170}_{-0.232}\right)$	
A_2	0.062	$42\,js9\left(^{+0.031}_{-0.031}\right)$	
A_3	0.074	$80\,js9\left(^{+0.037}_{-0.037}\right)$	

10.2.3　计算尺寸链的其他方法

1. 概率法

从尺寸链各环分布的实际可能性出发进行尺寸链计算的方法，称为概率法。

在大批量生产中，零件实际尺寸的分布是随机的，多数情况下服从正态分布或偏态分布。这就是说，如果加工过程中的工艺调整中心接近公差带中心时，大多数零件的尺寸分布都会在公差带的中心附近，而靠近极限尺寸的零件数目将极少。根据这一规律，大批量生产中可将组成环的公差适当放大，这样做不但可使零件容易加工制造，同时又能满足封闭环的技术要求，从而带来明显的经济效益。当然，此时封闭环超出技术要求的情况也是存在的，但其概率极小，因此这种方法又称大数互换法。

封闭环 A_0 为各组成环 A_i 的函数，通常在加工和装配过程中，各组成环的获得彼此间并无关系，因此，可将各组成环视为彼此独立的随机变量，则可按随机函数的标准偏差的求法求得

$$\sigma_0 = \sqrt{\left(\frac{\partial A_0}{\partial A_1}\right)^2 \sigma_1^2 + \left(\frac{\partial A_0}{\partial A_2}\right)^2 \sigma_2^2 + A + \left(\frac{\partial A_0}{\partial A_{n-1}}\right)^2 \sigma_{n-1}^2}$$

式中，σ_0、σ_1、$\cdots$、σ_{n-1} 为封闭环和组成环的标准偏差；$\dfrac{\partial A_0}{\partial A_1}$、$\cdots$、$\dfrac{\partial A_0}{\partial A_{n-1}}$ 为传递系数 ξ_1、ξ_2、$\cdots \xi_{n-1}$。

则上式可写成

$$\sigma_0 = \sqrt{\sum_{i=1}^{n-1} \xi_i^2 \sigma_i^2} \tag{10-10}$$

若组成环和封闭环的实际尺寸偏差服从正态分布，且分布范围与公差带的宽度一致，且 $T_i = 6\sigma_i$，此时封闭环的公差与组成环的公差有如下关系

$$T_0 = \sqrt{\sum_{i=1}^{n-1} \xi_i^2 T_i^2} \tag{10-11}$$

如果各环的分布不为正态分布，则应引入相对分布系数 κ_0 和 κ_i，前者为封闭环的相对分布系数，后者为各组成环的相对分布系数。则

$$T_0 = \frac{\sqrt{\sum_{i=1}^{n-1} \xi_i^2 \kappa_i^2 T_i^2}}{\kappa_0} \tag{10-12}$$

利用概率法计算尺寸链,主要用于设计计算和验算中。与完全互换法计算相比较,概率法计算的主要区别在于各组成环公差值的确定方法不同,其方法有等公差法和等精度法两种。

例 10-5 试用概率法解例 10-3（等精度法）。

解：尺寸链图参见图 10-7（b），A_0 为封闭环,A_1、A_2 为增环,A_3、A_4、A_5 为减环。

$$T_0 = a_{av}\sqrt{\sum_{i=1}^{n} i_i^2} = a_{av}\sqrt{\sum_{i=1}^{n}(0.45\sqrt[3]{A_i} + 0.001A_i)^2}$$

则

$$a_{av} = \frac{750}{\sqrt{2.2^2 + 1.7^2 + 0.77^2 + 2.47^2 + 0.77^2}} = \frac{750}{15.06} \approx 193.3$$

查第 2 章表 2-1 标准公差计算式，$a_{av} = 193.3$ 相当于 IT12~IT13 级。暂定 A_1、A_2 按 IT13 等级和 A_3、A_5 按 IT12 等级，根据公称尺寸查标准公差，可得 $T_1 = 0.54$ mm、$T_2 = 0.39$ mm、$T_3 = T_5 = 0.12$ mm。则

$$T_4 \leq \sqrt{0.75^2 - 0.54^2 - 0.39^2 - 0.12^2 - 0.12^2} = 0.30(\text{mm})$$

经查表 2-2，取 $T_4 = 0.25$ mm。

根据向体内原则，确定各组成环的极限偏差：

$$A_1 = 101^{+0.54}_{0} \text{ mm}, \quad A_2 = 50^{+0.39}_{0} \text{mm}, \quad A_3 = A_5 = 5^{0}_{-0.12} \text{ mm}$$

$$\Delta_4 = 0.27 + 0.195 - (-0.06) - (-0.06) - 0.375 = 0.21(\text{mm})$$

$$ES_4 = 0.21 + \frac{0.25}{2} = 0.335(\text{mm})$$

$$EI_4 = 0.21 - \frac{0.25}{2} = 0.085(\text{mm})$$

则 $A_4 = 140^{+0.335}_{+0.085}$ mm。

例 10-6 试对例 10-4 的尺寸链，改用概率法进行计算。

设各组成环尺寸偏差均接近正态分布，且分布中心与公差带中心重合，按等精度（即等公差级）法计算公差。

因组成环尺寸偏差为正态分布，则相对分布系数 $\kappa_0 = \kappa_i = 1$，又因该尺寸链为线性尺寸链，故传递系数 $|\xi_i| = 1$，则

$$T_0 = \sqrt{\sum_{i=1}^{n-1} T_i^2} = \sqrt{\sum_{i=1}^{n-1} a^2(0.45\sqrt[3]{D_i} + 0.001 D_i)^2}$$

$$a_{av} = \frac{T_0}{\sqrt{\sum_{i=1}^{n-1}(0.45\sqrt[3]{D_i} + 0.001 D_i)^2}}$$

式中，a_{av} 为平均公差等级系数。

将各值代入，得：

$$a_{av} = \frac{200}{\sqrt{1.56^2 + 1.56^2 + 1.86^2}} \approx 69$$

由标准公差计算公式表（表 2-1）查得 $a_{av} = 69$，接近于 IT10 级（标准公差值等于 $64i$）。

由标准公差数值表（表 2-2）查得各组成环尺寸的公差值：$T_1 = T_2 = 0.10$ mm，$T_3 = 0.12$ mm。则

$$T'_0 = \sqrt{0.1^2 + 0.1^2 + 0.12^2} = 0.185 < 0.2 \text{ mm} = T_0$$

由于封闭环公差的计算值 T'_0 小于技术条件给定值 T_0，可见给定的组成环公差是正确的。

最后根据例 10-4 中第（5）条原则，确定 A_1、A_3 的极限偏差，计算 A_1 的中间偏差，并按式（10-2）计算 A_1 的极限偏差，并将全部结果列于表 10-2 中。

表 10-2 例 10-6 的全部结果   mm

代 号	各环公差	各环尺寸和极限偏差	备 注
A_0	0.2	$0\binom{0.30}{0.10}$	正态分布
A_1	0.1	$38\binom{-0.15}{-0.25}$	正态分布
A_2	0.1	$42 \text{ js}\binom{+0.05}{-0.05}$	正态分布
A_3	0.12	$80 \text{ js}\binom{+0.06}{-0.06}$	正态分布

上述结果能否满足技术条件给定的封闭环极限偏差要求，则可采用正计算的方法进行校核计算。

（1）计算封闭环的中间偏差：

$$\Delta'_0 = \Delta_3 - \Delta_1 - \Delta_2 = 0 - (-0.2) - 0 = 0.2 \text{ （mm）}$$

（2）计算封闭环的极限偏差：

$$\text{ES}'_0 = \Delta'_0 + \frac{1}{2}T'_0 = 0.2 + \frac{1}{2} \times 0.185 = 0.292 \text{ （mm）}$$

$$\text{EI}'_0 = \Delta'_0 + \frac{1}{2}T'_0 = 0.2 - \frac{1}{2} \times 0.185 = 0.108 \text{ （mm）}$$

则

$$\text{ES}'_0 = 0.292 \text{ mm} < 0.3 \text{ mm} = \text{ES}_0$$

$$\text{EI}'_0 = 0.108 \text{ mm} > 0.1 \text{ mm} = \text{EI}_0$$

以上计算说明给定的组成环极限偏差是符合技术要求的。

由表 10-1 和表 10-2 相比较，可以看出：用概率法计算确定的组成环公差值可以放大约 60%，而实际上出现不合格件的可能性却很小（仅有 0.27%），因而给生产带来较大的经济效益。概率法解尺寸链常用于大批量生产方式中。

2. 分组装配法

采用分组装配法时，先将组成环按极值法或概率法求出的公差值扩大若干倍，使组成环的加工更加容易和经济；然后按其实际尺寸再等分成若干组，分组的数目与公差值扩大的倍数相等。装配时根据大配大、小配小的原则，按对应组进行装配，以达到封闭环规定的技术要求。这种装配方法的互换性只能在对应组号的零件中进行，同组零件具有互换性。

设按封闭环公差确定的各组成环公称尺寸的平均公差值为 T_{av}，扩大 N 倍后为 T'_{av}，则

$$T'_{av} = N \times T_{av} = N \frac{T_0}{n-1} \tag{10-13}$$

采用分组互换法给组成环分配公差值时，应保证分组装配后零件结合的一致性（如孔、轴配合性质的一致性）。采用分组装配法时，所有增环公差值应等于所有减环的公差值，即

$$\sum_{i=1}^{m} T_i = \sum_{j=m+1}^{n-1} T_j = \frac{1}{2} N \times T_{av} \tag{10-14}$$

分组装配法的主要缺点是：测量分组工作比较麻烦；在一些组内可能会产生多余零件。这种方法一般只适用于大批量生产中要求精度很高、尺寸链环数较少、形状简单、测量分组方便的零件，一般分组数为 2~4 组。

3. 修配法

当尺寸链的环数较多而封闭环的精度又要求较高时，可采用修配法。

修配法是将组成环的精度降低，即把组成环的公差扩大至经济加工精度的公差，在装配时通过修配的方法改变尺寸链中预先规定的某一组成环的尺寸，从而最终抵消各组成环的累积误差，达到所要求的精度要求。这个预先选定用作修配的组成环零件，称为补偿环。

设尺寸链中各组成环的经济加工公差为 T_i'，则装配后，封闭环的公差

$$T_0' = \sum_{i=1}^{n-1} T_i' \tag{10-15}$$

此值比封闭环规定的公差 T_0 要大，其差值为

$$T_{0补} = T_0' - T_0 \tag{10-16}$$

$T_{0补}$ 叫作尺寸链的最大补偿值，即按此值来修配补偿环，可满足封闭环的精度要求。

修配法的缺点是破坏了互换性，装配时增加了装配的工作量，不便于组织流水线生产。修配法主要适用于单件、小批量生产。

4. 调整法

调整法是将尺寸链组成环的公称尺寸，按经济加工精度的要求给定公差值，此时封闭环的公差值比技术条件要求的值有所扩大。为了保证封闭环的技术条件，在装配时预先选定某一组成环作为补偿环。此时，不是采用切除补偿环某一部分材料的方法使封闭环达到规定的技术要求，而是采用调整补偿环的尺寸或位置的方法，来达到这一目的。用于调整的补偿环，一般可分为以下两种：

（1）固定补偿环。在尺寸链中加入专用补偿件（垫片、垫圈或轴套），或选择一个最合适的组成环作为固定补偿环。补偿件可根据需要按尺寸大小分为若干组，装配时从合适的尺寸组中选择一个补偿件装入尺寸链中的预定位置，即可保证装配精度。

（2）可动补偿环。可动补偿环是一种位置可调整的组成环，装配时调整其位置，即可保证装配的精度。可动补偿环在机械设计中应用很广，而且有着各种各样的结构形式。

调整法的优点是在各组成环按经济公差制造的条件下，不需任何修配加工，即可达到装配的精度要求。尤其是采用可动补偿环时，可以达到很高的装配精度；而且当零件磨损后，也很容易恢复到原来的精度。但和修配法一样，调整法也破坏了互换性。

习 题

10-1 尺寸链计算中的正计算、反计算的特点和应用场合是什么？

10-2　为什么封闭环的公差比任何一个组成环公差都大？

10-3　在设计计算时，组成环的极限偏差是否可以任意给定？为什么？

10-4　设轴瓦和轴的配合要求为 $\phi 60H7/f6$，因磨损需更换轴瓦，并对轴进行修复，轴在修磨后装配前需镀铬，镀铬层厚度为（0.012 ± 0.002）mm，试确定轴在磨外圆时的工序尺寸和偏差。

10-5　如图 10-9 所示的套类零件，有两种不同的尺寸标注方法，其中 $A_0 = 8^{+0.2}_{\ 0}$ mm 为封闭环。试从尺寸链的角度考虑，哪一种标注方法更合理？为什么。

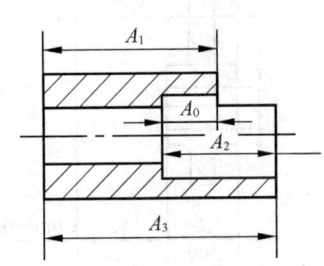

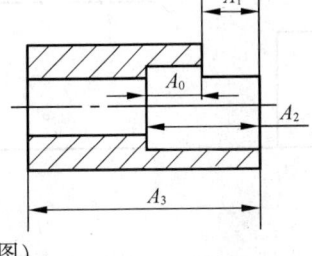

图 10-9　（习题 10-5 附图）

10-6　要求在轴上铣一键槽，如图 10-10 所示。加工顺序如下：车削外圆 $A_1 = \phi 70.5^{\ 0}_{-0.1}$ →铣键槽深 A_2 →热处理→磨外圆 $A_3 = \phi 70^{\ 0}_{-0.06}$，要求磨削后保证 $A_4 = 62^{\ 0}_{-0.3}$，求 A_2 的尺寸和偏差。

10-7　加工图 10-11 所示的钻套，先按 $\phi 30^{+0.041}_{+0.020}$ 磨内孔，再按 $\phi 42^{+0.033}_{+0.017}$ 磨外圆，外圆对内孔的同轴度要求为 $\phi 0.012$ mm，试计算该钻套壁厚的尺寸变动上下极限偏差。

10-8　图 10-12 所示为 T 形滑块与导槽的配合，若已知 $A_1 = 30^{\ 0}_{-0.04}$，$A_2 = 30^{+0.14}_{\ 0}$，$A_3 = 23^{\ 0}_{-0.28}$，$A_4 = 24^{+0.28}_{\ 0}$，试计算当滑块与导槽大端在一侧接触时，同侧小端的间隙范围。

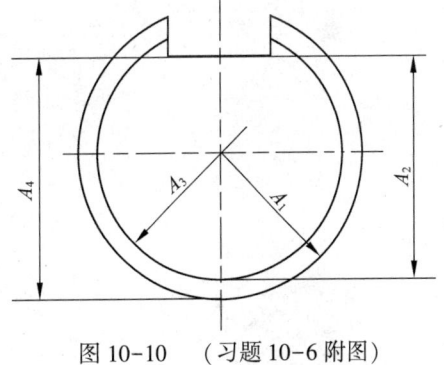

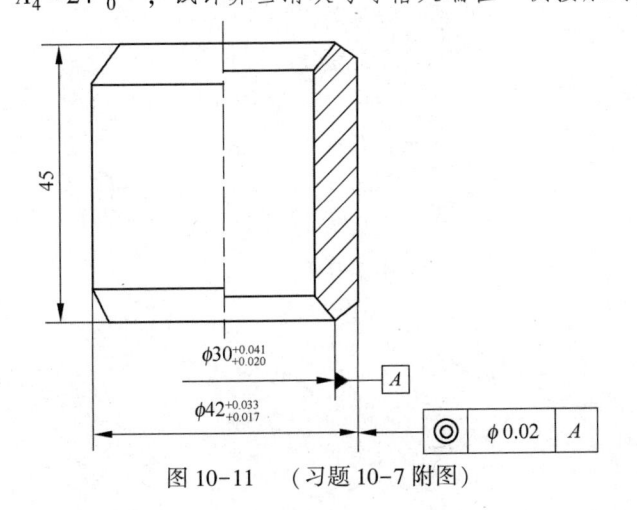

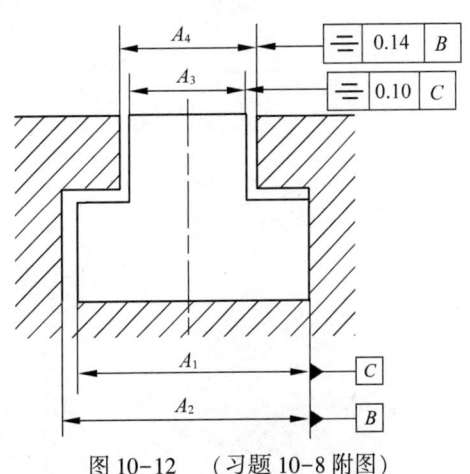

图 10-10　（习题 10-6 附图）

图 10-11　（习题 10-7 附图）

图 10-12　（习题 10-8 附图）

10-9 如图 10-13 所示的零件，封闭环为 A_0，其尺寸变动范围应在 $11.9 \sim 12.1$ mm 范围内，试问图中的尺寸标注方法能否满足尺寸 A_0 的要求。

10-10 如图 10-14 所示的零件，按设计要求，需保证尺寸 $S_0 = (140 \pm 0.10)$ mm，尺寸标注如图 10-14 所示，试求 S_1、S_2 两尺寸为多少，才能保证尺寸 S_0 的要求？

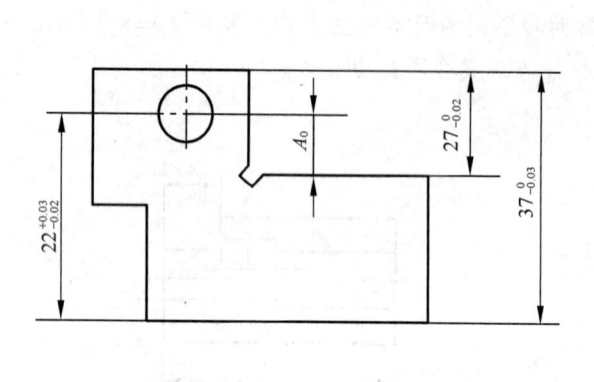

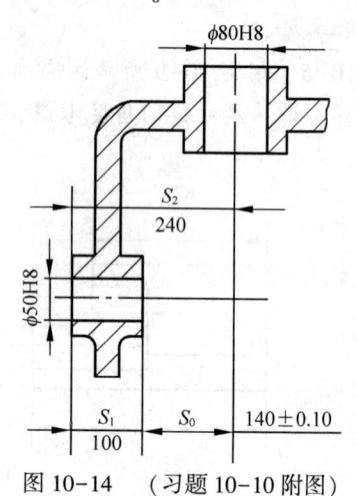

图 10-13　（习题 10-9 附图）　　　　图 10-14　（习题 10-10 附图）

参 考 文 献

[1] 汪恺. 机械工业基础标准应用手册 [M]. 北京：机械工业出版社，2001.
[2] 廖念钊，古莹庵，等. 互换性与技术测量（第5版）[M]. 北京：中国计量出版社，2007.
[3] 甘永立. 几何量公差与检测 [M]. 7版. 上海：上海科学技术出版社，2005.
[4] 刘巽尔. 极限与配合 [M]. 北京：中国标准出版社，2004.
[5] 万书亭. 互换性与技术测量 [M]. 北京：电子工业出版社，2007.
[6] 黄云清. 公差配合与测量技术 [M]. 2版. 北京：机械工业出版社，2007.
[7] 毛平淮. 互换性与测量技术基础 [M]. 北京：机械工业出版社，2007.
[8] 张帆. 互换性与几何量测量技术 [M]. 西安：西安电子科技大学出版社，2007.
[9] 胡凤兰. 互换性与技术测量基础 [M]. 北京：高等教育出版社，2005.
[10] 庞学慧，武文革，成云平. 互换性与测量技术基础 [M]. 北京：国防工业出版社，2007.
[11] 薛彦成. 公差配合与技术测量 [M]. 北京：机械工业出版社，1999.
[12] 何永熹，武充沛. 几何精度规范学 [M]. 2版. 北京：北京理工大学出版社，2006.
[13] 宗士增. 工程图形学 [M]. 北京：北京理工大学出版社，2008.
[14] GB/T 4249—2009 产品几何技术规范（GPS）公差原则.
[15] GB/T 131—2006 产品几何技术规范（GPS）技术产品文件中表面结构的表示法.
[16] GB/T 1804—2000 一般公差 未注公差的线性和角度尺寸的公差.
[17] GB/T 10095.1—2008 渐开线圆柱齿轮 精度 第1部分：轮齿同侧齿面偏差的定义和允许值.
[18] GB/T 10095.2—2008 渐开线圆柱齿轮 精度 第2部分：径向综合偏差与径向跳动的定义和允许值.